MÜNSTERISCHE BEITRÄGE
ZUR RECHTS- UND STAATSWISSENSCHAFT

HERAUSGEGEBEN VON DER
RECHTS-UND STAATSWISSENSCHAFTLICHEN FAKULTÄT DER
WESTFÄLISCHEN WILHELMS-UNIVERSITÄT IN MÜNSTER

4

Berlin 1956

WALTER DE GRUYTER & CO.
vormals G. J. Göschen'sche Verlagshandlung / J. Guttentag, Verlags-
buchhandlung / Georg Reimer / Karl J. Trübner / Veit & Comp.

DER STRAFRECHTLICHE SCHUTZ BEI DEN SICHERUNGSRECHTEN DES MODERNEN WIRTSCHAFTSVERKEHRS

Zugleich ein Beitrag zur Lehre
von der
Abhängigkeit des Strafrechts vom Zivilrecht

von

Dr. jur. habil. JÜRGEN BAUMANN
Rechtsanwalt
Dozent an der Universität Münster

Berlin 1956

WALTER DE GRUYTER & CO.
vormals G. J. Göschen'sche Verlagshandlung / J. Guttentag, Verlagsbuchhandlung / Georg Reimer / Karl J. Trübner / Veit & Comp.

Als Habilitationsschrift gedruckt
mit Hilfe der Deutschen Forschungsgemeinschaft

Archiv-Nr. 27 00 56/4
Satz: Walter de Gruyter & Co., Berlin W 35
Druck: A. W. Hayn's Erben, Berlin-West

INHALTSÜBERSICHT

Der strafrechtliche Schutz bei den Sicherungsrechten des modernen Wirtschaftsverkehrs

Zugleich ein Beitrag zur Lehre von der Abhängigkeit des Strafrechts vom Zivilrecht

III. Teil: Strafrechtliches Denken und Tätertypologie

IV. Teil: Konkurrenzprobleme

LITERATUR – ZIVILRECHT

Arndt, Der Eigentumsvorbehalt im Baustoffhandel, in DRiZ 1952, S. 20ff.

Auerbach, Der Eigentumsvorbehalt vom Standpunkt des Einzelhandels, in Der Eigentumsvorbehalt in Wirtschaft und Recht, Berlin-Leipzig 1931, S. 58ff.

Barkhausen, Die Unwirksamkeit des verlängerten Eigentumsvorbehalts nach der Rechtsprechung des Reichsgerichtes, in NJW 49, 845ff.
— Anm. zu der Entscheidung des BGH v. 9. 7. 1953 in NJW 53, 1665.
— Das Verhältnis der Nichtigkeit wegen Knebelung zur Gläubigergefährdung bei der Sicherungsübertragung, in NJW 53, 1412.

Bauknecht, Die Pfändung des Anwartschaftsrechtes aus bedingter Übereignung, in NJW 54, 1749ff.
— Anm. zu der Entscheidung des LG Köln in NJW 54, 1773.
— Eigentumsvorbehalt und Anwartschaftsrecht, in NJW 55, 1251ff.

Baur, Anm. zu der Entscheidung des BGH v. 25. 10. 1952, in JZ 53, 373.

Bernays, Die neue französische Gesetzgebung über den Eigentumsvorbehalt, in NJW 52, 452ff.

Bley, Der erstreckte Eigentumsvorbehalt, in ZAkDR 37, 41ff.

Blomeyer, Erwiderung auf den Aufsatz v. Rautmann in NJW 51, 298ff., NJW 51, 548.

Bötticher, Die Intervention des Sicherungseigentümers: § 771 oder § 805 ZPO, in MDR 50, 705ff.

Busch, Anm. zu der Entscheidung des BGH v. 9. 10. 1951, in Betriebsberater 52, 70.

Von Caemmerer, Verlängerter Eigentumsvorbehalt und Bundesgerichtshof, in JZ 53, 97ff.

Coing, Der Kauf unter Eigentumsvorbehalt in Umstellung und Konkurs, in NJW 52, 48ff.

Crisolli, Zur Sicherungsübereignung von Abzahlungsgegenständen, in JW 34, 329ff.

Dohrendorf, Der Eigentumsvorbehalt vom Standpunkt des Großhandels, in Der Eigentumsvorbehalt in Wirtschaft und Recht, Berlin-Leipzig 1931, S. 39ff.

Enneccerus-Wolff, Lehrbuch des bürgerlichen Rechts, III. Bd. Sachenrecht, 9. Aufl. Marburg 1932.

Flessa, Sittenwidrigkeit bei Sicherungsübereignungen, in NJW 53, 84.

Flume, Der verlängerte und erweiterte Eigentumsvorbehalt, in NJW 50, 841ff.

Gieseke, Der Eigentumsvorbehalt im internationalen Verkehr, in Der Eigentumsvorbehalt in Wirtschaft und Recht, Berlin-Leipzig 1931, S. 119ff.

Haegele, Eigentumsvorbehalt Sicherungsübereignung, Mannheim-Sandhofen 1951.

Häring, Die Zwangsvollstreckung des Abzahlungsverkäufers in die unter Eigentumsvorbehalt verkaufte Sache, in NJW 53, 973.

Haupt, Sicherungsrechte mehrerer Gläubiger an einem Warenlager, in Der Betrieb 53, 1008ff.

Hauss, Die Kreditsicherung des Warenlieferanten, Weg und Aufgaben einer Reform, Leipzig 1939.

Hees, Verlängerter Eigentumsvorbehalt und Globalzession, in MDR 55, 525ff.

Hefermehl, Eigentumsvorbehalt und Sicherungsübereignung, Anhang zu § 368 in HGB Kommentar begründet von Schlegelberger 2. Bd., 2. Aufl. Berlin-Frankfurt 1953.

Herschel, Anm. zur Entscheidung des RG in DR 40, 583.

Holtz, Das Anwartschaftsrecht aus bedingter Übereignung, als Kreditsicherungsmittel, Dissertation Kiel 1932.

Hufnagel, Kreditsicherung durch Vorausabtretung zukünftiger Forderungen, in NJW 52, 490ff.

Karlowa, Römische Rechtsgeschichte, Bd. II, 1. Teil, Leipzig 1901.

Kaser, Das Geld im Sachenrecht, in Archiv für die civilistische Praxis Bd. 143, S. 1ff.

Klauss, Klage und Vollstreckung bei Abzahlungsgeschäften, in NJW 50, 765ff.

Klee, Die bestimmte Bezeichnung des Sicherungsgutes in Sicherungsübereignungsverträgen, in Betriebsberater 52, 790ff.

— Eigentumsvorbehalt und Sicherungsübereignung, in MDR 51, 455ff.

Lange, Heinrich, Lage und Zukunft der Sicherungsübertragung in NJW 50, 565ff.

— Anm. zu der Entscheidung des OLG Stuttgart v. 21. 6. 1950, in NJW 51, 445.

Lange, Otto, Gekoppelte Sicherungsübereignungen, in NJW 51, 751.

Laue, Sicherung des Verkäufers bei Exportgeschäften, in NJW 50, 585.

Lehmann, Reform der Kreditsicherung an Fahrnis und Forderungen, in Arbeitsberichte der Akademie für Deutsches Recht, Stuttgart 1937.

— Zum Streit über die Reform der Kreditsicherung, in ZAkDR 39, 228ff.

Letzgus, Die Anwartschaft des Käufers unter Eigentumsvorbehalt, Tübingen 1938.

Levy, Der Eigentumsvorbehalt im Konkurs- und Vergleichsverfahren, in Der Eigentumsvorbehalt in Wirtschaft und Recht, Berlin-Leipzig 1931, S. 148ff.

Ludewig, Gefährdung des Eigentumsvorbehalts durch Verarbeitung, in Der Betrieb 1951, 932 – Kreditsicherung durch Sicherungsübereignung eines Warenlagers, in Der Betrieb Beilage Nr. 5/53,

Meyer-Cording, Anm. zu der Entscheidung des BGH v. 9. 7. 1953, in JZ 53, 665.

Michel, Der Eigentumsvorbehalt als rechtshistorisches Phänomen in Beziehung zu anderen Kreditsicherungsmitteln unter Berücksichtigung von Reformvorschlägen, in Der Eigentumsvorbehalt in Wirtschaft und Recht, Berlin-Leipzig 1931, S. 241ff.

Mittelstein, Interventionsklage bei Überdeckung, in MDR 51, 720ff.

Münzel, Eigentumsvorbehalt und Sicherungsübereignung, in MDR 51, 129ff.

Palandt, BGB Kommentar, 15. Aufl. München-Berlin 1956.

Paulus, Anm. zu der Entscheidung des BGH v. 28. 5. 1951, in JZ 51, 686.

Planck, BGB Kommentar, 3. Bd., 5. Aufl. Berlin-Leipzig 1933.

Przyskowski, Kreditsicherung durch Bassinvertrag, in Betriebsberater 53, 549ff.

Raiser, Anm. zu der Entscheidung des BGH v. 2. 10. 1952, in NJW 53, 217.

Rautmann, Kreditsicherung durch Übertragung von Anwartschaftsrechten aus bedingter Übereignung, in NJW 51, 298ff.

— Der Abzahlungsverkehr. Seine Finanzierung und Sicherung, Berlin 1930.

Reinicke, Erwiderung auf den Aufsatz v. Rautmann in NJW 51, 298ff., NJW 51, 547.

— Eigentumsvorbehalt und Sicherungsübereignung, in MDR 51, 333ff.

Rühl, Eigentumsvorbehalt und Abzahlungsgeschäft, in Abhandlungen der Berliner Juristischen Fakultät, Bd. VI Berlin 1930.

Schalfejew, Der Eigentumsvorbehalt in der Rechtsprechung, in Der Eigentumsvorbehalt in Wirtschaft und Recht, Berlin-Leipzig 1931, S. 95ff.

Schantz, Verlängerter Eigentumsvorbehalt — wie lange noch? Frankfurt 1937.

Scheld, Der verlängerte Eigentumsvorbehalt, in J. W. 38, 5ff.

Schenk, Zur Frage der Sicherung des Verkäufers bei Export- und Importgeschäften, in NJW 50, 248ff.

Schlegelberger, HGB Kommentar, 2. Aufl., 1. Bd. Berlin-Frankfurt 1950, 2. Bd. 1953.

Schmidt, Zur Diskussion um Eigentumsvorbehalt und Sicherungsübereignung, in MDR 55, 447ff.

Scholz, Das Recht der Kreditsicherung, Berlin-Bielefeld-München 1952.

Schütz, Der Eigentumsvorbehalt vom Standpunkt der Banken, in Der Eigentumsvorbehalt in Wirtschaft und Recht, Berlin-Leipzig 1931 S. 74ff.

Schwartz, Die Grundsätze der Reichsgruppe Industrie über den Eigentumsvorbehalt, in ZAkDR 1938, 415ff.

— Der Eigentumsvorbehalt vom Standpunkt der Industrie, in Der Eigentumsvorbehalt in Wirtschaft und Recht, Berlin-Leipzig 1931, S. 18ff.

Schwister, Der Eigentumsvorbehalt in Wirtschaft und Recht, in JW 31, 1160ff.

— Das Anwartschaftsrecht als Kreditsicherungsmittel, in JW 33, 1857ff.

— Zur Reform der Sicherungsübereignung und des Eigentumsvorbehalts, in JW 38, 1689ff.

— Vertragspfandrecht, Sicherungsübertragung und Eigentumsvorbehalt, in ZAk DR 38, 338ff.

— Zur Reform der Kreditsicherung an Fahrnis und Forderungen, in ZAkDR 38, 370ff.

Sichtermann, Die Beschilderung von Sicherungsgut, in Betriebsberater 52, 622ff.

Siebert, Das rechtsgeschäftliche Treuhandverhältnis, Marburg 1933.

— Ist bei aufschiebend bedingter Übereignung die Fortdauer der Einigung bis zum Eintritt der Bedingung erforderlich?, in JW 33, 2440ff.

Späth, Wie sichere ich meine Forderungen?, in Rechtsarchiv der Wirtschaft Heft 2/3, Stuttgart-München-Hannover 1954.

Staehelin, Probleme aus dem Gebiete des Eigentumsvorbehalts, Basler Diss. 1937.

Staudinger, BGB Kommentar, 3. Bd., 11. Aufl. Berlin 1956.

Stulz, Der Eigentumsvorbehalt im in- und ausländischen Recht, 2. Aufl. Berlin 1931.

Wagener, Eigentumsvorbehalt, in Rechtsfragen der Praxis, 2. Aufl. Berlin 1930.

Wagner, Anm. zu der Entscheidung des LG Berlin/West v. 23. I. 1951, in JR 52, 249.

Walb, Der Eigentumsvorbehalt im Konkurs, in Betriebsberater 53, 577ff.

Wangemann, Die Zwangsvollstreckung des Abzahlungsverkäufers in die unter Eigentumsvorbehalt verkaufte Sache, in NJW 52, 1318ff.

Weinhausen, Die Sicherungsübereignung, 4. Aufl. Berlin 1932.

Westermann, Lehrbuch des Sachenrechts, 2. Aufl. Karlsruhe 1953.

— Interessenkollision und ihre richterliche Wertung bei den Sicherungsrechten an Fahrnis und Forderungen, in Schriftenreihe der juristischen Studiengesellschaft Karlsruhe, Heft 11, Karlsruhe 1954.

— Gesetzliche Regelung der Sicherungsübereignung und des Eigentumsvorbehalts? Referat auf dem 41. Deutschen Juristentag, in Prot. d. 41. DJT.

Wieacker, Der Eigentumsvorbehalt als dingliche Vorzugshaftung, in ZAkDR 38, 590ff.

Wolff, Martin, Das Geld, in Ehrenbergs Handbuch Bd. IV 1. Abt. S. 563ff.

LITERATUR – STRAFRECHT

Beling, Methodik der Gesetzgebung, insbesondere der Strafgesetzgebung, Berlin 1922.

Binding, Lehrbuch des Gemeinen Deutschen Strafrechts, Besonderer Teil I. Band, 2. Aufl. Leipzig 1902.

— Die Normen und ihre Übertretung, II. Band 2. Hälfte, 2. Aufl. Leipzig 1916.

Birkmeyer, Studien zu dem Hauptgrundsatz der modernen Richtung im Strafrecht, „nicht die Tat, sondern der Täter ist zu bestrafen", in Kritische Beiträge Heft 7, Leipzig 1909.

Bockelmann, Studien zum Täterstrafrecht, I. Teil Berlin 1939, II. Teil Berlin 1940.

— Der Tätergedanke im Strafrecht, in ZAkDR 40, 311ff.

— Wie würde sich ein konsequentes Täterstrafrecht auf ein neues Strafgesetzbuch auswirken, in Materialien zur Strafrechtsreform Bd. 1, Bonn 1954, S. 29ff.

Boldt, Anm. zu der Entscheidung des RG v. 14. 11. 1940, in DR 41, 492ff.

Borst, Strafbarkeit von Eigentumsverletzungen bei unter Eigentumsvorbehalt gekauften Sachen, in JW 34, 822ff.

Bruns, Die Befreiung des Strafrechts vom zivilistischen Denken, Berlin 1938.

— Untreue im Rahmen rechts- oder sittenwidriger Geschäfte?, in NJW 54, 857ff.

Busch, Anmerkung zur Entscheidung des OLG Bremen v. 17. 11. 1949, in SJZ 50, 357.

— Moderne Wandlungen der Verbrechenslehre, in Recht und Staat Heft 137, Tübingen 1949.

Class, Grenzen des Tatbestandes, in Strafrechtliche Abhandlungen Heft 323, Breslau-Neukirch 1933.

Dahm, Der Tätertyp im Strafrecht, in Leipziger rechtswissenschaftliche Studien, Leipzig 1940.

— Der Methodenstreit in der heutigen Strafrechtswissenschaft, in ZStW 57, 225ff.

— Gemeinschaft und Strafrecht, in Kieler Universitätsreden Heft 5, Hamburg 1936.

— Das strafrechtliche Täterproblem in der Rechtssprechung, in ZAkDR 39, 528ff.

— Untreue, in Gürtner Bes. Teil 2. Aufl. S. 445ff.

Drost, Das Problem der Individualisierung des Strafrechts, in Recht und Staat Heft 73, Tübingen 1930.

Ebener, Die Untreue und ihr Verhältnis zur Unterschlagung, Leipzig 1932.

Ebermayer-Lobe-Rosenberg, StGB Kommentar, 6. und 7. Aufl. Berlin 1951.

Ehrlich, Die neuere Rechtsprechung zur Untreue des Bevollmächtigten, in ZStW 52, 179ff.

Frank, StGB Kommentar, 18. Aufl. Tübingen 1931.

Freisler, Schutz des Volkes oder des Rechtsbrechers? Fesselung des Verbrechers oder des Richters?, in Schriften der AkfDR, Berlin 1934.

— Gedanken zur Technik des werdenden Strafrechts und seiner Tatbestände, in ZStW 55, 503ff.

Gallus, Tatstrafe und Täterstrafe, insbesondere im Kriegsstrafrecht, in ZStW 60, 374ff.

— Zur Kritik der Lehre vom Verbrechen als Rechtsgutsverletzung, in Festschr. für Gleispach 1936, S. 50ff.

Gelbert, Die mitbestrafte Tat, Diss. Würzburg 1934.

Gemmingen, Probleme der Strafrechtsanwendung. Ein Beitrag zur Praktikabilitätslehre, Tübingen 1934.

— Zum Täterproblem, in ZStW 62, 28ff. u. 266ff.

Gerland, Deutsches Reichsstrafrecht, Lehrbuch, 2. Aufl. Berlin-Leipzig 1932.

Gleispach, Die Veruntreuung an vertretbaren Sachen, I. Teil Berlin 1905.

Grünhut, Der strafrechtliche Schutz wirtschaftlicher Interessen, in Die Reichsgerichtspraxis im deutschen Rechtsleben, Bd. V, Berlin-Leipzig 1929, S. 116ff.

— Begriffsbildung und Rechtsanwendung im Strafrecht, in Recht und Staat in Geschichte und Gegenwart Heft 41, Tübingen 1926.

Grunsfeld, Die strafrechtliche Bedeutung des Eigentumsvorbehalts unter besonderer Berücksichtigung des Untreuetatbestandes, in ZStW 54, 468ff.

Hartung, Anmerkung zu der Entscheidung des OGH f. BZ v. 24. 8. 1948 in SJZ 49, 69.

Hegler, Die Systematik der Vermögensdelikte, in Archiv für Rechts- und Wirtschaftsphilosophie Bd. 9, 1915/16 und Bd. 10, 1916/17.

Hirschberg, Der Vermögensbegriff im Strafrecht. Versuch eines Systems der Vermögensdelikte, Abhandlungen aus der Berliner Juristischen Fakultät, Bd. VII Berlin 1934.

Hoffmann, Wirtschaftsdelikte, insbesondere Insolvenzdelikte aus der Sicht des Staatsanwalts, in Pro honore Bd. 2 S. 43ff.

Honig, Straflose Vor- und Nachtat, in Abhandlungen der Rechts- und Staatswissenschaftlichen Fakultät der Universität Göttingen, 2. Heft, Leipzig 1927.

Husserl, Ideen zu einer reinen Phänomenologie und phänomenologischen Philosophie, Halle 1922.

Kempermann, Die Erkenntnis des Verbrechens und seiner Elemente, Berlin 1934.

Klee, Der Tätertypus als Mittel der Auslegung und der Gestaltung strafbarer Tatbestände, in DStR 40, 97ff.

Köhler, Die Grenzlinien zwischen Idealkonkurrenz und Gesetzeskonkurrenz, München 1900.

— Anm. zur Entsch. des RG v. 20. 5. 1924, in JW 24, 1435.

Kohlrausch, Vermögensverbrechen, in Die Rechtsentwicklung der Jahre 1933 bis 1935/36, zugleich Handwörterbuch der Rechtswissenschaft Bd. VIII, Berlin-Leipzig 1937, S. 739ff.

— Die geistesgeschichtliche Krise des Strafrechts, Rektoratsrede, Berlin 1932.

Kohlrausch-Lange, StGB Kommentar, 39. u. 40. Aufl. Berlin 1950.

Köstlin, Abhandlungen aus dem Strafrechte, Tübingen 1858,

Kronecker, Bemerkungen zu einzelnen Urteilen des Reichsgericht, in GA 34, 402ff.

Leopold, Zum Tatbestand der strafbaren Untreue, in Strafrechtliche Abhandlungen Heft 94, Breslau 1908.

Less, Die Unterschlagung in kriminalsoziologischer Betrachtung, in Strafrechtliche Abhandlungen Heft 365, Breslau-Neukirch 1936.

v. Liszt, Der Zweckgedanke im Strafrecht, in Strafrechtliche Aufsätze und Vorträge. Bd. I, Berlin 1905, S. 126ff.

Maurach, Deutsches Strafrecht, Besonderer Teil, Lehrbuch, Karlsruhe 1953, Allgemeiner Teil 1954.

Maurer, Anmerkung zur Entscheidung des BGH v. 9. 1. 1953, in NJW 53, 1480.

Mayer, Hellmuth, Die Untreue im Zusammenhang der Vermögensverbrechen, München-Berlin-Leipzig 1926.

— Die Untreue, in Materialien zur Strafrechtsreform Bd. 1 Bonn 1954, S. 333ff.

— Die gesetzliche Bestimmtheit der Tatbestände, in Materialien zur Strafrechtsreform Bd. 1. Bonn 1954, S. 249ff.

— Eigentum an Geld und strafrechtliche Konsequenzen, in Ger. S. 104, 100ff.

Meyer-Allfeld, Lehrbuch des Deutschen Strafrechts, 8. Aufl. Leipzig-Erlangen 1922.

Mezger, Strafrecht, Besonderer Teil, Studienbuch, 5. Aufl. München-Berlin 1954.

— Tattypen, Tätertypen und Charaktertypen im Kriegsstrafrecht, in DStR 42, 108ff.

— Tatstrafe und Täterstrafe, insbesondere im Kriegsstrafrecht, in ZStW 60, 353ff.

— Die Straftat als Ganzes, in ZStW 57, 675ff.

— Moderne Strafrechtsprobleme, in Marburger Akademische Reden Nr. 43, Marburg 1927.

— Wesensschau und konkretes Ordnungsdenken, in ZAkDR 37, 417ff.

Mittasch, Die Auswirkungen des wertbeziehenden Denkens in der Strafrechtssystematik, in Abhandlungen des Kriminalistischen Instituts an der Universität Berlin, 4. Folge 4. Band 3. Heft, Berlin 1939.

Mühlmann-Bommel, StGB Kommentar, Regensburg 1949.

Nagler, Kriegsstrafrecht, in Ger. S. 114, 133ff.

Niese, Empfiehlt sich die Einführung einer einheitlichen Strafe auch in Fällen der Realkonkurrenz, in Materialien zur Strafrechtsreform Bd. 1, Bonn 1954, S. 155ff.

Niethammer, Lehrbuch des Besonderen Teils des Strafrechts, Tübingen 1950.

Olshausen, Kommentar zum StGB Bd. I, 12. Aufl. Berlin 1942/44; Bd. II, 11. Aufl. 1927.

Peschke, Der Eigentumsvorbehalt in der strafrechtlichen Praxis, in Der Eigentumsvorbehalt in Wirtschaft und Recht, Berlin-Leipzig 1931, S. 193ff.

Peters, Einheitsstrafe bei Verbrechensmehrheit, in Festschrift für Kohlrausch 1944, S. 199ff.

— Das Begreifen der Eigentumsordnung als kriminalpolitisches Problem, in Festschrift für Wilhelm Sauer, Berlin 1949, S. 9ff.

— In welcher Weise empfiehlt es sich, die Grenzen des strafrichterlichen Ermessens im künftigen Strafgesetzbuch zu regeln?, Gutachten für den 41. DJT, Prot. d. 41. DJT.

Pfeiffer, Die Untreue im zukünftigen Reichsstrafgesetzbuch, in Strafrechtliche Abhandlungen Heft 302, Breslau 1932.

Sauer, Grundlagen des Strafrechts, Berlin-Leipzig 1921.

— System des Strafrechts, Besonderer Teil, Köln-Berlin 1954.

— Krimonologie als reine und angewandte Wissenschaft, Berlin 1950.

— Schließen sich Diebstahl und Sachbeschädigung begrifflich aus?, Halle 1908.

Schaffstein, Zur Lehre vom Tätertyp im Kriegsstrafrecht, in DStR 42, 33ff.

— Der Begriff der Zueignung bei Diebstahl und Unterschlagung, in Ger. S. 103, 292ff.

— Das Verbrechen eine Rechtsgutsverletzung?, in DStR 35, 97ff.

— Das Verbrechen als Pflichtverletzung, Berlin 1935.

Schlosky, Die Untreue, in DStR 1938, 177ff., 228ff.

Schmidt, Rich., Grundriß des deutschen Strafrechts, 2. Aufl. Leipzig 1931.

Schneidewin, Inwieweit ist es möglich und empfehlenswert, die Art der Konkurrenz zwischen mehreren Straftatbeständen im Gesetz auszudrücken ?, in Materialien zur Strafrechtsreform Bd. 1, Bonn 1954, S. 221 ff.

Schönke-Schröder, StGB Kommentar, 6. Aufl. München-Berlin 1952, 7. Aufl. 1954.

Schröder, Über die Abgrenzung des Diebstahls von Betrug und Erpressung, in ZStW 60, 33 ff.

Schwinge, Irrationalismus und Ganzheitsbetrachtung in der deutschen Rechtswissenschaft, in Rechtsvergleichende Untersuchungen zur gesamten Strafrechtswissenschaft, Bonn 1938.
— Teleologische Begriffsbildung im Strafrecht, Bonn 1930.
— Der Methodenstreit in der heutigen Rechtswissenschaft, Bonn 1930.

Schwinge-Siebert, Das neue Untreuestrafrecht, Berlin 1933.

Schwinge-Zimmerl, Wesensschau und konkretes Ordnungsdenken im Strafrecht. Bonn 1937.

Spendel, Zur Notwendigkeit des Objektivismus im Strafrecht, in ZStW 65, 519 ff.

Stoecker, Die Konkurrenz, in Materialien zur Strafrechtsreform, Bd. 2, Bonn 1954, S. 449 ff.

Tomberg, Degeneration und Regeneration der Rechtswissenschaft, Bonn 1946.

Thode, Die sogenannte Unterschlagung vertretbarer Sachen, in Strafrechtliche Abhandlungen, Heft 210, Breslau 1926.

v. Weber, Hellmuth, Zum Aufbau des Strafrechtssystems, Jena 1935.

Wegner, Anm. zum Urteil des RG v. 7. 5. 1934, in JW 34, 1973.
— Anm. zur Entscheidung des RG v. 22. 2. 1934, in JW 34, 906.
— Strafrecht, Allgemeiner Teil, Göttingen 1951.

Welzel, Das deutsche Strafrecht, 4. Aufl. Berlin 1954.
— Auf welche Bestandteile einer Strafvorschrift bezieht sich der Satz: nulla poena sine lege, in JZ 52, 617.
— Persönlichkeit und Schuld, in ZStW 60, 428 ff.

Wilde, Der Eigentumsvorbehalt vom Standpunkt der Staatsanwaltschaft, in Der Eigentumsvorbehalt in Wirtschaft und Recht, Berlin-Leipzig 1931, S. 167 ff.

Wolf, Erik, Die Typen der Tatbestandsmäßigkeit, Breslau 1931.
— Vom Wesen des Täters, in Recht und Staat in Geschichte und Gegenwart Nr. 87, Tübingen 1932.
— Der Sachbegriff im Strafrecht, in Die Reichsgerichtspraxis im deutschen Rechtsleben, Bd. V Berlin-Leipzig 1929, S. 44 ff.
— Das künftige Strafensystem und die Zumessungsgrundsätze, in ZStW 54, 544 ff.
— Tattypus und Tätertypus. Zur Frage der Neugliederung der Verbrechenslehre, in ZAkDR 36, 358 ff.

Wolff, Hans, Die Typen im Recht und in der Rechtswissenschaft, in Studium generale 1952, S. 195 ff.

Zimmerl, Zur Lehre vom Tatbestand, in Strafrechtliche Abhandlungen Heft 237, Breslau 1928.
— Aufbau des Strafrechtssystems, Tübingen 1930.
— Strafrechtliche Arbeitsmethoden de lege ferenda, Berlin-Leipzig 1931.

Zoller, Ausdehnung und Einschränkung des Untreuebegriffs in der Rechtsprechung des Reichsgerichts (zugleich ein Vorschlag de lege ferenda), in Strafrechtliche Abhandlungen Heft 407, Breslau 1940.

I. Teil

Einführung

A. Themaabgrenzung

1. Hauptformen der modernen Kreditsicherung

Es ist uns eine Selbstverständlichkeit, daß unser moderner Wirtschaftsverkehr, der allgemeine Waren- und Leistungsaustausch, durch das Geld ständig geregelt und widergespiegelt wird. Weniger allgemein bekannt ist die speziellere Erkenntnis, daß der Geldumlauf dem Güter- und Leistungsumlauf keineswegs als Bargeldvolumen äquivalent ist, sondern daß sich der weitaus größte Teil der volkswirtschaftlichen Geldmenge im Buchgeld, im Kredit, darstellt. Die Rechtswissenschaft hat bisher nur teilweise die Folgerungen aus diesen Gegebenheiten gezogen[1]).

Es wäre interessant, zu prüfen, inwieweit die rein dingliche Vorstellung vergangener Zeiten vom Geld als Tauschmittel eine befriedigende gesetzliche Regelung der Geldansprüche verhindert hat. Erst in allerletzter Zeit zeigen sich in der Rechtswissenschaft Ansätze, mit der bisherigen Anschauung zu brechen und der modernen Auffassung vom Geld als Anweisung auf das Sozialprodukt, vom Geldanspruch als Wertanspruch, Rechnung zu tragen[2]). Ohne eine Aussage darüber wagen zu wollen, ob diese Bemühungen als geglückt zu bezeichnen sind, dürfen wir sie als Exempel für die allgemeine Erfahrung anführen, daß auch hier die Rechtswissenschaft den anderen Wissenschaften und auch den Änderungen der gesellschaftlichen Entwicklung nur zögernd nachfolgt[3]). Eine Tatsache, die nicht etwa nur als bedauerlich empfunden werden muß, sondern auch andererseits der Rechtswissenschaft und ihrem Gegenstand eine gewisse Stetigkeit verleiht und sie vor stürmischen und gefährlichen Sprüngen auf noch nicht ausreichend erforschten Gebieten bewahrt.

Auch wenn man diese der Rechtswissenschaft eigentümliche Verzögerung in Anschlag bringt, dürfte jedoch heute die energische Befassung

---

[1]) S. das Vorwort Hedemanns zur Denkschrift Lehmann, auch Thode in Unterschlagung S. 1.

[2]) Westermann, Sachenrecht S. 139ff. (in 1. Aufl. S. 128ff.); trotz Verwendung des Wertschuldbegriffes (S. 637) noch überwiegend sachenrechtliche Betrachtung bei M. Wolff, Das Geld, Ehrenbergs Handbuch, Bd. IV 1 S. 563ff. Für eine Änderung de lege ferenda Kaser, Das Geld im Sachenrecht, Archiv Ziv. Praxis Bd. 143 S. 1ff., besonders S. 5/6.

[3]) Vgl. Peters in Festschr. f. Sauer S. 11.

mit den Problemen der Kreditwirtschaft nicht länger hinausgezögert werden. Die außerordentliche Ausweitung des bargeldlosen Zahlungsverkehrs hat dazu geführt, daß im Geschäftsleben Barverkäufe nur noch eine sehr untergeordnete Rolle spielen. Selbst dort, wo es sich nicht um ein Kreditgeschäft im eigentlichen Sinne, also ein Geschäft unter Einräumung eines Zahlungszieles handelt, wird durch die bargeldlose Zahlung ein bzgl. des Zahlungsrisikos kreditgeschäftsähnliches Verhältnis geschaffen. Bargeschäft und Zug-um-Zug-Geschäft finden sich fast nur noch in der letzten Stufe des Warenumlaufes, beim Umsatz der Ware an den Konsumenten. Auch hier ist jedoch durch Abzahlungsgeschäft[1]), Konsumfinanzierung und Kundenkreditbanken dem Kreditgeschäft ein weites Feld eröffnet worden. Fast alle Gebrauchsgüter können mit Kredit gekauft werden.

Der Mannigfaltigkeit der Anwendungsmöglichkeiten der Kreditgeschäfte entsprechen die Formen der Kreditierung. Vom Personalkredit soll hier nicht die Rede sein. Die allgemeine Unsicherheit unseres Jahrhunderts, die Labilität einer verfeinerten Marktwirtschaft und das Auf und Ab der wirtschaftlichen Einzelschicksale haben die Form des Personalkredits beiseite geschoben[2]). Kreditsicherung und Realkredit sind die Schlagworte unserer Kreditwirtschaft. Eigentumsvorbehalt und Sicherungsübereignung sind die Rechtsinstitute der Kreditsicherung im Waren- und Geldverkehr[3]).

Aufgabe dieser Darstellung soll es sein, diese beiden Rechtsinstitute in ihren speziellen strafrechtlichen Auswirkungen darzustellen.

Zwar kann nur die Sicherungsübereignung als Rechtsinstitut des Realkredits angesehen werden, während der Eigentumsvorbehalt nicht eigentlich Institut des Realkredits, nämlich Hereinnahme einer Sicherung ist, sondern eine Sicherung durch Nichtherausgabe der vollen Leistung erstrebt[4]).

Die Zusammenfassung und -behandlung dürfte sich dennoch rechtfer-

---

[1]) Zur Geschichte des Abzahlungsgeschäfts s. Rautmann, Der Abzahlungsverkehr S. 5ff.

[2]) Über die (vergeblich gebliebenen) Bemühungen des Nationalsozialismus zur Wiederbelebung des Personalkredits vgl. Schwartz in ZAkDR 1938 S. 416; über die Ursachen des Zurücktretens des Personalkredits Schwister in JW 33, 1857ff., Hauss Kreditsicherung S. 1ff.

[3]) Über die Ursachen des Zurücktretens der Sicherung durch Immobilien vgl. die ausgezeichneten Ausführungen von Weinhausen S. 14ff.

[4]) Entgegen der von seiten der Banken üblich gewordenen Gleichstellung beider Rechtsinstitute als Mobiliarpfandersatz (bedenklich auch Lehmann Denkschrift S. 6 u. 8 und Wieacker ZAkDR 1938 S. 590) weisen richtig auf die Andersartigkeit des Eigentumsvorbehalts hin: Hauss, Kreditsicherung S. 10, 22/23; G. u. D. Reinicke MDR 51, 333; Rühl S. 12ff; Schwister JW 31, 1163.

Interessant die Folgerung, die s. Z. schon Schantz aus der von ihm geforderten Gleichstellung von Eigentumsvorbehalt und Sicherungsübereignung gezogen hat, nämlich die Behandlung des Eigentumsvorbehalts nach den vom RG in RGZ 136, 253 für die Sicherungsübereignung entwickelten Grundsätzen, vgl. Schantz a. a. O. S. 37. Für Gleichstellung heute Münzel MDR 51, 139; ähnlich Scholz a. a. O. S. 262.

tigen. Einmal wegen der überragenden Bedeutung beider Institute im modernen Wirtschaftsverkehr, sodann wegen der in vielen Dingen gemeinsamen Problematik. Schließlich aber auch deshalb, weil die verschiedenen Ausformungen beider Rechtsinstitute nicht ohne zusammenfassende Betrachtung verständlich werden können. Handelt es sich doch um die miteinander rivalisierenden Sicherungsmittel der Industrie und der Banken, die in immer feineren Ausprägungen, jedes für seinen Wirtschaftszweig und im Kampf gegen den anderen, größtmögliche Sicherung gewähren wollen[1]). So hat der altehrwürdige Eigentumsvorbehalt des § 455 BGB seine Nuancierungen und Erweiterungen erst dann erfahren, als das überspitzte Sicherungsbedürfnis der Banken mit übermäßigen Sicherungsübereignungen dazu führte, daß der Warenlieferant stets das Nachsehen hatte. Nur in ihrem gegenseitigen Kampf sind der Eigentumsvorbehalt der Industrie, das Sicherungsmittel des Warenkredits und die Sicherungsübereignung der Banken, das Sicherungsmittel des Geldkredites, verständlich[2]).

Eine zusammenfassende strafrechtliche Betrachtung beider Rechtsinstitute fehlt bisher, obwohl, wie nachstehend noch zu zeigen ist, die steigende Bedeutung und auch die zunehmende Differenzierung der auftauchenden Fragen eine solche Behandlung lange schon als wünschenswert erscheinen ließen.

Die Aufgabe dieser Darstellung wird es sein, Anregungen zur Lösung dieser Fragen zu geben. Daneben hat sie sich als Ziel eine gewisse Zusammenfassung für die Rechtspraxis gesetzt, eine Zusammenfassung, die über ihre praktische Aufgabe hinaus auch der Wissenschaft dienen soll, indem sie die für die Praxis vorhandenen Schwierigkeiten aufzeigt und die Hilfe der Wissenschaft auf den Plan ruft.

2. Akzessorietät des Strafrechts

Bei dieser Zielsetzung ist es nicht so sehr erforderlich, hier Lehrmeinungen in extenso wiederzugeben, als vielmehr, den Ursachen der rechtlichen Schwierigkeiten nachzuspüren. Wenn sich hierbei ergibt, daß als herrschend zu bezeichnende Systeme in einzelnen Punkten korrekturbedürftig erscheinen, so dürfen wir uns nicht scheuen, dies aufzuzeigen. Schon an dieser Stelle bekennt sich der Verfasser dazu, daß nicht nur Widerspruchslosigkeit eines Systems zu fordern ist, resp. Widersprüche eine Korrektur verlangen, sondern daß darüber hinaus Verständlichkeit und Praktikabilität eines Systems Prüfstein für dessen Geltungsanspruch

[1]) Aufschlußreich die von der IHK Berlin 1931 herausgegebene Schrift: Der Eigentumsvorbehalt in Wirtschaft und Recht, insbesondere hierzu die Aufsätze von Michel S. 241ff. und Schütz S. 74ff.; Besprechung von Schwister JW 31, 1160ff.

[2]) Schütz a. a. O. S. 75 als Vertreter der Banken und Schwartz dortselbst S. 34 als Vertreter der Industrie. Vgl. ferner Schmidt in MDR 55, 447ff. Zu diesem Interessengegensatz vgl. auch den neuartigen Lösungsversuch von Westermann Interessenkollisionen S. 13 u. ff.

sind[1]). Nicht die richtige im Sinne von folgerichtige Durchführung kann den Anspruch der Brauchbarkeit erheben, sondern die klarste und einfachste Ordnung muß praktisch gelten. Hieraus folgt die Notwendigkeit, auch bei Verstößen gegen diesen Grundsatz mit einem Korrekturvorschlag aufzuwarten.

Gerade von diesem Gesichtspunkt aus zeigen sich in der üblichen Behandlung der hier auftauchenden Fragen erhebliche Mängel. Besondere Schwierigkeiten rühren daher, daß die herrschende Lehre bei dem Tatbestand des § 246 StGB an der Akzessorietät des Eigentumsbegriffs festhält, während sie bei der Behandlung des Untreuetatbestandes einen nichtakzessorischen Vermögensbegriff aufgestellt hat.

Hiermit zusammenhängend wird auch überprüft werden müssen, ob und inwieweit eine geringfügige Änderung der zivilrechtlichen Bewertung zu einem Wechsel des anzuwendenden Straftatbestandes oder gar zur Straflosigkeit führen kann.

In der Auseinandersetzung mit dieser Problematik soll die vorliegende Schrift gleichzeitig ein Beitrag zur Akzessorietätslehre sein. Hierbei kann es sich nicht um die Bewältigung der Mammutaufgabe handeln[2]), allgemeine Aussagen zur Akzessorietät zu machen. Vielmehr soll die Akzessorietätslehre unter bewußter Beschränkung auf ein einziges Problem des Besonderen Teiles gefördert werden, wie es denn unserer heutigen Rechtswissenschaft wohl ansteht, die Lehren des Allgemeinen Teiles nicht durch neuartige und vorschnelle Systematisierungsversuche, sondern durch sorgfältige Bearbeitung einzelner Probleme des Besonderen Teiles zu klären[3]).

Daß dieser mehr induktiven Bearbeitungsweise die Großartigkeit und der Schwung einer direkten Behandlung des Allgemeinen Teiles notwendig fehlen muß, wollen wir dabei gern in Kauf nehmen. Immerhin wird sich an verschiedenen Stellen die Frage ergeben, ob eine Generalisierung des Einzelergebnisses statthaft ist. Soweit es der Zusammenhang der Darstellung erlaubt, soll auf diese Frage eingegangen und sollen Ausblicke gegeben werden, die einer Gesamtlösung des Akzessorietätsproblems den Weg weisen könnten.

3. Konkurrenzen

Weitere erhebliche Schwierigkeiten bei der strafrechtlichen Behandlung von Eigentumsvorbehalt und Sicherungsübereignung ergeben sich durch die herrschende Konkurrenzlehre, wenn man die bestehenden Auffassungen über Konkurrenzprobleme überhaupt als solche bezeichnen darf.

Diese Schwierigkeiten ergeben sich sowohl bei dem Nebeneinander als auch bei dem Nacheinander der Tatbestände der §§ 246 und 266. Es

[1]) Vgl. die zu wenig beachtete Schrift von Gemmingen: Probleme der Strafrechtsanwendung, insbesondere S. 2 u. 25, ähnlich auch Sauer in Grundlagen d. Str. S. 295ff.

[2]) Wie sie Bruns unternommen hat. [3]) H. Mayer, Untreue, Vorwort.

werden also Fragen der Gesetzeskonkurrenz und Fragen der straflosen Nachtat zu behandeln sein[1]).

Auch hierbei soll an einem Einzelfall des Besonderen Teiles der Versuch unternommen werden, eine Lösung des Problems aufzuzeigen. Ob die hierbei entwickelten Linien der Lösung zugleich Richtlinien für die Lösung des Konkurrenzproblems überhaupt sein können, muß späteren Bearbeitungen überlassen bleiben. Aus der schon vorgetragenen Erwägung heraus wird auch zu diesem Punkte die Untersuchung bewußt eingeengt, wenngleich der Verfasser hofft, daß die hierzu entwickelten Gedanken zumindest ein Aufruf zu einer allgemeinen Bearbeitung und schließlich Lösung werden könnten.

4. Weitere Zielsetzung

Gerade bei der Behandlung des Konkurrenzproblems wird es notwendig, stärkeres Gewicht auf die Literatur einer vergangenen und uns in vielen Dingen unverständlichen Strafrechtsperiode zu legen. Die vorliegende Arbeit soll daher dem weiteren Ziel dienen, die Ergebnisse einer Strafrechtsperiode fruchtbar zu machen, die um 1930 begonnen hat und mit dem Ende des Krieges versunken ist. Die Nichtbeachtung dieser Strafrechtsperiode und der von ihr entwickelten Lehren wäre nicht nur intolerant, sondern in hohem Grade unwissenschaftlich[2]).

Freilich liegt der Einwand nur allzu nahe, daß es sich hierbei nicht um Wissenschaft, sondern um die Postulierung eines reinen Voluntarismus handele. Von einigen furchtbaren Irrungen, die weder ihrem Gegenstand noch ihrer Form nach als wissenschaftliche Arbeiten bezeichnet werden können, abgesehen, ist dieser Vorwurf jedoch nicht berechtigt. Da Geisteswissenschaften nicht wertfrei sind, also auch nicht wertungslos betrieben werden können, dürften die in dieser Strafrechtsperiode vorgenommenen Wertungen immerhin von Interesse sein.

Auch der Einwand, daß die Früchte dieser Strafrechtsperiode einen ausreichenden Schluß auf ihren Wert zuließen, ist eine zu sehr verallgemeinernde und oberflächliche Behandlung. Ein Erkennen der wirkenden Prinzipien dieser Periode vermag wie jede Betrachtung und jedes Abwägen der Extreme gerade besonderen Nutzen zu bringen.

Es soll daher versucht werden, in unvoreingenommener Weise auch vorschnell und verallgemeinernd für suspekt gehaltenes Gedankengut zur Diskussion zu stellen, soweit hierdurch eine Förderung der Problemlösung zu erwarten ist. Hiermit ist auch gesagt, daß eine vollständige Behandlung dieser Epoche selbstverständlich nicht erfolgen soll. Nur insoweit wird Schrifttum herangezogen, als es die Lösung der gestellten

---

1) Der Terminologie von Honig, Straflose Vor- und Nachtat S. 12 folgend.

2) Verdienstvoll daher der Versuch, z. B. die Lehre vom normativen Tätertyp einer abschließenden Diskussion zuzuführen: Mertens, Die Überwindung der Lehre vom Tätertyp, Münstersche Diss. 1956.

Aufgaben zu fördern vermag. Wir laufen hierbei nicht einmal Gefahr, uns dem Vorwurf des Eklektizismus auszusetzen, da wir ohnehin gezwungen sind, inzidenter Kernfragen dieser Strafrechtsepoche zu berühren.

B. Wiederauftreten der Problematik

Sowohl beim Eigentumsvorbehalt wie bei der Sicherungsübereignung handelt es sich nicht etwa um neue und erst in letzter Zeit gebräuchliche Rechtsinstitute. Insbesondere der Eigentumsvorbehalt hat schon eine lange Geschichte. Es kann hier dahingestellt bleiben, ob er bereits im römischen Recht vorhanden war[1]), fest steht, daß er seit der Rezeption auf unserem Rechtsgebiet heimisch ist[2]). Die Geschichte der sich praeter legem entwickelnden Sicherungsübereignung ist zu bekannt, als daß näher darauf hingewiesen werden müßte[3]).

Die Bedeutung beider Rechtsinstitute ist auch nicht etwa vorübergehend insofern eingeengt worden, als ihre einfache Form im Geschäftsverkehr ungebräuchlich geworden wäre. Vielmehr waren beide Rechtsinstitute zu keiner Zeit aus den Lieferungsbedingungen der Industrie und des Großhandels sowie aus den Kreditkonditionen der Banken hinwegzudenken[4]).

Dennoch besteht gerade heute Veranlassung, die beim Eigentumsvorbehalt und der Sicherungsübereignung auftauchenden strafrechtlichen Probleme zum Prüfstein der Akzessorietäts- und Konkurrenzlehre zu machen, da erst jetzt der vorübergehend ausgesetzte Kampf beider Sicherungsmittel gegeneinander neu einsetzt. Wegen der großen Ausdehnung des Eigentumsvorbehalts in vertikaler und horizontaler Richtung und wegen der schematischen Aufnahme dieser Eigentumsvorbehaltsklauseln in fast alle Geschäftsbedingungen hatte sich die Reichsgruppe Industrie veranlaßt gesehen, selbst den Kampf gegen die Übersicherung der Industrie und damit die Erstreckung des Eigentumsvorbehalts aufzunehmen[5]). So kam es zur Grundsatzaufstellung der Reichsgruppe in DJ 1938 S. 610, nach der der Industrie die Anwendung

[1]) Über die Sicherung des Verkäufers nach röm. R. vgl. Karlowa, Röm. Rechtsgeschichte Bd. II S. 612; vgl. auch Cohen, Die geschichtliche Entwicklung des Eigentumsvorbehalts in Grünhuts Zeitschrift Bd. 21 S. 689ff. (705), wonach der Eigentumsvorbehalt erstmalig in der kursächsischen Prozeßordnung von 1622 aufgetaucht ist.

[2]) Zur Geschichte des Eigentumsvorbehalts s. Stulz, Der Eigentumsvorbehalt im in- und ausländischen Recht, S. 7ff.; Münzel MDR 51, 131; Rautmann NJW 51, 298.

[3]) Zur Sicherungsübereignung im römischen Recht s. Enneccerus-Wolff § 129 II 2.

[4]) Vgl. über die Ausdehnung des Eigentumsvorbehalts in den einzelnen Branchen der Industrie, Schwartz in EV S. 20ff., im Groß- und Einzelhandel Dohrendorf in EV S. 46ff. und Auerbach in EV S. 61ff.

[5]) Um einem drohenden Kreditsicherungsgesetz zu entgehen, vgl. dazu Hauss, Kreditsicherung S. 4ff. In gewisser Weise war auch, wie Schantz a. a. O. S. 57 richtig bemerkt, der Kampf um die Vorausabtretung durch die Vollabtretungs-

des verlängerten und des erweiterten Eigentumsvorbehalts in allgemeinen Geschäftsbedingungen untersagt wurde. Obwohl es sich hierbei lediglich um eine Empfehlung marktregelnder Natur handelte[1]), führte diese Stellungnahme doch praktisch zur Abschaffung des verlängerten und erweiterten Eigentumsvorbehalts, einer Abschaffung, die schon vorher z. B. von Lehmann[2]) gefordert worden war[3]). Hierbei war gewissermaßen der erste Waffengang beider Rechtsinstitute in der modernen Kreditwirtschaft zugunsten der Sicherungsübereignung ausgefallen und ein Großteil der zivilrechtlichen und strafrechtlichen Problematik aus dem Rechtsleben verschwunden[4]).

Ohne daß diese Tatsache allgemeine Beachtung gefunden hätte, hat seit etwa 1949 das stille Ringen dieser beiden Kreditsicherungsmittel wieder eingesetzt[5]). Die Empfehlungen der Reichsgruppe sind mit dem Dritten Reich untergegangen und im verschärften Wettbewerb, der nach der ersten Hausse von 1948 wieder einsetzte, begann der verlängerte und erweiterte Eigentumsvorbehalt seine alte Rolle im Kampf um die Kreditsicherung zu spielen. Die ersten Konkurse nach der Währungsreform ließen Industrie und Großhandel sich auf bewährte Eigentumsvorbehaltsklauseln besinnen. Bald darauf fing auch die Rechtswissenschaft an, sich mit der alten Problematik erneut zu befassen[6]). Wenn überhaupt, so ist jetzt der Zeitpunkt, die strafrechtlichen Auswirkungen zu klären, bevor das Rechtsgebiet um Eigentumsvorbehalt und Sicherungsübereignung zivilrechtlich überwuchert ist.

Gerade die jetzt wiederauftretenden zivilrechtlich diffizil liegenden Formen von Eigentumsvorbehalt und Sicherungsübereignung sind in der

---

klausel in die eigenen Reihen der Warengläubiger getragen worden, da nunmehr von mehreren Vorlieferanten immer nur der Erstzessionar gesichert war.

[1]) Schwartz in ZAkDR 1938 S. 415/417 „Selbstverwaltung der gewerblichen Wirtschaft".

[2]) Der ein Eingreifen des Gesetzgebers anregt, Lehmann Denkschrift insbesondere S. 56ff.; kritische Würdigung von Schwister ZAkDR 1938 S. 338ff.

[3]) Vgl. zum ganzen Schlegelberger § 368 Anhang Anm. 21. Die richtige Bemerkung von Caemmerers in JZ 53, 97, daß sowohl die Reichsgruppe wie auch das RG nicht dem verlängerten und erweiterten Eigentumsvorbehalt schlechthin, sondern nur diesen Erstreckungen in allgemeinen Geschäftsbedingungen feindlich gegenüber gestanden hätten, ist dahingehend zu vervollständigen, daß der Eigentumsvorbehalt (anders als die Sicherungsübereignung) stets zur Aufnahme in allgemeine Geschäftsbedingungen hinstrebt. Da Kaufgeschäfte (im Gegensatz zum Kreditgeschäft) uniforme Massengeschäfte sind, ist die Ausschaltung des verlängerten und erweiterten Eigentumsvorbehalts in allgemeinen Geschäftsbedingungen praktisch Ausschaltung dieser Eigentumsvorbehaltsformen überhaupt.

[4]) Lange NJW 50, 565/66.

[5]) Hinweise bei Klauss NJW 50, 765; Lange NJW 50, 565; Münzel MDR 51, 129; vgl. auch Westermann Interessenkollisionen S. 3.

[6]) Arndt DRiZ 52, 20ff.; Barkhausen NJW 49, 845ff.; Blomeyer NJW 51 548; Flume NJW 50, 841ff.; Klauss NJW 50, 765ff.; Klee MDR 51, 455; Lange NJW 50, 565ff., NJW 51, 446; Laue NJW 50, 585; Ludewig Der Betrieb 51, 932ff.; Münzel MDR 51, 129ff.; Rautmann NJW 51, 298ff.; Reinicke MDR 51, 333ff. u. in NJW 51, 547ff.; Schenk NJW 50, 248ff.

früheren Zivilrechtsprechung nicht ohne Gewalttätigkeit behandelt worden[1]. So hatte das Reichsgericht bei der Frage der Vorausabtretung der aus dem Weiterverkauf entstehenden Forderungen an dem Grundsatz der abstrakten Bestimmbarkeit festgehalten, ohne daß die dogmatische Notwendigkeit einzusehen wäre[2]. Die Absicht, durch unmögliche Anforderungen eine Vorausabtretung wenn nicht ganz zu unterbinden, so doch stark einzuschränken, war ganz offensichtlich[3].

Wenn nichts sonst, so müßten doch diese zivilrechtlichen Konstruktionen Befreiungsgedanken auf den Plan rufen. Ziel einer in sich gefestigten Strafrechtswissenschaft müßte es sein, sich davon frei zu machen, ungewollt Nachläufer oder aber auch Schrittmacher[4] zivilrechtlicher Konstruktionen[5] zu werden. Aber auch eine Befreiung des Strafrechts von bedenklichen und rein zivilrechtlich bedingten Konkurrenzerscheinungen ist notwendig. Schließlich, aber nicht der Bedeutung, sondern allenfalls der Entferntheit des Zieles nach an letzter Stelle ist die Befreiung des Strafrechts von der kriminonologisch falschen Einreihung des Täters zu postulieren; eine Forderung, die Sauer im Vorwort seiner Kriminonologie als wichtiges Anliegen moderner Strafrechtsdogmatik bezeichnet[6].

Es ist nicht anzunehmen, daß die Empfehlung einer Wirtschaftsgruppe je wieder eine ähnliche Wirkung haben wird, wie es im nationalsozialistischen Staate der Fall sein konnte[7]. Damit besteht die hohe Wahrscheinlichkeit, daß sich die Formen von Eigentumsvorbehalt und Sicherungsübereignung weiter differenzieren werden[8] und die zivilrechtliche Problematik nicht ab-, sondern erheblich zunimmt. Auch der letzte

---

[1] Schwister JW 33, 1857 weist darauf hin, daß gerade das Sachenrecht immer mehr zum „Tummelplatz überfeinerter Konstruktionskünste" werde.

[2] RGZ 155, 29.

[3] Mit Recht gegen diese Einschränkung und ihre Begründung Flume NJW 50, 846; Hefermehl in Schlegelberger § 368 Anhang Anm. 29.

[4] Hierzu der interessante Fall der Verkaufserlösklausel, die erstmalig von einem Strafsenat des RG in ihrer Wirksamkeit anerkannt wurde, RGSt. 62, 32. Grund war hierfür die Enge des alten § 266 StGB, die zu einer starken Ausweitung des Unterschlagungstatbestandes drängte. Vgl. hierzu Ebener a. a. O. S. 60/61; Zoller a. a. O. S. 36. Über die fortschrittliche Anwendung des antizipierten Besitzkonstitutes vgl. RGSt. 54, 187; 62, 58; Entscheidungen, die sich nur aus der Enge des alten § 266 StGB erklären.

[5] Von denen doch fast immer zwei oder noch mehr Lösungen haltbar sind, Schwister JW 33, 1859; ganz zu schweigen von dem Durcheinander der Meinungen bei der Anwendung des Eigentumsvorbehalts im internationalen Privatrecht; vgl. hierzu Stulz S. 69ff. und Gieseke in EV S. 123ff.

[6] A. a. O. S. VII.

[7] Wo hinter der Empfehlung deutlich genug die Drohung mit dem Erlaß einer marktregelnden Weisung stand, vgl. Schwartz in ZAkDR 1938 S. 417.

[8] Insbesondere, da es zu einer Einigung zwischen Bankgewerbe und Industrie trotz der Empfehlung der 1. Arbeitsgemeinschaft des 41. Deutschen Juristentages bislang nicht gekommen ist.

Ein Eingreifen des Gesetzgebers ist weder zu erwarten noch wünschenswert. Vgl. Referat Westermann u. die Empfehlung der 1. Arbeitsgem. in Prot. d. 41. DJT 1955.

Deutsche Juristentag 1955 hat sich in seiner 1. Arbeitsgemeinschaft mit diesen drängenden Problemen befaßt. Es ist daher an der Zeit, die Frage aufzuwerfen, ob das Strafrecht mit seiner „realistischeren Natur" (Binding) diese Entwicklung mitmachen kann und muß.

Hier erscheint es uns wichtig, im Strafrecht frühzeitig eine feste Position zu beziehen.

Hinzu kommt die Erwägung, daß nicht nur das Gesetz, sondern auch die Rechtslehre und Rechtspraxis eine Magna Charta sein müssen. Oder soll strafrechtliche Täterschaft davon abhängig sein, welchen Standpunkt das oberste Zivilgericht bei der Frage der Bestimmbarkeit einer vorausabgetretenen Forderung einnimmt? Soll die mehr oder weniger gute, d. h. wirksame Verklausulierung der Lieferungsbedingungen entscheidend sein, ob ein Mensch strafrechtlich Täter ist oder nicht? Ein Abschieben dieser Problematik in die Schuldfrage wäre ein Zeichen für die Untauglichkeit oder aber für die unvernünftige Auslegung unserer Straftatbestände.

C. Zivilrechtliche Einführung

Um die im folgenden verwandten Begriffe zu klären und auch zur Einführung in die zivilrechtliche Problematik ist es erforderlich, einen kurzgefaßten Überblick über die verschiedenen Ausformungen von Eigentumsvorbehalt und Sicherungsübereignung zu geben.

1. Der Eigentumsvorbehalt

a) Einfacher Eigentumsvorbehalt und Nebenformen

α) Der Eigentumsvorbehalt des § 455 BGB[1]

Der einfache Vorbehalt des Eigentums bis zur Zahlung des Kaufpreises ist das gewissermaßen primitivste Mittel zum Schutze des Warenlieferanten vor Verfügungen des Käufers und Zugriffen anderer Gläubiger. Nach der Auslegungsregel des § 455 BGB[2]) ist bei Anwendung dieser Klausel der Verkauf unter Vorbehalt des Rücktritts bei Zahlungsverzug abgeschlossen und die Übereignung aufschiebend bedingt durch die Kaufpreiszahlung vorgenommen[3]).

Die dingliche Wirkung dieser Vorbehaltsklausel tritt auch dann ein, wenn sie einseitig vom Verkäufer dem Käufer nach Abschluß des Kauf-

---

[1]) Übliche Formel: „Die gelieferte Ware bleibt bis zur vollständigen Bezahlung des Kaufpreises, bei Schecks und Wechseln bis zu deren Einlösung, Eigentum des Verkäufers."

[2]) RGZ 147, 325 über den Charakter des § 455 BGB als bloße und andere Vereinbarungen nicht ausschließende Auslegungsregel.

[3]) Nicht immer ist der Verkauf unter Eigentumsvorbehalt leicht vom Kommissionsgeschäft abzugrenzen, so z. B., wenn ein Eigentumsvorbehalt an einem festen und vom Verkäufer nachzufüllenden Lager vereinbart wird. Die Unterscheidung ist wichtig, besonders wegen der Anwendung der Vorschriften §§ 95 Börsengesetz und 392 II HGB. Über sog. Konditionsgeschäfte vgl. Rühl S. 188ff.

vertrages, aber noch vor oder bei Übergabe der Ware mitgeteilt wird. Auch in diesem Falle, so wenn sich der Eigentumsvorbehalt auf dem Rechnungsformular oder den Warenbegleitpapieren befindet, fehlt es an der unbedingten Übereignungserklärung des Veräußerers, kann also das Eigentum bei Annahme der bedingten Übereignungserklärung nur aufschiebend bedingt übergehen[1]). Da in diesem Falle der Kaufvertrag den Verkäufer jedoch zur unbedingten Übereignung verpflichtet, besteht ein Anspruch des Käufers auf volle Eigentumsverschaffung, der im Klagewege durchgesetzt werden kann.

Die schuldrechtliche Wirkung des Eigentumsvorbehalts besteht vor allem darin, den Verkäufer von der lästigen Fristsetzung des § 326 BGB zu befreien und ihm damit eine schnelle einseitige Aufhebung der Vertragswirkungen zu ermöglichen. Die Bedeutung der schuldrechtlichen Wirkung ist um so größer, als bei Kreditgeschäften ohne Eigentumsvorbehalt in allen Fällen wo eine ausdrückliche Vereinbarung fehlt, die Vorschrift des § 454 BGB zum Zuge käme. Der Verkäufer hätte demnach nicht die Möglichkeit, vom Vertrage zurückzutreten.

Die dingliche Wirkung des Eigentumsvorbehalts besteht darin, daß der Verkäufer auflösend bedingt Eigentümer bleibt und damit auch die sich aus dem Eigentum ergebenden Rechte, insbesondere den Herausgabeanspruch nach § 985 BGB behält[2]).

Der Käufer wird aufschiebend bedingt Eigentümer, erhält also ein Anwartschaftsrecht, das nach allgemeiner Meinung übertragbar, pfändbar[3]) (§ 857 ZPO) und im Konkurs beschlagnahmefähig ist[4,5]). Die Übertragung des dinglichen Anwartschaftsrechts erfolgt wie die des Eigentums nach §§ 929ff. BGB. Eine derartige Übertragung kann auch als Sicherungsübertragung vorgenommen werden. Hier liegt eine wichtige, hauptsächlich bei der Absatzfinanzierung benutzte Möglichkeit der Kreditsicherung[6]).

Streitig ist noch immer, in welcher Weise sich das Anwartschaftsrecht des Vorbehaltskäufers in Volleigentum verwandelt. Früher wurde vom RG unter Hinweis auf den Wortlaut des § 929 S. 1 BGB („einig sind“) gefordert, daß ein Einigsein, also der Übertragungswille auch im Zeit-

---

[1]) KG JW 29, 2164; OLG Düsseldorf JW 31, 2580; OLG München JW 32, 1668 mit dem ausdrücklichen Hinweis, daß die Erklärung des Eigentumsvorbehalts genügend hervorgehoben werden müsse. Ähnlich Scholz a. a. O. S. 264, Rühl a. a. O. S. 61 und jetzt BGH in NJW 53, 217 (= JZ 53, 122) mit zust. Anm. von Raiser u. weiteren Nachweisen. Dagegen Haegele Eigentumsvorbehalt S. 14; Joel in Bankarchiv 29, 309; Schalfejew in EV S. 98.

[2]) Dazu, daß trotz Verwendung einer Selbsthilfeklausel der Verkäufer kein Recht hat, sich selbst sein Eigentum zurückzuholen vgl. Rühl a. a. O. S. 103.

[3]) Über die Folgen der Anwartschaftsrechtspfändung vgl. BGH in NJW 54, 1325 mit krit. Anm. von Bauknecht.

[4]) Schrifttumsnachweise bei Letzgus a. a. O. S. 10ff.

[5]) Zur Frage des Erlöschens des Anwartschaftsrechts durch Bedingungsausfall vgl. Rühl a. a. O. S. 93, der zutreffend einen Bedingungsausfall nicht schon bei Verzug, sondern erst bei Rücktrittserklärung annimmt.

[6]) Hierzu vor allem Holtz Anwartschaftsrecht.

punkt des Bedingungseintritts noch vorliegen müsse[1]). Später hat das RG diesen Standpunkt aufgegeben, da sich die Überzeugung durchsetzte, daß § 929 BGB nur ein Einigsein im Augenblick der Übergabe verlange[2]). Auch in der Lehre vertritt man überwiegend den Standpunkt, daß der Eigentumsübergang ohne weitere Mitwirkung des Veräußerers und lediglich durch den Eintritt der Bedingung erfolgt[3]). Nach der Ansicht von Westermann ist ein Einigsein bei § 929 BGB überhaupt nicht erforderlich, so daß von diesem Standpunkt aus sich ohne weiteres ein Eigentumsübergang durch bloßen Bedingungseintritt vollzieht[4]). Nach Siebert u. Hefermehl[5]) folgt dieses Ergebnis aus dem Recht der Bedingung, insbesondere daraus, daß es gerade der Sinn der Bedingung ist, daß der Eintritt der Rechtswirkung nur vom Bedingungseintritt abhängt.

Jedenfalls kann als gesichertes Ergebnis festgestellt werden, daß bei Kaufpreiszahlung ohne Rücksicht auf den Willen des Vorbehaltsverkäufers das Anwartschaftsrecht des Vorbehaltskäufers zum Volleigentum wird[6]).

Sehr streitig ist jedoch die Frage, ob im Falle der Übertragung des Anwartschaftsrechts bei Eintritt der Bedingung, d. h. bei Kaufpreiszahlung an den Vorbehaltsverkäufer das Eigentum von diesem unmittelbar auf den Inhaber des Anwartschaftsrechts übergeht, oder ob zunächst ein Durchgangserwerb des Vorbehaltskäufers erfolgt.

Nach einer insbesondere von Siebert und (bis zur 15. Aufl.) Palandt-Hoche vertretenen Ansicht kann ein unmittelbarer Erwerb des Anwartschaftsberechtigten nur dann eintreten, wenn eine neue dahingehende dingliche Einigung zwischen Vorbehaltsverkäufer und Vorbehaltskäufer erfolgt. Fehlt diese neue Einigung, so kommt nur Durchgangserwerb in Betracht[7]).

Ähnliche Anforderungen hat das frühere RG aufgestellt. Nach seiner Ansicht lag immer dann nicht Durchgangserwerb, sondern unmittelbarer Erwerb vor, wenn der Vorbehaltsverkäufer der Übertragung des Anwartschaftsrechts zugestimmt hatte und diese Zustimmung vom Vor-

[1]) RGZ 64, 206; 95, 107.

[2]) RGZ 135, 367; 140, 226: „..... denn jedenfalls vollzieht sich der Eigentumserwerb des Vorbehaltskäufers, wenn dieser den Kaufpreis vollständig bezahlt, ohne Mitwirkung des Verkäufers.“ Lange in NJW 50, 567 u. NJW 51, 446 nimmt offenbar an, daß das RG mit dieser Entscheidung seinen früheren Standpunkt nicht aufgegeben habe; a. A. wohl Siebert JW 33, 2440 u. Hefermehl in Schlegelberger a. a. O. Anm. 9. Für die hier vertretene Ansicht jetzt auch BGH Urteil v. 24. 5. 1954 in NJW 54, 1325.

[3]) Nachweise bei Schlegelberger § 368 Anhang Anm. 9; Rautmann NJW 51, 299; vgl. vor allem Siebert JW 33, 2440.

[4]) Westermann, Sachenrecht S. 187. Gegen diese Auslegung BGH 14,120.

[5]) In Schlegelberger § 368 Anhang Anm. 9; Siebert in JW 33, 2440.

[6]) Dieser Regelung entspricht es, wenn nach h. L. zum gutgläubigen Erwerb des Vorbehaltskäufers guter Glaube nur im Zeitpunkt der Einigung und Übergabe also nicht etwa bis zum Bedingungseintritt erforderlich ist. S. dazu BGH Urteil v. 21. 5. 1953 in NJW 53, 1099 = BB 53, 513 = BGH 10, 73 mit Schrifttumsnachweisen.

[7]) Siebert JW 33, 2441; Palandt § 929 Anm. 6 B b (anders die 16. Aufl.).

behaltskäufer im Namen des Verkäufers dem Dritten gegenüber erklärt worden war. Das RG ließ es auch damit genügen, daß der Vorbehaltsverkäufer von der Übertragung des Anwartschaftsrechts benachrichtigt wurde und nicht widersprach[1]).

Heute steht ein Teil der Literatur auf dem Standpunkt, daß auch ohne diese nochmalige Einschaltung des Vorbehaltsverkäufers ein unmittelbarer Erwerb des Anwartschaftsberechtigten erfolgen könne[2]). Diese Meinungen stützen sich in der Hauptsache auf das Argument, daß es im Wesen des Anwartschaftsrechts liege, nur in der Person seines Inhabers zum Vollrecht zu erwachsen. Das bedeutet eine völlige Ausschaltung des nicht mehr anwartschaftsberechtigten Vorbehaltskäufers. Hierbei wird allerdings zweifelhaft, ob ein auf diese Weise erfolgender unmittelbarer Erwerb dem Anwartschaftsberechtigten auch in jedem Fall unbelastetes Eigentum verschafft oder ob etwa entstandene Belastungen am Anwartschaftsrecht beim Eigentumserwerb zu Belastungen des Eigentums werden[3]). Eine Stellungnahme zu dieser Frage braucht hier nur am Rande zu erfolgen, da für unsere Zwecke die Aufzeigung der Problematik vollauf genügt[4]).

Von der Verfügung über das Anwartschaftsrecht ist scharf zu unterscheiden die Verfügung des Vorbehaltskäufers über das Eigentum. Da er nicht Eigentümer ist, sind seine Verfügungen in jedem Falle Verfügungen eines Nichtberechtigten. Wirksamkeit der Verfügung kann also nur entweder nach § 185 BGB bei einer dahingehenden Zustimmung des Vorbehaltsverkäufers[5]), oder aber nach den Grundsätzen über den gutgläubigen Erwerb vom Nichtberechtigten eintreten.

---

[1]) RGZ 95, 108; 140, 226, vgl. zu dieser Entscheidung Crisolli in JW 34, 329; ebenso OLG Stuttgart Urteil v. 21. 6. 1950 in NJW 51, 445 mit zust. Anm. von Lange; Späth a. a. O. S. 27.

[2]) Nachweise bei Schlegelberger § 368 Anhang Anm. 13, Letzgus a. a. O. S. 14ff. u. Bauknecht NJW 54, 1774; 55, 1156, 1252. Für die Anwendung der Konstruktion einer verdeckten Stellvertretung immer dann, wenn der Vorbehaltskäufer das Anwartschaftsrecht vor Abschluß des Kaufvertrages bereits sicherungsübertragen hat, Rautmann NJW 51, 299; kritisch hierzu Reinicke NJW 51, 547 und Blomeyer NJW 51, 548.

[3]) Dafür, daß eine Belastung des Eigentums eintritt ohne Rücksicht, ob unmittelbarer oder Durchgangserwerb vorliegt, Holtz JW 33, 2572 und S. 23ff. seiner Dissertation; Lange in NJW 51, 446; Westermann, Sachenrecht S. 217.

[4]) Da das „Anwartschaftsrecht" nur eine Benennung und ein Erklärungsversuch für die aufschiebend bedingte Rechtslage ist, erscheint es jedoch zweifelhaft, ob man aus einer vermeintlichen Natur des Anwartschaftsrechts Folgerungen ziehen darf, die im Ergebnis eine Entfernung von den Vorschriften der §§ 929ff. BGB bedeuten. Trotz der sich mehrenden Ansichten, daß der Veräußerer des Anwartschaftsrechts für einen Eigentumserwerb nicht mehr in Betracht komme, scheint es mir richtig, an der Ansicht des Reichsgerichts festzuhalten. M. E. unrichtig daher LG Köln in NJW 54, 1773 mit zust. Anm. von Bauknecht, der auch wieder aus der (fragwürdigen) Natur des Anwartschaftsrechts Schlüsse zu ziehen sich bemüht. Ebenso Pal.-Hoche a. a. O. Es gibt dann eben keine „Existenz des Anwartschaftsrechts", wenn eine solche bedingt, daß unter Umgehung der §§ 929ff. übereignet wird.

[5]), Widerruflich, BGH 14, 118.

Meist ist dem Vorbehaltskäufer gestattet, die Ware im Rahmen des gewöhnlichen Geschäftsverkehrs zu veräußern. Fehlt eine ausdrückliche Gestattung im Kaufvertrag, so kann sie doch in fast allen Fällen, in denen die Ware zum Weiterverkauf hingegeben wird, vermutet werden[1]). Nimmt der Vorbehaltskäufer eine derartige Veräußerung vor, so geht kraft der Einwilligung des Eigentümers nach § 185 Abs. I BGB das Eigentum unmittelbar auf den Zweiterwerber über. Ein Durchgangserwerb findet nicht statt. Der Vorbehaltskäufer ist zu keinem Zeitpunkt Eigentümer der Ware gewesen.

Fehlt es an der Zustimmung des Vorbehaltsverkäufers, so kann das Eigentum an der Ware nur nach §§ 932ff. BGB und 366 HGB übergehen. Die Vorschriften der §§ 932ff. kommen dabei nur dann in Betracht, wenn der Erwerber an das Eigentum des Vorbehaltskäufers glaubt. Sehr viel häufiger ist der Fall, daß der Erwerber die Sache nicht für Eigentum des Vorbehaltskäufers hält, aber an dessen Verfügungsbefugnis glaubt. In diesem Falle wird sein guter Glaube an die Verfügungsbefugnis nach § 366 HGB geschützt.

Bis zur wirksamen Veräußerung der Ware hat der Vorbehaltsverkäufer bei Zahlungsverzug des Käufers den Herausgabeanspruch nach § 985 BGB. Einer Ausübung des Herausgabeanspruchs ohne Verzug des Vorbehaltskäufers würde die aus dem Kaufvertrag folgende exceptio rei venditae et traditae entgegenstehen[2]). Wichtig ist, daß in dem Herausgabeverlangen des Vorbehaltsverkäufers nicht gleichzeitig die Ausübung des Rücktrittsrechts gesehen werden kann[3]). Der Verkäufer hat insofern eine sehr starke Stellung, als er sich wieder in den Besitz der Ware setzen kann, ohne hierdurch den Kaufpreisanspruch aufgeben zu müssen. Eine Ausnahme zugunsten des Nichtkaufmanns machen die Vorschriften der §§ 5 u. 8 des Abzahlungsgesetzes[4,5]).

Die Eigentümerstellung des Vorbehaltsverkäufers äußert sich in der Zwangsvollstreckung gegen den Vorbehaltskäufer darin, daß der Vorbehaltsverkäufer gegen eine Einzelvollstreckung nach § 771 ZPO inter-

---

[1]) Vgl. Scholz a. a. O. S. 263; zu Ausverkäufen vgl. Schalfejew in EV S. 102; zum Erlöschen der Verkaufsbefugnis im Konkurs s. jetzt BGH in NJW 53, 217 und Walb in BB 53, 578. Die Verpfändung und Sicherungsübereignung der Vorbehaltsware ist dem Käufer meist ausdrücklich verboten. Für ein Verbot auch ohne ausdrückliche Abrede Hauss Kreditsicherung S. 17, so auch BGH 10, 17/8.

[2]) Dazu, daß aus dem Anwartschaftsrecht kein Recht zum Besitz folgt vgl. BGH Urteil v. 21. 5. 1953 in NJW 53, 1099 = BGH 10, 71; a. A. Bauknecht NJW 55, 1252.

[3]) Über die andersartige Behandlung im schweizer. und österreichischen Recht Staehelin S. 40ff.; vgl. hierzu Stulz S. 50, mit der Einschränkung, daß diese Möglichkeit dann nicht in Betracht komme, wenn den Parteien die Kenntnis der hierzu herrschenden Rechtsprechung nicht unterstellt werden könne.

[4]) Die nach der Entscheidung des BGH v. 9. 10. 1951 auch bei der Kundenfinanzierung durch ein selbständiges Finanzierungsinstitut anzuwenden sind, BGH in BB 52, 70 mit zustimmender Anm. von Busch.

[5]) Über die Streitfrage, ob die Pfändung und Verwertung der Eigentumsvorbehaltsware durch den Verkäufer eine Umgehung des § 5 Abz. G darstellt, vgl. Häring NJW 53, 973; Klauss NJW 50, 765; Wangemann NJW 52, 1318.

venieren kann und im Konkurs des Vorbehaltskäufers nach § 43 KO ein Aussonderungsrecht hat. Wichtig ist, daß im Konkurs die Lieferung unter Eigentumsvorbehalt nicht als volle Erfüllung im Sinne des § 17 KO gilt[1]). Damit ist der Vorbehaltsverkäufer voll gesichert. Nur durch Zahlung des Restkaufpreises kann dem Vorbehaltsverkäufer das Eigentum an der Ware aus der Hand gewunden werden. Nimmt der Gläubiger des Vorbehaltskäufers eine solche Zahlung vor, so kann er den nach § 267 Abs. II BGB erheblichen Widerspruch von Vorbehaltsverkäufer und Vorbehaltskäufer durch Hilfspfändung des Anwartschaftsrechts ausschalten[2,3]).

Diese Eigentümerrechtsstellung kann vom Vorbehaltsverkäufer auch beim Abtreten der Kaufpreisforderung auf einen Dritten übertragen werden. Zwar geht nicht etwa nach § 401 BGB das Vorbehaltseigentum auf den Zessionar über, da es sich bei dem Vorbehaltseigentum zwar wirtschaftlich, aber nicht rechtlich um eine Sicherung handelt. Jedoch wird man oft in der Abtretung der Kaufpreisforderung zugleich eine Übertragung des Eigentums nach §§ 929, 931 BGB zu sehen haben[4]).

Die dingliche Stellung des Vorbehaltsverkäufers endet mit Eintritt der Bedingung oder wirksamer Verfügung des Vorbehaltskäufers. Darüber hinaus erlischt das Eigentum des Verkäufers auch dann, wenn allgemein nach den Vorschriften der §§ 946ff. BGB das Eigentum durch Verbindung, Vermischung oder Verarbeitung untergeht[5]). Neben der Möglichkeit des gutgläubigen Erwerbs vom Vorbehaltskäufer liegt hier die zweite gefährliche Schwäche des einfachen Eigentumsvorbehalts.

β) Der Eigentumsvorbehalt mit auflösender Bedingung

Der Eigentumsvorbehalt kann auch in der Weise vereinbart werden, daß der Vorbehaltsverkäufer das Eigentum unter der auflösenden Bedingung unvollständiger Kaufpreiszahlung überträgt. Diese Form des Eigentumsvorbehalts ist wenig gebräuchlich[6]). Die Stellung des Vorbehaltsverkäufers ist hier formell schwächer, da der Vorbehaltskäufer zunächst jedenfalls Eigentümer wird. Erst bei Nichtzahlung des

---

[1]) RG ständige Rechtspr., vgl. RGZ 133, 40, Schrifttum s. Coing NJW 52, 48ff.

[2]) So auch Rühl a. a. O. S. 90ff. und KG in OLG Rechtspr. 26, 56; für Unwirksamkeit des Widerspruchs nach § 138 BGB und gegen die Notwendigkeit der Hilfspfändung Haegele a. a. O. S. 30, Späth a. a. O. S. 27. Über die ganze Frage vgl. auch BGH Urteil v. 24. 5. 1954 in NJW 54, 1325 mit krit. Anm. von Bauknecht.

[3]) Über die Wirkung des Eigentumsvorbehalts im Konkurs und Vergleich des Vorbehaltsverkäufers vgl. Schlegelberger § 368 Anhang Anm. 48 u. 54; Haegele a. a. O. S. 47; Levy in EV S. 150ff.

[4]) Ähnlich RGZ 89, 193; s. auch Rühl a. a. O. S. 82/83 und Scholz a. a. O. S. 265.

[5]) Über das Erlöschen des Eigentumsvorbehalts an Maschinen durch Einbau und die dem Eigentumsvorbehalt freundlicher gewordene Rechtsprechung vgl. besonders die vom Verein deutscher Werkzeugmaschinenfabriken herausgegebene Schrift von Wagener S. 13ff.

[6]) Über diese Form des Eigentumsvorbehalts in allgemeinen Lieferungsbedingungen Rühl a. a. O. S. 8.

Kaufpreises geht das Eigentum wieder auf den Vorbehaltsverkäufer über. Zwischenverfügungen des Vorbehaltskäufers, wie z. B. bei Verkauf der Ware, die nach § 161 Abs. II BGB unwirksam wären, werden durch den guten Glauben des Erwerbers an die Verfügungsmacht des Vorbehaltskäufers nach § 161 Abs. III BGB geheilt.

γ) Nachträglicher Eigentumsvorbehalt

Der sogenannte nachträgliche Eigentumsvorbehalt, der von den Parteien nach einer unbedingten Übereignung vereinbart werden kann, ist in Wirklichkeit eine nach §§ 929/930 BGB vorgenommene Sicherungsübereignung unter der auflösenden Bedingung vollständiger Kaufpreiszahlung[1]). Der Vorbehaltsverkäufer wird auflösend bedingt Eigentümer, während der Vorbehaltskäufer sein Vollrecht aufgibt und aufschiebend bedingtes Eigentum erhält. Da es sich um eine echte Sicherungsübereignung handelt, ist zur Wirksamkeit ein konkretes Besitzmittlungsverhältnis erforderlich[2]). Auch die sonstige rechtliche Behandlung entspricht der der später darzustellenden Sicherungsübereignung.

δ) Uneigentlicher Eigentumsvorbehalt

Als uneigentlichen Eigentumsvorbehalt bezeichnet man die Verpflichtung des Käufers, nicht vor Zahlung des Kaufpreises über die Ware zu verfügen. Eine dingliche Wirkung, die das Wesen des echten Eigentumsvorbehalts ausmacht, fehlt hier. Auch wegen der weitgehenden schuldrechtlichen Bindung, die sich im modernen Geschäftsverkehr als ungeeignet erweist, kommt dieser Abrede eine besondere Bedeutung nicht zu[3]).

ε) Einfacher Eigentumsvorbehalt mit Nebenverpflichtungen

Wie bereits erwähnt, finden sich nicht selten bei einfachen Eigentumsvorbehaltsklauseln noch besondere Bestimmungen über die Behandlung der Eigentumsvorbehaltsware. So z. B. wird häufig vereinbart, daß die Ware nur im ordentlichen Geschäftsverkehr weiterveräußert werden darf, oder, daß die unter Eigentumsvorbehalt gelieferte Ware nicht verpfändet oder zur Sicherheit übereignet werden darf. Hierbei handelt es sich lediglich um klarstellende Bestimmungen. Darüber hinaus sind Nebenverpflichtungen bzgl. der Behandlung der Forderungen aus dem Weiterverkauf oder der Behandlung des Erlöses üblich geworden. So z. B. die Klauseln: die Forderungen aus dem Weiterverkauf

---

[1]) Vgl. dazu Rühl S. 72 und jetzt BGH in NJW 53, 217.

[2]) BGH Urteil v. 2. 10. 1952 in NJW 53, 217 mit krit. Anm. von Raiser. Gegen diese Ansicht auch Schmidt in MDR 55, 447.

[3]) Rühl S. 75ff.; Über die Geschichte dieser Form der Sicherung im Wollhandel vgl. auch Schwartz in EV S. 22.

sind dem Verkäufer zur Sicherheit abzutreten, oder, der sich aus dem Verkauf der Ware ergebende Erlös ist (gesondert aufzubewahren und) unverzüglich an den Verkäufer abzuführen.

Oft ist bei diesen Klauseln unklar, ob die Parteien nicht doch eine dingliche Wirkung gewollt haben. Soweit das nicht der Fall ist, gewinnen diese Nebenverpflichtungen zwar nicht sachenrechtlich, wohl aber strafrechtlich für die Beurteilung des gesamten Verhältnisses eine gewisse Bedeutung. Insbesondere ist das der Fall bei weitgehender Verpflichtung des Käufers zur Rechnungslegung, Mitteilung des Warenbestandes oder bei der Einräumung von Kontrollrechten zugunsten des Verkäufers.

b) Der verlängerte Eigentumsvorbehalt

Als verlängerten Eigentumsvorbehalt bezeichnet man die Erstreckung des Eigentumsvorbehalts in vertikaler Richtung. Gerade wegen der üblichen oder vermuteten Gestattung des Weiterverkaufs der Waren vor Bedingungseintritt, aber auch, um bei Untergang des Eigentumsvorbehalts durch gutgläubigen Erwerb des Abnehmers oder durch Verbindung, Vermischung und Verarbeitung eine Sicherung zu haben, versucht vielfach der Vorbehaltsverkäufer, sein Recht auf die Surrogate der Vorbehaltsware auszudehnen[1]).

α) Verarbeitungsklausel

In den Fällen, in denen die Ware bestimmungsgemäß beim Vorbehaltskäufer verarbeitet werden soll, wäre der Vorbehaltsverkäufer von vornherein in einer schwierigen Lage. Wegen der Wirkung der Vorschriften der §§ 946ff. BGB müßte er bereits kurze Zeit nach dem Verkauf und zumeist noch vor Eintritt des Zahlungszieles sein Eigentum an der Ware verlieren. Zahlte der Käufer bei Fälligkeit nicht, so hatte der Vorbehaltsverkäufer keine bessere Stellung als die sonstigen Gläubiger. Insbesondere mußte er befürchten, daß die von ihm gelieferten Waren längst im Sicherungseigentum eines anderen Gläubigers standen, der dann in der Einzelvollstreckung oder im Konkurs sich auf Kosten des Lieferanten befriedigen konnte.

Ein Ausweg bot sich hierbei (neben der vertraglichen Abdingung[2]) des § 950 BGB) in der Weise, daß durch Parteivereinbarung der Vorbehaltsverkäufer als Hersteller bestimmt wurde[3]). Hersteller im Sinne des § 950

---

[1]) Auf die allgemeine Tendenz zur Erweiterung des Surrogationsprinzips Hinweise bei Rühl S. 42/43, scharf gegen dessen Anwendung bei EV und SÜ Westermann Interessenkollisionen S. 15ff.

[2]) Dafür RGZ 161, 113; Stulz a. a. O. S. 32 mit guten Beispielen, a. A. Planck § 950 Anm. 1 c; Hauss a. a. O. S. 65.

[3]) Übliche Formel: „Der Käufer ist befugt, die unter Eigentumsvorbehalt gelieferte Ware zu verarbeiten. Die Verarbeitung erfolgt durch den Käufer für den

BGB ist nicht nur der, der eine Sache selbst herstellt, sondern auch der, der für sich herstellen läßt[1]). Streitig ist hierbei allerdings, ob nicht auch objektive Gesichtspunkte für die Annahme einer wirksamen Herstellervereinbarung berücksichtigt werden müssen[2]). So ist ein Teil der Lehre der Ansicht, daß es nicht allein auf die Parteivereinbarung ankomme, sondern daß darüber hinaus ein soziales Abhängigkeitsverhältnis vorliegen müsse[3]). Für eine allgemeine Abdingbarkeit des § 950 BGB ohne Rücksicht auf objektive Gesichtspunkte hat sich wieder neuerdings Flume eingesetzt[4]).

Bei gültiger Verarbeitungsklausel durch Herstellervereinbarung steht die neu hergestellte Sache im auflösend bedingten Eigentum des Vorbehaltsverkäufers. Sie rückt gewissermaßen in die Rechtslage der Vorbehaltsware ein[5]). Werden vom Vorbehaltsverkäufer mehrere von verschiedenen Verkäufern unter Eigentumsvorbehalt mit Verarbeitungsklausel gelieferte Waren zu einer neuen Sache verarbeitet[6]), so entsteht an der neuen Sache Miteigentum der Vorbehaltsverkäufer im Verhältnis ihrer einzelnen Warenwerte[7, 8]).

Aus einer gewissen Unsicherheit heraus, darüber, inwieweit die höchstrichterliche Rechtsprechung an der subjektiven Auffassung zu § 950 BGB festhalten werde, einer Unsicherheit, die für das ganze Gebiet des verlängerten Eigentumsvorbehalts symptomatisch ist, hat die Praxis noch einen anderen Weg entwickelt. Sehr beliebt ist die Verarbeitungsklausel in der Form geworden, daß der Vorbehaltskäufer das Arbeits-

---

Verkäufer. Der Verkäufer erwirbt als Hersteller im Sinne des § 950 BGB das Eigentum an der neuen Ware, während der Käufer die Sache für den Verkäufer in Verwahrung hält."

1) RGZ 138, 88; BGH 14, 117.

2) Die Theorie der freien Abdingbarkeit des § 950 u. die der rein subjektiven Herstellervereinbarung laufen im Ergebnis auf dasselbe hinaus, nämlich vertraglichen Ausschluß der Konfliktsregelung des § 950 BGB; für subjektive Herstellervereinbarungen RG in JW 39, 563; Rühl a. a. O. S. 132ff., vor allem S. 139, Rühl hält daran fest, daß es heißen müsse: „für x hergestellt".

3) Westermann, Sachenrecht S. 258ff., Interessenkollisionen S. 39; Planck § 950 Anm. 1c; Palandt-Hoche § 950 Anm. 3.

4) In NJW 50, 843/44.

5) Mit der Folge, daß im Konkurs des Vorbehaltskäufers ein Aussonderungsrecht besteht, vgl. Walb in BB 53, 578.

6) Oft wird zur Klarstellung auch die Formel verwandt: „Bei Verarbeitung mit anderen nicht dem Verkäufer gehörenden Waren durch den Käufer steht dem Verkäufer das Miteigentum an der neuen Sache zu im Verhältnis des Wertes der Vorbehaltsware zu den anderen verarbeiteten Waren zur Zeit der Verarbeitung. Für die aus der Verarbeitung entstehende neue Sache gilt das gleiche wie für die Vorbehaltsware".

7) LG Braunschweig Urteil v. 21. 9. 1950 in MDR 50, 738; Flume a. a. O., jedoch unter Ausschluß der Wertsteigerung, die er dem Verarbeiter zugute kommen lassen will. Eine etwas zu kühne Konstruktion, wie auch Flume selbst bemerkt.

8) Sehr weit geht Stulz S. 33, der auch, wenn eine ausdrückliche Abrede nicht getroffen ist, die Vorschrift des § 950 BGB in jedem Falle für abbedungen hält. Sehr weit auch BGH 14, 117

erzeugnis schon vor der Herstellung dem Verkäufer auflösend bedingt durch die Kaufpreiszahlung übereignet[1]).

Es handelt sich hierbei um eine Sicherungsübereignung des noch nicht hergestellten Erzeugnisses durch Einigung und antizipiertes Besitzkonstitut. Gegen die Gültigkeit einer derartigen Klausel bestehen keine Bedenken[2]). Eine Schwierigkeit liegt jedoch darin, daß bei Herstellung und damit bei Wirksamwerden des Übergabesurrogats die Einigung unter den Parteien noch erkennbar fortbestehen muß[3]). Es liegt damit in der Hand des Vorbehaltskäufers, die Klausel dadurch unwirksam zu machen, daß er bei der Herstellung seinen entgegengerichteten Willen zu erkennen gibt. Diese Unsicherheit bei der Willensbildung des Vorbehaltskäufers sowie das Problem der Erkennbarkeit und des Zeitpunktes der Erkennbarkeit wird uns bei der strafrechtlichen Behandlung noch erheblich zu schaffen machen.

β) Vorausabtretungsklausel[4])

Bei einem schnellen Weiterverkauf der Ware durch den Vorbehaltskäufer ist der einfache Eigentumsvorbehalt kein ausreichendes Sicherungsmittel. Hieraus folgt das Bestreben des Verkäufers, sein Recht auf das Surrogat der Ware, die Forderung des Vorbehaltskäufers gegen seine Abnehmer zu erstrecken. Zu diesem Zweck kann sich der Vorbehaltsverkäufer die Forderung des Vorbehaltskäufers aus dem Weiterverkauf der Ware im voraus abtreten lassen. Die Zulässigkeit der Abtretung einer künftigen Forderung unterliegt dabei keinen Bedenken[5]).

Durch die Vorausabtretung der Forderung ist der Vorbehaltsverkäufer im Augenblicke des Entstehens Inhaber der Forderung. Nach

---

[1]) Für diesen Weg Ludewig in Der Betrieb 51, 932, der die Herstellervereinbarung als gekünstelt ablehnt; ähnlich Hauss a. a. O. S. 67; Münzel MDR 51, 132.

[2]) Da es sich um eine Übereignung nach §§ 929/930 BGB handelt, muß ein konkretes Besitzmittlungsverhältnis vorliegen. Ein abstraktes Konstitut genügt nach der bisherigen Rechtsprechung nicht, vgl. auch Schalfejew in EV S. 111ff. Zu beachten ist auch, daß, weil es sich um eine echte Sicherungsübereignung handelt, im Konkurs des Vorbehaltskäufers, nicht Aussonderung, sondern nur abgesonderte Befriedigung verlangt werden kann, vgl. Walb in BB 53, 578.

[3]) RGZ 135, 367 mit weiteren Nachweisen; Siebert Treuhandverhältnis S. 142; a. A. Westermann, Sachenrecht S. 187, 195.

[4]) Gebräuchliche Formel: „Der Käufer ist berechtigt, die gelieferte Ware schon vor völliger Bezahlung im Rahmen des ordnungsmäßigen Geschäftsverkehrs weiterzuveräußern. Der Käufer tritt schon jetzt hiermit alle aus einer Weiterveräußerung der vom Verkäufer gelieferten Waren ihm zustehenden Forderungen gegen seine Abnehmer im voraus zur Sicherung an den Verkäufer ab."

[5]) RGZ 55, 334; 67, 166; 74, 78; 92, 238; 136, 102 noch weitergehend Scheld JW 38, 7/8, nach dessen Ansicht für die Abtretung einer künftigen Forderung weder irgendein Tatsachenteil ihrer Entstehungsgrundlage noch die Andeutung einer Rechtsgrundlage vorhanden zu sein braucht. Vgl. auch Westermann Interessenkollisionen S. 18 mit weiteren Nachweisen, im übrigen aber eine Einschränkung der Vorausabtretung befürwortend, insbesondere S. 23/24.

außen hin, also dem Abnehmer gegenüber erscheint der Vorbehaltskäufer weiter als Forderungsinhaber und ist auch meist nach § 185 Abs. I BGB zur Einziehung der Forderung im eigenen Namen ermächtigt[1]). Üblicherweise ist der Vorbehaltskäufer nur so lange zur Einziehung ermächtigt, als er seinen Verpflichtungen gegenüber dem Vorbehaltsverkäufer nachkommt. Gerät der Vorbehaltskäufer in Zahlungsverzug, so hat der Verkäufer die Möglichkeit, in Ausübung seiner Stellung als Inhaber der Forderung diese einzuziehen[2]). In der Einzelvollstreckung gegen den Vorbehaltskäufer hat er das Interventionsrecht nach § 771 ZPO. Im Konkurs billigt ihm die h. L. jedoch nicht einen Aussonderungsanspruch, sondern nur ein Recht auf abgesonderte Befriedigung zu[3]). Wichtig ist hierbei, daß § 46 KO die rechtmäßige Weiterveräußerung nicht betrifft. Ein Fall des § 46 KO kann überhaupt nur dann in Betracht kommen, wenn und soweit der Vorbehaltsverkäufer die Weiterveräußerung nicht gestattet hat[4]).

Eine wirksame Vorausabtretung liegt nur dann vor, wenn der Vorbehaltsverkäufer nach dem Parteiwillen von vornherein wirklicher Inhaber der Forderung sein soll. Dazu gehört einmal, daß seine Einziehungsbefugnis nicht auf die Dauer ausgeschlossen sein darf, da in diesem Falle keine wirkliche Inhaberschaft gewollt sein kann[5]). Ein zeitlicher Ausschluß der Einziehungsbefugnis des Vorbehaltsverkäufers (z. B. solange der Vorbehaltskäufer seinen Verbindlichkeiten nachkommt) und eine Einziehungsermächtigung zugunsten des Vorbehaltskäufers schadet der Wirksamkeit der Abtretung dagegen nicht. Zum anderen darf die Abtretung nicht nur für den Fall der Zahlungseinstellung des Vorbehaltskäufers gewollt sein[6]). Hierin läge ein Verstoß gegen § 46 KO, der den Kreis der Ersatzaussonderungsrechte strikt abgrenzt. Auch eine Abtretung für den Fall der Konkursantragstellung wäre unzulässig, da hierin eine gegen den Zweck der KO verstoßende und nach § 138 BGB nichtige Bevorzugung eines einzelnen Gläubigers läge[7]).

Sehr große Schwierigkeiten ergeben sich daraus, daß die vorausabgetretene Forderung bestimmt oder aber doch bestimmbar[8]) sein muß.

---

[1]) Die Abtretung kann auch auflösend bedingt durch die Befriedigung des Vorbehaltsverkäufers erfolgen; vgl. dazu Schalfejew in EV S. 116. Praktisch hat diese Form der Vorausabtretung wegen der üblichen Einziehungsermächtigung (mit der Folge des Untergangs der Forderung bei Einziehung) keine Bedeutung.

[2]) RGZ 142, 141, eine derartige Auslegung bei Fehlen einer vertraglichen Vereinbarung vermutend.

[3]) Vgl. statt vieler Stulz S. 29 auch über die Behandlung von Wechseln.

[4]) Wichtig hierzu die Entscheidung des BGH in NJW 53, 217, die ausführt, daß Nichtgestattung fast immer für den Fall des Konkurses anzunehmen sei.

[5]) RGZ 133, 242.

[6]) RG in JW 32, 1655; RGZ 92, 109; 138, 93; 142, 141.

[7]) Scharf gegen die Vorausabtretungsklausel Schantz a. a. O. S. 35, der jede Vorausabtretung als nur für den Insolvenzfall geschaffen und als Umgehung des § 46 KO für unwirksam hält.

[8]) Gegen diese Formulierung Scheld JW 38, 6.

Was bei Speziesware und Einzelverkauf unproblematisch ist, wird bei Gattungsware und bei Zusammenverkauf mit Waren anderer Lieferanten, evtl. noch nach Verarbeitung oder Vermischung, sehr fraglich. Die Rechtsprechung hat es zwar stets genügen lassen, daß die Forderung im Augenblick ihrer Entstehung, also nicht schon im Augenblick der Vorausabtretung bestimmbar sein müsse[1]). Dagegen hat das RG bis zum Schluß an dem Grundsatz der abstrakten Bestimmbarkeit festgehalten, d. h. gefordert, daß ohne Rücksicht darauf, ob im konkreten Fall die Forderung bestimmbar war, kein Fall denkbar wäre, in dem die summarischen Kautelen der Lieferungsbedingungen Zweifel übrigließen[2]).

Mit Recht hat hier die Lehre gerügt, daß das RG sich in seiner Rechtsprechung von rechtspolitischen Erwägungen hat leiten lassen und unmögliche Anforderungen gestellt hat, allein, um die Vorausabtretung einzuschränken. Denn wie kann es Aufgabe des Richters sein, die Wirksamkeit einer Vertragsformel in anderen Fällen als dem gerade zur Entscheidung anstehenden zu prüfen! Das RG hat hier Aufgaben der Kautelarjurisprudenz übernommen und nach der vollkommenen Vorausabtretungsformel gesucht[3]). Die Fantasie des RG, das immer noch einen „denkbaren Fall“ fand, mittels dessen es nun nicht etwa zu dem Ergebnis kam, daß die Formel für diesen Fall nicht vorherbedacht wäre, sondern, daß die Formel auch für den konkreten klaren Fall nichtig sei, wird in der Literatur nicht ganz zu Unrecht glossiert[4]).

Da trotz der noch näher zu behandelnden Entscheidung des BGH vom 25. 10. 1952 zweifelhaft ist, wie sich die Rechtsprechung in Zukunft entwickelt[5]), müssen die leitenden Sätze der RG Rechtsprechung kurz skizziert werden. Die vorausabgetretene Forderung muß im Augenblick ihrer Entstehung nach der Person des Schuldners und nach dem Rechtsgrund der Forderung bestimmbar sein. In RG 142, 142 hat das RG den Satz aufgestellt, daß es an der Bestimmbarkeit des Rechtsgrundes fehle

---

[1]) RGZ 136, 103, eine Entscheidung, die noch auf konkrete Bestimmbarkeit abstellte; später RG JW 39, 563.

[2]) RGZ 155, 29; RG JW 39, 563; RG DR 40, 582, eine Entscheidung, der man die Tendenz geradezu von der Stirn ablesen kann, vgl. insbesondere auf S. 583, vorsichtig beanstandet in einer Anmerkung von Herschel daselbst.

Den Grundsatz der abstrakten Bestimmbarkeit glaubte das RG aus seiner schon älteren Rechtsprechung zur Auslegung sog. typischer Urkunden herleiten zu können. Vgl. hierzu RGZ 81, 118; 83, 322; 86, 284; 149, 100; 155, 28. Kritische Übersicht über die RG Rechtsprechung Barkhausen NJW 49, 845ff.

[3]) Flume a. a. O.

[4]) So Hefermehl in Schlegelberger a. a. O. Anm. 29; Barkhausen NJW 49, 847; Flume NJW 50, 845; gegen Flume und für abstrakte Bestimmbarkeit Arndt DRiZ 52, 20ff.; gute Beispiele für die Aussuchung denkbarer Fälle bei Schantz a. a. O. S. 45ff. Nur gegen die Begründung, nicht gegen das Ergebnis Westermann Interessenkollisionen S. 20.

[5]) Gegen diese Entscheidung und an der Rechtsprechung des RG festhaltend von Caemmerer JZ 53, 97ff.

wenn unklar sei, ob Rechtsgrund der Forderung ein Kaufvertrag oder Werkvertrag sei. Nach der Rechtsprechung des RG mußte auch der Umfang der Abtretung genau bestimmbar sein. Vor allem hieran ließ das RG viele Vorausabtretungsformeln scheitern.

Geradezu berühmt wurde das Beispiel des Bauunternehmers, der für 100,— RM Vorbehaltsware zum Bau eines Hauses verwendet[1]). Sollte hier die ganze Forderung des Bauunternehmers gegen den Bauherrn an den Verkäufer der Vorbehaltsware vorausabgetreten sein? Einschränkungen, um die sich die Praxis bemühte, wie z. B. die Begrenzung der Abtretung in Höhe des Wertes der verwandten Vorbehaltsware wies das RG als zu unbestimmt zurück[2]). Als die Praxis dann Zuflucht nahm zu der Vorausabtretung der gesamten Forderung gegen den Zweiterwerber, nach der also auch bei nur geringem Wert der verwandten Vorbehaltsware die ganze Forderung gegen den Abnehmer abgetreten war (Baubeispiel), nahm das RG eine derartige Klausel gar nicht ernst[3]). Immerhin drohte es für den Fall, daß die Parteien das doch gewollt haben sollten, mit § 138 BGB[4]).

Damit war die Vorausabtretung für viele Industriezweige praktisch, nämlich für die allgemeinen Geschäftsbedingungen, interesselos geworden. Jede Veredelung der Ware durch den Vorbehaltskäufer, ja jede Vermischung mit anderer Ware führte zu unlösbaren Problemen.

Neue Vorschläge gehen dahin, die wertmäßige Vorausabtretung zuzulassen. Flume weist darauf hin, daß auch das Gesetz eine wertmäßige Berechnung von Ansprüchen kenne[5]). Abgesehen von dieser durchaus diskutablen Begrenzung der Abtretung[6]) ist auch verwunderlich, warum sich die Rechtsprechung vor einer Vollabtretung nach Verarbeitung oder Vermischung derartig entsetzt. Da es sich um eine fiduziarische Abtretung handelt, ist eine Übersicherung nicht von so großem Schaden[7]). Bei Zuversichtlichkeit des Schuldners bzgl. seines Leistungsvermögens dürfte

---

[1]) RGZ 155, 32.

[2]) RGZ 142, 142; 155, 32.

[3]) RGZ 149, 102; 155, 32; RG JW 39, 564; RGDR 40, 583; so auch m. E. unbegründet OLG Celle Urteil v. 18. 1. 1952 in MDR 52, 225. Über die Vollabtretung und die sich hierbei ergebenden Schwierigkeiten vgl. vor allem Schantz a. a. O. S. 48ff. Daß die durch gleichzeitige Vollabtretung an mehrere Warengläubiger sich ergebenden Schwierigkeiten die Wirksamkeit der Vollabtretung unberührt lassen, hat jedoch schon RGZ 155, 30 richtig ausgeführt. Vgl. auch von Caemmerer JZ 53, 98 über das Präventionsprinzip bei mehrfacher Abtretung u. Hees MDR 55, 525.

[4]) So in RGZ 155, 33 und RG in DR 40, 582, beide Male ohne über die Frage zu entscheiden. Kritisch Flume NJW 50, 842; für Sittenwidrigkeit der Vollabtretung Hauss a. a. O. S. 82/83.

[5]) Flume a. a. O. S. 847; ebenso LG Bielefeld Urteil v. 31. 5. 1951 in MDR 51, 674.

[6]) Jetzt auch vorgeschlagen in der bei der Industrie recht verbreiteten Schrift von Späth im Rechtsarchiv der Wirtschaft Heft 2/3 1954 S. 25/26 u. 28, wobei eine Übersicherungsspanne von, je nach Branche, 10—25% empfohlen wird.

[7]) So schon Scheld in JW 38 S. 7, vgl. auch Hufnagel NJW 52, 491.

die Hingabe auch einer erheblichen Übersicherung nicht aus dem Rahmen des Üblichen herausfallen. Es ist demnach nicht recht ersichtlich, inwiefern eine derartige Sicherung gegen § 138 BGB verstoßen sollte. Die Sorge vor einer zu starken Beschneidung der Kreditgrundlage des Vorbehaltskäufers ist eine Erwägung de lege ferenda. Außerdem hat es der dritte Gläubiger in der Hand, durch Zahlung des Kaufpreises an den Vorbehaltsverkäufer die Abtretung unwirksam zu machen. Jedenfalls ist es zu begrüßen, daß die Rechtsprechung ihren bisherigen Standpunkt einer gründlichen Überprüfung unterzieht. Einzelne Urteile, in denen eine mildere Auffassung vertreten wird, liegen bereits vor.

So haben die Entscheidungen des LG Braunschweig v. 21. 9. 1950[1]) und des LG Frankfurt v. 25. 10. 1951[2]) erstmalig wieder die Wirksamkeit einer Vorausabtretungsklausel anerkannt[3]). Das Urteil des LG Bielefeld v. 31. 5. 1951[4]) bricht ausdrücklich mit dem Grundsatz der abstrakten Bestimmbarkeit und folgt auch bzgl. der Begrenzung der Abtretung nach dem Werte der verwendeten Vorbehaltsware den Anregungen von Flume.

Geradezu revolutionär ist die Entscheidung des BGH v. 25. 10. 1952 geworden[5]). Der BGH hat zwar daran festgehalten, daß typische Bedingungen unabhängig von der Gestaltung des Einzelfalles auszulegen seien, aber daraus richtigerweise nicht den Schluß gezogen, daß sich aus der Vertragsklausel eine Bestimmung jedes denkbaren Falles ergeben müsse. Damit ist der Grundsatz der abstrakten Bestimmbarkeit vom BGH aufgegeben. Auch nimmt die Entscheidung des BGH erstmalig eine Vollabtretung ernst und verzichtet auch wegen der besonderen Vertragsbestimmung gegen Übersicherung[6]) auf eine Anwendung des § 138 BGB. Es bleibt abzuwarten, ob die Rechtsprechung auch noch den letzten Schritt gehen und eine wertmäßige Begrenzung der Abtretung sowie eine Übersicherung durch Vollabtretung anerkennen wird. Bis dahin dürfte damit zu rechnen sein, daß sämtliche Vorausabtretungsklauseln als Vollabtretungen mit dem in Anm. 6 angegebenen Zusatz in Erscheinung treten[7]).

---

[1]) MDR 50, 738ff.

[2]) Betriebsberater 52, 239.

[3]) Wieder starr an der RG Rechtsprechung festhaltend dagegen das vom BGH aufgehobene Urteil des OLG Celle v. 18. 1. 1952 in MDR 52, 225 und NJW 52, 306.

[4]) MDR 51, 674.

[5]) MDR 53, 90 = NJW 53, 21 = Der Betrieb 52, 1008ff. = BB 52, 932ff. = JZ 53, 112 = BGHZ 7, 365; kritisch Baur JZ 53, 373 u. von Caemmerer JZ 53, 97; vgl. auch OLG Köln Urteil v. 15. 7. 53 in BB 53, 898.

[6]) Die Vorausabtretungsklausel hatte den Zusatz: „Übersteigt der Wert der uns gegebenen Sicherungen unsere Lieferungsforderungen um mehr als 20%, so sind wir auf Verlangen des Käufers insoweit zur Rückübertragung verpflichtet." Gegen diese Klausel bereits von Caemmerer JZ 53, 99; auch Westermann Interessenkollisionen S. 21 wobei jedoch die Begründung nicht ganz überzeugt, da ja der Vorbehaltskäufer zumeist weitgehend zur Einziehung ermächtigt ist, mit den Forderungen oder Erlösen also arbeiten kann.

[7]) S. die Empfehlung Walb in BB 53, 577.

γ) Verkaufserlösklausel

Bei der sogenannten Verkaufserlösklausel handelt es sich rechtlich um eine Sicherungsübereignung der aus dem Weiterverkauf der Vorbehaltsware erlangten Geldstücke nach §§ 929/930 BGB durch antizipierte Einigung und antizipiertes Besitzkonstitut. Da Barverkäufe selten sind, vor allem aber wegen der Möglichkeit des Eigentumsverlustes nach §§ 946ff. BGB kommt dieser Klausel keine sehr große Bedeutung zu[1]) .Vielfach versucht der Vorbehaltsverkäufer, den Eigentumsverlust nach §§ 946ff. dadurch auszuschalten, daß er den Vorbehaltskäufer zur getrennten Aufbewahrung des Geldes verpflichtet. Daß hierdurch eine ganz erhebliche Belastung und Behinderung des Vorbehaltskäufers entsteht, ist offensichtlich. Der Vorbehaltsverkäufer muß im Ernstfall damit rechnen, daß wegen der praktischen Schwierigkeit der getrennten Aufbewahrung der Vorbehaltskäufer sich längst nicht mehr an seine Vorschriften hält und sein Eigentum durch Vermischung untergegangen ist. Nur in wenigen Fällen wird man dazu gelangen können, Miteigentum des Vorbehaltsverkäufers am Kassenbestand anzunehmen, nämlich nur dann, wenn der vorausübereignete Betrag so groß war, daß die Kasse nicht nach §§ 948 Abs. I, 947 Abs. II BGB als Hauptsache betrachtet werden muß und wenn außerdem das Wertverhältnis ermittelt werden kann.

Eine Weiterentwicklung des in der Verkaufserlösklausel steckenden Gedankens ist es, wenn Vorbehaltsverkäufer dazu übergehen, sich bei Unbargeschäften des Vorbehaltskäufers dessen Anspruch gegen die Bank abtreten zu lassen; eine Vorausabtretung, die sich an die unter β) beschriebene Vorausabtretung des Anspruchs aus dem Weiterverkauf anschließt und die erst bei Einzug der Forderung aus dem Weiterverkauf bedeutsam wird. Schwierigkeiten ergeben sich hier wiederum beim echten Kontokorrent, bei dem die einzelnen Forderungen ihre rechtliche Selbständigkeit verlieren und nur der Saldo abgetreten werden kann.

c) Der erweiterte Eigentumsvorbehalt

Als erweiterten Eigentumsvorbehalt bezeichnet man die Erstreckung des Eigentumsvorbehalts in horizontaler Richtung. Der Lieferant behält sich das Eigentum an der Ware nicht nur bis zur Bezahlung dieser Waren, sondern darüber hinaus bis zur Begleichung auch anderer Verbindlichkeiten vor. An der Gültigkeit derartiger Vereinbarungen kann kein Zweifel bestehen. Ebenso gewiß ist aber, daß gerade die Ausdehnung des Eigentumsvorbehalts in horizontaler Richtung mit zu den unerwünschtesten Erscheinungen des modernen Wirtschaftsverkehrs gehört.

Völlige Undurchsichtigkeit der Eigentumsverhältnisse für den Außenstehenden und weitgehende wirtschaftliche Fesselung des Wiederverkäufers sind die unausbleiblichen Folgen.

---

[1]) Dazu Flume NJW 50, 848/49.

Der Kampf gegen den erweiterten Eigentumsvorbehalt wird darum auch mit besonderer Heftigkeit geführt[1]). Während die Erstreckung des Eigentumsvorbehalts in vertikaler Richtung auf die wirtschaftlichen Surrogate der Ware immer noch darauf hinweisen konnte, daß vor Zahlung des Kaufpreises eine gewisse Nähe des Verkäufers zu seiner Ware besteht[2]), dem Vorbehaltskäufer also gar nichts genommen wird, mußte sich der weitergeleitete Eigentumsvorbehalt gefallen lassen, als reines Druckmittel zur Durchsetzung anderer mit dem Kauf nicht zusammenhängender Ansprüche angesehen zu werden[3]).

α) Kontokorrentklausel[4])

Dabei ist die erste Stufe des weitergeleiteten Eigentumsvorbehalts, der Kontokorrentvorbehalt, insoweit unschuldig, als er seine Geburt nicht irgendwelchen Machtansprüchen, sondern der Beweisnot der Vorbehaltsverkäufer verdankt[5]). Da die oft vereinbarte gesonderte Aufbewahrung der Ware vom Vorbehaltskäufer meist nicht durchgeführt wurde, auch im Geschäftsverkehr aus technischen Gründen gar nicht durchgeführt werden konnte, bestand bei vertretbaren Gegenständen meist Unsicherheit darüber, aus welcher Lieferung des Vorbehaltsverkäufers sie herrührten. Oft war es so (oder es wurde wenigstens vom Vorbehaltskäufer behauptet), daß die noch am Lager befindliche Ware längst bezahlt war, während der Kaufpreis der bereits weiterverkauften Ware noch geschuldet wurde. Der Vorbehaltsverkäufer hatte dann die nicht leichte Aufgabe, zu beweisen, daß der Kaufpreis gerade der am Lager befindlichen Ware noch nicht gezahlt war.

Gegen diese Schwierigkeiten schützte sich der Lieferant durch die Vereinbarung, daß er sich das Eigentum an der jeweiligen und an allen weiterhin zu liefernden Waren vorbehielt bis zur Zahlung aller aus der Geschäftsverbindung entstandenen Forderungen[6]). In Verbindung mit den Surrogationsklauseln ist mit diesem Vorbehalt eine weitgehende Sicherung des Warenlieferanten erreicht. Besondere rechtliche Problematik entsteht nicht[7]).

---

[1]) Als „Entartung" bezeichnet von Hauss Kreditsicherung S. 55, der auch dazu neigt, aus offensichtlich rechtspolitischen Erwägungen heraus § 138 BGB recht großzügig anzuwenden (S. 59).

[2]) Dagegen, aber mit recht schwachen Gründen neuerdings von Caemmerer JZ 53, 100.

[3]) Vor allem Lehmann Denkschrift S. 18, 58.

[4]) Gebräuchliche Formel: „Alle Waren bleiben bis zur vollständigen Abdeckung sämtlicher, aus der Geschäftsverbindung des Käufers mit dem Verkäufer entstandenen Verbindlichkeiten Eigentum des Verkäufers." Oder, bei echtem Kontokorrent: „Der Verkäufer behält sich das Eigentum an der Ware vor, solange er gegen den Käufer noch Forderungen aus dem Kontokorrentverhältnis besitzt."

[5]) Richtig Hauss a. a. O. S. 54.

[6]) Über das Erlöschen des Vorbehalts bei zwischenzeitlichem Kontoausgleich vgl. Rühl S. 82.

[7]) RGZ 147, 327; über Einschränkung der Gültigkeit im Konkurs und Vergleich s. die einschlägigen Kommentare und Bley in ZAkDR 37, 41 ff.

β) Konzernklausel

Als Konzernvorbehalt bezeichnet man den Eigentumsvorbehalt an der Ware nicht nur bis zur Bezahlung der eigenen Kaufpreisforderung, sondern auch bis zur Bezahlung der Forderungen anderer Gläubiger. Der Konzernvorbehalt tritt fast ausschließlich zusammen mit dem Kontokorrentvorbehalt auf, in der Form, daß das Eigentum bis zur Bezahlung aller Forderungen des Lieferanten und aller Kaufpreisforderungen bestimmter anderer Gläubiger vorbehalten wird. Auch hierbei ergeben sich keine besonderen rechtlichen, dafür aber um so größere wirtschaftliche Schwierigkeiten der bereits aufgezeigten Art. Eine allgemeine Anwendung des Konzernvorbehalts würde nicht nur die Sicherungsübereignung von Warenlagern illusorisch machen, sondern auch, und allein das ist zu bemängeln, zu einer völligen Undurchsichtigkeit der Eigentumsverhältnisse führen. Die Eigentumsvermutung des § 1006 BGB und der sich auf ihr aufbauende Schutz des gutgläubigen Erwerbers würden nur noch ein papiernes Dasein in den Gesetzestexten führen[1]). Daß der Eigentumsvorbehalt in dieser Erweiterung nicht nur den Sicherungsmitteln der Banken den Rang abgelaufen, sondern in einem großen Sektor des Rechtslebens die dingliche Rechtsordnung auf den Kopf gestellt hat, muß Reformbestrebungen geradezu hervorrufen[2]). Fraglich scheint jedoch, ob diese nicht besser an der Wurzel des Übels, nämlich bei der Überdehnung der Sicherungsübereignung anzusetzen hätten[3]).

d) Der weitergeleitete Eigentumsvorbehalt

Während es sich beim verlängerten Eigentumsvorbehalt darum handelt, den Verkäufer bei Verlust seines Eigentums an der Ware durch deren Surrogate zu sichern, dient der sogenannte weitergeleitete Eigentumsvorbehalt[4]) der Aufrechterhaltung des Eigentums an der Ware trotz Weiterverkaufs.

Beim weitergeleiteten Eigentumsvorbehalt vereinbarten die Parteien, daß der Vorbehaltskäufer die Ware ebenfalls nur unter Eigentumsvorbehalt weiterveräußern darf. Bei abredegemäßer Veräußerung bleibt die Ware Eigentum des Lieferanten. Oft wird hier nicht unterschieden zwischen dem offenen und dem verdeckten weitergeleiteten Vorbehalt. Beim offenen Vorbehalt wird der Vorbehaltsverkäufer dem Zweitkäufer

---

[1]) Schon früher bezeichneten es Bauer-Mengelberg JW 31, 2088 und jetzt Meyer-Cording als „Naivität" sich auf die Vermutung des § 1006 zu verlassen!

[2]) Zum Teil gehen die Vorschläge dahin, den Eigentumsvorbehalt ebenso wie die Sicherungsübereignung durch ein besitzloses Mobiliarpfandrecht mit Registereintragung zu ersetzen. Über die Entwicklung im französ. Recht s. Bernays in NJW 52, 452ff.

[3]) So sehr scharf Schwister JW 31, 1136; nach Schwister hat die Sicherungsübereignung „den ganzen Mobiliarkredit verpfuscht".

[4]) Rühl S. 72 bezeichnet ihn treffend als Eigentumsvorenthalt.

als Eigentümer genannt, beim verdeckten erscheint der Eigentumsvorbehalt als nur zugunsten des Erstkäufers vereinbart.

Gegen die Gültigkeit des offenen weitergeleiteten Eigentumsvorbehalts ist geltend gemacht worden, daß er wegen Decouvrierung des ersten Vorbehaltserwerbs sittenwidrig und damit nichtig sein könne[1]). Inwiefern die Offenlegung des Nichteigentums, die an sich doch der sachenrechtlichen Klarheit dient[2]) und daher wünschenswert ist, sittenwidrig sein könnte, ist nicht recht ersichtlich. Wer unter Eigentumsvorbehalt kauft, kann sich nicht dadurch beschwert fühlen, daß er seinen Abnehmern gegenüber das auch offen erklärt.

Beim offenen Eigentumsvorbehalt zugunsten des Lieferanten erwirbt der Zweitkäufer erst dann Eigentum, wenn nicht nur er, sondern auch der Erstkäufer den Kaufpreis bezahlt hat. Gutgläubiger Erwerb ist ausgeschlossen, da der Zweitkäufer weiß, daß er vom Nichteigentümer erwirbt. Auch hier taucht wieder das Problem Durchgangserwerb oder unmittelbarer Erwerb auf[3]).

Hat der Vorbehaltskäufer das Eigentum zugunsten des Lieferanten nur vorbehalten bis zur Zahlung des Kaufpreises an sich selbst, so wird der Zweitkäufer schon mit Zahlung an den Erstkäufer Eigentümer, wenn entweder der Erstkäufer vom Lieferanten zu einer derartigen Übertragung des Eigentums ermächtigt war oder aber eine solche Ermächtigung fehlte und der Schutz des § 366 HGB zugunsten des Zweitkäufers eingreift. Die Stellung des Lieferanten ist hier nicht stärker als beim verdeckten weitergeleiteten Eigentumsvorbehalt.

Gegen die Wirksamkeit der Vereinbarung eines verdeckten weitergeleiteten Eigentumsvorbehalts sind Bedenken bisher nicht erhoben worden. Der Eigentumserwerb des Zweitkäufers tritt hier in jedem Falle bereits bei Zahlung des Kaufpreises an den Erstkäufer ein, da der Erstkäufer vom Vorbehaltsverkäufer zu einer derartigen Übertragung des Eigentums nach § 185 BGB ermächtigt ist. Neben der Sicherung des Erstkäufers gegenüber einem insolventen Zweitkäufer dient diese Art des Eigentumsvorbehalts dem Lieferanten vor allem dadurch, daß er in Verbindung mit der Vorausabtretungsklausel nicht nur das Surrogat der Ware, sondern auch diese selbst bis zuletzt in der Hand behält. So kann der Lieferant, dem auch die Kaufpreisforderung vorausabgetreten ist, nicht nur vom Zweitkäufer Zahlung verlangen, sondern auch bei Zahlungsverzug des Zweitkäufers kraft seines Eigentums die Ware wieder

---

[1]) Flume NJW 50, 848.
Für Nichtigkeit nach § 138 BGB wegen Beschränkung der Absatzmöglichkeit Hauss Kreditsicherung S. 52 unter Bezugnahme auf Bensinger LZ 33, 855, eine wohl zu weitgehende Einengung der Vertragsfreiheit.

[2]) Gerade der Publizitätsmangel war der Hauptangriffspunkt gegen den Eigentumsvorbehalt, vgl. Lehmann Denkschrift S. 5ff. und die Geschichte des Registerpfandrechtsvorschlags (etwa bei Weinhausen a. a. O. III. Abschn.; RJM Denkschrift v. 18. 6. 26; Klausing Gutachten zum 7. DJT 1935, Protokolle S. 307 ff., 386 ff.).

[3]) Zur rechtlichen Konstruktion vgl. Letzgus S. 8.

zurückholen. Liegt ein Zahlungsverzug des Zweitkäufers nicht vor, so muß der Lieferant die exceptio rei venditae et traditae gegen sich gelten lassen.

Gerade dieser Fall der Vorbehaltsabrede zeigt deutlich, daß die einzelnen Vorbehaltsklauseln nicht isoliert angewendet werden und zu betrachten sind, sondern daß eine wirksame Sicherung des Warenlieferanten nur durch sinnvolle Kombinierung erreicht werden kann. Bzgl. solcher Kombinationsmöglichkeiten ist die Wirtschaft nicht einfallos gewesen. Der erste Schritt bei der Verlängerung des Eigentumsvorbehalts, die Vereinbarung der Vorausabtretung der Kaufpreisforderung, hatte meist zur Folge, daß für Bargeschäfte aushilfsweise die Verkaufserlösklausel eingesetzt wurde. Beweisschwierigkeiten bei der Bestimmung der noch nicht bezahlten Waren führten zur Kombinierung beider Klauseln mit dem Kontokorrentvorbehalt. Wirkungslosigkeit der Vorausabtretung bei insolventem Zweitkäufer drängte zur zusätzlichen Aufnahme der Vertragsbestimmung, daß nur wieder unter Eigentumsvorbehalt weiterverkauft werden durfte[1]). Damit war bereits ein starker Schutz des Warenlieferanten erreicht. Bei Waren, die weiterverarbeitet wurden, durfte die Verarbeitungsklausel nicht fehlen.

Die so geschaffene Vorbehaltsklausel war nun nicht etwa für Einzelverträge besonderer Risikolage vorgesehen, sondern wurde und wird heute wieder Bestandteil der allgemeinen Verkaufs- und Lieferungsbedingungen. Es kann keinem Zweifel unterliegen, daß auch heute die Rechtsprechung an den gutgläubigen Erwerber bestimmter Gegenstände besondere Anforderungen stellen und ihm eine Prüfungspflicht dahingehend auferlegen muß, ob die Gegenstände nicht unter Eigentumsvorbehalt geliefert sind[2]). Darüber hinaus wird die Rechtsprechung früher oder später vor der Frage stehen, ob nicht die Anwendung des verlängerten und erweiterten Eigentumsvorbehalts in einzelnen Branchen derart üblich ist, daß der Erwerber bestimmter Gegenstände nicht nur mit einfachem Eigentumsvorbehalt, sondern auch mit seinen Modifikationen rechnen muß. Insbesondere bei der Verarbeitungsklausel könnten diese Fälle praktisch werden. Der Erwerber könnte sich dann keinesfalls mehr darauf verlassen, daß der Hersteller einer Ware zumindest durch Spezifikation Eigentümer ist, sondern müßte von vornherein damit rechnen, daß die Ware bis zur Auszahlung der Vorlieferanten in deren Eigentum steht. Wieweit dabei, besonders bei üblichem gleichzeitigem Kontokorrentvorbehalt seine Prüfungspflicht zu gehen habe, wird außerordentlich

---

[1]) Ein Beispiel für eine derartige Klausel MDR 51, 674.

[2]) Für Branchenüblichkeit mit der Folge, daß auch ohne besondere Vereinbarung ein Eigentumsvorbehalt gilt, (sog. stillschweigender Eigentumsvorbehalt) Haegele a. a. O. S. 16; vgl. dazu Rühl und KG in JW 28, 1754, nach denen sich allgemeine Geschäftsbedingungen zu Handelsbräuchen verdichten können.

schwierig abzugrenzen sein und nicht zuletzt davon abhängen, welche Grundhaltung die Rechtsprechung in dem Kampf zwischen Eigentumsvorbehalt und Sicherungsübereignung überhaupt einnimmt[1]).

2. Die Sicherungsübereignung

Während der Eigentumsvorbehalt „aus alter Familie stammt" und seine Existenz dem legitimen Walten des Gesetzgebers verdankt[2]), konnte man die Sicherungsübereignung als „illegitimen Sprößling der Rechtsprechung" bezeichnen[3]). Sie hatte in ihrer Jugend daher nicht wenige Anfeindungen zu erdulden. Längst ist diese Zeit vorbei. Dogmatisch fundiert und dem jungen Juristen selbstverständlich[4]), nimmt sie heute im Wirtschaftsleben einen breiten Raum ein. Aus dem Katalog der Sicherungsmittel des Geldgläubigers ist sie nicht mehr fortzudenken. Ihre Legitimationskarte ist der Hinweis auf §§ 1205/6 BGB und das Bedürfnis der Wirtschaft nach einem besitzlosen Mobiliarpfandrecht[5]).

Bei der Sicherungsübereignung handelt es sich um ein eigennütziges echtes Treuhandgeschäft. Echt, weil der Treugeber vorher Eigentümer der Sache war, im Gegensatz zur unechten Treuhand, bei der der Gegenstand nicht dem Vermögen des Treugebers entstammt. Eigennützig, weil sie der Sicherung des Treuhänders für eine dem Treuhänder gegen den Treugeber zustehende Forderung dient (im Gegensatz zur vollstreckungsrechtlich anders zu behandelnden uneigennützigen Treuhand)[6]).

a) Die einfache Sicherungsübereignung

α) Sicherungsübereignung von Einzelgegenständen

Einzelne Sachen[7]) besonders aus dem Inventar des Kaufmanns können dem Geldgläubiger nach §§ 929/930 BGB übereignet werden, ohne daß

---

1) Vgl. hierzu Flume NJW 50, 843.

2) Schwartz in EV S. 18.

3) Darauf, daß die Rechtsprechung eigenartigerweise sich der Sicherungsübereignung mehr gewogen gezeigt hat als dem Eigentumsvorbehalt, weist schon Schwister JW 31, 1160 hin; über die Entwicklung der Sicherungsübereignung vgl. Weinhausen S. 31ff.

4) Wie sich die Vorausabtretungsklausel gefallen lassen mußte, als Umgehung des § 46 KO bezeichnet zu werden, ist die Sicherungsübereignung oft als reines Scheingeschäft angesehen worden, vgl. Schwister JW 38, 1689; derselbe auch JW 33, 1857; dagegen richtig Weinhausen S. 46ff. Zu der Behandlung der Sicherungsübereignung im Steuerrecht vgl. RFH 19, 126 u. RGZ 124, 73, die Geschichte des § 328 I 3 RAO und jetzt mit ausf. Schilderung der Entwicklung OLG Koblenz in NJW 51, 166 u. BGH Urteil v. 25. 4. 1952 in NJW 52, 997.

5) Eine Legitimation durch den Gesetzgeber hat die Sicherungsübereignung erst in § 22 Pächter-Kreditgesetz gefunden, während die Sicherungsabtretung sich schon auf § 223 II BGB stützen konnte.

6) Vgl. hierzu Siebert Treuhandverhältnis S. 100ff.

7) Die Sicherungsübertragung von Forderungen interessiert für unsere Themastellung nur insoweit, als sie (wirtschaftlich) Surrogation für Eigentumsvorbehaltsware oder sicherungsübereignete Waren oder Einrichtungsgegenstände ist.

ein Besitzwechsel stattfindet. Erforderlich ist lediglich die Vereinbarung eines besonderen Rechtsverhältnisses, vermöge dessen der Geldgläubiger mittelbarer Besitzer der Sachen wird. Wenn eine derartige Übereignung zur Sicherung einer Forderung erfolgt, so ist mit Erlöschen der Forderung der Sicherungsnehmer verpflichtet, die Rückübereignung zugunsten des Sicherungsgebers vorzunehmen.

Andere rechtliche Möglichkeiten für eine Sicherungsübereignung bestehen nach § 929 BGB und nach §§ 929/931 BGB. Im ersten Falle wird dem Sicherungsnehmer der unmittelbare Besitz verschafft. Die bloße Anbringung eines auf das Eigentum des Sicherungsnehmers hinweisenden Schildes genügt dabei nicht[1]). Vielmehr muß der Sicherungsnehmer faktisch in der Lage sein, die tatsächliche Gewalt über den Gegenstand auszuüben. Selbstverständlich kann sich der Sicherungsnehmer hierbei eines Besitzdieners oder auch eines Besitzmittlers bedienen. Auch die Einigung und Übergabe an einen Besitzmittler des Erwerbers ist eine Übereignung nach § 929 S. 1. Welche Rolle diese Form der Sicherungsübereignung insbesondere im Kampf gegen den Eigentumsvorbehalt gespielt hat, wird nachstehend noch zu erörtern sein.

Nicht so häufig ist die Sicherungsübereignung nach §§ 929/931. Sie kommt vor allem dann (neben der auch bei mittelbarem Besitz möglichen Sicherungsübereignung nach § 930) in Betracht, wenn sich die zu übereignenden Gegenstände im Besitze eines Lagerhalters, auf dem Transport oder aber schon beim Abnehmer befinden. Gerade diese Form der Sicherungsübereignung führt bzgl. des gutgläubigen Erwerbs zu besonders eigenartigen Konsequenzen.

Während der Eigentumsvorbehalt nur unter aufschiebender oder aber auflösender Bedingung auftritt, der Verkäufer also in jedem Falle nur ein bedingtes Recht behält, tritt die Sicherungsübereignung meist unbedingt auf. Aus dem Wesen des eigennützigen Treuhandgeschäftes folgt, daß der Sicherungsnehmer verpflichtet ist, bei Erlöschen seiner Forderung auch das diese Forderung sichernde Eigentum auf den Geber zurückzuübertragen. Oft kann sich aus dem Inhalt des Vertrages ergeben, daß das Sicherungseigentum nur auflösend bedingt durch den Wegfall der gesicherten Forderung übertragen ist[2]). Für den Sicherungsgeber empfiehlt sich jedoch die ausdrückliche Vereinbarung einer auflösenden Bedingung.

Bei der auflösend bedingten Sicherungsübereignung behält der Sicherungsgeber ein Anwartschaftsrecht, das er selbst wieder übertragen und verpfänden kann. Bzgl. der Zwangsvollstreckung in dieses Anwartschaftsrecht durch Drittgläubiger und Beschlagnahmefähigkeit im Konkurs gilt das über das Anwartschaftsrecht des Eigentumsvorbehaltskäufers Ausgeführte entsprechend.

---

[1]) RGZ 151, 186, weitere Nachweise bei Sichtermann in BB 52, 622.

[2]) Für weitgehende Auslegung als auflösend bedingte Übereignung Lange NJW 50, 569.

Keine Schwierigkeiten bei der gewöhnlichen Vornahme einer Sicherungsübereignung nach §§ 929/930 BGB macht die Vereinbarung eines Besitzmittlungsverhältnisses. Die Rechtsprechung hat seit jeher daran festgehalten, daß die Vereinbarung eines abstrakten Konstituts (also, daß der Sicherungsgeber für den Sicherungsnehmer besitzen wolle) nicht genüge[1]). Üblich ist daher die Vereinbarung eines Verwahrungsverhältnisses geworden[2]). Trotz Vereinbarung des Verwahrungsverhältnisses kann der Sicherungsnehmer seinen Herausgabeanspruch so lange nicht geltend machen, wie der Sicherungsgeber seine Vertragspflicht erfüllt. Diese Beschränkung des Herausgabeanspruchs ergibt sich aus dem Wesen und Zweck der Sicherungsübereignung. Verhält sich der Sicherungsgeber dagegen vertragswidrig, oder zahlt er seine Schuld nicht, so kann der Sicherungsnehmer seinen Herausgabeanspruch geltend machen und sodann die Sache wie ein Pfandgläubiger verwerten[3]). Im Konkurs des Gebers hat er das Recht auf abgesonderte Befriedigung, bei Einzelvollstreckungen gegen den Sicherungsgeber die Drittwiderspruchsklage[4]).

Stand die nach §§ 929/930 BGB übereignete Sache nicht im Eigentum des Sicherungsgebers, so kann ein gutgläubiger Erwerb des Rechts nach §§ 932/933 BGB nur erfolgen, wenn der Sicherungsnehmer noch bei der Übergabe der Sache gutgläubig ist. Solange das Verwahrungsverhältnis dauert, kann demnach ein gutgläubiger Erwerb nicht stattfinden. Gerade in dieser Zeit aber ist die Sache Vollstreckungsmaßnahmen dritter Gläubiger ausgesetzt. Bei Herausgabeverlangen des Sicherungsnehmers

---

[1]) Von Lange NJW 50, 567 mit Recht als „Fußangel" bezeichnet, da sogar die Nichterwähnung eines Konstituts bei vernünftiger und nicht am Wortlaut haftender Vertragsauslegung unschädlich ist. Hierzu auch Schmidt MDR 55, 447.

[2]) Zur Ausgestaltung dieses Verwahrungsverhältnisses mit Verwaltungs- und Verfügungsmöglichkeit des Verwahrers vgl. Weinhausen S. 77ff.; über die Vereinbarung eines Kommissionsverhältnisses ders. S. 84ff.

[3]) Über Pfändung der sicherungsübereigneten Gegenstände durch den Sicherungsnehmer vgl. OLG Frankfurt, Beschl. v. 2. 12. 1952 in BB 53, 42.

[4]) Ganz herrschende Rechtsprechung. Der Versuch des LG Bielefeld (MDR 50, 750) u. LG Berlin-West (Urteil v. 23. 1. 1951 in JR 52, 249), einer verbreiteten Ansicht im Schrifttum folgend, die Behandlung der Sicherungsübereignung in beiden Vollstreckungsverfahren gleichzustellen, und zwar in der Form, daß der Sicherungsnehmer bei der Zwangsvollstreckung gegen den Sicherungsgeber nur die Rechte nach § 805 ZPO hat, ist mit Recht ohne Erfolg geblieben. Man kann ein besitzloses Pfandrecht schaffen, nicht aber fiduziarisches Eigentum in ein solches umdeuten. Die eigentümliche Behandlung des Sicherungseigentums im Konkurs ergibt sich aus der Notwendigkeit, die gesicherte Forderung in das Verfahren einzubeziehen, eine Notwendigkeit, die bei Einzelvollstreckungen weder besteht noch generell wünschenswert ist.

Nach wie vor überzeugend Bötticher in MDR 50, 705, Lange NJW 50, 565, Mittelstein MDR 51, 720; vgl. auch LG Berlin-West Urteil v. 15. 12. 1951 in JR 52, 441; LG München Urteil v. 4. 1. 1951 in MDR 51, 176 und LG Berlin-Charlottenburg, Beschl. v. 4. 6. 1952 in NJW 52, 1220 mit Darstellung der älteren Rechtspr.

Über Anwendbarkeit der exceptio doli gegen die Drittwiderspruchsklage des übersicherten Sicherungsnehmers vgl. RG JW 21, 1246; Mittelstein MDR 51, 721.

melden sich meist sofort die Eigentümer, wie z. B. Vorbehaltsverkäufer, oder die sonst dinglich Berechtigten (§ 936 I 3 BGB) und verhindern durch Mitteilung des Eigentumsvorbehalts oder des dinglichen Rechts, daß noch ein gutgläubiger Erwerb bei der Übergabe stattfinden kann.

Diese Schwierigkeiten haben dazu geführt, daß die Sicherungsnehmer die Sicherungsübereignung nach § 929 BGB vorzogen und sich entweder selbst oder durch einen Besitzdiener unmittelbaren Besitz an der Sache verschafften oder mittelbaren Besitz in der Form, daß ein Besitzmittler (nicht der Sicherungsgeber!) bestimmt wurde, der für den Sicherungsnehmer besaß. Besonders beliebt wurde die Bestellung eines Angestellten des Sicherungsgebers als Treuhänder und Besitzmittler der Bank. Dieser Angestellte erhielt dann die Schlüssel zu allen Lagerräumen (meist waren ihm diese Räume ohnehin zugänglich) und war damit unmittelbarer Besitzer aller in diesen Räumen aufbewahrten Waren[1]). Die Rechtsprechung hat sich dieser Konstruktion gegenüber jedoch nicht sehr freundlich eingestellt und an die Erkennbarkeit des unmittelbaren Besitzes sowie an die Möglichkeit der Ausübung der tatsächlichen Gewalt strenge Anforderungen gestellt. Waren diese Anforderungen erfüllt, so konnte ein gutgläubiger Erwerb nach § 932 BGB bereits bei Durchführung des Übereignungsgeschäfts erfolgen, also zu einer Zeit, wo die wirklichen Eigentümer sich noch nicht gerührt hatten, Pfändungen dritter Gläubiger noch nicht ausgebracht und belastende Rechte (§ 936 I 1 BGB) noch nicht bekannt waren.

Auch bei der Sicherungsübereignung nach §§ 929/931 BGB ist die Stellung des gutgläubigen Sicherungsnehmers vorteilhafter als bei der gewöhnlichen Sicherungsübereignung, wenn der Sicherungsgeber mittelbarer Besitzer der Sache ist. Nach § 934 BGB erlangt er in diesem Falle bereits mit Abtretung des Herausgabeanspruchs das Eigentum. Auch bzgl. belastender Rechte ist der Sicherungsnehmer nach § 936 I 3 BGB hier günstiger gestellt. Für den Vorbehaltsverkäufer ist nur sehr schwer verständlich, daß er immer dann, wenn der Vorbehaltskäufer die Ware nicht auf das eigene Lager nimmt, sondern bei einem Dritten einlagert, dem Sicherungsnehmer gegenüber schlechter gestellt ist[2]).

Konnte auch die Rechtsprechung an diesem Ergebnis nichts und an der Umgehung des § 933 durch Sicherungsübereignung nach § 929 S. 1 nur wenig ändern, so ist sie doch jeder unberechtigt weiten Sicherungsübereignung durch strenge Anforderungen bzgl. der Gutgläubigkeit des Sicherungsnehmers entgegengetreten. So wurde bei einzelnen Warengruppen angenommen, daß sie regelmäßig unter Eigentumsvorbehalt verkauft würden, und daß daher ein guter Glaube an das Eigentum oder aber die Verfügungsmacht (§ 366 II HGB) des Sicherungsgebers nicht bestehen könne. Die bloße Erklärung des Sicherungsgebers, daß ein Eigentumsvorbehalt nicht bestehe, ließ die Rechtsprechung nicht

[1]) Vgl. Münzel in MDR 51, 131.
[2]) Vgl. RGZ 113, 61; kritisch Schwister JW 31, 1160.

genügen[1]) (als die Banken dazu übergingen, generell derartige Revers unterschreiben zu lassen[2]). Vielmehr handelte der Erwerber dieser Ware stets grob fahrlässig, wenn er nicht besondere Nachforschungen nach einem etwa bestehenden Eigentumsvorbehalt angestellt hatte[3]). Wie diese Nachforschungen allerdings auszusehen hatten, ist niemals genau abgegrenzt worden. Wieweit eine derartige Nachforschungspflicht zu gehen habe, wird sich bei zunehmender Verwendung des Kontokorrentvorbehalts und der Verarbeitungsklausel nur schwer festlegen lassen[4]).

Um Mißbräuchen des Instituts der Sicherungsübereignung zu begegnen, hat die Rechtsprechung sich in besonders eingehender Weise mit dem Schutz des Sicherungsgebers und des auf den Rechtsschein des Besitzes vertrauenden Dritten befaßt[5]). Nichtig nach § 138 BGB ist die Sicherungsübereignung nicht nur, wenn sie zur Knebelung des Sicherungsgebers führt[6]), sondern auch dann, wenn sie vom Sicherungsgeber und -nehmer zu dem Zwecke durchgeführt ist, die übrigen Gläubiger zu täuschen und zu benachteiligen[7]). Daneben haben die übrigen Gläubiger

---

[1]) RGZ **147**, 331; gerade bei der Treuhänderbestellung und Umgehung des § 933 hat das RG an die Sorgfalt des dauernd im Betrieb tätigen Treuhänders größere Anforderungen stellen können. Vgl. jetzt BGH 10, 17; 14, 121,.

[2]) Über diese Entwicklung Schütz in EV S. 81ff.

[3]) Ob die Nichtvornahme von Nachforschungen auch dann einen gutgläubigen Erwerb ausschließt, wenn auch bei Vornahme dieser Nachforschungen ein Eigentumsvorbehalt nicht bekanntgeworden wäre, ist doch sehr zweifelhaft. Nach § 933 II BGB muß die Unkenntnis Folge der groben Fahrlässigkeit sein. Das ist sie nicht, wenn sie auch bei Anwendung größerer Sorgfalt bestanden hätte.

[4]) Sehr scharf Stulz a. a. O. S. 58, nach dem schon die Kreditnachsuche Bösgläubigkeit begründet, da die Bank wissen müsse, daß der Kreditsuchende seine Warenschulden immer zuletzt bezahlt; gegen jede Nachprüfungspflicht der Banken Schütz in EV S. 84; weitere Entscheidungen zur Prüfungspflicht der Banken bei Ludewig, Kreditsicherung Ziff. II 6.

[5]) Über Einzelheiten vgl. die vorzügliche Übersicht bei Schlegelberger § 368 Anhang Anm. 68—73; vgl. jetzt auch Westermann Interessenkollisionen S. 10ff.

[6]) Einschränkend Lange NJW 50, 568; vgl. jetzt zur Knebelung BGH Urteil v. 14. 7. 1952 in NJW 52, 1169 = BB 52, 734 = BGH 7, 111; kritisch hierzu, jedoch nicht überzeugend, Barkhausen NJW 53, 1412 u. Flessa NJW 53, 84. Vgl. ferner OLG Hamburg Urteil v. 8. 2. 1951 in MDR 51, 354 = BB 51, 348; LG Flensburg Urteil v. 14. 10. 1952 in NJW 53, 1432; LG Nürnberg Urteil v. 6. 10. 1953 in BB 53, 956; BGH Urt. v. 2. 2. 55 in NJW 55, 1272 (mit Anm. Barkhausen).

[7]) BGH Urteil v. 9. 7. 1953 in NJW 53, 1665 = JZ 53, 664 = BGHZ 10, 228 = BB 53, 695; der BGH geht sogar so weit, daß subjektiv grobe Fahrlässigkeit genügt, die immer dann vorliegt, wenn die Bank sich bei der Prüfung der Geschäftslage nicht einer neutralen Person bedient hat; einschränkend die Anm. von Barkhausen in NJW 53, 1665 und Meyer-Cording in JZ 53, 666; vgl. auch BGH Urteil v. 28. 5. 1951 in MDR 51, 604 = BB 51, 569 = JZ 51, 686 mit Anm. Paulus in JZ; OLG Hamburg Urteil v. 1. 2. 1951 in BB 51, 151 und Urteil v. 8. 2. 1951 in MDR 51, 354 = BB 51, 348; OLG Frankfurt Urteil v. 30. 10. 1951 in BB 52, 45; LG Marburg Urteil v. 10. 6. 1953 in NJW 53, 1831; LG Oldenburg Urteil v. 7. 2. 1951 in MDR 51, 423; KG Urt. v. 2. 11. 54 in NJW 55, 1558; erheblich einschränkend jetzt auch Westermann Interessenkollisionen S. 26, dessen Gründen man wohl folgen muß. In der Tat kann für § 138 Fahrlässigkeit nicht genügen, wenn schon die Anfechtung des betr. Geschäftes eine stärkere Schuldform erfordert.

die Möglichkeit der Anfechtung nach der Konkursordnung und dem Anfechtungsgesetz. Ansprüche gegen den Sicherungsnehmer gewähren die Vorschriften der §§ 419 und 826 BGB. Über die einzelnen Sachverhalte, die eine Anwendung der §§ 138 oder 826 BGB ermöglichen, wie Konkursverschleppung, Aussaugung, stille Geschäftsinhaberschaft, Kreditbetrug und Gläubigergefährdung, finden sich in der Entscheidung RGZ 136, 247 ff. richtungweisende Ausführungen, denen auch der BGH im wesentlichen zu folgen scheint[1]).

Bei dieser im ganzen behutsamen Beschneidung des jungen Rechtsinstituts vor Wucherungen[2]) konnte ein ernsthafter Konflikt zwischen Eigentumsvorbehalt und Sicherungsübereignung nicht entstehen, solange sich die Sicherungsübereignung nur auf einzelne Einrichtungsgegenstände des Geschäftsbetriebes erstreckte. Hierbei waren die Banken gezwungen, wollten sie nicht jeder Sicherung verlustig gehen oder gar Schadensersatzansprüchen ausgesetzt sein, im Einzelfall sorgfältig zu prüfen und abzuwägen, ob sich die Sicherungsübereignung noch in dem ihr von der Rechtsprechung zugewiesenen Rahmen hielt, oder ob die Sicherungsübereignung der einzelnen genau aufgeführten Gegenstände schon eine Gefährdung dritter Gläubiger darstellte. Daß gegen die Vornahme derartiger Sicherungsübereignungen auch rechtspolitisch keine Bedenken zu erheben sind, ist selbstverständlich.

β) Sicherungsübereignung eines Warenlagers

Im Zuge immer größerer Kreditausweitung und immer größeren Sicherungsbedürfnisses konnte es jedoch nicht ausbleiben, daß die Banken dazu übergingen, nicht nur Einrichtungsgegenstände sich zur Sicherheit übertragen zu lassen, sondern auch die Forderungen des Kaufmanns und besonders sein Warenlager zur Kreditsicherung zu verwenden. Durch Sicherungsabtretung dieser Forderungen aus dem Verkauf der Waren und Sicherungsübereignung nicht nur der Einrichtungsgegenstände, sondern des ganzen Warenlagers war der nach außen hin noch vermögende Kaufmann in Wirklichkeit vermögenslos geworden. Besonders die Sicherungsübereignung des Warenlagers, das wegen bestehender Eigentumsvorbehalte dem Sicherungsgeber meist zum größten Teil nicht gehörte, brachte besondere Konflikte zwischen Geld- und Warengläubiger[3]).

Wegen des Grundsatzes der Spezialität dinglicher Rechte kann nicht die Übereignung des gesamten Lagers, sondern immer nur die Übereignung aller einzelnen Gegenstände des Warenlagers erfolgen. Haupt-

[1]) BGH a. a. O. ausdrücklich auch Urteil v. 4. 2. 1954 IV ZR 164/53 in Der Betrieb 54, 280; über die Entwicklung der Rechtspr. vgl. besonders Meyer-Cording in JZ 53, 666; über das Verhältnis von § 138 zu § 826 vgl. auch den neuartigen Vorschlag von Westermann Interessenkollisionen S. 27 ff.

[2]) Einer nach Westermann (Interessenkollisionen S. 31 ff.) zu starken Beschneidung.

[3]) Vgl. Weinhausen S. 39.

schwierigkeit bei der Sicherungsübereignung des Warenlagers ist daher die bestimmte Bezeichnung der einzelnen zu übereignenden Gegenstände. Eine generelle Angabe von Zahl und Art, oder die Angabe eines bestimmten Wertes, vermittels dessen die übereigneten Gegenstände sich bestimmen lassen, genügt nicht[1]). Auch ist nach der Rechtsprechung erforderlich, daß sich die einzelnen übereigneten Gegenstände aus dem Vertrage selbst erkennen lassen. Eine Bestimmtheit fehlt also, wenn zur Ermittlung der übereigneten Gegenstände außerhalb des Vertrages liegende Umstände herangezogen werden müssen[2]).

Um allen diesen Schwierigkeiten aus dem Wege zu gehen, hat die Praxis genau wie beim Eigentumsvorbehalt mit Vorausabtretungsklausel, dazu Zuflucht genommen, einfach das ganze Warenlager ohne jede Ausnahme zu übereignen. Das war auf jeden Fall bestimmt genug[3]). Wenn man auch zunächst noch eine Ausnahme für die unter Eigentumsvorbehalt stehenden Waren machte, so mußte man diese doch fallen lassen, als das oberste Gericht erklärte, die Sicherungsübereignung werde hierdurch unbestimmt und daher unwirksam[4]). Vor allem konnten solche Ausnahmen gar nicht mehr in Betracht kommen, nachdem das Reichsgericht entgegen seiner früheren Auffassung feststellte, daß das Vorhandensein oder Hinzukommen von Eigentumsvorbehaltsware die Bestimmtheit nicht beeinflussen könne[5])[6]).

Hier war dann, vor allem wenn die Sicherungsübereignung in der oben geschilderten Weise nach § 929 S. 1 durch Einsetzung eines Treuhänders erfolgt war, die Situation gegeben, daß Eigentumsvorbehaltsverkäufer und Sicherungsnehmer in erbitterten Streit über die Gutgläubigkeit des letzteren gerieten, ein Streit, der ohne die Schwierigkeiten bei der Be-

---

[1]) RGZ 113, 59; 129, 62; RG JW 34, 222.

[2]) RGZ 132, 187; vgl. zur Frage der Bestimmtheit die Zusammenstellung von Klee in BB 52, 790ff.

[3]) RG JW 12, 144; RG in Warneyer Rechtspr. 1932, 1; RGZ 132, 188; vgl. auch Haegele a. a. O. S. 69; Sichtermann in BB 52, 622.

[4]) RGZ 129, 63.

[5]) RGZ 132, 188 gegen früher RGZ 113, 57ff. Nach wie vor macht aber die vertragliche Bestimmung, daß die nicht dem Sicherungsgeber gehörende Ware von der Übereignung ausgeschlossen sei, die Sicherungsübereignung unwirksam. Die Parteien sind also, wenn sie einer schwierigen Einzelfeststellung des Vorbehalts ausweichen wollen, gezwungen (RGZ 129, 63), und können das ohne Gefahr für die Bestimmtheit tun (RGZ 132, 188), stets auch die Vorbehaltsware an den Sicherungsnehmer zu übereignen.

Zu der Entscheidung RGZ 113, 57ff. vgl. auch OLG Frankfurt JW 28, 194 und Rühl S. 117.

[6]) Zu beachten ist, daß der Sicherungsnehmer sich bei der Vorbehaltsware das Anwartschaftsrecht des Käufers zur Sicherung übertragen lassen kann. Bei Sicherungsübereignung von Vorbehaltsware ist daher stets zu prüfen, ob, falls gutgläubiger Erwerb nicht vorliegt, der Sicherungsnehmer Inhaber des Anwartschaftsrechts und bei Bedingungseintritt Eigentümer geworden ist. Vgl. hierzu Ludewig in Der Betrieb Beilage 5/53; richtig auch Klee in BB 52, 790. Über sog. gekoppelte d. i. aneinandergehängte Sicherungsübereignungen s. Lange NJW 51, 751.

Zur Umdeutung vgl. RG 140, 225 u. Staudinger-Berg § 929 Anm. 28c.

stimmung der sicherungsübereigneten Ware vermutlich gar nicht entstanden wäre.

Da die Sicherungsübereignung des Warenlagers nicht den Zweck haben kann, dem Sicherungsgeber die Verwertung des Warenlagers und damit die Abdeckung des Kredits unmöglich zu machen, ist dem Sicherungsgeber zumeist der Verkauf der Ware im ordnungsmäßigen Geschäftsverkehr vertraglich gestattet. Genau wie beim Eigentumsvorbehalt führt diese Gestattung des Weiterverkaufs mit der Folge des Sicherungsverlustes dazu, Formen einer Sicherungsübereignung auszubilden, die auch die wirtschaftlichen Surrogate der ausscheidenden Sicherung erfaßt und als neue Kreditsicherung verwertet.

b) Die Sicherungsübereignung von Ersatzgegenständen

Da zur Fortführung eines Geschäftsbetriebes mit Warenumsatz stets erforderlich ist, daß das Warenlager in seinem Bestand nicht unter ein Mindestmaß absinkt, erfordert der Verkauf jedes Warenpostens in der Regel die Anschaffung neuer Ware. Insofern sind nicht nur die beim Verkauf an die Stelle der sicherungsübereigneten Ware tretende Forderung und der später an die Stelle der Forderung tretende Erlös, sondern ist auch die zur Auffüllung des Lagers beschaffte Ware Ersatz für die sicherungsübereigneten Gegenstände. Besonders die Sicherungsübereignung der als Ersatz beschafften Ware hat in der modernen Kreditwirtschaft große Verbreitung gefunden.

α) Nachschubklausel

Bei der als Sicherungsübereignung mit Nachschubklausel bezeichneten Übereignung wird nicht nur die am Lager befindliche Ware, sondern im voraus auch die künftig auf das Lager gelangende Ware zur Sicherheit übereignet. Der Eigentumserwerb vollzieht sich durch Einigung und antizipiertes Besitzkonstitut. Die Ware wird mit der Einbringung auf das Lager Eigentum des Sicherungsnehmers. Wie schon bei der Verarbeitungsklausel ausgeführt, muß nach herrschender Ansicht der Wille des Besitzmittlers, für den Sicherungsgeber zu besitzen, nach außen erkennbar sein und außerdem der Übereignungswille zu dieser Zeit noch fortbestehen[1]). Hierin liegt eine gewisse Gefahr für den Sicherungsnehmer, die nur insofern abgeschwächt ist, als nach herrschender Meinung ein gegenteiliger Wille des Sicherungsgebers nur dann in Betracht kommt, wenn er nach außen hin erkennbar geworden ist.

Eine andere Möglichkeit besteht darin, den Sicherungsgeber vertraglich zu verpflichten, bei Einbringung der Ware in das Lager diese durch Insichgeschäft dem Sicherungsnehmer zu übereignen. Auch bei dieser Art der Übereignung der Ersatzware ist aber erforderlich, daß die Übereig-

[1]) RGZ 135, 367; vgl. hierzu neuerdings Ludewig in Der Betrieb Beilage 5/53.

nung an den Sicherungsnehmer und die Begründung des Besitzkonstituts nach außen hin kenntlich wird.

Die Kenntlichmachung dieses Willens geschieht sowohl bei der Übereignung durch antizipiertes Besitzkonstitut als auch bei der Übereignung durch Insichgeschäft gewöhnlich dadurch, daß die Ersatzwaren in besondere Lagerräume eingebracht werden, die nach außen erkennbar als Lager des Sicherungsnehmers deklariert sind. Hat die Ware zunächst einmal diese Räume durchlaufen und ist sie auf diese Weise Eigentum des Sicherungsnehmers geworden, so kann ein späteres Verlassen dieses besonderen Lagers dem einmal erworbenen Eigentum nicht mehr schaden.

Die wegen der Spezialität der dinglichen Rechte erforderliche genaue Bezeichnung der vorauszuübereignenden Waren kann praktisch auch nur in der Weise erfolgen, daß eben alle die Waren, die in einem bestimmten Lagerteil einzulagern sind, als zu übereignende Waren bezeichnet werden. Eine anderweitige Bezeichnung kommt schon deshalb kaum in Betracht, weil nur selten die Möglichkeit besteht, genau abzuschätzen, welche Waren und wieviel Waren in einer bestimmten Zeit anzuschaffen sind.

Durch eine derartige Nachschubklausel, die sich wegen der Schwierigkeit der genauen Bezeichnung der vorauszuübereignenden Ware meist auf alle neu eingebrachten Waren erstreckt, erlangt der Sicherungsnehmer bei gleichbleibendem Lagerwert volle Sicherheit. Um einer Verringerung der Sicherheit durch Verkleinerung des Lagers vorzubeugen, findet sich in Sicherungsübereignungsverträgen mit Nachschubklausel oft noch eine Verpflichtung für den Sicherungsgeber, das Lager stets in gleicher Höhe zu halten, oder das Verbot eines Weiterverkaufs, falls der Wert des Warenlagers unter einen bestimmten Betrag absinkt.

β) Surrogationsklauseln

Genau wie der Eigentumsvorbehalt Surrogationsklauseln ausgebildet hat, mit denen er die an die Stelle der Ware tretenden Vermögenswerte zu erfassen sucht, ist dies auch von seiten der Sicherungsübereignung geschehen[1]). Man könnte in diesem Sinne von einer „verlängerten Sicherungsübereignung" sprechen. Neben der Nachschubklausel, die nur im weiteren Sinne einen Ersatzgegenstand in das Vermögen des Sicherungsnehmers einbezieht, gibt es bei der Sicherungsübereignung genau wie beim Eigentumsvorbehalt Verarbeitungs-, Vorausabtretungs- und Verkaufserlösklauseln[2]).

Wie schon oben bei der Behandlung dieser Klauseln ausgeführt, handelt es sich in allen Fällen (bis auf die Verarbeitungsklausel durch Herstellervereinbarung) um echte Sicherungsübereignungen resp. Sicherungsübertragungen. Es kann im wesentlichen auf die bereits zu S. 16 ff. gemachten Ausführungen verwiesen werden.

---

[1]) Gegen diese auch bei der SÜ. Westermann Interessenkollisionen S. 39.

[2]) S. Ludewig Kreditsicherung.

Lediglich zur Vorausabtretungsklausel[1]) ist anzumerken, daß sie in ganz besonderer Weise mit der entsprechenden Klausel des Vorbehaltsverkäufers konkurriert, kommt es doch beim Zusammentreffen beider Klauseln lediglich darauf an, wem gegenüber die erste Abtretung der Forderungen erfolgt ist[2]).

Eine an sich nicht notwendige, aber häufige Einschränkung bei Vorausabtretungs- und Verkaufserlösklausel ist die, daß nur die Forderungen aus dem Verkauf sicherungsübereigneter Waren abgetreten und nur die Erlöse aus dem Verkauf dieser Waren übereignet werden. An sich besteht keine rechtliche Notwendigkeit zu einer derartigen Einschränkung. Vielmehr würde sich gerade für den Sicherungsnehmer die Vorausabtretung aller Forderungen ohne Einschränkung deshalb empfehlen, weil er wegen eines bestehenden Eigentumsvorbehalts oftmals nicht Eigentümer der ihm sicherungsübereigneten Waren wird.

c) Die Sicherungsübereignung zur Sicherung mehrerer Forderungen

Ähnlich wie beim erweiterten Eigentumsvorbehalt gibt es auch eine erweiterte Sicherungsübereignung in der Form, daß die Übereignung zur Sicherung nicht nur einer, sondern aller gegenwärtigen und zukünftigen Forderungen des Sicherungsnehmers gegen den Sicherungsgeber dient. Alle Bedenken, die gegen den erweiterten Eigentumsvorbehalt geltend gemacht worden sind, müssen in erhöhtem Maße gegen diese Form der Absicherung erhoben werden. Jede Änderung in den Beziehungen zwischen Geldgläubiger und Schuldner, und solche Änderungen kommen bei dauernder Bankverbindung täglich vor, bewirkt eine Änderung des Sicherungsgrades. Eine Sicherung, die heute angemessen und nicht überhöht ist, könnte morgen als unangemessen und als Knebelung des Schuldners angesehen werden, wenn man nicht die Möglichkeit des Wiederanwachsens der Forderung in Rechnung stellt. Die Unsicherheit für Dritte, die in die Kreditbeziehungen des Sicherungsgebers keinen Einblick haben, ist hier besonders hoch.

---

1) Zur Sicherungsabtretung Näheres bei Weinhausen S. 91ff. Wegen der Individualisierung der Forderungen vgl. die Ausführungen S. 18 ff.

2) Vgl. besonders Westermann Interessenkollisionen S. 21ff. über diesen Konflikt. Zu den volkswirtschaftlichen und rechtspolitischen Erwägungen insbes. S. 23 ist allerdings manches zu erinnern, vor allem, daß Kreditgebung und -vermittlung Aufgabe der Banken und nicht der Lieferanten ist. Wenn die Banken die Pflege des Personalkredits und auch des langfristigen Realkredits (Anlagekredits) vernachlässigen, so ist das nicht noch dadurch zu prämieren, daß ihnen der Zugriff auf die Forderungen aus dem Weiterverkauf gestattet wird. Auch ist die im Unternehmergewinn des Produzenten enthaltene Risikoprämie nicht Delkrederebezahlung, sondern Prämie für das Konkurrenz- und Absatzrisiko. Es besteht also kein Anlaß, ein typisches Bankrisiko ohne Entgelt dafür der Industrie ausfzulasten. Zum Konflikt bei Globalzession auch Hees MDR 55, 525.

Es bleibt, ebenfalls ähnlich wie beim Eigentumsvorbehalt, noch anzuführen, daß auch bei der Sicherungsübereignung sich durch Kombinierung der verschiedenen Klauseln[1]) zahlreiche Spielarten ergeben und daß auch hier die entwickelten Kombinationen die Tendenz zeigen, zu Musterformeln ausgearbeitet, in allen Fällen der Kreditsicherung angewandt zu werden[2]). Da die Kreditnehmer beim Warenbezug die in den allgemeinen Geschäftsbedingungen der Lieferanten verankerten Eigentumsvorbehaltsklauseln anerkennen, kommt es zu einer Machtprobe der gegeneinander gerichteten Sicherungsklauseln[3]).

Aus diesem „Kampf der Klauseln" ergeben sich nicht nur besondere zivilrechtliche Schwierigkeiten. Oft scheuen die Waren- oder Geldgläubiger den langwierigen Zivilprozeß und versuchen zuvor durch Erstattung einer Strafanzeige den Schuldner zur Zahlung zu bewegen[4]). Wenn dann die Staatsanwaltschaft zur Einstellung gelangt, weil der subjektive Tatbestand nicht nachzuweisen sei, wird von den Gläubigern Beschwerde eingelegt, die sehr häufig zur Wiederaufnahme der Ermittlungen und nicht selten zu dem Ergebnis führt, daß der Schuldner ohne Rücksicht auf seine sonstigen Verpflichtungen sich bemüht, den energischen Gläubiger vorweg zu befriedigen.

Die hohe Zahl der Einstellungen bei derartigen Handlungskomplexen hat nicht zuletzt ihre Ursache darin, daß besondere zivilrechtliche Schwierigkeiten und Unsicherheiten bestehen. Wo dies der Fall ist und wo selbst dem geübten Juristen die Rechtslage nicht ohne weiteres klar werden kann, neigt man dazu, diese Unklarheiten auch dem Beschuldigten zugute zu halten.

Sowohl die hohe Zahl dieser Handlungskomplexe und die — wegen der Versuche der Gläubiger, einen Zivilprozeß zu ersparen — häufige Befassung der Strafverfolgungsbehörden mit diesen Komplexen[5]), als auch die erhebliche Unsicherheit in der rechtlichen Behandlung fordern die zusammenhängende strafrechtliche Betrachtung.

---

[1]) Vgl. aber BGH in NJW 52, 1169 nach dem eine Zusammenfassung aller Sicherungsklauseln für das Vorliegen eines Knebelungsvertrages spricht.

[2]) Vertragsmuster bei Weinhausen S. 163ff. und Späth im Rechtsarchiv der Wirtschaft Heft 2/3 1954.

[3]) Über neuartige Lösungsversuche (im Anschluß an die US-amerikanische Praxis) mittels des sog. Bassinvertrages, durch den ein gemeinsames Treuhandlager für Lieferanten und Banken geschaffen wird, vgl. Haupt in Der Betrieb 53, 1008ff. und Przyskowski in BB 53, 549.

[4]) Oft werden derartige Anzeigen auch erstattet, nachdem Vollstreckungsversuche erfolglos geblieben sind. Durch den auf diese Weise auf den Schuldner ausgeübten Druck werden die Pfändungsbeschränkungen praktisch unwirksam gemacht. Scharf gegen diese Methoden H. Mayer in Materialien S. 275.

[5]) Über die erheblich zunehmende Zahl der Verurteilungen, die auf die zunehmende Verbreitung der EV und SÜ Klauseln zurückzuführen ist, Angaben bei Wilde in EV S. 184 u. Peschke daselbst S. 193.

II. Teil

Die strafrechtliche Behandlung von Eigentumsvorbehalt und Sicherungsübereignung

A. Die bisherige Literatur und Rechtsprechung

Während die in der Hauptsache in Betracht kommenden Tatbestände der §§ 246 und 266 StGB eine reiche monographische Bearbeitung erfahren haben und auch die Rechtsprechung eine Unzahl höchstrichterlicher Entscheidungen zu diesen Tatbeständen zur Verfügung gestellt hat, fehlt es im Strafrecht an einer monographischen Durchdringung der speziellen und durch zivilrechtliche Zusammenhänge umgrenzten Problemkreise von Eigentumsvorbehalt und Sicherungsübereignung[1]). Besonders auffällig ist auch beim Eigentumsvorbehalt die im Verhältnis zu seiner Häufigkeit geringe Anzahl von höchstrichterlichen Entscheidungen zum neuen Untreuetatbestand, eine Erscheinung, die sich wohl nur durch die sehr große Vorsicht der Untergerichte nach der richtungweisenden Entscheidung RG 69, 58[2]) und die immerhin bestehende Möglichkeit einer Bestrafung nach § 246 erklären läßt[3]).

1. Der Eigentumsvorbehalt

(1) Vor Abschluß des Kaufvertrages

Schon vor Abschluß eines Kaufvertrages unter Eigentumsvorbehalt treten besondere Schutzfunktionen des Strafrechts zugunsten dieses Zivilrechtsinstituts in Erscheinung. Es ist hier nicht der Ort, die Lehre

---

[1]) Es ist die Überzeugung des Verfassers, daß die monographische Behandlung von Sachverhaltskomplexen, die mehrere Tatbestände berühren, wesentlich fruchtbarer ist, als die übliche Behandlung von Tatbeständen, unter die dann die verschiedenen Sachverhalte subsumiert werden. Bei letzterer besteht die große Gefahr, daß Lebenssachverhalte unter Tatbestände gezwängt werden, unter die sie zwar begrifflich aber nicht systematisch sinnvoll subsumiert werden können. Außerdem bedeutet die Abgrenzung einer Arbeit nach den Grenzen eines Tatbestandes einen Verzicht auf die vollständige Durchdringung eines für mehrere Tatbestände relevanten Sachverhaltskomplexes.

[2]) Da sogar zu eng, korrigiert durch RG 69, 279. Über die weiteren grundsätzlichen Einschränkungen des Untreuetatbestandes durch die Entscheidungen RG 71, 90; 70, 7; RG im Recht 1934 Nr. 10118 und RG in JW 37, 2698 vgl. Zoller a. a. O. S. 67ff.

[3]) Vgl. H. Mayer in Materialien S. 334.

vom Eingehungsbetrug einer kritischen Würdigung zu unterziehen. Nach der feststehenden Rechtsprechung sowohl des früheren RG als auch des BGH liegt ein Eingehungsbetrug immer dann vor, wenn schon der Vermögensvergleich des Verfügenden vor und nach Abschluß des Vertrages eine Verschlechterung seiner Gesamtvermögenslage erkennen läßt[1]). Eine Täuschungshandlung des Vertragspartners kann sich daher, noch bevor es zum Abschluß des Vertrages gekommen ist, als Versuch des § 263 StGB darstellen.

Während bei Abschluß eines sonstigen Kaufvertrages im wesentlichen als Täuschungshandlungen nur Täuschung über Zahlungsfähigkeit und Täuschung über Zahlungswilligkeit in Betracht kommen, ist der Kreis der strafbaren Täuschungshandlungen bei Eigentumsvorbehaltsverträgen weitergezogen. Neben der Hauptpflicht des Käufers, der Zahlung, gewinnen hier auch die sich auf die Behandlung der Vorbehaltsware beziehenden Nebenpflichten Bedeutung. In der Täuschung über die Fähigkeit oder Willigkeit, diese besonderen Vertragspflichten einzuhalten, kann eine nach §§ 263/43 StGB strafbare Handlung liegen.

So fehlt es dem Käufer z. B. an der Fähigkeit, die Vorbehaltsware im Eigentum des Verkäufers zu erhalten, wenn er dieselbe Ware bereits nach § 929 BGB oder §§ 929/931 BGB einem gutgläubigen Dritten im voraus sicherungsübereignet hat. Mit Auslieferung der Ware an den Vorbehaltskäufer tritt hier bei der oben aufgezeigten zivilrechtlichen Konstruktion gleichzeitig gutgläubiger Erwerb des Sicherungsnehmers ein. Täuscht der Käufer den Vorbehaltsverkäufer über das Bestehen einer derartigen Sicherungsübereignung (besonders bei Sicherungsübereignung eines Warenlagers mit Nachschubklausel), so liegt hierin bereits ein versuchter Betrug. Bei vorweggenommener Sicherungsübereignung nach §§ 929/930 BGB kann ein versuchter Betrug dann vorliegen, wenn der Käufer die Sicherungsübereignung für wirksam hält[2]).

Bei allen Formen der Sicherungsübereignung entfällt nach bisher herrschender Lehre ein Betrugsversuch zum Nachteil des Vorbehaltsverkäufers, wenn der Käufer die antizipierte Sicherungsübereignung für unwirksam hält, sei es, daß er generell über die rechtlichen Auswirkungen der verschiedenen Formen der Sicherungsübereignung irrt, sei es, daß er den Sicherungsnehmer für bösgläubig hält[3]). Es fehlt in diesen Fällen zumindest am Schädigungsvorsatz[4]). Dagegen bleibt die Möglichkeit, daß

---

[1]) RG 16, 10; 68, 380; 74, 130; 76, 49; HRR 35, 1100, 1189; 38, 352, 979; 39, 397; JW 38, 503. BGH Urteil v. 26. 3. 1953 in NJW 53, 836. Die Vermögensverfügung des Verkäufers liegt ebenfalls im Abschluß des Kaufvertrages, Grunsfeld ZStW 54, 469.

[2]) Vgl. BGH 1, 263.

[3]) Ist die Sicherungsübereignung außerdem unwirksam, so fehlt es auch am Schaden, vgl. BGH a. a. O.

[4]) Hieraus ergibt sich, daß der Teilnehmer dennoch wegen Beihilfe zum versuchten Betrug strafbar sein kann, wenn er die Sicherungsübereignung für wirk-

sich der Käufer gegenüber dem Sicherungsnehmer nach § 263 StGB strafbar gemacht hat[1]). Das wird insbesondere dann der Fall sein, wenn der Käufer zur Sicherung eines Betriebsmittelkredites bestimmte, von ihm zu beschaffende Einrichtungsgegenstände im voraus sicherungsübereignet hat und sodann diese Gegenstände abredewidrig unter Eigentumsvorbehalt erwirbt[2]).

An der Fähigkeit des Käufers, dem Vorbehaltsverkäufer unbelastetes Eigentum zu erhalten, fehlt es auch dann, wenn der Käufer die Ware auf ein Lager ausliefern läßt, dessen Bestand er bereits verpfändet hat[3]). Durch Besitzerlangung erwirbt der gutgläubige Pfandgläubiger ein dem Eigentum des Vorbehaltsverkäufers vorgehendes Pfandrecht. Bei andersartiger[4]) Verpfändung und Auslieferung kann versuchter Betrug dann vorliegen, wenn der Käufer die Verpfändung für wirksam hält. Auch hier entfällt der Betrugsversuch zum Nachteil des Verkäufers, wenn der Käufer die Verpfändung, gleich aus welchen Gründen, für unwirksam hält[5]) und liegt Betrug zum Nachteil des Pfandgläubigers vor, wenn der Käufer diesem die Anlieferung vorbehaltsfreier Ware zugesichert hatte[6]).

Ist ein Eigentumsverlust oder eine Eigentumsbelastung zum Nachteil des Vorbehaltsverkäufers zwar noch nicht vorbereitet, jedoch vom Käufer geplant, fehlt es dem Käufer somit an dem Willen, seine aus dem

---

sam hält, und zwar gleichgültig, ob sie tatsächlich wirksam oder aber unwirksam ist.

Abzuwarten bleibt, ob die Rechtsprechung auch hier die sich aus der Makelentscheidung des BGH v. 9. 1. 1953 NJW 53, 475 ergebenden Konsequenzen ziehen wird. In diesem Falle würde die Vorstellung des Täters davon, daß dem Vorbehaltsverkäufer zwar nicht das Eigentum verlorenginge, aber doch Schwierigkeiten durch einen Rechtsstreit mit dem Sicherungsnehmer erwachsen würden, als Schädigungsvorsatz ausreichen.

Zur RG Rechtsprechung vgl. RG 49, 16 und RG 73, 61. Kritisch zur Ausweitung des Schadensbegriffes Maurer in NJW 53, 1480.

[1]) RG Ger. S. 99, 418; HRR 1928, 1527; 1939, 60; 1941, 669; BGH 1, 265.

[2]) Auch hier wieder nach der Makelentscheidung gleichgültig, ob die Sicherungsübereignung wirksam oder unwirksam ist, denn auch bei wirksamer Sicherungsübereignung müßte der Sicherungsnehmer mit Schwierigkeiten durch den Vorbehaltsverkäufer rechnen.

[3]) Der Wille und die Möglichkeit, die verpfändete Sache wieder auszulösen, spielt hierbei keine Rolle. Für den Tatbestand des § 246 StGB, hierbei für den Zueignungsbegriff, mögen diese Erwägungen sinnvoll sein. Hier handelt es sich allein um die Frage, ob der Verkäufer den Kaufvertrag auch dann abschließen würde, wenn ihm die Absicht des Käufers, die Ware sofort einem gutgläubigen Dritten zu verpfänden, bekannt wäre. Das wird in fast allen Fällen zu verneinen sein, da der Verkäufer auf diese Weise gerade auf den von ihm als Sicherheit gewünschten Eigentumsvorbehalt praktisch verzichten müßte.

[4]) Und daher zivilrechtlich unwirksamer.

[5]) Vgl. Anm. 4 auf S. 40.

[6]) Und zwar gleichgültig, ob kraft guten Glaubens ein Pfandrecht an der Ware entsteht, vgl. BGH v. 9. 1. 1953 NJW 53, 475. Ein Schaden für den Pfandgläubiger liegt zumindest darin, daß er mit Schwierigkeiten durch den Verkäufer rechnen muß.

Eigentumsvorbehalt sich ergebenden Pflichten zu erfüllen, so liegt in einem über diesen Willen täuschenden Angebot ebenfalls ein Betrugsversuch. Das ist insbesondere der Fall, wenn der Vorbehaltskäufer die Vorbehaltsware alsbald sicherungsübereignen oder verpfänden will.

Derjenige Vorbehaltskäufer, der die Ware nicht zum Weiterverkauf im Rahmen eines Geschäftes erwirbt, dem also die Veräußerung vor Kaufpreiszahlung nicht gestattet ist, macht sich bei vorweggenommener oder geplanter Weiterveräußerung vor Kaufpreiszahlung ebenfalls wegen versuchten Betruges strafbar.

Gewisse Schwierigkeiten treten in den Fällen auf, in denen der Vorbehaltskäufer plant, die Vorbehaltsware alsbald unsachgemäß zu gebrauchen, aufzubewahren, zu verleihen, beschädigen, zerstören und zu verbinden, vermischen oder zu verarbeiten. Während die Fälle der geplanten Beschädigung und Zerstörung klare Betrugsfälle sind, richtet sich die Behandlung der anderen jeweils nach dem Inhalt des in Aussicht genommenen Vertrages und nach der Branchenüblichkeit. Da Abreden über den Vertragsinhalt bzgl. dieser Fälle selten vorkommen, bleibt für vertragsergänzende Auslegung und Branchenüblichkeit ein weites Feld.

An einer Täuschungshandlung fehlt es immer dann, wenn der Vorbehaltskäufer vertragsgemäße und branchenübliche Behandlung der Ware beabsichtigt. Zur branchenüblichen Behandlung gehört in den meisten Fällen auch die Verbindung, Vermischung oder Verarbeitung der Ware. Ist aber z. B. die Verarbeitung zwar branchenüblich aber vom Verkäufer (z. B. in allgemeinen Geschäftsbedingungen) ausdrücklich ausgeschlossen, so liegt schon beim Kaufangebot des Vorbehaltskäufers, der eine Verarbeitung plant, ein versuchter Betrug vor.

(2) Bei Abschluß des Kaufvertrages

Tritt der Tatbestand des § 263 vor Abschluß des Kaufvertrages nur in der Versuchsform in Erscheinung, so liegt bei Abschluß des Vertrages in allen oben aufgezählten Fällen ein vollendeter Eingehungsbetrug vor. Der Vermögensschaden des Verkäufers liegt nicht erst in dem Verlust des Warenbesitzes, sondern schon in der zunächst einmal bestehenden Verpflichtung, einem Käufer, der die sich aus dem Eigentumsvorbehalt ergebenden Verpflichtungen nicht einhalten kann oder will, die Ware liefern zu müssen[1]). Daß der auf diese Weise zustande gekommene Kaufvertrag wegen Täuschung nach § 123 BGB angefochten werden kann, ändert daran nichts. Zunächst muß der Verkäufer liefern. Auch sind dem Verkäufer durch Zustandekommen des Vertrages Prozeßrisiko und Beweislast zugefallen, falls er von seinem Anfechtungsrecht Gebrauch machen will.

Bei dieser verfeinerten Schadensbestimmung kommt es dazu, daß fast jeder Kreditbetrug als Eingehungsbetrug auftritt, ein Ergebnis, das nicht

[1]) HRR 38, 352, vgl. auch Peschke in EV S. 198.

unbedenklich erscheint und zu einer Einengung, wenn nicht des Schadensbegriffes, so doch des Verfügungsbegriffes mahnt.

Weitere Folge dieser frühzeitigen Perfektuierung des Betrugstatbestandes ist, daß andere Tatbestände wie z. B. § 246 StGB oder § 266 StGB nur als straflose Nachtat in Erscheinung treten können[1]). Die schon vorher in die Wege geleitete oder aber geplante Zueignung wird zur reinen Verwertungshandlung und hat keinen Einfluß auf Deliktstypus und Strafbarkeit.

Erblickt man den Vermögensschaden dagegen erst im Besitzverlust, so ist immerhin zu erwägen, ob der Tatbestand des § 246 anstatt oder neben § 263 StGB in Erscheinung tritt. Gegen die wohl herrschende Lehre und Rechtsprechung, die auch in diesem Fall Betrug (und Unterschlagung als straflose Nachtat) annimmt, haben sich Binding, Köstlin und Wegner gewandt, die in diesen Fällen allein Unterschlagung annehmen.[2]) Vereinzelt finden sich in der Rechtsprechung Entscheidungen, die Idealkonkurrenz von Betrug und Unterschlagung[3]), schließlich auch Entscheidungen, die Realkonkurrenz zwischen diesen Tatbeständen dann annehmen, wenn der Betrug erst zu einer Vermögensgefährdung, jedoch noch nicht zum endgültigen Verlust der Sache geführt hat[4]).

Trotz mancher Bedenken wird man jedoch hier an der bisher herrschenden Lehre festhalten müssen. Gleichgültig, ob der Betrug schon mit Abschluß des Vertrages oder aber erst mit der Besitzübertragung vollendet ist, muß die Unterschlagung als zeitlich nachfolgend und als straflose Nachtat angesehen werden.

Nach der richtungweisenden Untersuchung von Schröder[5]) über die Abgrenzung von Diebstahl und Betrug kann nicht mehr angenommen werden, daß der Unterschlagungstatbestand auf derartige Fälle allein anzuwenden sei. Die Vermögensschädigung wird in erster Linie[6]) nicht durch fremden Zugriff, sondern durch das eigene Verhalten des Getäuschten hervorgerufen, der bewußt eine sichere Vermögensposition aufgibt, um eine, wie er irrig annimmt, gleich günstige zu erlangen. Sogar wenn man in der Vermögensverfügung nach § 263 eine bewußte Disposition über einen Vermögensgegenstand sähe[7]), das ungeschriebene Tatbestandsmerkmal des § 263 also weiter einschränken würde, als es die

---

[1]) RG 48, 291 mit Angabe weiterer Entscheidungen. Vgl. jetzt BGH Urteil v. 8. 10. 1953 in NJW 53, 1924 und Urteil v. 16. 10. 1952 in NJW 53, 33; Zum EV vgl. auch Peschke in EV S. 198.

[2]) Binding Lehrbuch I S. 277, 345; Köstlin Abhandlungen S. 154; Wegner JW 34, 906 u. 1974.

[3]) RG 61, 37 und 70, 15 (bei Zueignungshandlung durch einen getäuschten Dritten, vgl. RG 70, 213). Zur Idealkonkurrenz von Betrug und Untreue vgl. OLG Braunschweig Urteil v. 17. 8. 1951 in NJW 51, 932.

[4]) RG 61, 39; KG in DStR 37, 57 (für Betrug und Diebstahl).

[5]) Schröder ZStW 60, 33ff., ähnlich auch schon Grünhut in Reichsgerichtspraxis S. 124 und Hegeler in Archiv für Rechtsphilosophie Bd. 9 S. 375ff.

[6]) Nicht nur zeitlich zuerst. [7]) Im Verhältnis 242/263, also mit einer klaren Ausnahme für den Bindingschen Scheck-Autogrammfall.

herrschende Lehre tut, würden doch die hier in Frage stehenden Fälle als Betrugsfälle zu charakterisieren sein.

Die an sich denkbare Idealkonkurrenz zwischen Betrug und Unterschlagung entfällt schon deshalb, weil es an der Gleichzeitigkeit von Tatbestandsausführungshandlungen fehlt. Es bleibt daher nur noch zu erwägen, ob die nachfolgende Unterschlagung realiter konkurriert oder aber eine straflose Nachtat vorliegt[1]). Wenn irgendwo, so ist hier der Begriff der Verwertungshandlung am Platze, da der später nachfolgende Zueignungsakt nichts weiter als die Frucht und Nutzbarmachung der Täuschungshandlung ist. Auch wenn man, wie m. E. haltbar ist und wie später noch ausgeführt wird, die Abgrenzung zwischen strafbarer und strafloser Nachtat in der subjektiven Tatseite begründet findet, so ergibt sich hier, daß der täuschende Vorbehaltskäufer die betrügerisch erlangte Ware als bereits für sich gesichert ansieht.

(3) Nach Abschluß des Kaufvertrages, vor Inbesitznahme der Ware

Vor und bei Abschluß des Kaufvertrages erfolgt die Täuschung des Vorbehaltsverkäufers durch schlüssige Handlung. Der Vorbehaltskäufer erklärt durch sein Vertragsangebot oder durch den Abschluß des Vorbehaltsvertrages, daß er in der Lage und auch willens sei die aus dem Vorbehalt resultierenden besonderen Nebenpflichten einzuhalten. Zwischen Abschluß des Kaufvertrages und Inbesitznahme der Ware durch den Vorbehaltskäufer stellt sich in allen eben aufgeführten Fällen das Problem der Täuschung durch Unterlassen. Als Vermögensverfügung des Verkäufers kommen hierbei das (aufschiebend bedingte) Übereignungsgeschäft — das ja erst bei Übergabe oder Übergabesurrogat vollständig ist — und die Besitzüberlassung in Betracht. Der Vermögensschaden für den Verkäufer ist der Verlust des Warenbesitzes.

Durch Unterlassen täuscht z. B. der Vorbehaltskäufer, der nach Abschluß des Kaufvertrages, aber noch vor Besitzerlangung das gesamte Warenlager, auf das die Vorbehaltsware ausgeliefert werden soll, einem Dritten zur Sicherheit übereignet oder verpfändet, oder der bereits in diesem Zeitpunkt eine Sicherungsübereignung oder Verpfändung der Ware beabsichtigt, der nicht zum Verbrauch oder zur Verarbeitung bestimmte Ware für sich verbrauchen oder verarbeiten will usw. Die Rechtspflicht zur Aufklärung des Vorbehaltsverkäufers ergibt sich aus dem Kaufvertrag selbst. Nach Treu und Glauben muß der Vorbehaltskäufer, der die sich aus dem Kaufvertrag ergebenden Pflichten nicht mehr einhalten kann oder will, seinen Vertragspartner vor weiterer Durchführung des Vertrages (Auslieferung der Ware) in Kenntnis setzen. Tut er das nicht, so nimmt er eine rechtswidrige Täuschungshandlung vor.

---

[1]) Vgl. hierzu Honig a. a. O., besonders S. 88ff., und zwar Konsumtion als Unterfall der straflosen Nachtat (hierzu auch S. 12).

Eine rechtswidrige Täuschungshandlung durch Unterlassen begeht auch der Vorbehaltskäufer, der nach Auslieferung mit der Ware vertragswidrig verfährt. Jedoch sind diese Täuschungshandlungen nicht geeignet, eine Vermögensverfügung im Sinne des § 263 StGB herbeizuführen. Zwar gilt nach herrschender Lehre als Vermögensverfügung auch ein Unterlassen der Geltendmachung eigener Rechte. Bei dieser Ausweitung des Verfügungsbegriffs muß jedoch die Abgrenzung zu den Aneignungsdelikten, wie Diebstahl und Unterschlagung, problematisch werden. Wie oben ausgeführt, kommt nach durchaus herrschender Auffassung ein Betrug dann nicht in Betracht, wenn der Vermögensschaden nicht mehr als direktes Werk des Getäuschten angesehen werden kann. Das ist aber hier bei vertragswidrigem Verhalten nach Inbesitznahme der Ware der Fall.

Während die Betrugsfälle bei allen Eigentumsvorbehaltsformen ähnlich liegen, auf kleinere Besonderheiten wird bei Behandlung der einzelnen Formen eingegangen, finden der Unterschlagungs- und Untreuetatbestand recht unterschiedliche Sachverhalte vor, deren Behandlung im Rahmen der sie bedingenden zivilrechtlichen Konstruktionen erfolgen muß.

a) Einfacher Eigentumsvorbehalt und Nebenformen

α) Der Eigentumsvorbehalt des § 455 BGB

(1) Der Schutz des § 246 StGB

Da der Vorbehaltsverkäufer zivilrechtlich seine Vermögensposition durch Aufrechterhaltung seines Eigentums trotz Verkaufes zu schützen sucht, ist es auf den ersten Blick gar nicht erstaunlich, daß auch im Strafrecht der Vermögensschutz durch Eigentumsschutz bewirkt wird. Diese Regelung entspricht so sehr den eingefahrenen Vorstellungen über die Schutzfunktion des Strafrechts und die Begriffsakzessorietät zum Zivilrecht bei §§ 242 u. 246 StGB[1]), daß jede Andersbehandlung verwunderlich erscheinen müßte.

Da an der Fremdheit der Vorbehaltsware bei wirksamem Vorbehalt wegen der Abhängigkeit dieses Tatbestandsmerkmales vom Zivilrecht[2])

---

[1]) Die uns das Naturrecht beschert hat, Mayer Untreue S. 20ff. und die bei diesen Vorschriften nicht einmal Bruns glaubte entbehren zu können.

[2]) Für einen strafrechtlichen Eigentumsbegriff das Preußische Obertribunal in den Entscheidungen v. 9. 11. 1866, Oppenhoff 7, 612, v. 5. 12. 1867, Oppenhoff 8, 763, v. 13. 3. 1878, Oppenhoff 19, 134, vgl. eingehend hierzu Kronecker GA 34, 402ff.

Gegen einen gesonderten Eigentumsbegriff RG 1, 344; 2, 188; 3, 150; 21, 367; 39, 428; 50, 183; 61, 65; 61, 343; 62, 60; 66, 406 und die absolut h. L., vgl. aus neueren Darstellungen Ebener Untreue S. 56, aus Kommentaren Kohlrausch-Lange § 246 Anm. I Nagler in LK Vorbemerkung vor §§ 242ff. Anm. I, Olshausen § 242 Anm. 10a. Jetzt für Verselbständigung des Fremdheitsbegriffs H. Mayer in Materialien S. 347, derselbe früher in Ger. S. 104, 109 eingeschränkt, nur soweit es sich um Geld handele.

kein Zweifel herrscht, können sich Probleme zu § 246 nur aus dem Tatbestandsmerkmal der rechtswidrigen Zueignung ergeben. Es werden also lediglich die Abgrenzung Zueignung — Gebrauchsanmaßung und die Frage der Rechtswidrigkeit oder ihres Ausschlusses akut[1]).

aa) Verkauf der Vorbehaltsware

Unbestritten ist, daß der Vorbehaltskäufer[2]), dem der Weiterverkauf nicht gestattet ist, also der Konsument, durch Veräußerung vor Kaufpreiszahlung[3]) den Tatbestand des § 246, und zwar in der erschwerten Form der Veruntreung[4]) erfüllt[5]).

Die Zueignung ist hierbei nicht erst in der Verfügung über das Eigentum zu sehen. Es genügt jede Manifestierung des Willens, die Sache aus dem fremden Vermögen herauszuziehen und dem eigenen Vermögen hinzuzufügen[6]). Gerade bei Anwendung des wirtschaftlichen Zueignungsbegriffs gewinnt die schuldrechtliche Betrachtung der Täterhandlung eine besondere Bedeutung, da das reine Verfügungsgeschäft ein Überwechseln der Sache aus dem Vermögen des Eigentümers in das Vermögen des Täters gar nicht erkennen lassen kann. In Verbindung mit dem Verfügungsgeschäft oder der Verfügungsabsicht erhält der an sich jedem

---

[1]) Die Begriffsakzessorietät in § 246 StGB hindert auch, das Vorbehaltseigentum wirtschaftlich als Pfandrecht aufzufassen und etwa so zu einem Ausschluß des § 246 StGB zu gelangen. Gerade beim Eigentumsvorbehalt und bei der Sicherungsübereignung hat die Rechtsprechung, von ihrem akzessorischen Standpunkt aus folgerichtig, eine nach wirtschaftlichen Gesichtspunkten erfolgende Umdeutung dieser Zivilrechtsinstitute abgelehnt, vgl. RG 61, 66; 61, 343; 62, 60.

[2]) Über Verkauf der Vorbehaltsware durch Familienangehörige oder Angestellte vgl. RG in JW 29, 2729 und RG 62, 15.

[3]) Auf den Zahlungseingang kommt es an, nicht auf den Zeitpunkt der Zahlungsbewirkung. Verfügt der Vorbehaltskäufer nach Bewirkung aber noch vor Zahlungseingang, so eignet er sich eine noch fremde Sache zu. Meist wird es hier aber am Vorsatz fehlen, vgl. Rühl Eigentumsvorbehalt S. 89.

[4]) Richtig Grunsfeld ZStW 54, 469, Peschke in EV S. 194, Stulz Eigentumsvorbehalt S. 75, Wilde in EV S. 169. Das gilt nicht ohne weiteres für Teilnehmer, RG 72, 328.

[5]) Wichtig ist, daß der Käufer den Eigentumsvorbehalt tatsächlich kennen muß. Während die zivilrechtliche Wirkung des Eigentumsvorbehalts auch dann eintritt, wenn sich der Eigentumsvorbehalt auf einer vom Käufer unbeachteten Rechnung, auf Versandpapieren, oder versteckt in allgemeinen Lieferungsbedingungen befindet, ist hier für den Vorsatz tatsächliche Kenntnis erforderlich. Vgl. hierzu Peschke in EV S. 198, Stulz Eigentumsvorbehalt S. 75.

[6]) Allein dieser wirtschaftliche Zueignungsbegriff im Gegensatz zum rein formalen (se ut dominum gerere) verbürgt eine zuverlässige Abgrenzung der Aneignungsdelikte vom furtum usus, vgl. Schaffstein in Ger. S. 103, 307 ff. Bemerkenswert ist immerhin, daß die h. L. beim wirtschaftlichen Zueignungsbegriff nicht auf das Eigentum, sondern auf das Vermögen abstellen muß, da der Täter selbst durch seine Handlung nicht, dritte Erwerber nur kraft guten Glaubens Eigentümer werden können. Eine Zueignung im zivilrechtlichen Sinne ist nicht nur nicht erforderlich, sondern sogar unmöglich. Die zivilrechtliche Betrachtung bleibt also auf das Angriffsobjekt der Eigentumsdelikte beschränkt und kann sich nur mittelbar auf die Handlungsmodalitäten erstrecken.

Nichteigentümer mögliche und erlaubte Verkauf einer fremden Sache den Charakter einer Zueignungshandlung. Selbst das Verkaufsangebot[1]), das bloße Anerbieten zum Abschluß eines Kaufvertrages, oder aber die Beauftragung eines Dritten mit dem Verkauf der Sache[2]) sind Zueignungshandlungen, da schon diese Tätigkeiten die Vermögensverschiebung erkennen lassen. Auch rein tatsächliche Handlungen erfüllen diese Bedingung. So ist auch das Wegschaffen der Sache zur Veräußerung bereits Zueignung[3]). Da es nur auf die Vornahme einer vermögensverschiebenden Handlung, nicht aber auf die Wirksamkeit einer Eigentumsverschiebung ankommt, ist gleichgültig, ob Verfügungs- oder Verpflichtungsgeschäfte des Vorbehaltskäufers rechtswirksam sind[4]) und ob seine tatsächlichen Handlungen geeignet sind, die Einwirkungsmöglichkeit des Vorbehaltsverkäufers auf die Ware vollständig auszuschließen. Die Abgrenzung zu den Versuchsfällen ist daher nicht ohne Schwierigkeit.

Bei dem Vorbehaltskäufer, der die Waren zum Weiterverkauf erworben hat, dem also in aller Regel Weiterverkauf im Rahmen des ordnungsmäßigen Geschäftsverkehrs gestattet ist, fehlt es beim Weiterverkauf nicht an der Zueignung (da er die Ware im eigenen Interesse verwertet), sondern an der Rechtswidrigkeit der Zueignung[5]). Die Rechtswidrigkeit kann nur soweit ausgeschlossen sein, wie die Einwilligung des Verkäufers reicht[6]). Die Einwilligung des Verkäufers erstreckt sich in der Regel nicht auf die Verschleuderung der Ware weit unter Einstandspreis[7]) oder den Verkauf der Ware nach Konkurseröffnung[8]). Wohl muß dagegen die Vornahme von Ausverkäufen[9]), die Abgabe der Ware zum Einstandspreis und die Gewährung von besonderen Kauf- und Zahlungsanreizen (Rabatte, Skonti) als im Rahmen des ordnungsmäßigen Geschäftsverkehrs liegend angesehen werden. Ist im Einzelfalle eine dieser Möglichkeiten des ordnungsmäßigen Geschäftsverkehrs durch Vertrag besonders ausgeschlossen, so liegt in der Ausnutzung dieser Möglichkeit nicht nur eine bloße Vertragspflichtverletzung, sondern die Vornahme

---

[1]) RG 59, 175; 67, 79; 73, 254; RG in HRR 35, 1188.

[2]) RG 58, 230; 73, 254.

[3]) Hierzu Nagler in LK Vorbemerkung vor §§ 242ff. Anm. V 2 A b.

[4]) Olshausen § 246 Anm. 4 d hh.

[5]) Grunsfeld ZStW 34, 471, Hoffmann in Pro honore S. 47.

[6]) Richtig Borst in JW 34, 822, auch wenn die Einwilligung nicht ausdrücklich auf den Verkauf im Rahmen des ordnungsmäßigen Geschäftsverkehrs beschränkt ist, ist eine derartige Beschränkung fast in allen Fällen aus dem gesamten Vertragsinhalt zu schließen, vgl. auch Grunsfeld ZStW 34, 471, Stulz Eigentumsvorbehalt S. 75, Wilde in EV S. 178, unrichtig Peschke in EV S. 200. An Entscheidungen vgl. OLG Celle JW 26, 2102; LG Kiel NJW 54, 1850. BGHZ 10, 17/18.

[7]) Grunsfeld ZStW 34, 472, Hoffmann a. a. O. S. 47, Wilde a. a. O. S. 178, a. A. Peschke in EV S. 200.

[8]) Zur Konkurseröffnung s. BGH in NJW 53, 217.

[9]) Nicht aber Ausverkäufe wegen Geschäftsaufgabe. So zutreffend Schalfejew a. a. O. S. 102. Dagegen wird man Saisonausverkäufe und entgegen Schalfejew auch Teilausverkäufe wegen teilweiser Geschäftsaufgabe als im Rahmen des ordentlichen Geschäftsverkehrs liegend anzusehen haben.

einer rechtswidrigen Zueignung. Es kann dann lediglich geprüft werden, ob der Vorbehaltskäufer über den Umfang der Einwilligung geirrt oder aber eine außerordentliche Einwilligung des Vorbehaltsverkäufers für bestimmte Fälle vermutet hat. Einen Aussschluß der Rechtswidrigkeit durch Geschäftsführung ohne Auftrag anzunehmen, wird (neben der Fragwürdigkeit dieser Konstruktion überhaupt) zumeist gerade an der ausdrücklichen Verhaltensvorschrift des Vorbehaltsverkäufers scheitern.

bb) Sicherungsübereignung der Vorbehaltsware

Aus der Bindung der Verkaufserlaubnis an den Rahmen des ordnungsmäßigen Geschäftsverkehrs ergibt sich auch, daß sich der Vorbehaltskäufer durch Sicherungsübereignung[1]) vor Kaufpreiszahlung der Unterschlagung schuldig macht. Für den Vorbehaltskäufer, der nicht Wiederverkäufer und dem eine Weiterveräußerung vor Kaufpreiszahlung überhaupt nicht gestattet ist, gilt das ohnehin.

Wichtig ist hierbei, daß die Sicherungsübereignung der Vorbehaltsware keineswegs nur pfandrechtlichen Charakter hat[2]), also u. U. als bloße Gebrauchsanmaßung anzusehen wäre. Auch die nur vorübergehend vorgenommene Sicherungsübereignung ist Zueignung[3]), selbst wenn der Sicherungsgeber über ausreichende und bereite Mittel verfügt, das Sicherungsgut alsbald auszulösen[4]). Die Vermögensverschiebung, die Herausnahme aus dem Vermögen des Vorbehaltsverkäufers ist stärker und nachhaltiger, wenn der Käufer dem Verkäufer nicht nur den wirtschaftlichen Wert der Ware (wie bei der Verpfändung), sondern auch das Eigentum daran nimmt. Enteignung des Eigentümers kann nicht mehr Gebrauch einer

---

[1]) Auch hier ist nicht erforderlich, daß der Sicherungsübereignungsvertrag abgeschlossen ist, es genügt bereits das Angebot zu einem derartigen Vertragsabschluß, vgl. Olshausen § 246 Anm. 10 e, RG in HRR 35, 1188.

Zur Vertragsauslegung vgl. oben S. 13 Anm. 1.

[2]) Gegen diese Umdeutung RG 61, 66; 61, 343; allgemein bei Treuhandverhältnissen Ebener Untreue S. 59ff.

[3]) Ausdrücklich RG 61, 66, RG in HRR 31, 902; 32, 1997, vgl. auch Grunsfeld ZStW 34, 472, Nagler in LK Vorbemerkung vor §§ 242ff. Anm. V 2 A b (mit gewisser Einschränkung), Olshausen § 246 Anm. 8 b, Schönke § 246 Anm. III 2 a, Weinhausen Sicherungsübereignung S. 137. Besonders die Entscheidung in HRR 31 befaßt sich mit dem teilweise geübten Versuch, auf die Zueignung durch Sicherungsübereignung die Grundsätze über Zueignung durch Verpfändung anzuwenden und kommt mit Recht zu dem Ergebnis, daß sich deren Grundsätze nicht auf die sachenrechtlich uneingeschränkte Rechtsübertragung bei der Sicherungsübereignung anwenden ließen.

Dem Grundsatz der Entscheidung RG 11, 17, die auf die Wiederbeschaffbarkeit abstellt, kann nicht ernstlich gefolgt werden, da durch ihn der Zueignungsbegriff vollständig aufgelöst wird. In der Mehrzahl aller Diebstahls- und Unterschlagungsfälle ist es dem Täter möglich, die gestohlene oder unterschlagene Sache über kurz oder lang wiederzubeschaffen.

[4]) Die Entscheidung RG in HRR 35, 1188 scheint jedoch der Wiedereinlösbarkeit auf dem Umwege über die (bei Einlösbarkeit eher anzunehmende) Einwilligung des Eigentümers Bedeutung beizumessen.

zivilrechtlich (!) fremden Sache sein. Sicherungsübereignung ist daher immer Zueignung[1]).

Gewisse Schwierigkeiten ergeben sich für die herrschende Lehre mit ihrem zivilrechtlichen Eigentumsbegriff bei der wirtschaftlichen Gegenüberstellung von Sicherungsübereignung und Verpfändung. Ist wirklich die Vornahme einer auflösend bedingten Übereignung eines Gegenstandes zur Sicherheit für eine geringfügige Forderung von vielleicht wenigen Pfennigen ein stärkerer Eingriff in die Rechtsstellung des Eigentümers als die Verpfändung desselben Gegenstandes für eine sehr hohe Forderung? Formell ist die Sicherungsübereignung der stärkere Eingriff. Wirtschaftlich dagegen interessiert den Eigentümer nur die Frage, wieweit der Wert des Gegenstandes durch ihm vorgehende Rechte ausgehöhlt ist. Nur schwer wird der Eigentümer verstehen, daß zwar nicht die Vornahme der Sicherungsübereignung, wohl aber die Verpfändung bloße und straflose Gebrauchsanmaßung sein kann.

Schwierig dürfte auch der Fall zu beurteilen sein, daß der Vorbehaltskäufer die Ware zwecks Erlangung des Kaufpreises sicherungsübereignet. Nach dem oben Ausgeführten ist an dem Vorliegen einer Zueignung nicht zu zweifeln. Zu prüfen ist jedoch jeweils, ob und in welchem Rahmen (Höhe des durch die Sicherungsübereignung erlangten Betrages und Höhe des Restkaufpreises) die Rechtswidrigkeit durch zu vermutende Einwilligung des Verkäufers oder durch Pflichtenkollision ausgeschlossen sein kann. Falls es sich nur noch um einen durch den erlangten Kredit abzudeckenden geringen Restkaufpreis handelt, wird man die Zueignung für rechtmäßig halten müssen[2]).

Ist die Sicherungsübereignung unwirksam, hält der Vorbehaltskäufer sie jedoch für wirksam, so liegt ebenfalls eine Zueignung und damit eine Unterschlagung vor[3]). Diese Fälle sind wegen der Verbreitung der Sicherungsübereignung nach §§ 929/930 BGB und der Unkenntnis über die

---

[1]) Gleichstellung der Behandlung von Sicherungübereignung und Verpfändung bei dem Kommentar von Mühlmann-Bommel § 246 Anm. 5, der in beiden Fällen die Zueignungsabsicht fehlen läßt, wenn der Täter wiedereinlösen will und an die Möglichkeit hierzu glaubt. Diese Stellungnahme läßt jedoch jede klare Scheidung zwischen Zueignung und Gebrauchsanmaßung sowie eine Bestimmung des Zueignungsvorsatzes vermissen. Insbesondere kann bei Kenntnis der Vermögensverschiebung, d. i. der Zueignung die evtl. Absicht der späteren Rückgängigmachung nicht das Zueignungsbewußtsein und den Zueignungswillen beseitigen. Die von M. B. zitierten Entscheidungen betreffen auch nur die Verpfändung.

Eine gewisse Gleichstellung bei Peschke in EV S. 196, 201, wobei P. jedoch die Sicherungsübereignung als noch bedenklicher (als die Verpfändung) bezeichnet; Gleichstellung ohne nähere Begründung auch bei Stulz Eigentumsvorbehalt S. 75 und Köhler JW 24, 1435.

[2]) Vgl. das Seite 53 erwähnte Beispiel aus der Rechtsprechung zur Verpfändung.

[3]) BGH 1, 264. Nicht etwa nur Versuch, denn die Vornahme der Sicherungsübereignung in der Vorstellung, hierdurch dem Verkäufer das Eigentum zu entziehen, ist eine vollendete Zueignungshandlung. Auch schon so RG 61, 66; RG in HRR 31, 167, 902 anders z. B. die Entscheidung RG in GA 77, 285, die unrichtig nur Versuch annimmt.

Besonderheiten des Gutglaubensschutzes beim Besitzkonstitut recht häufig.

Hält der Vorbehaltskäufer die Sicherungsübereignung dagegen für unwirksam, so kommt nach durchaus herrschender Lehre und Rechtsprechung eine Unterschlagung zum Nachteil des Vorbehaltsverkäufers nicht in Betracht, und zwar auch dann nicht, wenn die Sicherungsübereignung tatsächlich wirksam ist[1]).

Es fehlt in diesen Fällen am Zueignungsvorsatz. Man könnte dazu neigen, nicht nur ein Fehlen des Zueignungsvorsatzes, sondern auch ein Fehlen der Zueignungshandlung anzunehmen, besonders in den Fällen, in denen die Sicherungsübereignung auch tatsächlich unwirksam ist. Dieser Schluß liegt besonders deshalb nahe, weil in Fällen unwirksamer, aber vom Täter für wirksam gehaltener Sicherungsübereignung lediglich die Vorstellung des Täters der Handlung Zueignungscharakter zu verleihen scheint. Das ist aber nicht der Fall. Nicht die wirksame Sicherungsübereignung, sondern die Sicherungsübereignungshandlung als solche ist Zueignungshandlung, denn schon diese Übereignungshandlung bedeutet für den objektiven Betrachter eine Überführung des Gegenstandes in das Vermögen des Täters. Hält der Täter die Handlung für wirksam, so liegt auch Zueignungsvorsatz vor. Hält er sie für unwirksam, so fehlt es auch lediglich am Vorsatz, nicht auch an der Zueignungshandlung.

Allein diese weite Fassung des Zueignungsbegriffs erlaubt eine vernünftige Behandlung der Teilnahmefälle. Nur bei dieser Fassung kann bei der wirksamen aber vom Täter für unwirksam gehaltenen Sicherungsübereignung strafbare Beihilfe geleistet werden[2]). Es muß einleuchten, daß der Teilnehmer bei einer wirksamen Sicherungsübereignung und bei Kenntnis dieser Rechtslage nicht deshalb straflos ausgehen kann, weil der Haupttäter die Sicherungsübereignung für unwirksam hält. Das würde dieser Teilnehmer aber, wenn die irrige Vorstellung des Täters die Zueignungshandlung als solche entfallen ließe. Nur bei dieser Fassung des Zueignungsbegriffes lösen sich auch die Fälle der Teilnahme an einer un-

---

[1]) RG in HRR 28, 1527; 31, 167; 38, 1145; 39, 60; 41, 669; RG in GA 77, 283. Selbstverständlich kommt auch hier nicht Straflosigkeit in Betracht, da gegenüber dem Sicherungsnehmer Betrug vorliegt. Zur ganzen Frage vgl. auch Nagler in LK a. a. O. Anm. V 2 A b, Olshausen § 246 Anm. 8 b, Schönke § 246 III 2 a.

[2]) Die Annahme einer mittelbaren Täterschaft desjenigen, der die Sicherungsübereignung für wirksam hält (etwa einer Person, die beim Abschluß des Sicherungsübereignungsvertrages behilflich ist, oder auch des bösgläubigen Sicherungsnehmers) muß schon daran scheitern, daß nach herrschender Lehre und Rechtsprechung zu § 246 Mittäterschaft ohne Mitgewahrsam nicht möglich ist. Vgl. hierzu RG 53, 163; 68, 90; 72, 327; OGH 1, 253; BGH Urteil v. 22. 4. 1952 in BGH 2, 317 = NJW 52, 796 = JR 52, 480 = JZ 52, 629 gegen Bayerisches ObLG in GA 74, 312, OLG Nürnberg in MDR 50, 627, OLG Bremen in SJZ 50, 357 = JR 50, 216. Darstellung der ganz herrschenden Lehre bei Busch SJZ 50, 357ff. Gegen das Erfordernis des Mitgewahrsams nur Binding Normen II 2 S. 1047 Anmerkung und neuerdings Welzel in JZ 52, 617.

wirksamen Sicherungsübereignung. Hält der Gehilfe die Sicherungsübereignung für wirksam, der Täter sie dagegen richtig für unwirksam, so liegt Beihilfe zur vollendeten Unterschlagung vor. Würde die Vorstellung des Haupttäters die Zueignungshandlung als solche beseitigen, so läge nur versuchte Beihilfe vor.

Berechtigt ist diese weite Fassung vom Verletzten aus gesehen auch deshalb, weil ja auch die wirkungslose Sicherungsübereignung kein Nullum ist, sondern eine sehr eigenmächtige und für den wirklichen Eigentümer fast immer sehr nachteilige Kundgebung einer Vermögensverschiebung. Auch ist zu bedenken, daß nach herrschender Lehre bei jedem Verkauf der Ware objektiv eine Zueignungshandlung vorliegt, ganz gleichgültig, ob sich der Täter nun Wirksamkeit oder Unwirksamkeit seines Veräußerungsgeschäftes vorstellt. Auch hier entscheidet nur die Handlung, nicht deren rechtliche Wirksamkeit. Am Rande sei vermerkt, daß die herrschende Lehre und Rechtsprechung konsequent eigentlich auch, ebenso wie beim Verkauf, die als unwirksam vorgestellte Sicherungsübereignung als vorsätzliche Unterschlagung behandeln müßte, denn wie der Täter sich durch Verkauf mit unwirksamer Übereignung den Kaufpreis verschafft, so verschafft er sich durch unwirksame Sicherungsübereignung den dem Wert des Gegenstandes entsprechenden Kredit.

cc) Verpfändung der Vorbehaltsware

Auch die rechtliche Behandlung der gleichwichtigen Verpfändung von Vorbehaltsware ist dogmatischen Bemühungen schwer zugänglich. Die höchstrichterliche Rechtsprechung und die herrschende Lehre haben sich überwiegend auf den Standpunkt gestellt, daß die bloße Verpfändung fremder Gegenstände furtum usus sei, wenn der Verpfänder die Gegenstände wieder einlösen könne und wolle, Zueignung dagegen, wenn entweder dieser Wille oder aber die Möglichkeit dazu fehle. Das RG hat dabei stets starkes Gewicht auf die Möglichkeit der Wiedereinlösung, d. h. auf das Vorhandensein der erforderlichen Geldmittel, also auf die objektive Seite gelegt[1]).

Diese Haltung wird von der überwiegenden Lehre, nach der es lediglich auf den Einlösungswillen ankommen kann, nicht geteilt[2]). Dem RG ist jedoch zuzugeben, daß zum ernsthaften Einlösungswillen auch die Vorstellung gehört, zu gegebener Zeit zur Einlösung imstande zu sein, und daß diese Vorstellung auch nicht auf ganz haltlose Spekulationen begründet sein darf. Auf diese Weise kommt ein objektives Moment

---

[1]) RG 66, 156; HRR 34, 1328; JW 37, 2391, ihm folgend Kohlrausch § 246 Anm. III und Schönke § 246 Anm. V 2.

[2]) Angaben bei Nagler in LK a. a. O. Anm. V 2 B a und Olshausen § 242 Anm. 26 b und § 246 Anm. 9 b, über die ältere Literatur vgl. Meyer-Allfeld S. 438. Auch die älteren Entscheidungen des Reichsgerichts, vor allem RG 26, 230 stehen noch auf rein subjektivem Standpunkt.

hinein, dem dann allerdings vom RG aus Beweisgründen übermäßiges Gewicht verliehen worden ist.

Richtig ist jedenfalls, daß in der Verpfändung einer fremden Sache in der ernstlichen Absicht, sie nur vorübergehend zur Kreditbeschaffung zu gebrauchen, nicht eine Zueignung, sondern lediglich eine Gebrauchsanmaßung zu sehen ist[1]). Der Vorbehaltskäufer, der die sich aus dem Eigentumsvorbehalt ergebende Pflicht hat, das Eigentum des Veräußerers unbelastet zu erhalten, handelt bei Verpfändung mit Wiedereinlösungsabsicht zwar vertragswidrig, macht sich jedoch nicht nach § 246 StGB strafbar.

Anders, wenn bei der Verpfändung eine Wiedereinlösungsabsicht nicht oder nicht ernstlich besteht, oder aber die Wiedereinlösungsabsicht später entfällt. In diesem Falle begeht der Vorbehaltskäufer (gleichgültig ob Konsument oder Wiederverkäufer) eine Unterschlagung der Vorbehaltsware[2]). Die Zueignungshandlung liegt in der Vornahme der Verpfändung, aber auch schon, bei zeitlichem Auseinanderfall in dem entsprechenden Verpflichtungsgeschäft[3]) oder dem Auftrag an eine dritte Person[4]), die Verpfändung oder das Verpflichtungsgeschäft vorzunehmen. Auch rein tatsächliche Handlungen, wie Wegschaffen der Ware zur Verpfändung, Auszeichnung der Ware zu diesem Zweck, oder aber die Verbringung in einen besonderen Lagerraum, dessen Gesamtinhalt verpfändet werden soll, sind bereits Zueignungshandlungen.

Hat die Wiedereinlösungsabsicht ursprünglich bestanden, entfällt sie aber später, so kann die Zueignungshandlung rein subjektiv bestimmt werden. Nach vorangegangener Verpfändung bedarf es keiner besonderen Handlung mehr. Es genügt, daß der Wille besteht und festgestellt werden kann, die Sache nicht wieder einzulösen. Eine besondere Äußerung oder ein Inerscheinungtreten dieses Willens zu verlangen, hieße merkwürdige Konsequenzen in Kauf nehmen müssen. Sollte es z. B. nicht genügen, wenn der Käufer in der Hauptverhandlung erklärt, er habe von einem bestimmten Zeitpunkt an die verpfändete Ware nicht mehr einlösen wollen? Es wäre wohl sehr bedenklich, hier die Zueignungshandlung nicht in diesem vom Täter angegebenen Zeitpunkt, sondern erst in der Abgabe dieser Erklärung zu sehen.

Entfällt für den Vorbehaltskäufer nach Verpfändung die Wiedereinlösungsmöglichkeit oder entfällt sein Wiedereinlösungswille nur deshalb,

---

[1]) Richtiger Ansicht nach fehlt nicht nur der Vorsatz, sondern überhaupt die Zueignung, Maurach Lehrbuch S. 191, Peschke in EV S. 195, unrichtig Grunsfeld ZStW 34, 470, unklar Wilde in EV S. 170.

[2]) So auch Grunsfeld ZStW 34, 472, Peschke in EV S. 201, Wilde in EV S. 178, Stulz Eigentumsvorbehalt S. 75, Mühlmann-Bommel § 246 Anm. 5.

[3]) D. h. zur Vollendung ist nicht etwa die dingliche Verpfändung erforderlich, Nagler in LK a. a. O. Anm. V 2 A c mit Entscheidungen, Olshausen § 246 Anm. 9 b.

[4]) Vgl. Olshausen § 246 Anm. 10 d.

weil er später erkennen muß, daß seine finanziellen Verhältnisse die Wiedereinlösung unmöglich machen, so kann eine Unterschlagung nicht vorliegen. Dieser Sachverhalt ist strafrechtlich nicht anders zu beurteilen als jede andere Gebrauchsanmaßung mit zufälliger oder schuldhafter Unmöglichkeit der Herausgabe.

Erfolgt die Verpfändung gerade zwecks Befriedigung des Vorbehaltsverkäufers, so liegt eine Unterschlagung nicht vor, gleichgültig, ob der Vorbehaltskäufer in Wiedereinlösungsabsicht handelt oder nicht. Handelt er in Wiedereinlösungsabsicht, so fehlt es bereits an der Zueignung. Will er nicht wiedereinlösen, so liegt zwar in der Verpfändung eine Zueignungshandlung, deren Rechtswidrigkeit jedoch durch zu vermutende Einwilligung des Verkäufers oder durch Pflichtenkollision meist ausgeschlossen ist[1]).

Ob die Verpfändung wirksam oder unwirksam ist, spielt für die Strafbarkeit des Vorbehaltskäufers keine Rolle. Es genügt, daß der Vorbehaltskäufer seine Handlung für rechtswirksam hält[2]).

Hält der Vorbehaltskäufer (ohne Wiedereinlösungsabsicht) dagegen die Verpfändung für unwirksam, so fehlt es ebenso wie bei der Sicherungsübereignung am Zueignungsvorsatz, gleichgültig, ob die Verpfändung nun wirksam oder unwirksam ist. Wegen der hier zu vertretenden objektiven Auffassung des Zueignungsbegriffes kann auf die zur Sicherungsübereignung gemachten Ausführungen verwiesen werden.

Zu erwähnen ist noch, daß sowohl bei der Sicherungsübereignung wie auch bei der Verpfändung der Vorbehaltskäufer sich gegenüber Sicherungsnehmer und Pfandgläubiger nach § 263 StGB strafbar macht, jedenfalls dann, wenn die Sicherungsübereignung und Pfandbestellung unwirksam ist und der Vorbehaltskäufer das auch weiß[3]). Sind die Rechtsgeschäfte zur Sicherung der Geldgläubiger wirksam, hält sie der Vorbehaltskäufer jedoch für unwirksam, so kommt versuchter Betrug in Betracht. Nach dem erweiterten Schadensbegriff des BGH läge in diesem Fall ebenso vollendeter Betrug vor, da ein Schaden in Form makelhafter und bestrittener Rechtstellung vorhanden wäre.

Nach derselben Auffassung würde auch dann vollendeter Betrug vorliegen, wenn der Vorbehaltskäufer die Sicherungsübereignung oder Pfandbestellung für wirksam halten würde, und zwar gleichgültig, ob diese Rechtsgeschäfte tatsächlich wirksam oder unwirksam sind. Denn in beiden Fällen würde doch der Täter die Vorstellung haben, daß das

---

[1]) Vgl. RG 3 D 450/28 v. 4. 6. 1928; LK Vorbemerkung vor §§ 242ff. Anm. V 2 B a; Olshausen § 246 Anm. 9 b, allerdings ohne diese Differenzierung.

[2]) RG in JW 24, 1435. Auch die mehrfache unwirksame Verpfändung enthält nur eine einmalige Zueignung der Sache. Der Täter kann also bei mehrmaliger Verpfändung nur wegen einer Unterschlagung bestraft werden. Vgl. auch Köhler in Anmerkung zu dieser Entscheidung, ferner Olshausen § 246 Anm. 18 b, Schönke § 246 Anm. XI.

[3]) RG in HRR 28, 1527; 31, 167; 39, 60; 41, 669.

Eigentum des Erwerbers oder das Pfandrecht des Gläubigers vom Vorbehaltsverkäufer bestritten und angegriffen würde. Es fehlt damit weder am Schaden (auch bei wirksamem Rechtsgeschäft) noch am Schädigungsvorsatz.

Handelt der Vorbehaltskäufer im Einvernehmen mit Sicherungsnehmer oder Pfandgläubiger, so ist nach herrschender Auffassung der Sicherungsnehmer bzw. Pfandgläubiger Gehilfe bei der Unterschlagung, falls seine Tätigkeit (Vertragsschluß oder Vertragsangebot) mit der Zueignungshandlung zeitlich zusammenfällt, Hehler, wenn seine Tätigkeit der Zueignungshandlung nachfolgt[1]). Wegen der gesetzlichen Vermutung in § 259 StGB ergibt sich hier eine außerordentliche Gefahr für alle Geldgläubiger, insbesondere für die Banken, zumal die Rechtsprechung, wie oben S. 31/2 dargestellt, weitgehend eine Selbstverständlichkeit des Eigentumsvorbehalts in bestimmten Branchen angenommen hat. Auf diesem Wege, über die Beihilfe- und Hehlervorschriften und ihre Gefährlichkeit für den Geldgläubiger hat der Eigentumsvorbehalt durch den Tatbestand des § 246 StGB einen ganz außerordentlichen Schutz erhalten.

dd) Gebrauchs- und Verbrauchshandlungen

Während unsachgemäßer Gebrauch der Vorbehaltsware, unsachgemäße Aufbewahrung, Verleihung, Verwahrung bei Dritten, Beschädigung oder Zerstörung den Tatbestand des § 246 StGB nicht erfüllen[2]) und nur teilweise nach § 303 StGB strafbar sind, muß auf den Verbrauch von Vorbehaltsware näher eingegangen werden.

Es ist unstreitig, daß verbrauchbare Sachen (nicht i. S. des § 92 BGB, sondern i. S. einer tatsächlichen Verbrauchbarkeit) durch Verbrauch zugeeignet werden können[3]). Der Verbraucher der fremden Sache begeht nicht Sachbeschädigung, sondern Unterschlagung. Alle Sachen, deren wirtschaftlicher Wert nicht im Verbrauch, sondern im Gebrauch liegt, werden durch Ingebrauchnahme nicht zugeeignet, also nicht unterschlagen. Selbst wenn durch die Ingebrauchnahme eine gewisse Abnutzung stattfindet (wie z. B. beim Gebrauch von Kraftfahrzeugen, Maschinen, Radiogeräten) kommt eine Unterschlagung nicht in Be-

---

[1]) Vgl. Olshausen § 246 Anm. 17 b und c, Schönke § 246 Anm. IX mit Entscheidungen, ganz herrschende Meinung.

[2]) Unrichtig Wilde in EV S. 170, der auch bei Zerstörung durch den Vorbehaltskäufer, z. B. aus Rache, Unterschlagung annehmen will. Wie hier Peschke in EV S. 195.

[3]) Bei Sachen, die ihrer Art nach zum Verbrauch durch den Vorbehaltskäufer bestimmt sind, ist in der Regel anzunehmen, daß der Verkäufer dem Verbrauch zugestimmt hat. In diesen Fällen ist die durch den Verbrauch erfolgende Zueignung nicht rechtswidrig. Die Einwilligung des Verkäufers erstreckt sich jedoch nur auf den regelmäßigen, nicht aber auf den übermäßigen oder regelwidrigen Verbrauch. Vgl. hierzu Grunsfeld ZStW 54, 470, Wilde in EV S. 170.

tracht. Nur bei ganz erheblicherAbnutzung kann der Schutz des § 303 StGB einsetzen.

Besondere Probleme treten beim Gebrauch oder Verbrauch von Vorbehaltswaren dann auf, wenn durch diese Tätigkeit gleichzeitig ein Wechsel im Eigentum eintritt, also bei Verbindung, Vermischung oder Verarbeitung. In Betracht kommen hier nur Handlungen, die der Vorbehaltskäufer selbst vornimmt oder wenigstens für sich vornehmen läßt. Verkauft der Vorbehaltskäufer die Ware im ordnungsmäßigen Geschäftsverkehr einem Dritten, der alsbald diese Handlungen vornimmt, so ist das für den Tatbestand des § 246 indifferent, und zwar auch dann, wenn der Vorbehaltskäufer von der Absicht des Dritten weiß.

Daß in der Verbindung nach §§ 946 u. 947 II BGB, in der Vermischung nach §§ 948/947 II BGB[1]) und in der Verarbeitung[2]) eine Zueignungshandlung nach § 246 StGB liegt, kann nicht zweifelhaft sein. Auch die Verbindung nach § 947 I BGB und die Vermischung nach §§ 948/947 I BGB, die das Eigentum insoweit bestehen lassen, als der Eigentümer der ursprünglichen Sache quotenmäßiges Miteigentum an der neuen Sache erhält, sind Zueignungshandlungen[3]).

Es wäre unrichtig, in diesen Handlungen, auch in der Verbindung und Vermischung nach §§ 947 I und 948/947 I BGB, bloße Gebrauchsanmaßungen zu erblicken und es von den Umständen des Einzelfalles abhängig zu machen, ob eine Zueignungshandlung vorliegt. In allen Fällen wird dem Betroffenen das Eigentum an der Sache genommen. Ob dafür bei den letztgenannten Handlungen zu seinen Gunsten Bruchteilseigentum an einer neuen Sache entsteht, kann keine Rolle spielen. Bei dem zivilrechtlichen Fremdheitsbegriff der herrschenden Lehre muß die Eigentumsverschiebung stets als stärkste Form der Vermögensverschiebung gelten und kann Enteignung nicht mehr Gebrauch einer „fremden" Sache sein. Auch die dem Täter unbewußte Eigentumsverschiebung (anders z. B. die Sicherungsübereignung, bei der eine bewußte Eigentumsverschiebung stattfindet) kann objektiv nicht mehr unter die Gebrauchsanmaßungen fallen.

Eine vorsätzliche Zueignungshandlung liegt jedoch nur dann vor, wenn die Umstände des Einzelfalles erkennen lassen, daß der Vorbehaltskäufer durch diese Handlungen die Vorbehaltsware in sein Vermögen überführen will. Am Zueignungsvorsatz fehlt es also, wenn die Ver-

---

[1]) RG 26, 439 ohne Unterscheidung zwischen Zueignung und Vorsatz, klarer RG 71, 96. Einschränkend Nagler in LK Vorbemerkung vor §§ 242ff. Anm. V 2 A a, auch hier wieder ohne Unterscheidung zwischen Zueignung und Zueignungsvorsatz.

[2]) Nagler in LK a. a. O. Anm. V 2 A a uneingeschränkt; Olshausen § 246 Anm. 4 d ff.

[3]) Richtig Wilde in EV S. 171, Mühlmann-Bommel § 246 Anm. 5; vgl. zur ganzen Frage Thode Unterschlagung S. 18ff., Gleispach Veruntreuung S. 46, wobei allerdings Thode nur die Alleineigentum schaffende Vermischung als Zueignung ansieht und Gleispach allein auf die subj. Seite abstellt.

mischung usw. unwissentlich, unvorsätzlich oder in Verkennung der Rechtsfolgen vorgenommen wird[1]).

Vielfach ist die Rechtswidrigkeit der Zueignungshandlung durch Einwilligung oder zu vermutende Einwilligung des Betroffenen ausgeschlossen. Insbesondere muß die Einwilligung generell in den Fällen als erteilt gelten, in denen die Vorbehaltsware dazu bestimmt ist, vom Käufer mit anderen Sachen verbunden, vermischt, oder aber verarbeitet zu werden[2]). Auf die Problematik des Eigentumsvorbehalts bei Maschinen, die üblicherweise fest eingebaut werden, ist oben Seite 14 hingewiesen. Auch wenn der Einbau dieser Maschinen ausnahmsweise zum Eigentumsverlust für den Vorbehaltsverkäufer führt, liegt eine rechtswidrige Zueignungshandlung nicht vor.

Besonders häufig sind die Fälle der untrennbaren Vermischung und der Verarbeitung. Bei Waren, die üblicherweise ohne gesonderte Verpackung, in Sammelbehältern oder auf Sammelplätzen aufbewahrt werden, ist eine generelle Einwilligung des Vorbehaltsverkäufers anzunehmen, ebenso bei Waren, die üblicherweise vom Käufer verarbeitet werden.

Der Rechtswidrigkeitsausschluß reicht naturgemäß nur soweit wie die Einwilligung des Vorbehaltsverkäufers. Handelt es sich um eine Ware, bei der Verbindung, Vermischung oder Verarbeitung unüblich ist, so kann lediglich im Einzelfall durch zu vermutende Einwilligung des Verkäufers die Rechtswidrigkeit der Zueignung entfallen. In den oben aufgezeigten Fällen ist andererseits die Zueignung auch dann rechtswidrig, wenn z. B. die Vermischung der Ware zwar üblich ist, der Verkäufer sie jedoch ausdrücklich untersagt hat[3]). Auch muß sich die Verbindung, Vermischung oder Verarbeitung im Rahmen des Geschäftsüblichen halten, selbst wenn eine derartige ausdrückliche Klausel dem Kaufvertrag fehlt. Daraus ergibt sich, daß eine Verarbeitung im Übermaß, also z. B. Verarbeitung auf Vorrat nicht durch die Einwilligung des Verkäufers gedeckt wird[4]).

Die Abgrenzung der rechtswidrigen von der rechtmäßigen Zueignung ist deshalb in der Praxis meist außerordentlich schwierig, weil diese Fragen nur selten im Kaufvertrag geregelt sind, die Entscheidung also nur aus dem Sinn des Vertrages in Verbindung mit einer Feststellung der Branchenusancen zu gewinnen ist. Stets vorhandene Schwankungen in den Usancen (die auch zeitlich und örtlich innerhalb derselben Branche durchaus nicht immer einheitlich sind) müssen dem Vorbehaltskäufer zugute kommen. Die zu vermutende Einwilligung ist ein noch vageres Abgrenzungsmittel. Schließlich bietet sich in den Irrtumsfragen, wie z. B. Irrtum über Branchenüblichkeit, also Einwilligung, oder Irrtum über die

---

1) Nur so können die Entscheidungen RG 26, 439 und 71, 96 verstanden werden.
2) Wilde a. a. O. S. 171.
3) Vgl. das Beispiel bei Wilde a. a. O. S. 172.
4) Ebenso Borst JW 34, 823, Grunsfeld ZStW 54, 472.

zu vermutende Einwilligung ein weites Feld von Vorsatzausschließungsgründen.

Ist in den Fällen der Verbindung nach § 947 Abs. I BGB oder Vermischung nach §§ 948/947 I BGB Miteigentum nach Bruchteilen entstanden[1]), so bleibt auch in der Folgezeit die Möglichkeit einer Unterschlagung bestehen. Man wird eine generelle Einwilligung des Vorbehaltsverkäufers zur Wiederherstellung des alten Zustandes bei verbundenen Sachen und zur Aufteilung vermischter Sachen im Verhältnis der Quoten annehmen müssen[2]). Eine rechtswidrige Zueignung liegt jedoch z. B. dann vor, wenn der Käufer den Mischbestand über seinen Eigentumsanteil hinaus angreift[3]).

ee) Das Anwartschaftsrecht

Nicht nur zivilrechtlich, sondern auch strafrechtlich ist die Verfügung über die Sache scharf von der Verfügung über das Anwartschaftsrecht zu trennen. Mit der Verfügung über das ihm zustehende Anwartschaftsrecht kann der Vorbehaltskäufer eine Zueignung der Sache im allgemeinen nicht begehen. Sonderfälle sind denkbar, so z. B. wenn der Käufer das Anwartschaftsrecht einem Dritten unter unrichtiger Angabe des Restkaufpreises überträgt. Gibt der Vorbehaltskäufer einen gegenüber dem tatsächlichen Restkaufpreis wesentlich niedrigeren Betrag an, so kann in der Übertragung der Wille zum Ausdruck kommen, sich die Sache rechtswidrig zuzueignen. Verkauft der Vorbehaltskäufer das Anwartschaftsrecht einem Dritten in der Weise, daß der Dritte einen Teil des Kaufpreises oder den Gesamtkaufpreis durch Übernahme der Erfüllung der Kaufpreisrestschuld oder Kaufpreisschuld des Vorbehaltskäufers entrichtet und wird hierbei der Kaufpreisrest oder Kaufpreis wesentlich niedriger angegeben als er tatsächlich ist, so liegt eine Unterschlagung der Vorbehaltsware vor. Im wirtschaftlichen Ergebnis entsprechen diese Vorgänge dem Verschleudern der Vorbehaltsware, also einer Zueignung durch Weiterverkauf, die durch die Einwilligung des Verkäufers in den Verkauf im Rahmen des ordnungsmäßigen Geschäftsverkehrs nicht gedeckt, also rechtswidrig ist[4]).

Darüber hinaus und insbesondere auch bei der Sicherungsübereignung und Verpfändung des Anwartschaftsrechts kann eine rechtswidrige Zueignung der Sache selbst nicht vorliegen.

---

[1]) Ohne daß bereits in dieser Verbindung oder Vermischung eine rechtswidrige Zueignung zu erblicken wäre.

[2]) RG 21, 272, Gleispach Veruntreuung S. 147ff.

[3]) RG 56, 123, Nagler in LK a. a. O. Anm. V 2 A a, Olshausen § 246 Anm. 4 d ee.

[4]) Das gilt vor allem dann, wenn man der neueren Lehrmeinung folgend gutgläubigen Erwerb des Anwartschaftsrechts zuläßt, vgl. Bauknecht NJW 55, 1156 u. 1251.

Keine besonderen Schwierigkeiten machen die unterschiedlichen zivilrechtlichen Ansichten über die Umwandlung des Anwartschaftsrechts in Volleigentum. Auch wenn man die Ansicht vertritt, daß ein Einigsein auch noch bei Bedingungseintritt vorliegen müsse, ein entgegenstehender Wille des Veräußerers also den Eigentumsübergang verhindert, kann doch nach Bedingungseintritt eine Unterschlagung der Ware nicht mehr erfolgen. Zwar ist durch Eintreten der Bedingung Eigentum noch nicht übergegangen, die Sache also nach wie vor „fremd" geblieben. Jedoch ist die Zueignung nicht mehr rechtswidrig, da auf Grund des Kaufvertrages ein jetzt fälliger Anspruch auf Übereignung dieser konkreten Sache besteht[1]). Die Bedenken, die von der Lehre[2]) gegen die Rechtsprechung des RG zum fälligen Anspruch erhoben werden, treffen zumindest für diesen Fall nicht zu, da es hier an einem Eingriff in fremden Gewahrsam fehlt, ein Selbsthilferecht nach § 229 BGB oder ein Besitzkehrrecht nach § 859 BGB also nicht sinnvoll verlangt werden kann.

Anders wird es dagegen, wenn man die strafrechtliche Auswirkung dieser Zivilrechtskonstruktion auf eine Wegnahmehandlung des Vorbehaltsverkäufers betrachtet. Nimmt der Verkäufer vor Bedingungseintritt dem Käufer durch verbotene Eigenmacht die Vorbehaltsware wieder ab, so kann ein Eigentumsdelikt nicht vorliegen, da der Verkäufer nicht eine fremde, sondern seine eigene Sache wegnimmt[3]). Nimmt er dieselbe Handlung nach Bedingungseintritt vor, so ergeben sich strafrechtlich, je nach der zivilrechtlichen Auffassung, unterschiedliche Ergebnisse. Folgt man der herrschenden Lehre, so liegt ein Diebstahl vor. Folgt man der vom RG in der Mehrzahl seiner Entscheidungen vertretenen Ansicht, so konnte wegen abweichenden Willens des Verkäufers das Eigentum nicht übergehen, Wegnahme einer fremden Sache also nicht vorliegen.

Merkwürdig sind auch die strafrechtlichen Konsequenzen der verschiedenen zivilrechtlichen Ansichten über die Folgen der Anwartschaftsrechtsübertragung. Hat der Vorbehaltskäufer das Anwartschaftsrecht einem Dritten in der Weise übertragen, daß er selbst im Besitz der Sache bleibt (Übertragung des Rechts nach §§ 929/930 BGB), und nimmt er bei Bedingungseintritt die Sache für sich in Besitz (z. B. durch Wegnahme vom Verwahrungslager oder durch Erklärung gegenüber dem Anwartschaftsberechtigten), so begeht er keine Unterschlagung, wenn ein Durchgangserwerb vorliegt. In diesem Fall, in dem er selbst im

---

[1]) Vgl. RG 25, 172 ablehnend, dann RG 64, 213, ständ. Rechtspr.

[2]) Nähere Angaben vgl. Nagler in LK Vorbemerkung vor §§ 242ff. Anm. VIII A 4.

[3]) Vgl. Nagler in LK a. a. O. Anm. II 3, Olshausen § 242 Anm. 5 a. Interessant die Entscheidung des LG Stolp in JW 37, 1167, die § 242 analog anwendet. Eine derartige Analogie ist heute nicht möglich. Kohlrausch will § 289 analog anwenden, vgl. Kohlrausch-Lange § 2, Anm. 19. Nach Unmöglichkeit der Analogie wird man sich de lege lata mit der Straffreiheit derartiger Handlungen oder aber der weiten Ausdehnung des Untreuetatbestandes abzufinden haben.

Augenblick der Zueignung Eigentümer der Ware ist, fehlt es an einer fremden Sache. Vertritt man dagegen die Ansicht, daß unmittelbarer Eigentumserwerb des Anwartschaftsberechtigten stattfindet, so liegt schon in diesem Augenblick eine fremde Sache und damit Unterschlagung vor.

Besonders häufig kommt diese Form der Übertragung des Anwartschaftsrechts nach §§ 929/930 BGB bei Sicherungsübertragungen vor, bei denen der Vorbehaltskäufer sein Anwartschaftsrecht als Kreditgrundlage verwendet, gleichzeitig aber den Besitz der Sache behält. Daß Entscheidungen, die sich mit dieser Problematik befassen, nicht aufzufinden sind, mag zum nicht geringen Teil daran liegen, daß die Zueignungshandlung in der Praxis auf einen späteren Zeitpunkt verlegt wird, in dem der Anwartschaftsberechtigte auf jeden Fall Volleigentümer geworden ist. Dieses Ausweichen vor dem Problem kann aber nicht die Bezeichnung einer Lösung verdienen.

ff) Der rein dingliche Eigentumsvorbehalt

Nachzutragen bleibt die strafrechtliche Behandlung des rein dinglichen Eigentumsvorbehalts. Während der rein dingliche Eigentumsvorbehalt, also die entgegen dem Kaufvertrag aufschiebend bedingt vorgenommene Übereignung (z. B. Vorbehalt auf Rechnung oder Versandpapieren) zivilrechtlich erhebliche Bedeutung hat, ist ihr der Schutz des § 246 StGB versagt. Eine Unterschlagung dieser Vorbehaltsware kann nicht in Betracht kommen, da die Zueignungshandlung des Vorbehaltskäufers wegen seines fälligen Anspruchs auf unbedingte Übereignung dieser Sache nicht rechtswidrig ist[1]).

Dieser Abriß zu § 246 StGB soll genügen, die Problematik der Eigentumsdelikte beim einfachen Eigentumsvorbehalt nach § 455 BGB aufzuzeigen. Insbesondere kann eine Behandlung der Spezialvorschriften der §§ 247, 248a, 370 I 5 StGB, der §§ 34ff. Depot G. und der Sozialversicherungsgesetze, deren besondere Probleme für unsere Themastellung unwichtig sind, zugunsten einer breiteren Behandlung des Tatbestandes des § 266 StGB unterbleiben.

(2) Der Schutz des § 266 StGB

Während selbst unter der Herrschaft des § 266 StGB alter Fassung die Forderungsunterschlagung[2]) und die Unterschlagung treuhänderisch überlassener oder zu erwerbender Gegenstände, sei es auf dem

---

[1]) Bedenklich die Entscheidung RG 61, 66, nach der nicht die Rechtswidrigkeit, sondern nur die Schuld ausgeschlossen werden kann.

[2]) Vgl. die Vorarbeiten zum StGB des nordd. Bundes, bei denen die Bevollmächtigtenuntreue als Lückenausfüllung gegen die „Aneignung von Forderungen" aufgenommen wurde. Eingehende Darstellung bei Ebener Untreue S. 4ff.

Umweg über eine weitherzige Auslegung des Begriffes „Vermögensstücke des Auftraggebers" im wirtschaftlichen Sinne[1]), sei es über die Konstruktion vom Individualanspruch[2]), weitgehend als Bevollmächtigtenuntreue abgestraft werden konnte, ist dem einfachen Eigentumsvorbehalt nach § 455 BGB seitens der höchstrichterlichen Rechtsprechung die Anerkennung versagt worden[3]). Auch der erweiterte Untreuetatbestand neuer Fassung hat hieran nichts geändert[4]).

Diese Rechtsprechung ist wohl nicht zuletzt darauf zurückzuführen, daß anders als beim einfachen Eigentumsvorbehalt, bei dem eine Abstrafung nach § 246 StGB möglich war, bei der Forderungsunterschlagung und Treugutunterschlagung rechtspolitische Gründe zu einer weitherzigen Auslegung des Tatbestandes des § 266 StGB drängten. Ferner mag hier das gewichtige Wort Bindings mitgewirkt haben, der vom Standpunkt der Mißbrauchstheorie zu dem Ergebnis kam, daß Unterschlagung und Untreue sich gegenseitig ausschlössen, und zwar deshalb, weil der Ungetreue in der Lage sei, von Rechts wegen über fremdes Gut zu verfügen, andererseits die Vollmacht des Ungetreuen sich nicht auf die Aneignung der Sache erstrecke[5]). Wenn auch die höchstrichterliche Rechtsprechung, von vereinzelten Entscheidungen abgesehen[6]), der Mißbrauchstheorie nicht gefolgt ist[7]) und auch eine Idealkonkurrenz zwischen § 266 und § 246 stets zugelassen hat[8]), so ist doch die scharfe Umgrenzung des Vollmachtsbegriffes nicht ohne Wirkung geblieben.

Ihre Auswirkung zeigt sich unter der Herrschaft des § 266 n. F. darin, daß der Mißbrauchstatbestand beim einfachen Eigentumsvorbehalt in höchstrichterlichen Entscheidungen oft nicht einmal der Erwähnung für wert befunden wird. Durch die weitgehende Einwirkung interner Abmachungen zwischen Auftraggeber und Beauftragtem auf das Außenverhältnis zwischen Beauftragtem und Dritten, also auf die Vertretungsmacht, ist der Kreis der möglichen Mißbrauchshandlungen allerdings recht eng gezogen. Abgesehen von den Fällen gesetzlicher, also durch

---

[1]) Vgl. hierzu die Ausführungen von Grünhut in Reichsgerichtspraxis Bd. 9 S. 125ff. und Pfeiffer Untreue S. 26ff. Gelockert schon die Entscheidungen RG 26, 110; 39, 416 und klar auf die wirtschaftliche Lage abstellend RG 61, 174/5 (entgegen beispielsweise RG 44, 233/4) und JW 29, 2733.

[2]) RG 62, 60; 63, 408; 64, 87; 65, 278. Zusammenstellung der Rechtsprechung Ehrlich ZStW 52, 193ff. Wiederkehr in BGH LM § 266 Nr. 11.

[3]) RG 63, 334 = JW 30, 1403; RG 68, 305. Am freundlichsten noch die Entscheidung RG 62, 31, die allerdings ein Kommissionsverhältnis betrifft.

[4]) Bis auf die Entscheidung des OLG Hamm in NJW 54, 1091 (allerdings mit Vorausabtretungsklausel) u. in JMBl 53, 260 (mit Erlösklausel).

[5]) Binding Lehrbuch I S. 397, ebenso Frank 18. Aufl. § 266 Anm. III, Gerland Lehrbuch S. 651, Leopold a. a. O. S. 23.

[6]) Z. B. RG 65, 333.

[7]) Über die Entwicklung der RG Rechtsprechung vgl. Zoller a. a. O. S. 12ff.

[8]) RG 3, 284; 16, 344; 32, 30; 32, 262; 62, 32; 63, 253; 69, 64, Maurach Lehrbuch, Besonderer Teil S. 193, Schwinge S. 61. Für Alternativität z. B. Mayer Untreue S. 308, für Subsidiarität R. Schmidt Grundriß S. 246.

Parteivereinbarung nicht einschränkbarer Vertretungsmacht, geht die Tendenz dahin, das Außenverhältnis immer mehr dem Innenverhältnis anzupassen. Damit wird ein Verstoß gegen die Verpflichtung im Innenverhältnis gleichzeitig zur Überschreitung des Außenverhältnisses. Die pflichtwidrige Handlung wird auch zur unbefugten Handlung und unerlaubter Gebrauch einer Verfügungs- oder Verpflichtungsbefugnis kann nicht mehr vorliegen[1]).

Unabhängig von dieser Feststellung der allgemeinen Tendenz bleibt die Notwendigkeit, den Mißbrauchstatbestand auf seine Anwendbarkeit zu überprüfen, und zwar getrennt für den Vorbehaltskäufer als Konsumenten und als Wiederverkäufer.

aa) Mißbrauch einer Verfügungsbefugnis

Der Vorbehaltskäufer, der die Ware nicht zum Weiterverkauf erwirbt, ist zur Verfügung über die Ware nur in ganz beschränktem Rahmen befugt. Der Verkauf der Ware, ihre Sicherungsübereignung und Verpfändung sind ihm regelmäßig nicht gestattet. In Betracht kommen kann nur, und zwar dann, wenn die Ware bestimmungsgemäß oder üblicherweise so zu verwenden ist, eine Befugnis des Käufers, die Ware zu verbrauchen, zu vermischen, zu verbinden oder zu verarbeiten[2]). Ob diese Handlungen als Verfügungen i. S. des § 266 StGB anzusehen sind, ist streitig.

Während in der Literatur die Ansicht überwiegt, daß auf Grund seiner Entstehungsgeschichte der Mißbrauchstatbestand nur die Fälle rechtsgeschäftlichen Handelns erfassen wolle[3]), hat die Rechtsprechung auch rein tatsächliche Einwirkungen als Verfügungen i. S. des § 266 StGB angesehen[4]). Diese Auffassung, konsequent durchgeführt, muß zu einer Überdehnung des Mißbrauchstatbestandes führen. Der Mißbrauchstatbestand, der zumeist als Ausschnitt aus dem allgemeineren Treubruchstatbestand angesehen wird, würde, wenn man zudem die einschränkende Auslegung des Begriffs „Wahrnehmung von Vermögensinteressen" nicht übertragen würde, eine über den Treubruchstatbestand hinausgehende Bedeutung bekommen. Jede Befugnis, auf eine Sache rein tatsächlich einzuwirken[5]), also z. B. die Befugnis zum Besitz

---

[1]) Schwinge-Siebert S. 27 ff. RG 77, 37.

[2]) Daß der bloße Besitz und die Möglichkeit, nach § 932ff. BGB zu übereignen, nicht als Verfügungsbefugnis anzusehen ist, vgl. BGH 5, 62 = NJW 54, 202.

[3]) Vgl. die Zusammenstellung bei Schönke § 266 Anm. III 3 a.

[4]) RG 61, 78 entgegen früheren Entscheidungen wie RG 20, 364. Nur für Forderungen verwenden den rechtsgeschäftlichen Verfügungsbegriff RG 39, 337 und 46, 149, die für Sachen und andere Vermögensrechte schon den tatsächlichen Verfügungsbegriff einführen, für den neuen Tatbestand des § 266 vgl. RG 68, 373, außerordentlich weitgehend und sogar die vertragswidrige Benutzung als Mißbrauch einer Verfügungsbefugnis bezeichnend. Über die Entwicklung der RG Rechtsprechung vgl. Zoller a. a. O. S. 44ff.

[5]) Gegen diese Ausweitung BGH Urteil v. 13. 5. 1953 in Lindenmaier-Möhring § 266 Nr. 11, Welzel Lehrbuch S. 281.

der Vorbehaltsware, würde genügen[1]). Bei der überaus schwierigen Abgrenzung zwischen Überschreiten und Mißbrauch dieser Befugnis würde für eine Unzahl von Sachverhalten der Untreuetatbestand jedenfalls zu prüfen sein, Sachverhalte, die nach der Begründung des den § 266 neu fassenden Gesetzes keineswegs gemeint sein können.

Da auch Verbindung, Vermischung oder Verarbeitung nicht Rechtsgeschäfte oder rechtsgeschäftsähnliche Handlungen, sondern nur mit einer Rechtsfolge ausgestattete Realakte sind, können sie, ebenso wie der Verbrauch der Ware, nur bei Zugrundelegung der Ansicht der Rechtsprechung als Verfügungen i. S. des § 266 StGB gelten. Es ergibt sich dann die Frage, ob die Befugnis zur Vornahme solcher Verfügungen mißbraucht werden kann. Mißbrauchsfälle sind um so häufiger, je weiter die Berechtigung des Vorbehaltskäufers zur Vornahme dieser Handlungen ausgedehnt ist. Ist z. B. durch Vertrag dem Vorbehaltskäufer jede (nicht nur die übliche) Verbindung, Vermischung oder Verarbeitung gestattet, so kann diese weitgesteckte Befugnis mißbraucht werden, indem der Vorbehaltskäufer die Ware zwecks Verschiebung an einen Geldgläubiger für diesen verarbeitet. Ebenso verhält es sich mit dem Verbrauch der Ware. Ist dem Vorbehaltskäufer beliebiger Verbrauch ohne jede Einschränkung gestattet, so kann diese Befugnis mißbraucht werden, indem der Vorbehaltskäufer, allein zu dem Zweck, den Verkäufer sicherungslos zu stellen, die Ware unwirtschaftlich verbraucht.

Andererseits können Mißbrauchsfälle dann nicht vorliegen, wenn die Befugnisse des Käufers sehr begrenzt sind, also z. B. die Verarbeitung oder der Gebrauch nur im Rahmen des üblichen oder gar nur für einen bestimmten Zweck gestattet ist. Hier wird jede über diesen Rahmen oder diese Zweckbestimmung hinausgehende Verfügung zur unbefugten. Bei der schon aufgezeigten Tendenz, das Außenverhältnis dem Innenverhältnis anzupassen, die Befugnis an den Vertragszweck zu binden und Verträge durch ergänzende Auslegung zu vervollständigen, sind die Fälle begrenzter Befugnis die Regel und Mißbrauchsfälle die Ausnahme.

Der Vorbehaltskäufer, der die Ware zum Weiterverkauf erhält, hat naturgemäß sehr viel weitergehende Befugnisse. Bei ihm ergibt sich außer den vorstehend erörterten Problemen der Verbindung usw. auch die Frage nach den Grenzen seiner Verkaufbefugnis.

[1]) Zumindest ist der Verfügungsbegriff dahingehend einzuschränken (wenn man einmal der Rechtspr. insoweit folgt, daß nicht nur rechtsgeschäftliches Handeln in Betracht kommt), daß nur Handlungen mit Rechtsfolgewirkung, also außer Rechtsgeschäften auch noch rechtsgeschäftsähnliche Handlungen (z. B. Dereliktion) und Realakte mit Rechtsfolge (z. B. Verbindung) den Verfügungsbegriff erfüllen. Dann wäre es möglich, auch rein tatsächliche Handlungen als Verfügungen i. S. des § 266 StGB anzusehen, jedoch nur insoweit, als sie auf den Rechtsstatus des Vermögensstückes einwirken. Danach sind auch Realakte, die auf die Rechtslage einwirken, oder das Vermögensstück zerstören (also die Rechtsbeziehung zwischen Vermögensinhaber und Vermögensstück beseitigen) Verfügungen i. S. des § 266.
Nicht als Verfügungen anzusehen sind unrichtiger Gebrauch, Beschädigung oder sonstige Wertminderungen, die den Rechtsstatus des Gegenstandes unberührt lassen.

Während dem Vorbehaltskäufer die Sicherungsübereignung oder Verpfändung der Ware in der Regel nicht gestattet ist (auch wenn es an einer ausdrücklichen Vertragsvorschrift fehlt), ist er zum Verkauf im Rahmen des ordnungsmäßigen Geschäftsverkehrs befugt[1]). Auch wenn der Vertrag generell zum Weiterverkauf ermächtigt oder aber überhaupt keine Bestimmung enthält, ergibt sich die Verkaufsbefugnis und deren Bindung an den Rahmen des ordnungsmäßigen Geschäftsverkehrs aus Vertragsinhalt und Vertragszweck. Wir beobachten hier wieder eine schon mehrfach erörterte Erscheinung. Folge dieser engen Bindung der Verkaufsbefugnis ist wiederum, daß Mißbrauchsfälle nur ausnahmsweise vorliegen können, nämlich dann, wenn das an sich übliche und nach dem Vertragsinhalt zulässige Geschäft durch ganz besondere Umstände als mißbräuchlich vorgenommen erscheint. Als derartige Fälle können auch hier wieder angeführt werden: der Verkauf der Ware an einen Geldgläubiger zwecks Sicherstellung oder der Verkauf der Ware allein zu dem Zweck, den Vorbehaltsverkäufer sicherungslos zu stellen. Wird das zuletzt angeführte Geschäft jedoch in der Form des Schleuderverkaufs vorgenommen, der von der Verkaufsbefugnis nicht gedeckt wird, so liegt ein Befugnismißbrauch nicht vor.

Da bei einem an sich ordnungsmäßigen und im Rahmen der Befugnis liegenden Geschäft der mißbräuchliche Zweck nur selten nachweisbar sein wird, kommt dem Mißbrauchstatbestand des § 266 eine besondere Bedeutung beim Vermögensschutz des Vorbehaltsverkäufers nicht zu[2]). Die zivilrechtlich vorteilhafte Beschränkung der Verfügungsbefugnis ist es, die strafrechtlich zur Unanwendbarkeit eines wichtigen Straftatbestandes führt. Da die zivilrechtlichen Vorteile wegen der Möglichkeit des gutgläubigen Erwerbs von Rechten nicht allzu groß sind, würde der Vorbehaltsverkäufer u. U. gut daran tun, dem Käufer eine nach außen hin weitgehende Verfügungsbefugnis einzuräumen, zumal der Schutz des § 246 StGB nicht in allen Fällen (z. B. nicht gegen eine Verpfändung der Ware) ausreicht. Die vertragliche Einräumung einer unbeschränkten Verfügungsbefugnis bei gleichzeitiger Verpflichtung des Käufers, nur in beschränktem Umfang hiervon Gebrauch zu machen, wäre eine erwägenswerte Lösung[3]).

[1]) Daß diese Ermächtigung nach § 185 BGB als Verfügungsbefugnis i. S. des § 266 StGB anzusehen ist, vgl. BGH Urteil v. 13. 5. 1953 in Lindenmaier-Möhring § 266 Nr. 11, ebenso Urt. v. 14. 4. 54 in L. M. Nr. 21. Grunsfeld ZStW 54, 473 übersieht, daß es sich hier um eine derartige Ermächtigung handelt, die notwendig auch Verfügungsbefugnis i. S. des § 266 StGB verleihen muß.

[2]) Daneben bietet der Mißbrauchstatbestand auch noch sonstige Ungereimtheiten, die einer verständigen Anwendung entgegenstehen; so z. B. ist er unanwendbar, wenn das vom Vertreter abgeschlossene Rechtsgeschäft unwirksam ist oder wenn der Täter nicht handelt, sondern unterläßt. Kritisch zum Mißbrauchstatbestand H. Mayer in Materialien S. 340ff.

[3]) Gerade diese Möglichkeit, Befugnis und Auftrag unterschiedlich auszugestalten und auf diese Weise eine Strafrechtsreaktion zu erzwingen, zeigt, wie mißlich jede zivilrechtliche Abhängigkeit sich auswirkt.

Dieser Möglichkeit, den Mißbrauchstatbestand durch eine zivilrechtliche Abmachung zur Anwendung zu bringen, kommt um so größere Bedeutung zu, als auch der Treubruchstatbestand auf die Fälle des einfachen Eigentumsvorbehalts bisher nicht angewandt worden ist, also als Schutz versagt hat.

bb) Verletzung einer Treupflicht (zur Wahrnehmung von Vermögensinteressen)

Daß der rechtsgeschäftliche Treubruchstatbestand für den einfachen Eigentumsvorbehalt nicht in Betracht kommen kann, liegt auf der Hand. Der einschränkenden höchstrichterlichen Rechtsprechung, daß ein rechtsgeschäftliches Treueverhältnis nur dann vorliegt, wenn die Treupflicht Hauptpflicht des Rechtsgeschäftes ist[1]), muß zugestimmt werden. Hauptpflicht beim Kaufvertrag ist aber nur die Zahlung des Kaufpreises. Die Sorgfaltspflichten des Käufers beim einfachen Eigentumsvorbehalt des § 455 BGB sind Nebenpflichten. Zivilrechtlich kommt dieser Charakter der Sorgfalts- und Treuepflicht in der Nichtanwendung der §§ 320ff. BGB zum Ausdruck.

Wenn überhaupt, so kann beim einfachen Eigentumsvorbehalt nach § 455 BGB nur ein sogenanntes tatsächliches Treueverhältnis in Frage kommen. Dafür, daß besondere Umstände auch beim Eigentumsvorbehalt nach § 455 BGB ein tatsächliches Treueverhältnis begründen können, haben sich Grunsfeld[2]) und Wilde[3]) ausgesprochen. Darüber, worin diese besonderen Umstände bestehen könnten, wird jedoch keine klare Auskunft gegeben. So bleibt z. B. zweifelhaft, ob eine besondere Vermögenssituation beim Vorbehaltsverkäufer oder beim Vorbehaltskäufer, oder lang dauernde Vertragsbeziehungen als derartige Umstände anzusehen sind.

Ablehnender steht Borst[4]) dem Treubruchstatbestand beim einfachen Eigentumsvorbehalt gegenüber, wenn er lediglich ausführt, daß

Interessant ist in diesem Zusammenhange, daß unter der Herrschaft des § 266 alter Fassung Verkäufer dazu übergingen, die jeweiligen Käufer und Wiederverkäufer als „Bevollmächtigte" einzusetzen, um so des Schutzes des § 266 teilhaftig zu werden. Vgl. hierzu Wilde in EV S. 175, über die unerfreuliche Abhängigkeit der Strafbarkeit von der Formulierung auch Peschke daselbst S. 199ff. Heute neigen nicht wenige Lieferanten dazu, bei Vermögensunsicherheit des Vorbehaltskäufers neben dem Kaufvertrag (also ohne Verzicht auf die Kaufpreisforderung) ein Kommissionsverhältnis zu vereinbaren, nur um strafrechtlich besser geschützt zu sein.

[1]) Hierzu Schwinge-Siebert S. 33, RG 69, 58; 69, 147; 71, 91; BGH 1, 186, BGH in NJW 53, 1272 = BGH 4, 170; NJW 54, 320 = BGH 5, 187.

[2]) ZStW 54, 474.

[3]) In EV S. 176ff.

[4]) JW 34, 822 unter Berufung auf RG 63, 334; B. ist der Ansicht, daß die Grundsätze dieser Entscheidung auch für die neue Fassung des § 266 StGB gelten müssen. Die Begründung, daß § 266 voraussetze, daß jemand fremde Interessen nach außen hin wahrzunehmen habe, ist offensichtlich unrichtig. Wäre sie richtig, so könnte § 266 nie in Fällen verdeckter Stellvertretung eingreifen. Gegen Borst schon Grunsfeld ZStW 54, 468; vgl. auch Maurach Lehrbuch, Besonderer Teil S. 265.

durch besondere Vereinbarung ausnahmsweise auch ein Treueverhältnis begründet werden könne. Falls diese Äußerung so zu verstehen sein sollte, daß nur eine besondere vertragliche Vereinbarung, also nicht andere Umstände beim einfachen Eigentumsvorbehalt ein Treueververhältnis erzeugen könnten, kann ihr keinesfalls beigestimmt werden. Das tatsächliche Treueverhältnis ist eben gerade nicht auf rechtsgeschäftliche Vereinbarungen angewiesen[1]).

Die höchstrichterliche Rechtsprechung hat sich nur in den bereits zitierten älteren Entscheidungen mit der Frage der Untreue beim Eigentumsvorbehalt befaßt. Entscheidungen darüber, ob der einfache Eigentumsvorbehalt ein tatsächliches Treueverhältnis i. S. des § 266 n. F. hervorrufen kann, fehlen noch[2]), [3]).

Wenn man die Kriterien der höchstrichterlichen Rechtsprechung zur Abgrenzung des Begriffs „Wahrnehmung fremder Vermögensinteressen" [4]) Revue passieren läßt, so muß man sich wundern, daß die Rechtsprechung mit so unzulänglichen Mitteln arbeiten und sogar erfolgreich arbeiten konnte. Nicht so sehr beim Rechtsirrtum[5]), als vielmehr hier drängt sich der Gedanke auf, daß zwar nicht die berüchtigte „Schweinehundfrage", aber jedenfalls das Rechtsgefühl des höchsten Gerichts bei den Entscheidungen allein den Ausschlag gegeben hat. Am klarsten ist noch der Ausschluß rein mechanischer Tätigkeiten. Dauer einer Tätigkeit, Umfang, Bedeutung und Selbständigkeit sind dagegen so vage Kriterien, bei denen sogar noch stets ungewiß geblieben ist, ob hierbei auf die Verhältnisse des Vermögensinhabers oder des Verpflichteten abgestellt werden müßte, daß sie nur mit größter Vorsicht angewendet werden dürfen[6]).

Legt man aber einmal diese Kriterien an des Verhältnis zwischen Vorbehaltsverkäufer und Wiederverkäufer an, so kann jedenfalls von einem Ausschluß des Treubruchstatbestandes keine Rede sein.

---

[1]) So richtig Schwinge-Siebert S. 37, vgl. RG. 73, 300.

[2]) Offensichtlich hat aber auch die Rechtsprechung allmählich mehr Neigung, mit dem Untreuetatbestand zu arbeiten, wie z. B. die Rechtsprechung RG 69, 146 und dann RG 77, 391 und BGH 1, 190 zeigt. Von Kommentaren vgl. die unsichere und zögernde Angabe bei Schönke § 266 Anm. IV 2 a.

[3]) Ablehnend jetzt die noch nicht veröffentl. Entsch. des BGH 3 Str. 480/52 v. 21. 5. 1953. Zu den modifizierten Formen des EV vgl. Anm. 3 u. 4 auf S. 60.

[4]) Z. B. aus RG 69, 61ff.; 69, 146ff.; BGH Urteil v. 19. 5. 1953 in NJW 53, 1600 oder Urteil v. 4. 11. 1952 in BGH 3, 293. Die Rechtsprechung des RG zum Untreuetatbestand ist vom BGH ohne Änderung übernommen. Vorwürfe, wie sie z. B. vom OLG Kiel (NJW 49, 797) gegen die RG Rechtsprechung erhoben wurden, sind nicht berechtigt. Gerade beim Untreuetatbestand hat sich das RG erfolgreich gegen die nationalsozialistische Tendenz zur Ausweitung der Tatbestände zur Wehr gesetzt.

[5]) Der von der Rechtsprechung des RG nicht so willkürlich behandelt wurde, wie gewöhnlich behauptet wird; vgl. die Kritik der Angriffe gegen die Urkundenentscheidung RG 57, 235 bei Wegner Lehrbuch S. 152ff. (163).

[6]) Vgl. auch H. Mayer in Materialien S. 337: „Sofern nicht einer der klassischen alten Fälle der Untreue vorliegt, weiß kein Gericht und keine Anklagebehörde, ob § 266 vorliegt oder nicht. Man behilft sich meist damit, daß man § 266 mit heranzieht, wenn der Fall besonders schwerwiegend erscheint."

Auch wenn der Umfang der einzelnen Warenlieferungen nicht allzu groß ist, handelt es sich doch meistens um dauernde Geschäftsbeziehungen[1]), die nicht mehr als unbedeutend angesprochen werden können. Da der Vorbehaltskäufer seinerseits in der Wahl seiner Abnehmer und der Art des Verkaufes frei ist und eine rechtsgeschäftliche Tätigkeit, nämlich die Verfügung über fremdes Eigentum kraft Ermächtigung ausübt, liegt weder eine unselbständige[2]) noch eine rein mechanische Tätigkeit vor.

Auch wenn man das Gewicht bei der Abgrenzung m. E. richtig von der Bedeutung der Tätigkeit auf die Dispositionsfähigkeit über fremdes Vermögen verlegen würde, ergibt sich kein anderes Bild. Der Vorbehaltsverkäufer hat sich des Besitzes der Ware und der rechtsgeschäftlichen Verfügungsmacht über die Ware (§ 161 BGB) begeben und die Disposition über sein Vermögen insoweit dem Käufer überlassen. Bzgl. der Vorbehaltsware hat er sich dem guten Willen des Käufers ausgeliefert, von dessen pflichtgemäßem Handeln nunmehr seine Vermögenssituation abhängt. Der schwächeren Sachbeziehung des Verkäufers zur Vorbehaltsware entspricht die diese Beziehung ersetzende persönliche Beziehung zum Vorbehaltskäufer.

Aus dieser Überlegung ergibt sich, daß zumindest beim Eigentumsvorbehalt zwischen Verkäufer und Wiederverkäufer ein Treueverhältnis i. S. des § 266 StGB vorliegt. Nicht ganz so klar liegt der Fall des Eigentumsvorbehalts zwischen Verkäufer und Konsumenten, dem eine rechtsgeschäftliche Dispositionsbefugnis in der Regel nicht eingeräumt ist. Da aber schon die Überlassung des Besitzes und die Verschaffung eines Anwartschaftsrechts, welches Verfügungen des Eigentümers im Wege steht, die Dispositionsmöglichkeit des Verkäufers eingeschränkt haben, und andererseits der Besitz der Ware in Verbindung mit seiner Legitimationswirkung und der Möglichkeit gutgläubigen Erwerbs eine tatsächliche Dispositionsmöglichkeit für den Käufer geschaffen hat, wird man dazu gelangen müssen, bei allen w i c h t i g e n Geschäften das Vorliegen eines tatsächlichen Treueverhältnisses anzunehmen. Eine Ausnahme wird dort gemacht werden müssen, wo die Bedeutungslosigkeit des Geschäftes zu der Annahme zwingt, daß ein Vertrauensverhältnis zwischen den Vertragsparteien vernünftigerweise nicht vorliegen könne.

Wenn damit, von der begrifflichen Grundlage der bisherigen Literatur und Rechtsprechung aus, das Vorliegen eines tatsächlichen Treueverhältnisses, und zwar für beide Anwendungsarten des Eigentumsvorbehalts anzunehmen ist, stellt sich nunmehr die Frage nach den Möglichkeiten der Verletzung der Treupflicht.

---

[1]) Über deren Beachtlichkeit vgl. RG 77, 393.

[2]) Jedenfalls nicht unselbständiger als beim Ladenangestellten, vgl. hierzu RG 77, 38; BGH Urteil v. 31. 10. 1951 in JZ 52, 89. Vgl. auch den Fall, in dem das OLG Braunschweig, Urteil v. 2. 4. 1947 in NJW 47, 71 den Mißbrauchstatbestand für erfüllt angesehen hat.

αα) Verkauf der Vorbehaltsware

Veräußert der Vorbehaltskäufer, dem ein Weiterverkauf nicht gestattet ist, die Vorbehaltsware, so liegt in aller Regel neben der Verletzung des § 246 StGB auch eine Untreuehandlung vor. Die Merkmale der Pflichtverletzung sind in denselben Handlungen zu erblicken, die als Zueignungshandlungen vorstehend gekennzeichnet sind. Abweichungen können nicht vorliegen, da jede Handlung, die einen Angriff gegen das Eigentum erkennen läßt, gleichzeitig ein Angriff auf das Vermögen durch Verletzung des Treueverhältnisses ist und umgekehrt die Vermögensschädigung durch Verkauf nur als Angriff auf das Eigentum in Erscheinung treten kann.

Ist der Vorbehaltskäufer zum Weiterverkauf ermächtigt, so sind die Zueignungshandlungen, die durch die Einwilligung des Verkäufers nicht gedeckt, also unrechtmäßig sind, gleichzeitig auch Treupflichtverletzungen. Daß die besondere unrechtmäßige Art des Verkaufes u. U. nur zu dem Zweck erfolgt, den Vorbehaltsverkäufer schneller zu befriedigen, ändert daran nichts, es sei denn, daß der allgemeine Rechtswidrigkeitsausschluß der zu vermutenden Einwilligung Platz greifen kann[1]).

Für die Feststellung der Treupflichtverletzung ist gleichgültig, ob die Veräußerung der Vorbehaltsware wirksam ist oder nicht. Schon die Vornahme des unwirksamen Geschäftes ist Treupflichtverletzung. Insoweit besteht auch hier Übereinstimmung zwischen dem Unterschlagungs- und Untreuetatbestand, da ja auch die unwirksame Veräußerung Zueignung ist.

Eine Zueignung liegt auch dann vor, wenn der die Ware weiterveräußernde Täter die Unwirksamkeit des Rechtsgeschäftes kennt. Nach durchaus herrschender Lehre kann allerdings keine vorsätzliche Zueignungshandlung vorliegen, wenn z. B. der Täter die Sache sicherungsübereignet oder verpfändet. Konsequent müßte das auch für den Fall des Verkaufs gelten. So konsequent ist die herrschende Meinung jedoch wieder nicht, da sie beim Verkauf auf den Sachwert abstellt, in der Weise, daß der Täter ja nicht den Gegenstand selbst, sondern den dafür zu erzielenden Kaufpreis seinem Vermögen einverleiben will. Dabei wird

---

[1]) Für § 266 fehlt es in diesen Fällen zumeist auch am Vermögensschaden, weil eben bei Schadloshaltung Einwilligung zu vermuten ist.

Bei nur subj. vermuteter Einwilligung wegen Ersatzbereitschaft des Täters kommt nach BGH in NJW 53, 457 Ausschluß des Bewußtseins der Rechtswidrigkeit in Betracht. Ebenso schon z. B. die RG Entscheidung in JW 36, 934 und DR 41, 492. M. E. ist nicht das Bewußtsein der Rechtswidrigkeit, also die Schuld, sondern der Vorsatz sowohl bzgl. der Treupflichtverletzung als auch bzgl. der Nachteilszufügung ausgeschlossen. So sind auch die Entscheidungen RG in HRR 40, 257; 41, 948 und auch die den Mißbrauchstatbestand betreffende Entscheidung RG 68, 374 zu verstehen, obwohl auch in ihnen vom Ausschluß des Bewußtseins der Rechtswidrigkeit die Rede ist. Der BGH scheint hier der in dieser Beziehung ungenauen Terminologie des RG erlegen zu sein. Unrichtig auch Boldt DR 41, 492, soweit es sich um Ausführungen zu § 266 StGB handelt.

dann übersehen, daß auch bei der Sicherungsübereignung oder Verpfändung auf den Sachwert abgestellt werden könnte, denn auch hier kommt es dem Täter nicht auf den Gegenstand, sondern auf den mit Hilfe der Sicherungsübereignung oder Verpfändung der Sache erlangten Kredit an. Also entweder muß der Zueignungsvorsatz sowohl bei der Sicherungsübereignung und Verpfändung als auch beim Verkauf dann entfallen, wenn der Täter die Unwirksamkeit des Rechtsgeschäfts kennt, oder aber, es muß in allen Fällen auch bei Kenntnis der Unwirksamkeit Zueignungsvorsatz vorliegen.

Für den Treubruchstatbestand können derartige Probleme und Ungereimtheiten gar nicht entstehen. Jede dieser Handlungen, also der Verkauf in gleicher Weise wie die Sicherungsübereignung oder Verpfändung, ist dem Käufer untersagt. Nimmt er sie dennoch vor, so verletzt er dabei seine Treupflicht, ganz gleichgültig, ob er seine Handlung nun für wirksam oder für unwirksam hält. Ob ein Vermögensdelikt vorliegt, hängt nun allein davon ab, ob der Täter mit seiner unerlaubten Handlung auch einen Vermögensschaden anrichtet. Das ist auch allein vernünftig. Das Vorliegen eines Vermögensdeliktes im weitesten Sinne muß ja schließlich vom Vermögensschaden und darf nicht von zivilrechtlicher Einsicht oder Nichteinsicht des bewußt gegen seine Pflichten verstoßenden Täters abhängig sein. Ob ein Vermögensschaden tatsächlich vorliegt und Schädigungsvorsatz besteht, richtet sich dann nach dem jeweils vertretenen Schadensbegriff.

ββ) Sicherungsübereignung und Verpfändung

Bei der Sicherungsübereignung der Vorbehaltsware, die sowohl dem Konsumenten als auch dem Wiederverkäufer auch ohne besondere dahingehende Vertragsbestimmung untersagt ist, liegt gleichfalls neben der Zueignungshandlung auch eine Treupflichtverletzung vor. Auch hier sind Sonderfälle, wie bei der Behandlung des Unterschlagungstatbestandes erwähnt, über die allgemeinen Rechtfertigungsgründe und über das Tatbestandsmerkmal der Nachteilszufügung zu lösen.

Eine abweichende Behandlung ergibt sich dagegen bei der Verpfändung von Vorbehaltsware. Während die Verpfändung regelmäßig nicht auch als Zueignung angesehen werden kann, ist sie doch stets Treupflichtverletzung. Bei dieser von der Rechtsprechung noch nicht gebilligten, aber auf Grund ihrer Abgrenzungsbegriffe vorgenommenen Anwendung des Untreuetatbestandes ergibt sich die Strafbarkeit von Handlungen, die u. U. sehr viel weitergehende (als z. B. die Sicherungsübereignung) wirtschaftliche Schädigungen des Vorbehaltsverkäufers darstellen. Als Korrektiv, z. B. dann, wenn die Verpfändung zur unmittelbaren Zahlung des Restkaufpreises vorgenommen wird, dienen auch hier wieder zu vermutende Einwilligung, Pflichtenkollision und das Tatbestandsmerkmal der Nachteilszufügung. Wichtig bleibt, daß die recht üblen Fälle strafrechtlich erfaßt werden, in denen bei behaupteter und nicht zu widerlegender Wiedereinlösungsabsicht die Vorbehaltsware an Gutgläubige verpfändet wird zwecks Ablösung anderer Verbindlichkeiten. Daß diese Fälle, die in der Mißachtung des Vermögens des Vorbehaltsverkäufers einer völligen Ignorierung des Eigentumsvorbehalts durch Schleuderverkauf in nichts nachstehen und auch denselben kriminologischen Typ verraten, als Untreue strafbar sind, kann nicht als Nachteil empfunden werden.

$\gamma\gamma$) Gebrauchs- und Verbrauchshandlungen

Anders als bei dem Tatbestand des § 246 StGB können für den Treubruchstatbestand weitgehend auch bei unsachgemäßem Gebrauch der Vorbehaltsware tatbestandsmäßige Handlungen vorliegen. So kann in einer nach dem besonderen Vertragszweck oder der Art der Ware unsachmäßigen Aufbewahrung, in einem Gebrauch oder in einer Beschädigung der Vorbehaltsware eine Pflichtverletzung liegen.

Hier zeigen sich die nicht zu unterschätzenden Gefahren einer weiten Auslegung des Treubruchstatbestandes. Kommt man zu dem Ergebnis, daß ein tatsächliches Treueverhältnis vorliegt, so folgt daraus eine weitgehende Pönalisierung der Vertragsbeziehungen, die freilich schon durch die an zivilrechtlichen Vorstellungen haftende Ausgestaltung des Eigentumsschutzes eine strafrechtliche Umkleidung erfahren haben.

Daß der Verbrauch von Vorbehaltsware nicht nur den Tatbestand des § 246, sondern auch den des § 266 erfüllt, bedarf keiner näheren Begründung. Die Schwierigkeiten, die bei Verbrauchs- und Gebrauchshandlungen mit der Folge eines Eigentumswechsels für den Tatbestand des § 246 StGB auftreten, entfallen beim Untreuetatbestand. Hier kann eine Pflichtverletzung nur dann vorliegen, wenn und soweit die Verbindung, Vermischung oder Verarbeitung nicht durch die Einwilligung oder die zu vermutende Einwilligung des Verkäufers gedeckt ist. Für die Bedeutung von Branchenüblichkeit, Vertragszweck und generelle Bestimmung der Ware gelten die bereits oben aufgezeigten Grundsätze.

Ist durch vertragsgemäße, also nicht pflichtverletzende Verbindung oder Vermischung Miteigentum nach Bruchteilen entstanden, so kann sich der Vorbehaltskäufer nicht nur dann der Untreue schuldig machen, wenn er den Anteil des Vorbehaltsverkäufers am Mischbestand angreift, sondern auch dann, wenn er mit dem ihm selbst zugefallenen Anteil vertragswidrig verfährt. Darüber hinaus besteht auch die Möglichkeit, daß der Vorbehaltskäufer, der durch vertragsgemäße, sonst nicht pflichtverletzende Verbindung, Vermischung oder Verarbeitung Alleineigentümer geworden ist, die neu hergestellte Sache oder den Mischbestand veruntreut. In diesen Fällen, in denen der Schutz des § 246 StGB versagen muß[1]), bleibt über den Eigentumswechsel hinaus und hiervon

[1]) Auf diese Lücke im Unterschlagungstatbestand ist immer wieder hingewiesen worden, vgl. Thode Unterschlagung S. 18ff.

unabhängig die Bindung des Vorbehaltskäufers an die Pflicht, die Vermögensinteressen des Vorbehaltsverkäufers wahrzunehmen.

δδ) Das Anwartschaftsrecht

Während der Vorbehaltskäufer in der Behandlung der Vorbehaltsware selbst unfrei ist und seine vertraglichen Pflichten innehalten muß, steht ihm das Anwartschaftsrecht auf Eigentumserwerb an diesen Waren zur freien Verfügung. Die Übertragung, Sicherungsübertragung oder Verpfändung dieses Rechts können daher in der Regel nicht Untreuehandlungen sein. Auf Ausnahmefälle ist oben S. 57 ff. hingewiesen.

cc) Nachteilszufügung

Zu den bereits aufgezählten Verschiedenheiten, die sich bei der Behandlung derselben Vorgänge einmal sub specie Zueignungshandlung und sodann sub specie Treupflichtverletzung ergeben, kommt eine weitere Divergenz für § 266 StGB durch das Tatbestandsmerkmal der Nachteilszufügung[1]). Durch dieses Tatbestandsmerkmal ergibt sich eine Einschränkung der Strafbarkeit nach § 266 StGB in doppelter Hinsicht.

Wichtig ist zunächst, daß alle die Treupflichtverletzungen als strafbare Handlungen ausscheiden, die nicht zu einem erkennbaren Vermögensschaden oder wenigstens zu einer Vermögensgefährdung[2]) des Vorbehaltsverkäufers führen. So sind durchaus Fälle denkbar, in denen z. B. die Verpfändung der Vorbehaltsware zu einem Vermögensschaden oder zu einer Vermögensgefährdung des Vorbehaltsverkäufers nicht geführt hat. Es wäre unrichtig, bei der Feststellung des Vermögensschadens oder der Vermögensgefährdung allein auf die dingliche Rechtslage abzustellen und jeden gutgläubigen Erwerb eines Pfandrechts durch Dritte schlechthin schon als Vermögensgefährdung anzusehen, geschweige denn (falls ein gutgläubiger Erwerb nicht erfolgt) jede Gefahr, daß ein Dritter vermeintliche Pfandrechte geltend machen könnte. Um ein krasses Beispiel zu nennen, liegt ein Vermögensnachteil für den Vorbehaltsverkäufer nicht vor, wenn der Vorbehaltskäufer die Ware für eine Forderung von wenigen Pfennigen verpfändet oder sicherungsübereignet. Der Untreuetatbestand ist hier in der Lage, sehr viel beweglicher auf die wirtschaftlichen Gegebenheiten einzugehen[3]).

---

[1]) Wobei Nachteil nur der Vermögensnachteil ist, Schwinge-Siebert S. 51. Gerade dieses Merkmal kennzeichnet das Vermögensdelikt. Der nicht mit diesem Tatbestandsmerkmal ausgestattete § 246 StGB ist daher auch nicht als taugliches Vermögensdelikt anzusprechen. Vgl. schon Gleispach Veruntreuung S. 200 und vor ihm Merkel, Hälschner, Lammasch usw. Bei der Starrheit, mit der unsere Gerichte den § 246 StGB anwenden, scheint es fast, als ob diese alte Erkenntnis verlorengegangen sei.

[2]) RG 71, 157; OLG Braunschweig NJW 47, 71.

[3]) Das gilt auch für das Tatbestandsmerkmal der Pflichtverletzung insofern, als eine ganze Reihe von Geschäften, die sogenannten Risikogeschäfte, aus dem Rah-

Die größere Geschmeidigkeit des Untreuetatbestands durch das spezifisch strafrechtliche Tatbestandsmerkmal der Nachteilszufügung zeigt sich sodann bei der Frage des Vorteilsausgleichs. Handlungen, die Zueignungshandlungen i. S. des § 246 StGB sind, scheiden für § 266 aus, wenn sie gleichzeitig zu einer Bereicherung des Vorbehaltsverkäufers führen[1]). Für § 246 StGB bleibt in diesen Fällen nur der gewundene Weg über die Rechtfertigung durch zu vermutende Einwilligung, der aber keineswegs immer begehbar ist[2]).

Der rein strafrechtlichen Konzeption des Untreuetatbestandes entspricht es auch, daß die beim Unterschlagungstatbestand zu beobachtende, je nach der zivilrechtlichen Betrachtung unterschiedliche Behandlung desselben Vorgangs fehlt.

So kann eine Treupflichtverletzung nach Bedingungseintritt auch dann nicht vorliegen, wenn der Vorbehaltsverkäufer bei Bedingungseintritt das Eigentum nicht mehr übertragen wollte. Die dingliche Rechtslage ist hier für die Bestimmung der Pflicht des Käufers irrelevant, und es bedarf nicht der immerhin nicht unangefochtenen Konstruktion vom fälligen Anspruch.

Auch die Behandlung des rein dinglichen Eigentumsvorbehalts kann ohne Zuhilfenahme dieser Konstruktion erfolgen. Es ist offensichtlich, daß bei Fehlen vertraglicher Abmachungen über einen Eigentumsvorbehalt ein Treueverhältnis gar nicht entstehen konnte, die Frage nach einer evtl. Pflichtverletzung also gar nicht auftaucht.

Diese gegenüber § 246 StGB größere Geschmeidigkeit des Untreuetatbestands wird bei anderen zivilrechtlichen Konstruktionen noch offensichtlicher[3]).

β) Der Eigentumsvorbehalt mit auflösender Bedingung

(1) Der Schutz des § 246 StGB

Auch bei dieser Art des Eigentumsvorbehalts ist der Zeitpunkt des Bedingungseintritts für die Eigentumsdelikte von erheblicher Bedeutung. Während beim Eigentumsvorbehalt unter aufschiebender Bedingung nur vor Bedingungseintritt Unterschlagung des Vorbehaltskäufers und

---

men des Pflichtwidrigen ausscheidet. Wie hier für Ausschluß der Tatbestandsmäßigkeit Schönke § 266 Anm. VI, Kohlrausch-Lange § 266 Anm. VI, Maurach Lehrbuch, Besonderer Teil S. 269, unklar Schwinge S. 57.

[1]) Vgl. Schwinge S. 52, der allerdings, da er nur wirtschaftlich einfach gelagerte Fälle im Auge hat, der Gesamtbetrachtung zu wenig Bedeutung beimißt.

[2]) Auch vermag bei § 266 der Wille und die Bereitschaft des Täters Ersatz zu leisten, u. U. die Schuld auszuschließen, vgl. hierzu BGH Urteil v. 14. 1. 1953 in NJW 53, 457.

[3]) Über die Eigenart des § 246 StGB, das Eigentum auch dort zu schützen, wo gar kein Interesse des Eigentümers an einem Schutze besteht, vgl. schon Gleispach Veruntreuung S. 195 und Thode Unterschlagung S. 23.

nur nach Bedingungseintritt Diebstahl des Vorbehaltsverkäufers möglich ist, ist es beim Eigentumsvorbehalt unter auflösender Bedingung genau umgekehrt. Nur nach Bedingungseintritt ist eine Unterschlagung der Vorbehaltsware möglich, da bis zum Bedingungseintritt die Sache im Eigentum des Vorbehaltskäufers steht. Erst wenn der Vorbehaltskäufer den Kaufpreis nicht fristgemäß oder nicht vollständig zahlt, setzt der Schutz des § 246 StGB ein.

Die zivilrechtliche Bindung des Tatbestandes des § 246 StGB führt hier zu dem immerhin bemerkenswerten Ergebnis, daß Rechte, die jedenfalls beide nicht Vollrechte sind, sehr unterschiedlich behandelt werden. Das aufschiebend bedingte Recht des Vorbehaltskäufers wird so wenig beachtet, daß die Sache als fremd behandelt wird, während das auflösend bedingte Recht des Vorbehaltskäufers, obwohl kein Vollrecht, die Behandlung der Sache als „nicht fremd" rechtfertigt[1]). Vom Standpunkt des Eigentumsschutzes aus: Das auflösend bedingte Recht des Verkäufers wird geschützt, nicht dagegen das aufschiebend bedingte.

Im einzelnen führt das zu teilweise merkwürdigen Ergebnissen. Bei deren Darstellung soll zur Vermeidung von Wiederholungen nur die von den Ausführungen zu α) abweichende Behandlung aufgezeigt werden.

Vor Bedingungseintritt kann sowohl der Wiederverkäufer als auch der Konsument, ohne den Tatbestand des § 246 StGB zu verwirklichen, die Ware veräußern, sicherungsübereignen, verpfänden, verbrauchen, verbinden, vermischen, verarbeiten usw. Auch wenn der Vorbehaltsverkäufer diese Handlungen (neben der nicht fristgerechten oder nicht vollständigen Kaufpreiszahlung) als auflösende Bedingungen bestimmt hat, kann Strafbarkeit des Vorbehaltskäufers nach § 246 StGB nicht eintreten. Im Augenblick der Vornahme z. B. einer Sicherungsübereignung ist der Vorbehaltskäufer noch Eigentümer der Sache. Erst durch seine Handlung tritt die Bedingung und damit der Rückfall des Eigentums an den Verkäufer ein. Fremdheit der Sache ist die rechtliche Folge seiner Handlung, eine fremde Sache kann also nicht schon Handlungsobjekt sein.

Anders verhält es sich, wenn z. B. der Vorbehaltsverkäufer schon die entsprechenden schuldrechtlichen Rechtsgeschäfte zur auflösenden Bedingung gemacht hat und außerdem schuldrechtliches und dingliches Rechtsgeschäft zeitlich auseinanderfallen. Hierbei wird schon durch die Vornahme des schuldrechtlichen Geschäftes, z. B. durch Abschluß des Kaufvertrages oder Kreditsicherungsvertrages der Eigentumsrückfall ausgelöst. Das nachfolgende dingliche Geschäft hat bereits eine dem Vorbehaltskäufer fremde Sache zum Gegenstand. Durch Vornahme dieses

---

[1]) Wenn daher Sauer (System d. Str. S. 60) für den Fremdheitsbegriff vom geltenden Zivilrecht abweichen will, so müßte das gerade in den Fällen des EV geschehen. Allerdings würde die Preisgabe des ziv. Fremdheitsbegriffs, wie unten noch zu zeigen sein wird, dem Tatbestand des § 246 das ihn allein Charakterisierende, nämlich sein Schutzobjekt wegnehmen und ihn damit weitgehend überflüssig machen.

Geschäftes kann der Vorbehaltskäufer daher eine Zueignungshandlung begehen.

Bei genau auf das schuldrechtliche Geschäft präzisierter Bedingung geht es nicht an, Verkauf und spätere Veräußerung als einheitlichen Vorgang aufzufassen. Die Bindung des Tatbestandes des § 246 StGB an den zivilrechtlichen Eigentumsbegriff zwingt hier zur genauen Bestimmung des Eigentumswechsels und zum Auseinanderreißen des einheitlichen Lebensvorganges. Es kommt also für den Verkäufer, der den Schutz des § 246 nicht entbehren will, alles darauf an, ihm unliebsame Handlungsweisen des Käufers in Teilakte aufzuspalten und jeweils den ersten Akt als auflösende Bedingung zu vereinbaren[1]). Dem Käufer, dem zumeist die Unterscheidung zwischen schuldrechtlichem und dinglichem Geschäft fremd ist, wird freilich fast immer unklar bleiben, in welchen Fällen und warum er den objektiven Tatbestand des § 246 StGB verwirklicht.

Daß für Irrtumsfragen hier ein weites Feld offen steht, liegt auf der Hand. Wenn auch in vielen Fällen Vorsatz oder Schuld ausgeschlossen sein mag und auf diesem Wege ein gerechtes Ergebnis erzielt wird, so ist doch befremdlich, festzustellen, wie leicht ein ahnungsloser Käufer zur objektiven Verwirklichung eines Straftatbestandes kommt.

Ist die Bedingung, sei es durch Eintreten des Zahlungszieles, ohne daß Zahlung erfolgt, sei es durch Vornahme einer als auflösende Bedingung bestimmten Handlung durch den Käufer, eingetreten, so gelten für die Tatbestandsverwirklichung die bereits oben unter α) aufgezeigten Grundsätze. Für den Konsumenten ist jede, für den Wiederverkäufer nur die ausdrücklich verbotene oder nicht im Rahmen des normalen Geschäftsverkehrs liegende Verkaufshandlung rechtswidrige Zueignung.

Daß gleichzeitig durch verbotenen Verkauf, und zwar sowohl vor wie nach Bedingungseintritt gegenüber dem Käufer der Tatbestand des § 263 StGB verwirklicht wird, sei vollständigkeitshalber erwähnt. Vor Bedingungseintritt wird dem Käufer relativ unwirksames Eigentum verschafft (§ 161 Abs. II BGB), nach Bedingungseintritt kann das Eigentum rechtsgeschäftlich nicht mehr übertragen werden. Nach der Rechtsprechung des BGH ist dabei gleichgültig, ob der Käufer kraft guten Glaubens vor Bedingungseintritt gemäß § 161 Abs. III BGB oder nach Bedingungseintritt gemäß § 932ff. BGB Eigentümer wird. Auf die entsprechenden Ausführungen zu α) wird verwiesen.

Ähnlich wie mit dem Verkauf verhält es sich auch mit der Sicherungsübereignung nach Bedingungseintritt. Die Vornahme der sowohl dem Konsumenten als auch dem Wiederverkäufer gemeinhin und auch ohne

---

[1]) Dieser Pönalisierungsmethode kann der Vorbehaltskäufer wiederum dadurch entgegenwirken, indem er eine andere Reihenfolge der Teilakte wählt, z. B. die Übereignung noch vor Abschluß des Kaufvertrages vornimmt. Ein eigenartiger Kampf um Strafbarkeit oder Nichtstrafbarkeit mit strafrechtsfremden Mitteln!

besonderes ausdrückliches Verbot untersagten Sicherungsübereignung ist Zueignung der nunmehr fremd gewordenen Sache. Auch für die Verpfändung und die Gebrauchs- und Verbrauchshandlungen nach Bedingungseintritt gilt das gleiche wie für eine Verpfändung, einen Gebrauch oder Verbrauch der Vorbehaltsware beim Eigentumsvorbehalt unter aufschiebender Bedingung vor Bedingungseintritt.

Mit Bedingungseintritt verwandelt sich das dem Vorbehaltsverkäufer zustehende Anwartschaftsrecht auf Eigentumserwerb wieder in Volleigentum. Während beim Eigentumsvorbehalt nach § 455 BGB nur nach Bedingungseintritt ein Eigentumsdelikt des Vorbehaltsverkäufers möglich ist und die Wegnahme der Ware vor diesem Zeitpunkt von § 242 StGB nicht erfaßt werden kann, ist beim Eigentumsvorbehalt unter auflösender Bedingung die Wegnahme der Ware nur vor Bedingungseintritt als Eigentumsdelikt strafbar. Trotz der nahen Sachbeziehung und der dinglichen Berechtigung begeht der Vorbehaltsverkäufer, der wegen Unsicherheit in den Vermögensverhältnissen des Käufers diesem die Ware wieder wegnimmt, ein Eigentumsdelikt. Daß hier nicht die typische Diebstahlssituation vorliegt, ist offensichtlich und die Bestrafung als Eigentumsdelikt ebenso merkwürdig, wie der oben erwähnte unterschiedliche Strafrechtsschutz bedingter dinglicher Rechte.

(2) Der Schutz des § 266 StGB

Für die Prüfung des Mißbrauchstatbestandes stellt sich zunächst die Frage, ob die im auflösend bedingten Eigentum des Vorbehaltskäufers stehenden Waren für diesen fremde Vermögensstücke sein können.

Teilweise wird in der Literatur die Ansicht vertreten, daß es bei dieser Feststellung auf die formelle Rechtslage nicht ankomme und daß alle die Vermögensstücke fremd seien, die dem Täter „wirtschaftlich entzogen sind"[1]. Auch die RG Rechtsprechung zu § 266 alter Fassung wird hierzu angeführt, nach der z. B. die Konkursmasse als für den Gemeinschuldner fremdes Vermögen angesehen wurde[2]. Eine klare Divergenz ergibt sich jedoch hierbei zu der ebenso fest vertretenen Lehrmeinung und Rechtsprechung, die fiduziarische Verhältnisse nicht dem Mißbrauchs-, sondern dem Treubruchstatbestand zuweist, weil eben der Mißbrauchstatbestand nicht auf den formellen Eigentümer anzuwenden sei. Dieser letzteren Ansicht ist zu folgen[3]. Die Gegenüberstellung von Vermögen

---

[1] So Schönke noch in 5. Aufl. § 266 Anm. II 1 (anders in 6. Aufl. § 266 Anm. III 1). Mezger Studienbuch S. 194, Niethammer Lehrbuch S. 280. Unrichtig auch der Kommentar Mühlmann-Bommel, der bei fiduziarischen Rechtsverhältnissen den Mißbrauchstatbestand anwenden will, vgl. § 266 Anm. 3.

[2] RG 39, 416; ähnliche Entscheidungen RG 26, 110, RG in GA 48, 131. Über die Entwicklung dieser Rechtsprechung vgl. Zoller a. a. O. S. 29ff.

[3] Vgl. schon Schwinge-Siebert S. 24, Schlosky DStR 38, 184. Jetzt auch BGH Urteil v. 8. 5. 1951 in Lindenmaier-Möhring § 266 Nr. 2 = BGH 1, 186, allerdings mit etwas zweifelhafter Begründung.

und Vermögensinteressen im Tatbestand des § 266 StGB zeigt deutlich, daß der Mißbrauchstatbestand nur auf die formelle Rechtslage abstellen kann. Damit entfällt die Anwendbarkeit des Mißbrauchstatbestandes auf Handlungen des Vorbehaltskäufers vor Bedingungseintritt.

Erst nach Bedingungseintritt und Rückfall des Eigentums an den Verkäufer ist das Tatbestandsmerkmal des fremden Vermögens erfüllt. Für die Möglichkeit von Mißbrauchshandlungen gelten die schon oben Seite 61 ff. aufgezeigten Grundsätze. Auch hier sind wegen der starken Angleichung von Außen- und Innenverhältnis Mißbrauchsfälle außerordentlich selten[1]).

Für den Treubruchstatbestand interessiert zunächst die Frage, ob beim auflösend bedingten Eigentumsvorbehalt ein Treueverhältnis vorliegt. Wie beim aufschiebend bedingten Eigentumsvorbehalt kommt auch hier nur ein tatsächliches Treueverhältnis in Betracht.

Während beim aufschiebend bedingten Eigentumsvorbehalt wenigstens vereinzelte Stellungnahmen der Literatur und ältere Entscheidungen aufzufinden sind, fehlt es für den auflösend bedingten Eigentumsvorbehalt vollends an Bearbeitungen.

Für das Verhältnis zwischen Vorbehaltsverkäufer und -käufer vor Bedingungseintritt ist neben den Seite 64 ff. aufgeführten und für das Vorliegen eines Treueverhältnisses sprechenden Gründen wichtig, daß hier weit mehr als beim aufschiebend bedingten Eigentumsvorbehalt Dispositionsfähigkeit über Vermögen übertragen ist. Dem Vorbehaltskäufer wird beim auflösend bedingten Eigentumsvorbehalt nicht nur ein Anwartschaftsrecht, sondern Eigentum übertragen. Der Vorbehaltsverkäufer verliert neben dem Besitz jede rechtsgeschäftliche Verfügungsmacht[2]) und überläßt die Disposition (im Rahmen des § 161 II BGB) über sein Vermögen so vollständig dem Vorbehaltskäufer, daß schon zweifelhaft sein könnte, ob der Käufer überhaupt noch „fremde" Vermögensinteressen wahrzunehmen hat. Da aber bis zur Kaufpreiszahlung ein Anwartschaftsrecht des Verkäufers besteht, ist die Vorbehaltsware nur formell, jedoch nicht wirtschaftlich aus dem Vermögen des Verkäufers ausgeschieden. Der Vorbehaltskäufer ist nicht alleiniger und freier Inhaber der Vorbehaltsware, hat also bzgl. der Ware noch fremde Interessen wahrzunehmen.

Diese Verschiebung der Dispositionsfähigkeit über Vermögensbestandteile erzeugt in aller Regel ein persönliches Verhältnis zwischen den Vertragsparteien, welches als Treueverhältnis im Sinne des § 266 StGB angesehen werden muß. Auch hier wird man nur ganz unwesentliche Geschäfte, insbesondere zwischen Vorbehaltsverkäufer und Kon-

---

[1]) Noch seltener als beim aufschiebend bedingten EV, weil hier bei Bedingungseintritt gewöhnlich jede Verfügungsbefugnis des Käufers erlischt.

[2]) Beim aufschiebend bedingten Eigentumsvorbehalt verbleibt dem Verkäufer, die Möglichkeit, bedingt wirksame Verfügungen vorzunehmen, § 161 Abs. I BGB.

sumenten, bei denen die Bedeutungslosigkeit des Geschäftes die Annahme eines Vertrauensverhältnisses verbietet, ausnehmen können.

Nach Bedingungseintritt wird die zivilrechtliche Stellung des Vorbehaltskäufers schwächer. Die jetzt vorliegende Situation entspricht in etwa der beim aufschiebend bedingten Eigentumsvorbehalt vor Bedingungseintritt, mit dem Unterschied, daß der Vorbehaltskäufer ohne Anwartschaftsrecht ist. Durch diese Verschiebung der dinglichen Rechtslage kann jedoch das einmal begründete Treueverhältnis nicht mehr ausgelöscht werden. Auch nach Bedingungseintritt wird man daher in den zuvor abgesteckten Grenzen ein Treueverhältnis annehmen müssen.

Bei der Prüfung der möglichen Treupflichtverletzungen vor Bedingungseintritt fällt besonders auf, daß auch diejenigen Fälle vom Tatbestand des § 266 StGB erfaßt werden, in denen es den zivilrechtlich versierten Vorbehaltskäufern gelingen kann, der Strafdrohung des § 246 StGB zu entschlüpfen.

Ist z. B. der Abschluß eines Kaufvertrages oder Kreditsicherungsvertrages als auflösende Bedingung bestimmt, so kann sich der Vorbehaltskäufer nicht dadurch straffrei halten, daß er zunächst veräußert oder sicherungsübereignet und erst dann die entsprechenden schuldrechtlichen Geschäfte vornimmt. Diese List hilft gegenüber der Strafdrohung des § 246, nicht aber gegenüber § 266 StGB, der in seinem Treubruchstatbestand eine Bindung an die zivilrechtlichen Eigentumsverhältnisse nicht kennt. Jeder dem Vorbehaltskäufer untersagte Weiterverkauf, jede Sicherungsübereignung oder Verpfändung der Vorbehaltsware ist in dem S. 67 ff dargestellten Rahmen Treupflichtverletzung. Auch bzgl. der Gebrauchs- und Verbrauchshandlungen und der Strafbarkeitseinschränkung durch das Tatbestandsmerkmal der Nachteilszufügung kann auf die Behandlung des Untreuetatbestandes beim aufschiebend bedingten Eigentumsvorbehalt verwiesen werden.

Durch den Bedingungseintritt, der für den Tatbestand des § 246 StGB von ausschlaggebender Bedeutung ist, verändert sich für den Untreuetatbestand nichts. Der Vorbehaltskäufer behält die gleichen Pflichten, die er vor Bedingungseintritt schon hatte. Sind für den Fall des Bedingungseintritts vertraglich besondere Pflichten vorgesehen, so treten diese neben, oder falls der Vertrag es so bestimmt, an die Stelle der bisher vorhandenen. Eine besondere Problematik entsteht hier nicht.

γ) Nachträglicher Eigentumsvorbehalt

Aus der oben festgestellten zivilrechtlichen Andersartigkeit von Eigentumsvorbehalt und Sicherungsübereignung und der Erkenntnis, daß es sich beim nachträglichen Eigentumsvorbehalt der Natur nach um eine Sicherungsübereignung handelt, folgt nicht ohne weiteres, daß auch hier die Behandlung dieser Eigentumsvorbehaltsform in den Abschnitt Sicherungsübereignung verwiesen werden kann. Zu nachhaltig hat die

Brunssche Zusammenfassung und zu eindringlich haben auch die bisher angeschnittenen Fälle vor einer Anlehnung an zivilrechtliche Systematik und zivilrechtliche Begriffe gewarnt. Erst die Feststellung, daß der zivilrechtlichen Interessenlage auch die strafrechtliche Situation entspricht, könnte ein solches Vorgehen rechtfertigen.

Die Feststellung, daß für den Tatbestand des § 246 StGB eine Verschiedenartigkeit nicht vorliegen kann, ist leicht zu treffen. Die zivilrechtliche Bindung dieses Tatbestandes erlaubt nicht nur, sondern zwingt zur Gleichstellung von nachträglichem Eigentumsvorbehalt und Sicherungsübereignung. Anders beim Untreuetatbestand[1]). Die Entscheidung darüber, ob ein Treueverhältnis im Sinne des § 266 StGB vorliegt, kann nur unter Berücksichtigung rein strafrechtlicher Kriterien getroffen werden.

Hierbei fällt auf, daß der nachträgliche Eigentumsvorbehalt besonders zwischen Verkäufer und Wiederverkäufer gegenüber der normalen Sicherungsübereignung sehr viel mehr persönliche Bindungen aufweist. Während bei der Sicherungsübereignung in den meisten Fällen nur wenig Pflichten für den Sicherungsgeber stipuliert sind und diese Pflichten sich oft im Rahmen eines reinen Verwahrungsvertrages halten, ist der Vorbehaltskäufer insbesondere der Wiederverkäufer mit einer Fülle von Aufgaben und Pflichten bedacht. Allein die Gestattung des Weiterverkaufes im Rahmen des üblichen Geschäftsverkehrs, verbunden mit einer Ermächtigung zur Eigentumsübertragung nach § 185 BGB, stellt eine sehr viel stärkere Übertragung von Dispositionsfähigkeit und damit in den meisten Fällen auch ein sehr viel stärkeres Treueverhältnis zwischen den Parteien dar.

Gerade diese Form des Eigentumsvorbehalts läßt die bisherige Behandlung des Eigentumsvorbehalts im Untreuestrafrecht in einem sonderbaren Licht erscheinen, enthält sie doch genauso wie die (zivilrechtlich) echten Eigentumsvorbehalte, gerade die auftragsähnlichen Elemente, die die Rechtsprechung zur Sicherungsübereignung für das Vorliegen eines Treueverhältnisses immer gefordert hat[2]). Es ergibt sich also, daß von allen Formen der Sicherungsübereignung von der Rechtsprechung am ehesten die des nachträglichen Eigentumsvorbehalts anerkannt werden müßte, aber nicht etwa deshalb, weil sie zivilrechtlich Sicherungsübereignung ist, sondern deshalb, weil sie als Form des Eigentumsvorbehalts dessen auftragsähnliche Elemente enthält.

Da strafrechtlich bedeutungslos ist, ob die speziellen Pflichten des Eigentumsvorbehaltskäufers sogleich beim Kaufabschluß oder aber

[1]) Wegen der geringen Bedeutung des Mißbrauchstatbestandes sei hierzu lediglich erwähnt, daß für das zivilrechtlich gebundene Tatbestandsmerkmal des fremden Vermögens ebenfalls die zur Sicherungsübereignung aufgeführten Grundsätze gelten.

[2]) RG 67, 274; 69, 225 zur alten Fassung. Zur neuen RG 74, 3; 77, 394. Jetzt BGH 5, 62 (63); vgl. auch BGH in LM § 266 Nr. 16.

später begründet werden, vielmehr die Art dieser Pflichten Kriterium der Einordnung ist, so kann auch die strafrechtliche Behandlung des nachträglichen Eigentumsvorbehalts nicht vom Zeitpunkt des Vertragsschlusses und zivilrechtlicher Konstruktion, sondern nur von dem durch den Vertragsschluß entstandenen Pflichtenkreis abhängen. Der nachträgliche Eigentumsvorbehalt stellt sich damit strafrechtlich als echter Eigentumsvorbehalt dar. Wegen seiner strafrechtlichen Behandlung im Rahmen des § 266 StGB kann daher auf die Ausführungen S. 59ff. bzw. (bei auflösender Bedingung) S. 74ff. verwiesen werden.

Die Behandlung des nachträglichen Eigentumsvorbehalts und der Vergleich zwischen Eigentumsvorbehalt und Sicherungsübereignung kann nicht abgeschlossen werden, ohne daß gleichzeitig auch das sogenannte Konditionsgeschäft erwähnt und sowohl dem einfachen Eigentumsvorbehalt wie der Sicherungsübereignung gegenübergestellt würde. Diese Mischung von Eigentumsvorbehaltskauf und Kommissionsgeschäft, deren zivilrechtliche Eingliederung mitunter schwierig ist, zeigt deutlich die Unmöglichkeit, den Eigentumsvorbehalt von den Treueverhältnissen des § 266 StGB auszuschließen. Jedenfalls geht es nicht an, Sicherungsübereignung und Kommissionsgeschäft den Tatbeständen der §§ 266 StGB und 95 Börsengesetz zu unterstellen, § 266 aber auf den Eigentumsvorbehalt nicht anzuwenden. Der Übergang zwischen Verkauf unter Eigentumsvorbehalt und Kommissionsgeschäft ist so flüssig und unabgrenzbar[1]), daß eine generelle Andersbehandlung nicht befriedigen kann. Wenn der Warenlieferant seinem Abnehmer, ohne dabei Eigentum zu übertragen, Ware zum Weiterverkauf überläßt, den Weiterverkaufspreis fixiert und einen Teil davon als Vergütung aber erst nach Absatz der Ware verlangt, so ist eine Einordnung in die zivilrechtlichen Rubriken Verkauf unter Eigentumsvorbehalt oder Kommissionsgeschäft nicht mehr mit Sicherheit möglich. Das Unterscheidungsmerkmal des Gewinnrisikos, das Rühl[2]) in Vorschlag bringt, muß hier versagen, vor allem dann, wenn sich der Warenlieferant verpflichtet, nicht absetzbare Ware unter bestimmten Voraussetzungen zurückzunehmen. Das Risiko, das beim gewöhnlichen Verkauf den Käufer, beim gewöhnlichen Kommissionsgeschäft den Kommittenten trifft, ist hier zu gleichmäßig verteilt. Vor allem aber wird klar, daß, selbst wenn man mit dem zivilrechtlichen Kriterium des Gewinnrisikos eine (zivilrechtliche!) Einordnung erzielen könnte, diese für die strafrechtliche Behandlung nicht von weittragender Bedeutung sein kann. Sie könnte nicht rechtfertigen, den einen Fall als Kommissionsuntreue anzusehen, beim anderen aber ein Treueverhältnis generell abzulehnen.

---

[1]) Daß zwischen Kaufvertrag und Kommission nicht immer klar zu scheiden ist und Kaufverträge mit kommissionsähnlichen Elementen dem § 266 zu unterstellen sind, vgl. RG 77, 393; BGH 1, 190.

[2]) In Eigentumsvorbehalt S. 188ff.

δ) Uneigentlicher Eigentumsvorbehalt

Daß der uneigentliche Eigentumsvorbehalt, dem eine dingliche Wirkung fehlt, nicht den Schutz des § 246 StGB finden kann, liegt auf der Hand. Daß der ebenfalls zivilrechtlich gebundene Mißbrauchstatbestand nicht erfüllt wird, weil die Vorbehaltsware für den Käufer nicht fremd im Sinne dieses Tatbestandes ist, ist auch offensichtlich. Schwieriger ist die Behandlung dieser Vorbehaltsform im Rahmen des Treubruchstatbestandes. Sie zwingt u. a. dazu, generell die Frage aufzuwerfen, ob die dingliche Sicherung des Lieferanten das Vorliegen eines Treueverhältnisses begünstigt oder aber hindert. Zu der letzteren Auffassung könnte man leicht dann gelangen, wenn man in Sicherheit und Vertrauen Gegensätze sieht und der Ansicht ist, daß zunehmende Sicherheit und zunehmende sachenrechtliche Beziehung zum Vermögensstück gleichzeitig Überflüssigkeit und Wegfall des Vertrauens und abnehmende persönliche Beziehung zum Besitzer des Vermögensstückes bedeuten müßte.

Daß dingliche Sicherung nicht als Hinderungsgrund für das Entstehen eines Treueverhältnisses anzusehen ist, zeigt die Rechtsprechung zur Sicherungsübereignung, und zwar zur Strafbarkeit des Sicherungsgebers[1]). Dort ist es gerade so, daß die Sachverhalte nur deshalb auf Untreue hin geprüft werden, weil eben auch eine Eigentumsübertragung zugunsten des Gläubigers stattgefunden und der Schuldner sich an ihm fremd gewordenen Sachen vergriffen hat.

Andererseits ist nicht zu verkennen, daß mangelnde Dispositionsbefugnis des zur Treue Verpflichteten, die durch schwächere Rechtsübertragung erreicht wird (und stärkere dingliche Sicherung des Vertrauenden bedeutet), dem Vorliegen eines Verhältnisses im Sinne des § 266 StGB zumindest abträglich ist.

Hiernach kann also weder Hinderung eines Treueverhältnisses durch dingliche Sicherung noch Förderung durch Zurückbehalten dinglicher Rechte festgestellt werden.

Es wäre jedoch fehlerhaft, nunmehr schließen zu wollen, daß die volle Übertragung des dinglichen Rechts das Vorliegen eines Treueverhältnisses fördern, ja geradezu begründen müßte. Der Begriff der Dispositionsfähigkeit hat nur Sinn in Verbindung mit dem Begriff des fremden Vermögens. Nur die Fähigkeit, über fremdes Vermögen disponieren zu können (über das eigene kann man es ohnehin) erzeugt das besondere Verhältnis mit der besonderen Pflicht des Treubruchstatbestandes. Es zeigt sich also, daß die volle Überlassung aller Rechte der Entstehung eines Treueverhältnisses genauso entgegensteht wie die zu schwache Rechtsüberlassung. Im letzteren Falle ist dem Verpflichteten zu wenig,

---

[1]) Vgl. z. B. RG 74, 3: „Hinsichtlich dieser" (sicherungsübereigneten Gegenstände) „hatte der Angeklagte die Pflicht, die Vermögensbelange ..... wahrzunehmen". Ebenso BGH 5, 63.

im ersteren zu viel übertragen, im einen ist nahezu nichts an Vertrauen, im anderen alles an Vermögen hingegeben. Beide Fälle entsprechen nicht der Vorstellung des Gesetzgebers von anvertrauter Verwaltung fremden Vermögens.

Für den Fall des unechten Eigentumsvorbehalts folgt hieraus, daß das Vorliegen eines Treueverhältnisses im Sinne des § 266 StGB zwar nicht gehindert oder gar ausgeschlossen, aber auch nicht generell indiziert ist[1]). Es bedarf schon ganz besonderer schwerwiegender Nebenverpflichtungen oder besonderer Bedeutung der vorhandenen Verpflichtungen oder schließlich anderer besonderer Umstände, um die wegen der vollen Rechtsübertragung zu starke dingliche Stellung des Vorbehaltskäufers zu kompensieren. Erst hierdurch könnte wieder eine so starke Bindung des Vorbehaltskäufers an den Verkäufer herbeigeführt werden, daß von einem persönlichen Treueverhältnis gesprochen werden kann.

Liegen derartige Besonderheiten vor, ist ein Treueverhältnis im Sinne des § 266 StGB also gegeben, so richtet sich die weitere Behandlung nach den schon oben aufgezeigten Grundsätzen.

ε) Einfacher Eigentumsvorbehalt mit Nebenverpflichtungen

Soweit sich in Eigentumsvorbehaltsklauseln Bestimmungen der Art finden, daß z. B. die Ware nur im ordnungsmäßigen Geschäftsverkehr weiterverkauft werden darf, oder die Sicherungsübereignung oder Verpfändung der Ware untersagt ist, ist eine besondere Behandlung nicht erforderlich. Bei diesen Bestimmungen handelt es sich lediglich um die Klarstellung derjenigen Käuferpflichten, die im Regelfall durch Abschluß eines Vorbehaltskaufes entstehen. Für die richterliche Prüfung, ob jeweils der subjektive Tatbestand erfüllt ist, mögen sie eine gewisse Bedeutung haben. Den Inhalt des Vertrages beeinflussen sie zumeist nicht, da die in ihnen erwähnten Käuferpflichten ohnehin Inhalt des Vorbehaltskaufvertrages sind, falls nicht ganz besondere Abmachungen oder Umstände (wie z. B. der beiden Parteien erkennbare Zweck des Geschäftes oder die besondere Art der Ware) entgegenstehen[2]).

(1) Behandlung der Vorbehaltsware

aa) Der Schutz des § 246 StGB

Anders verhält es sich mit den echten Nebenverpflichtungen bzgl. der Behandlung der Vorbehaltsware. Diesen (schuldrechtlichen) Verpflichtungen kommt im Rahmen des Tatbestandes des § 246 StGB insofern Bedeutung zu, als sie die Abgrenzung von rechtmäßiger zu rechtswidriger Zueignung beeinflussen. Zueignungshandlungen des Vorbehaltskäufers, die ohne entsprechende Abmachungen nicht rechtswidrig wären, werden zu rechtswidrigen Zueignungshandlungen.

---

[1]) Richtig Grunsfeld ZStW 54, 468, allerdings ohne nähere Begründung.

[2]) Vgl. die Ausführungen S. 13 zur Vertragsauslegung.

So wird z. B. eine Verbindung, Vermischung oder Verarbeitung der Ware mit der Folge des Eigentumswechsels, die ohne eine entsprechende Abmachung nach Art der Ware üblich ist, oder der Branchengewohnheit entspricht, durch ausdrückliches Verbot zur rechtswidrigen Zueignung. Von besonderer Bedeutung ist der sehr häufige Fall der Verpflichtung zu abgesonderter Lagerung. Vermischt der zu abgesonderter Lagerung verpflichtete Vorbehaltskäufer die Ware untrennbar mit anderen Lagerbeständen, so begeht er eine rechtswidrige Zueignungshandlung. Auf die hier wichtigen Fragen der Abgrenzung von Zueignung und Gebrauchsanmaßung und des Vorsatzausschlusses ist bereits S. 54 ff. eingegangen. Zu erwähnen bleibt, daß gerade bei der Verpflichtung zu abgesonderter Aufbewahrung nicht selten die Pflicht des Käufers als durch spätere stillschweigende Abmachung entfallen anzusehen ist. Der Verkäufer, der entweder schon bei Vertragsabschluß weiß, daß eine gesonderte Aufbewahrung wirtschaftlich nicht möglich ist (für die völlige und objektive Unmöglichkeit gilt § 306 BGB) oder der im Lauf der Geschäftsverbindung erfährt, daß der Käufer nicht gesondert aufbewahrt und der sich daraufhin nicht rührt, kann den Käufer nicht mehr an der papiernen Nebenverpflichtung festhalten. Hier ist stillschweigend ein vom schriftlichen Vertragsinhalt beim Kaufabschluß abweichender Vertragsinhalt vereinbart[1]). Eine besondere Überprüfung in dieser Beziehung verdienen Lagerklauseln in allgemeinen Geschäftsbedingungen. Für Irrtumsfragen öffnet sich hier wieder ein besonders weites Feld. Keinesfalls darf aber die Rechtsprechung dazu gelangen, bei jeder vom Käufer nicht beachteten und vom Verkäufer nicht monierten Lagerklausel entweder stillschweigende Vertragsänderung, oder aber zumindest irrtümliche Annahme einer Vertragsänderung zuzulassen. Gerade hier ist es Aufgabe der Rechtsprechung, dafür einzutreten, daß Sauberkeit und Akkuratesse im Geschäftsleben wiederhergestellt, daß Verträge, die niemand einzuhalten beabsichtigt, auch nicht mehr abgeschlossen werden.

Der echten Nebenverpflichtung kommt im Rahmen des § 246 StGB über die Abgrenzung von rechtmäßiger und rechtswidriger Zueignung hinaus auch bei der Feststellung der Zueignungshandlung selbst eine gewisse Bedeutung zu. Ausdrückliche Verbote von Handlungen, die gewöhnlich als Vorbereitung von Zueignungshandlungen in Erscheinung treten, haben u. U. zur Folge, daß schon die vorbereitende Tätigkeit den Charakter einer Zueignungshandlung erhält. Ist z. B. dem Vorbehaltskäufer der Weiterverkauf vor Kaufpreiszahlung ausdrücklich untersagt und darüber hinaus auch die Ausstellung der Ware im Ladengeschäft oder auch nur die Entfernung der Verpackung verboten, so indiziert die dennoch vorgenommene Ausstellung oder Entfernung nicht selten schon die Zueignung. Den Zueignungswillen wird in diesen Fällen der Täter um so weniger in Abrede stellen können, als er durch ausdrücklichen Hinweis

[1]) Vgl. zu Nebenverpflichtungen ähnlicher Art Wilde in EV S. 182 und Peschke daselbst S. 207.

auf das zivilrechtlich Verbotene seines Tuns aufmerksam gemacht worden ist. Handelt er dennoch, so zeigt er oft schon bei diesem Akt, daß er die Vorbehaltsware seinem Vermögen einverleiben will.

bb) Der Schutz des § 266 StGB

Während die echten Nebenverpflichtungen bzgl. der Behandlung der Vorbehaltsware auf den Tatbestand des § 246 StGB nur mittelbar einwirken, sind sie für den Tatbestand des § 266 von direkter und sofort sichtbarer Bedeutung. Liegen die übrigen Voraussetzungen des Mißbrauchs- oder Treubruchstatbestandes vor, so ist die Frage des Mißbrauchs oder der Pflichtverletzung direkt aus dem Vertragsinhalt zu lösen. Jeder Verstoß gegen eine Nebenpflicht des Kaufvertrages ist auch Mißbrauchshandlung bzw. Treupflichtverletzung. Es darf jedoch nicht übersehen werden, daß sich eine gewisse Korrektur und ein Schutz vor zu starker Pönalisierung einfacher Vertragspflichtverletzungen aus dem Tatbestandsmerkmal der Nachteilszufügung ergibt. Nicht jede Pflichtverletzung, z. B. nicht die Verletzung einer für den Schutz des Vorbehaltsverkäufers ganz unbedeutenden Verpflichtung ist gleichzeitig auch Nachteilszufügung.

Auch an dieser Stelle ist merklich, in wieviel höherem Maße der rein strafrechtlich ausgerichtete Untreuetatbestand den denkbaren Einzelfällen gerecht wird. Gerade über die Einflußnahme der vertraglichen Nebenverpflichtungen auf die Rechtmäßigkeit oder Rechtswidrigkeit der Zueignung beim Tatbestand des § 246, dem das Korrektiv der Nachteilszufügung fehlt, wird eine sehr viel stärkere Pönalisierung zivilrechtlicher Verträge erreicht, als bei dem in dieser Beziehung so gefürchteten Tatbestand des § 266.

Über die Abgrenzung von Mißbrauchshandlungen und Pflichtverletzungen hinaus kommt den echten Nebenverpflichtungen im Rahmen des § 266 StGB auch insofern Bedeutung zu, als ihr Vorhandensein das Vorliegen eines Treueverhältnisses indizieren kann. Je mehr und je wichtigere Nebenverpflichtungen dem Vorbehaltskäufer auferlegt sind, desto eher wird man geneigt sein, ein Verhältnis im Sinne des § 266 StGB anzunehmen. So ist es möglich, daß beim Eigentumsvorbehalt nach § 455 BGB auch unbedeutende Geschäfte zwischen Verkäufer und Konsumenten durch besonders schwerwiegende und eine persönliche Beziehung herstellende Nebenverpflichtungen den Charakter eines Treueverhältnisses erhalten. Auch beim uneigentlichen Eigentumsvorbehalt, der in aller Regel ein Treueverhältnis im Sinne des § 266 StGB nicht erzeugt, kann eine besondere Bindung des Käufers durch schwerwiegende Nebenverpflichtungen eine Strafbarkeit nach § 266 StGB rechtfertigen.

(2) Behandlung der Surrogate

Den Nebenverpflichtungen, die sich auf die Behandlung der Vorbehaltsware beziehen, stehen die Käuferverpflichtungen gegenüber, die eine besondere Behandlung der Warensurrogate zum Inhalt haben. Derartige Nebenverpflichtungen, die vom Käufer eine besondere Behandlung der Forderungen aus Weiterverkauf oder des eingenommenen Erlöses verlangen, sind vor allem in der Zeit häufig geworden, als echte, d. h. dinglich wirkende Vorausabtretungs- und Verkaufserlösklauseln Ziel gemeinsamer Angriffe von Rechtsprechung und Schrifttum waren. Oft ist die Abfassung dieser Klauseln so unbestimmt, daß unklar bleibt, ob die Parteien nicht doch eine dingliche Wirkung gewollt haben. Zwingt die Auslegung des Vertrages zu diesem Schluß, so gelten die unter b) aufgeführten Grundsätze über den verlängerten Eigentumsvorbehalt. Haben die Klauseln jedoch rein schuldrechtliche Wirkung, begründen sie z. B. nur die schuldrechtliche Verpflichtung des Käufers, die aus dem Weiterverkauf entstehenden Forderungen zur Sicherheit abzutreten, oder den Erlös gesondert aufzubewahren oder zur Sicherheit zu übereignen, so entspricht ihre strafrechtliche Bedeutung im Rahmen des § 266 StGB der aller sonstigen Nebenverpflichtungen[1]). Daß derartige Klauseln auf die Behandlung des Tatbestandes des § 246 ohne besonderen und über die Bedeutung einer Einwilligung (vgl. S. 54 ff.) hinausgehenden Einfluß sind, folgt schon aus ihrer Bedeutungslosigkeit für die dingliche Rechtslage des Surrogats. Auch hier muß wieder die Frage aufgeworfen werden, ob der Vorbehaltskäufer, der bei gültiger Verkaufserlösklausel den Erlös für sich verwendet, sich in strafrechtlicher Hinsicht wesentlich von demjenigen Vorbehaltskäufer unterscheidet, der sich zur gesonderten Aufbewahrung und sofortigen Übereignung des Erlöses verpflichtet hat[2]). Diese Frage wird vor allem in den Fällen brennend, in denen eine Bestrafung nach § 266 StGB aus irgendwelchen Gründen nicht erfolgen kann.

b) Der verlängerte Eigentumsvorbehalt

Allen Formen des verlängerten Eigentumsvorbehalts mit Ausnahme der Verarbeitungsklausel durch Herstellervereinbarung ist eigentümlich, daß sie zivilrechtlich selbständige Sicherungsübereignungen bzw. Sicherungsübertragungen sind. Es handelt sich, von der erwähnten Ausnahme abgesehen, um Rechtsgeschäfte, von gegenüber dem Eigentumsvorbehalt ganz anderer Natur. Während beim Eigentumsvorbehalt entweder das Eigentum oder aber (beim auflösend bedingten Vorbehalt)

[1]) Wie vorstehend S. 82 erwähnt, können auch diese Nebenverpflichtungen dann ein tatsächliches Treueverhältnis indizieren, wenn ohne sie ein derartiges Verhältnis nicht vorliegen würde. Besonders ist das bei den unter b) γ) eingehend behandelten Verpflichtungen bzgl. der Behandlung des Verkaufserlöses, und zwar auch schon nach der bisherigen Rechtsprechung der Fall, vgl. OLG Hamm in JM Bl. 53, 260.

[2]) Alles außerdem unter Berücksichtigung der Tatsache, daß nur ein kleiner Teil der Täter die Unterscheidung von schuldrechtlichem und dinglichem Geschäft überhaupt kennt und selbst hiervon nur wieder ein Bruchteil die Vertragsklausel auszulegen imstande ist.

ein Anwartschaftsrecht vom Verkäufer zurückbehalten wird, eine sachenrechtliche Änderung also nicht oder nicht in vollem Umfange eintritt, liegen bei den Sicherungsübertragungen der Surrogationsklauseln völlig neue dingliche Rechtsgeschäfte vor, die für sich wieder mit einer auflösenden oder aber auch aufschiebenden Bedingung ausgestattet werden können.

Diese neuen dinglichen Rechtsgeschäfte haben neue eigene Wirksamkeitsvoraussetzungen. Obwohl der Eintritt der dinglichen Rechtswirkung zumeist an das Schicksal der Vorbehaltsware geknüpft ist, und zwar in der Form, daß im Augenblick des Eigentumsverlustes des Vorbehaltsverkäufers an der Ware die dingliche Wirkung bzgl. des Surrogates eintritt, ist diese Verknüpfung doch nicht denknotwendig. Ebensogut kann der Eintritt der dinglichen Wirkung auf ein späteres Ereignis fixiert werden und ebenso kann die Beziehung zwischen Ware und Surrogat erweitert oder ganz fallen gelassen werden. So kann sich der Verkäufer nicht nur die Forderungen aus Weiterverkauf, sondern darüber hinaus andere oder aber alle Forderungen des Käufers abtreten lassen.

Schließlich ist auch die Beziehung zum Kausalgeschäft bei beiden dinglichen Geschäften eine völlig andere. Causa der (modifizierten) Eigentumsübertragung der Vorbehaltsware ist der Kaufvertrag, causa der Übereignung der Ersatzgegenstände ein im Kaufvertrage steckender Kreditsicherungsvertrag.

Diese Selbständigkeit der beiden dinglichen Rechtsgeschäfte, Vorbehaltsübereignung der Ware und Sicherungsübereignung anderer Gegenstände, hat zur Folge, daß auch die strafrechtliche Betrachtung, jedenfalls soweit sie gezwungen ist, mit zivilrechtlich gebundenen Tatbeständen zu arbeiten, eine zweifache Untersuchung anstellen muß. Sie ist im Rahmen des § 246 StGB genötigt, scharf zwischen Delikt an der Vorbehaltsware und Delikt am Ersatzgegenstand zu unterscheiden. Zwei Handlungsobjekte kommen für den Tatbestand des § 246, dagegen nur ein Handlungsobjekt für den Tatbestand des § 266 StGB in Betracht.

Da der strafrechtliche Schutz der Vorbehaltsware bereits vorstehend behandelt ist, kann die folgende Betrachtung speziell dem Strafrechtsschutz des Surrogates gewidmet werden. Für Straftaten an der Vorbehaltsware wird daher schon an dieser Stelle generell auf die Ausführungen zu a) verwiesen. Soweit durch die Surrogationsklausel auch der Schutz der Vorbehaltsware affiziert wird, ist im einzelnen darauf eingegangen.

Eine weitere vorweg zu behandelnde Gemeinsamkeit der Surrogationsklauseln besteht darin, daß sie auch schon vor Eintritt der Surrogationswirkung besondere Schutzfunktionen entfalten. Wie generell der Eigentumsvorbehalt schon vor Auslieferung der Ware und sogar schon vor Vertragsschluß die Schutzwirkung des § 263 StGB erweitert, so werden auch durch die verschiedenen Surrogationsklauseln weitere Anwendungsmöglichkeiten des Betrugstatbestandes geschaffen. Zu den Täuschungshandlungen über Zahlungsfähigkeit und Zahlungswilligkeit sowie die Möglichkeit oder den Willen, die besonderen Vertragspflichten bzgl. der Vorbehaltsware einzuhalten, kommt hier die Täuschung des Vorbehaltsverkäufers über die Einhaltung der besonderen Pflichten bzgl. der Warensurrogate.

(1) Rechtsgeschäfte bzgl. der Ware

So fehlt es dem Käufer an der Fähigkeit, das Verarbeitungsprodukt oder die Forderung oder den Erlös aus dem Weiterverkauf der Ware dem Verkäufer zu übereignen, wenn er die Ware bereits einem gutgläubigen Dritten nach § 929 oder §§ 929/931 BGB vorweg zur Sicherung übereignet hat. Im Augenblick der Auslieferung der Ware an den Käufer tritt gutgläubiger Erwerb des Sicherungsnehmers ein. Damit entfällt für den Käufer zumeist die Möglichkeit[1]), die Surrogate der Ware zu gewinnen und in das Eigentum des Verkäufers zu überführen. Fehlt z. B. ein dinglich wirkender Vorbehalt an der Ware und liegt nur eine Vorausabtretungsklausel vor, so ist doch bei Sicherungsübereignung der Ware ungewiß, ob der Käufer und Sicherungsgeber die Möglichkeit hat, zu verkaufen und dem Verkäufer die Forderung aus Weiterverkauf zu verschaffen. Noch weniger Möglichkeit besteht für den Vorbehaltsverkäufer, Inhaber der Forderungen aus dem Weiterverkauf zu werden, wenn der Käufer die Ware auf ein Lager ausliefern läßt, dessen Bestand er bereits verpfändet hat[2]).

In beiden Fällen täuscht der Käufer über seine Fähigkeit, dem Verkäufer Forderungen aus dem Weiterverkauf der Ware zu verschaffen.

Die Täuschung erfolgt durch schlüssige Handlung, da der Käufer durch sein Kaufangebot gleichzeitig erklärt, die Ware verkaufen und die hieraus entstehenden Forderungen abtreten zu können. Vor Abschluß des Kaufvertrages liegt versuchter Betrug, bei Abschluß des Vertrages ein vollendeter Eingehungsbetrug vor. Hat der Käufer erst nach Abschluß des Kaufvertrages aber vor Inbesitznahme der Ware die Sicherungsübereignung oder Verpfändung vorgenommen, so ergibt sich das Problem der Täuschung durch Unterlassen. Auf die Ausführungen S. 44/5 wird verwiesen.

Sind Sicherungsübereignung oder Verpfändung aus irgendeinem Grunde unwirksam, so kann in allen vorstehend aufgeführten Fällen nur versuchter Betrug in Betracht kommen. Auch bei Abschluß des Kaufvertrages liegt nur Versuch vor, da ein Vermögensschaden für den Vor-

---

[1]) Wenn nicht der Sicherungsnehmer Verarbeitung oder Weiterverkauf gestattet und außerdem selbst auf die Surrogate verzichtet hat.

[2]) Ähnliche Betrugsfälle entstehen auch dann, wenn nicht echte, d. h. dinglich wirkende Surrogationsklauseln, sondern nur schuldrechtliche Nebenverpflichtungen vorliegen, nach denen der Käufer verpflichtet ist, das Verarbeitungsprodukt zu übereignen, die Forderungen nach Entstehung abzutreten oder den Erlös nach Einnahme zu übereignen.

behaltsverkäufer tatsächlich noch nicht eingetreten ist[1]). Der Vorbehaltskäufer hat bei unwirksamer Sicherungsübereignung oder Verpfändung noch die Möglichkeit, die Ware zu verkaufen und zu übereignen und die Forderungen oder den Erlös aus dem (durch Übereignung und Besitzverschaffung erfüllten) Kaufgeschäft dem Vorbehaltsverkäufer zu verschaffen. Folgt man freilich konsequent der in der Makelentscheidung des BGH angedeuteten Linie, so würde vollendeter Betrug vorliegen, da die zu erwartenden Schwierigkeiten mit Sicherungsnehmer und Pfandgläubiger die Aussichten des Vorbehaltsverkäufers, Forderung oder Erlös aus dem Weiterverkauf zu erhalten, bereits beeinträchtigen. Es bleibt abzuwarten, ob die Rechtsprechung dieser sehr starken Erweiterung des Schadensbegriffes folgen wird.

Auch die Lösung der umgekehrten Vorstellungsfälle hängt von der Erweiterung oder Einengung des Schadensbegriffes ab. Hält der Käufer Sicherungsübereignung oder Verpfändung für unwirksam, so fehlt es bei Unwirksamkeit am Schaden, bei Wirksamkeit am Schädigungsvorsatz. Bei Anwendung des weiten Schadensbegriffes liegt in beiden Fällen der Schaden zumindest darin, daß Sicherungsnehmer oder Pfandgläubiger sich bemühen werden, den Weiterverkauf zu verhindern, der Schädigungsvorsatz in der entsprechenden Vorstellung des Täters und dem Willen, dennoch zu handeln.

Ist die Sicherungsübereignung oder Verpfändung der Ware zwar noch nicht vorbereitet, jedoch vom Käufer geplant, fehlt es also nicht an der Fähigkeit, sondern am Willen des Käufers, dem Vorbehaltsverkäufer Forderungen oder Erlös aus Weiterverkauf zukommen zu lassen, so ergeben sich die gleichen Betrugsprobleme. Vor Abschluß des Kaufvertrages liegt versuchter, bei Abschluß vollendeter Eingehungsbetrug vor. Gerade in diesen Fällen ist offensichtlich, daß es nicht darauf ankommen kann, ob etwa der Vorbehaltskäufer gewillt ist, Sicherungsübereignung oder Verpfändung wieder rückgängig zu machen und somit die Möglichkeit des Weiterverkaufes und der Forderungs- und Erlösübertragung zu erhalten. Es ist allein darauf abzustellen, ob der Vorbehaltsverkäufer auch dann verkauft hätte, wenn er die Absicht des Käufers, die Ware nicht zum freien Weiterverkauf, sondern zunächst zur Sicherung von Geldgläubigern zu verwenden, gekannt hätte. Meistens wird diese Frage verneint werden müssen.

Was für Sicherungsübereignung und Verpfändung gilt, muß in gleicher Weise auf alle die Handlungen und Absichten des Vorbehaltskäufers Anwendung finden, die geeignet sind, einen alsbaldigen Forderungs- oder Erlöserwerb des Vorbehaltsverkäufers zu beeinträchtigen. So z. B. fehlt es dem Vorbehaltskäufer am Willen, dem Verkäufer Forderung oder Erlös aus Weiterverkauf zukommen zu lassen, wenn er bereits beim Abschluß des Kaufvertrages beabsichtigt, die Ware für den eigenen Bedarf

[1]) Vgl. auch hier wieder BGH 1, 264/5 und die dort angegebenen RG-Entscheidungen.

zu verbrauchen, zu gebrauchen, zu verarbeiten usw. Oder: nimmt z. B. der Käufer eine Ware an, die er entweder mangels eines Geschäftsbetriebes, eines einschlägigen Kundenkreises oder einer erforderlichen Konzession gar nicht weiterverkaufen kann, so fehlt es ihm an der Fähigkeit, die Vorausabtretungs- oder Erlösklausel einzuhalten. In diesen Fällen zeigt sich die spezifische Wirkung der Surrogationsklauseln. Während die Fälle der vorweggenommenen oder geplanten Sicherungsübereignung oder Verpfändung der Ware und die der geplanten Verbrauchs- und Gebrauchshandlungen auch dann erfaßt werden, wenn das Eigentum an der Ware vorbehalten wird (die Surrogationsklauseln also nur dann Strafrechtsschutz bewirken, wenn Eigentum an der Ware selbst nicht vorbehalten ist), liegt hier eine darüber hinausgehende Wirkung vor[1]).

Während die Behandlung der möglichen Betrugsfälle bei Surrogationsklauseln bzgl. Fähigkeit und Willigkeit der Klauseleinhaltung, der Irrtumsregelung und auch der verschiedenen Vertragsstadien bis zur Inbesitznahme der Ware der der einfachen Betrugsfälle ähnelt, bedarf es für das Stadium nach Inbesitznahme der Ware noch eines besonderen Hinweises. Bei bloßer Surrogationsklausel (also ohne Eigentumsvorbehalt an der Ware) ergibt sich auch nach Inbesitznahme der Ware das Problem des Betruges mittels Täuschung durch Unterlassen.

Während beim Vorbehalt an der Ware in diesem Stadium zwar Täuschung durch Unterlassen bejaht werden muß, die Annahme eines Betruges aber am Verfügungsbegriff und der Abgrenzung zwischen Verfügung durch Unterlassen und Zueignung scheitert, ergeben sich hier recht eigenartige Mischfälle. Wie ist z. B. der Fall zu behandeln, bei dem der Käufer und Eigentümer der Ware, der die Forderung aus Weiterverkauf vorausabgetreten hat, nach Inbesitznahme der Ware die Fähigkeit oder den Willen verliert, dem Verkäufer die Forderung aus Weiterverkauf zu verschaffen? Daß der Käufer hierbei durch Unterlassen täuscht, kann nicht zweifelhaft sein. Auch die Rechtspflicht zum Handeln dürfte angenommen werden können. Fraglich ist jedoch, ob hier der Verfügungsbegriff des § 263 StGB erfüllt ist. Während die Entscheidung in den ähnlichen Fällen S. 45 um so mehr zugunsten eines eingeengten Verfügungsbegriffes ausfallen konnte, als dort der Tatbestand des § 246 StGB als Schutz eingriff und gleichzeitig zur scharfen Abgrenzung zwischen Verfügung und Zueignung zwang, fehlt hier sowohl Schutz wie Abgrenzungsbedürfnis.

Die Konstruktion der Vermögensverfügung durch Unterlassen zeigt sich hier in ihrer ganzen Fragwürdigkeit[2]). So ungern der Praktiker zu dieser Ausweitung des Verfügungsbegriffes schreiten wird, die er bei ein-

---

[1]) Jedenfalls dann, wenn dem Verkäufer nicht allein an der Sicherung durch die Klausel, sondern auch an dem Weiterumsatz und Surrogatserwerb liegt, was im Einzelfall zu prüfen ist.

[2]) Scharf gegen diese Rechtsfigur jetzt auch H. Mayer in Materialien S. 275.

fachen, d. h. mit Unterschlagung konkurrierenden Fällen verneint[1]), so wenig wird ihm andererseits einleuchten, daß dieselbe Handlung des Käufers, die er jetzt straffrei lassen müßte, u. U. wenige Augenblicke vorher noch strafbar gewesen wäre. Nimmt der Käufer die Sicherungsübereignung nämlich vor Besitzerlangung der Ware vor, so ist an dem Vorliegen einer Vermögensverfügung nicht zu zweifeln.

So kommt es, daß gerade diese Fälle, wie noch darzustellen sein wird, wegen der Unanwendbarkeit der Tatbestände der §§ 263 und 246 StGB in einer kurzen Zwischenzeit besonders eindringlich das Problem der Anwendung des Untreuetatbestandes aufwerfen, und zwar in zweifacher Weise: Wegen der Unanwendbarkeit anderer Tatbestände und der Möglichkeit für den böswilligen Käufer, seine Handlung in diesen besonderen Abschnitt zu verlegen, wird die Frage der Anwendbarkeit des Untreuetatbestandes überhaupt brennend. Zum zweiten aber wird hier besonders deutlich sichtbar, wie eigenartig das Strafrecht (nämlich mit einer Verschiebung der Deliktstypen) auf den Zeitpunkt der Täterhandlung reagiert. Wartet nämlich der Käufer zunächst die Surrogatsgewinnung ab, bevor er sich entschließt, sich auf Kosten des Verkäufers zu bereichern, so macht er sich der Unterschlagung schuldig. Dieses Hintereinanderfolgen von Betrug, Untreue und Unterschlagung und seine Abhängigkeit vom Zeitpunkt des verbrecherischen Willensentschlusses ist zumindest recht eigenartig.

(2) Rechtsgeschäfte bzgl. der Surrogate

Eine andere Gruppe von Betrugsfällen als die vorstehend behandelte ergibt sich dann, wenn der Käufer nicht über die Ware, sondern über die Warensurrogate vertragswidrig verfügt oder zu verfügen beabsichtigt.

So fehlt es z. B. dem Käufer an der Fähigkeit, dem Verkäufer die Forderungen aus dem Weiterverkauf der Ware zu verschaffen, wenn er diese Forderungen bereits an einen Dritten im voraus abgetreten hat. Da nur die erste Abtretung mit Entstehen der Forderung wirksam wird, wird hier bei Weiterverkauf der Dritte Inhaber der Forderung. Der Verkäufer der Ware geht leer aus. Schließt der Käufer, der bestimmte Forderungen aus dem Weiterverkauf bereits im voraus abgetreten, zur Sicherung abgetreten oder verpfändet hat, ohne auf diese Sachlage aufmerksam zu machen, einen Kaufvertrag mit Vorausabtretungsklausel ab, so begeht er Betrug. Wegen der Einzelstadien der Tatbestandsverwirklichung und der möglichen Irrtumsfälle kann auf die vorstehenden Ausführungen verwiesen werden.

Schwierige Fragen ergeben sich bei der Verarbeitungsklausel und der Verkaufserlösklausel.

---

[1]) Andernfalls wird aus fast jeder Unterschlagung gleichzeitig ein Betrug mit Täuschungshandlung durch Unterlassen und Vermögensverfügung durch Unterlassen.

Bei der Verarbeitungsklausel durch Herstellervereinbarung kommen Betrugsfälle dann in Betracht, wenn der Käufer bei Abschluß des Kaufvertrages mit Verarbeitungsklausel seinerseits schon durch eine Herstellervereinbarung zugunsten eines Dritten gebunden ist. Hier zeigen sich zivilrechtlich die großen Nachteile der subjektiven Theorie zu § 950 BGB, indem jede Sicherheit in der Festlegung und Erkennbarkeit dinglicher Rechtsbeziehungen fehlt, und strafrechtlich die kaum zu verantwortende Unsicherheit, die eine Anlehnung an das Zivilrecht mit sich bringt. Wenn Vertreter der subjektiven Theorie zu dem Ergebnis kommen, daß in solchen Fällen der Wille des Verarbeitenden im Zeitpunkt der Herstellung des Werkes ausschlaggebend sei (und zu einer anderen Lösung kann man vom Standpunkt dieser Theorie aus m. E. nicht gelangen), so ist damit nicht viel gewonnen. Vor allem versagt dieser Lösungsversuch dann, wenn die Verarbeitung sich in verschiedenen Verarbeitungsstufen[1]) über eine längere Zeit erstreckt, innerhalb deren der Verarbeiter u. U. mehrmals seine Absicht wechselt. Wer soll dann Eigentümer der neuen Sache sein? Für den Strafrechtler bleibt in solchen Fällen nur der Weg, den Vermögensschaden des Gläubigers in dessen unsicherer Rechtsposition zu erblicken.

Ganz ähnliche Probleme ergeben sich bei der Verarbeitungsklausel durch antizipierte Übereignung und bei der Verkaufserlösklausel. Bei der vom Käufer zugunsten eines Dritten vorgenommenen Vorwegübereignung von Verarbeitungsprodukt oder Verkaufserlös mit nachfolgender Verarbeitungsklausel oder Verkaufserlösklausel sind die Eigentumsverhältnisse ebenso unsicher. Nach noch herrschender Lehre, die ein Einigsein im Zeitpunkt der Übergabe oder des Wirksamwerdens des Übergabesurrogats verlangt, kommt es auch in diesen Fällen der Doppelübereignung auf die Willensrichtung des Käufers im Augenblick der Herstellung des Verarbeitungsproduktes oder des Erlöserwerbs an. Erst in diesem Augenblick kann der Käufer Besitzmittler eines der in Betracht kommenden Erwerber sein. Für die strafrechtliche Betrachtung ist auch hier allein auf die unsichere Rechtsposition des Gläubigers abzustellen.

Von dieser Andersartigkeit der Schadensfeststellung gegenüber der bei der Vorausabtretungsklausel abgesehen, gelten die allgemeinen Grundsätze, auf die schon zuvor verwiesen ist. Vor Vertragsschluß liegt versuchter Betrug, bei Vertragsschluß vollendeter Eingehungsbetrug und bei Besitzerlangung ebenfalls vollendeter Betrug, begangen durch Unterlassen, vor.

Werden die die Rechtsstellung des Verkäufers gefährdenden Handlungen nicht vor, sondern *nach* Abschluß des Kaufvertrages vorgenommen, so ergibt sich folgendes Bild:

---

[1]) Wobei am Ende einer jeden Stufe schon eine gegenüber der alten „neue" Sache vorliegt.

Der Wirksamkeit einer Vorausabtretung schadet eine Zweitabtretung nicht. Auch wenn der Käufer nach Abschluß des Kaufvertrages die sich aus dem Weiterverkauf ergebenen Forderungen an einen Dritten abtritt, schädigt und betrügt er nicht den Erst-, sondern nur den Zweitzessionar. Zu einem anderen Ergebnis gelangt man nur dann, wenn man geneigt ist, die Schwierigkeiten, die dem Zessionar durch die zweite und unwirksame Zession u. U. erwachsen, bereits als Vermögensschaden anzusehen. Gleiches gilt für den Fall, daß der Käufer nach Abschluß des Kaufvertrages mit Vorausabtretungsklausel eine Zweitzession beabsichtigt. Die Irrtumsfälle, sowohl bei Vornahme als auch bei Planung einer Zweitzession, regeln sich nach den allgemeinen Grundsätzen.

Anders liegen wieder die Fälle doppelter Herstellervereinbarung und doppelter Vorwegübereignung von Verarbeitungsprodukt oder Verkaufserlös. Hier ist die nachfolgende Vereinbarung wie schon aufgezeigt nicht schlechthin wirkungslos. Man wird jedoch die Unsicherheit des Rechtserwerbes des Verkäufers als Vermögensschaden werten müssen. Übereignet also der Käufer nach Abschluß des Kaufvertrages das Verarbeitungsprodukt oder den Verkaufserlös einem Dritten, oder trifft er zugunsten eines Dritten eine zweite Herstellervereinbarung, so täuscht er den Verkäufer durch Unterlassen und veranlaßt ihn dadurch zur Lieferung und damit zur Herbeiführung eines Vermögensschadens. Gleiches gilt dann, wenn der Käufer derartige Handlungen zwar nicht vornimmt, sie aber beabsichtigt. In diesen Fällen verliert er zwar nicht die Fähigkeit, wohl aber den Willen, die Verarbeitungs- oder Verkaufserlösklausel zu respektieren.

Weisen so beim verlängerten Eigentumsvorbehalt die einzelnen Vorbehaltsformen auch schon hinsichtlich des Betrugstatbestandes eine stark unterschiedliche Reaktion auf, so kann die Behandlung der sich ergebenden Unterschlagungs- und Untreuesachverhalte, die eine noch weitgehendere Spezialisierung erfordert, nur im Rahmen der jeweiligen zivilrechtlichen Konstruktionen erfolgen. Auch hier baut die strafrechtliche Untersuchung auf den unter I C 1 b) gewonnenen zivilrechtlichen Erkenntnissen auf und folgt der dort durchgeführten Systematik.

α) Verarbeitungsklausel

(1) Der Schutz des § 246 StGB

aa) Die Ware

Wie schon in der vorstehenden Zusammenfassung der Gemeinsamkeiten der verschiedenen Formen des verlängerten Eigentumsvorbehalts angedeutet, ist die Verarbeitungsklausel im Rahmen des § 246 StGB für den Schutz der Ware ohne direkte Bedeutung. Die Verarbeitungsklausel, gleichgültig in welcher Spielart, berührt die Eigentumsverhältnisse an der Vorbehaltsware nicht.

Eine indirekte Einflußnahme ergibt sich aber daraus, daß als zulässige Gebrauchs- und Verbrauchshandlungen nur solche angesehen werden können, die mit dem Inhalt der Verarbeitungsklausel in Einklang stehen und umgekehrt alle Handlungen, die mit der Verarbeitungsklausel vereinbar sind, nicht rechtswidrige Zueignungshandlungen sein können.

So ist bei Vorliegen einer Verarbeitungsklausel selbstverständlich, daß auch dann, wenn die Ware üblicherweise nicht verarbeitet wird, eine vom Käufer vorgenommene Verarbeitung nicht rechtswidrige Zueignung ist. Allerdings muß sich der Käufer auch noch bei der Verarbeitung an die Klausel gebunden halten. Hat er bei Vornahme der Verarbeitung nicht mehr den Willen, für den Verkäufer herzustellen oder das Verarbeitungsprodukt dem Verkäufer zu übereignen, so wird er durch die Verarbeitungsklausel nicht gedeckt.

Gleiches muß für Verarbeitungen gelten, die zwar zugunsten des Vorbehaltsverkäufers (also nicht für einen Dritten oder den Käufer selbst) erfolgen, aber in anderer Beziehung dem Sinn der Verarbeitungsklausel widersprechen[1]). Ergibt sich z. B. aus der Fassung der Verarbeitungsklausel, daß jeweils innerhalb eines bestimmten Zeitraumes nur ein ganz bestimmter Teil der Ware verarbeitet werden soll, oder aber besondere Verarbeitungsvorschriften einzuhalten sind (mit denen etwa eine ganz bestimmte Wertsteigerung der Waren erzielt werden soll), so ist eine von diesen Abmachungen abweichende Verarbeitung nicht nur vertragswidrig, sondern auch rechtswidrige Zueignung.

An dieser Stelle zeigt sich wiederum die außerordentliche Problematik des zivilrechtlichen Eigentumsbegriffs in § 246 StGB. Zwar ist, wie schon oben festgestellt, die zivilrechtliche Bindung auf das Handlungsobjekt des Tatbestandes beschränkt, der Zueignungsbegriff aber (und etwas anderes wäre gar nicht denkbar, da nur in den seltensten Fällen der Täter Eigentum erwerben kann) von jeder zivilrechtlichen Bindung freigestellt. Die zivilrechtliche Bindung des Handlungsobjekts wirkt jedoch insoweit auf den Zueignungsbegriff ein, als sie ihn hindert, eine ausnahmsweise mögliche und vom Täter vorgenommene Änderung der dinglichen Zuordnung außer Betracht zu lassen. Die Überführung eines Gegenstandes vom Eigentum des zuvor Berechtigten in das Eigentum des Täters als neue Zuordnung und stärkste Form der Überstellung eines Gegenstandes kann nicht aus dem Zueignungsbegriff herausgelassen

[1]) Richtig ist, daß eine Zueignung dann nicht vorliegt, wenn die Verwendung einer Sache im Interesse des Eigentümers erfolgt, vgl. Nagler in LK a. a. O. Anm. V 2 C c mit Rechtsprechungsbeispielen. Hier handelt es sich jedoch um Handlungen, die zwar eigentumsmäßig zugunsten, aber nicht im Interesse des Verkäufers erfolgen, der ja gerade eine Verarbeitung unter diesen Umständen untersagt hat. Ist die Verarbeitung einer Sache Zueignung, so kann die Zueignung nicht deswegen entfallen, weil eine andere Sache, nämlich das Verarbeitungsprodukt gewissermaßen als Ersatz wieder rückübereignet wird. Auch derjenige unterschlägt, der sich eine Sache zueignet und dafür z. B. einen Geldschein oder eine aus der unterschlagenen Sache neu hergestellte Sache durch Insichkonstitut dem Verletzten übereignet.

werden, will man nicht diesem Begriff sowohl dem Sinn als auch dem sprachlichen Ausdruck nach Gewalt antun. Aneignung des Gegenstandes oder seines Surrogates durch den Täter kann nicht mehr bloße Gebrauchsanmaßung einer zivilrechtlich(!) fremden Sache sein.

Allerdings ergeben sich bei diesem Ausgangspunkt für beide Spielarten der Verarbeitungsklausel jeweils besondere Aspekte. Während bei der Vorausübereignung des Verarbeitungsproduktes der Käufer dem Verkäufer das Eigentum an der Ware entzieht und selbst für einen Augenblick Eigentümer des Surrogates wird (Durchgangserwerb), ist bei der Herstellervereinbarung der Käufer zu keinem Zeitpunkt Eigentümer der Ware oder des Surrogats. Man ist daher geneigt, zwar bei der Vorausübereignung, nicht aber bei der Herstellervereinbarung eine Zueignungshandlung anzunehmen und nunmehr zu folgern, daß, mangels einer Zueignungshandlung überhaupt, auch der Verstoß gegen Verarbeitungsvorschriften keine rechtswidrige Zueignungshandlung erzeugen könne[1]).

Welches Dilemma für das Strafrecht, auf die zivilrechtliche Unterscheidung von unmittelbarem Erwerb und Durchgangserwerb derart unterschiedlich zu reagieren! Wollte man aber, um diesem auszuweichen, auch bei der Vorausübereignungsklausel eine Zueignungshandlung generell ablehnen, eben weil es auf den Durchgangserwerb des Käufers nicht ankomme und nur die endgültigen Eigentumsverhältnisse zu berücksichtigen seien, so ergäbe sich eine außerordentliche Lücke im Eigentumsschutz und müßten strafwürdige Fälle ohne befriedigenden Grund ausgelassen werden. Strafwürdig erscheint jedenfalls derjenige, der im Besitz einer fremden Sache, etwa eines Metallrohrs, diese zwar sachenrechtlich zugunsten des Eigentümers (durch vorweggenommene Übereignung oder „Insichkonstitut") aber doch für seine privaten Zwecke, etwa zu einer surrealistischen Plastik umformt. Daß hierbei ein echtes Eigentumsdelikt (nicht etwa nur Sachbeschädigung) vorliegt, dürfte nicht zweifelhaft sein[2]).

Hieraus ergibt sich die Notwendigkeit, auch die zugunsten des Verkäufers, aber im einzelnen gegen dessen Willen erfolgende Verarbeitung den rechtswidrigen Zueignungshandlungen zuzuordnen. Der Rahmen der Klausel bestimmt also hier, wie schon einmal gesehen, sowohl Rechtswidrigkeit als auch Zueignung[3]).

---

[1]) Daß diese ganzen Konstruktionen dem strafrechtlichen Denken außerordentlich zuwider sind, ist leicht zu verstehen. Oft wird auch gerade hier der Vorwurf erhoben, daß diese „spitzfindigen juristischen Konstruktionen aus wirtschaftlichen Gründen" zu einer „Umbiegung des Eigentumsbegriffs" führten. Vgl. Ebener Untreue S. 60/1. Teilweise wird auch die Anerkennung derartiger Konstruktionen als verschämte Anerkennung einer von der formalen Rechtslage abweichenden wirtschaftlichen Zugehörigkeit gewertet, so z. B. bzgl. der Verkaufserlösklausel Grünhut in Reichsgerichtspraxis S. 127/28.

[2]) Vgl. Sauer Diebstahl-Sachbesch. S. 97.

[3]) Ein anderes Ergebnis würde zu der Konsequenz führen, daß jeder Eigentums-

bb) Das Surrogat

Ihre eigentliche und direkte Wirkung entfaltet die Verarbeitungsklausel im Schutze des Eigentums am Verarbeitungsprodukt. Die zivilrechtliche Konstruktion der Herstellervereinbarung oder Vorausübereignung des Verarbeitungsproduktes schafft hier die Voraussetzung der Anwendbarkeit des Unterschlagungstatbestandes, sie bewirkt, daß das Verarbeitungsprodukt für den Vorbehaltskäufer eine fremde Sache ist. Der bloßen Verpflichtung des Käufers, das Verarbeitungsprodukt durch sogenanntes Insichkonstitut dem Verkäufer zu übereignen, kommt gerade deswegen keine besondere Bedeutung zu, weil hierbei die dingliche Wirkung nicht direkt erreicht, sondern erst von einem noch vorzunehmenden dinglichen Rechtsgeschäft des Käufers abhängig gemacht wird.

Wie aber schon zuvor aufgezeigt, sind auch die üblichen Konstruktionen der Herstellervereinbarung und Vorausübereignung nicht ohne Gefahr für den Verkäufer, kommt es doch bei beiden nach herrschender Lehre auf die Willensrichtung des Käufers im Augenblick der Herstellung der neuen Sache an. Hieraus ergibt sich nicht nur eine schwere Beeinträchtigung des sachenrechtlichen Offenkundigkeitsprinzips und eine Fülle zivilrechtlicher Probleme, sondern, und das ist hier von Bedeutung, eine außerordentliche Unsicherheit des strafrechtlichen Schutzes. Die Fälle der Doppelübereignungen sind dabei besonders aufschlußreich. Hinzu kommt, daß der Strafrechtsschutz je nach dem Zeitpunkt, in dem die den Verkäufer beeinträchtigende Handlung vorgenommen wird, sowohl bzgl. des anzuwendenden Tatbestandes als auch bzgl. des Schutzumfanges wechselt.

Wird die Doppelübereignung des Surrogats vom Käufer vor Inbesitznahme der Ware vorgenommen, so kommt als Schutz des Verkäufers nur der Tatbestand des § 263 StGB in Betracht[1]).

Wird sie dagegen in dem Handlungsabschnitt nach Inbesitznahme, aber vor Beendigung des Verarbeitungsprozesses vorgenommen, so ist zweifelhaft, ob dieser Tatbestand eingreifen kann. Nur wenn man den Verfügungsbegriff außerordentlich ausdehnt, läßt sich die Konstruktion der Verfügung durch Unterlassen halten. Diese Fälle sind oben zu b S. 85 ff. geschildert. Nur wenn außer der Verarbeitungsklausel auch noch Eigentumsvorbehalt an der Ware vorliegt, ist hier ein strafrechtlicher Schutz durch den Tatbestand des § 246 StGB gegeben. Die Doppelübereignung stellt sich dann als Verletzung der Verarbeitungsvorschriften bzgl. der Ware und als rechtswidrige Zueignung dieser Ware

---

schutz hinfällig wird, weil jeder Täter nach seinem Belieben Ersatzgegenstände übereignen könnte. Käme man aber zu diesem Ergebnis, so würde das nur noch verstärkt die Unzulänglichkeit des Unterschlagungstatbestandes beweisen, für den die hier gegebene Auslegung noch außerordentlich günstig ist.

[1]) Vgl. oben S. 87 u. 44.

dar[1]). Im einzelnen kann hier auf die Ausführungen S. 83 oben und S. 54 ff. Bezug genommen werden.

Die Lücke im Surrogatschutz wird also gewissermaßen durch den Schutz der Ware (wenn Eigentumsvorbehalt an dieser besteht) geschlossen. Eine an sich schon merkwürdige Angelegenheit, die noch erstaunlicher wird, wenn man bedenkt, daß der Umfang des Schutzes durchaus unterschiedlich sein kann. So setzt der Schutz des § 246 StGB nur dann ein, wenn sich aus der Klausel klar ergibt, daß eine andere Art der Verarbeitung der Ware ausgeschlossen sein soll. Das ist jedoch nicht immer der Fall. Auch zeigen sich, zwar nicht bei der Doppelübereignung, jedoch bei der Verpfändung der Ware oder des Surrogats zugunsten eines Dritten erhebliche Divergenzen. Die Verpfändung von Ware oder Surrogat zugunsten eines Dritten im Handlungsabschnitt bis zur Besitzerlangung der Ware erfüllt den Tatbestand des § 263 StGB. Die Verpfändung der Ware im nachfolgenden Handlungsabschnitt ist jedoch keinesfalls immer rechtswidrige Zueignung der Ware. Die Vorausverpfändung des Surrogats in diesem Abschnitt könnte wiederum dazu führen, daß bei erfolgender Verarbeitung (nicht vorher) eine rechtswidrige Zueignung der Ware vorliegt, weil eben durch eine Verarbeitung unter diesen Voraussetzungen der Rahmen der erlaubten und ordnungsmäßigen Zueignung gesprengt wird.

Im dritten Handlungsabschnitt, der mit der Herstellung des Verarbeitungsproduktes beginnt, setzt der Schutz des Surrogats nach § 246 StGB ein. Eine Verpfändung des Verarbeitungsprodukts in diesem Abschnitt würde wieder unter den besonderen von der Rechtsprechung festgelegten Bedingungen straffrei sein.

Dieser kurze Exkurs soll genügen, das Wechseln von Tatbeständen und Schutzumfang zu verdeutlichen. Erst im dritten Handlungsabschnitt (für den die Verarbeitungsklausel auch eigentlich gedacht ist), also nach Herstellung des Verarbeitungsprodukts finden wir wieder eine gewisse Regelmäßigkeit. Hier zeigt sich, daß für den Schutz des Surrogats sich die Grundsätze anwenden lassen, die unter a α) für den Schutz der Vorbehaltsware herausgearbeitet sind. Sowohl für den Verkauf wie für Sicherungsübereignung und Verpfändung des Verarbeitungsproduktes gelten die Regeln, die für die Behandlung der Vorbehaltsware selbst anzuwenden waren. Das entspricht auch durchaus dem Sinn der

---

[1]) Man könnte daran denken, in Anlehnung an die Entscheidungen RG 63, 253 und BGH Urteil v. 13. 5. 1953 in Lindenmaier-Möhring § 266 Nr. 11 zur Anwendung des Mißbrauchstatbestandes zu gelangen, dann nämlich, wenn Verarbeitungsbefugnis und Verarbeitungserlaubnis sich nicht decken würden. Das ist jedoch deshalb nicht möglich, weil hier mangels rechtsgeschäftlicher Tätigkeit nicht zwischen Außen- und Innenverhältnis unterschieden werden kann. Die Annahme einer generellen Verarbeitungsbefugnis (die u. U. bei gegen den Sinn des Vertrages verstoßenden Handlungen als mißbraucht vorgestellt werden könnte) verbietet sich ohnehin bei Vorliegen einer (speziellen) Klausel.

Verarbeitungsklausel, die neu hergestellten Gegenstände an die Stelle der untergegangenen Vorbehaltswaren treten zu lassen. Der Verkauf der Surrogate ist daher nur in dem Rahmen rechtmäßig, in dem auch ein Verkauf der Vorbehaltsware erfolgen durfte. So wenig wie die Vorbehaltsware darf das Verarbeitungsprodukt ohne Verletzung des § 246 StGB sicherungsübereignet werden. Selbst bei den Gebrauchs- und Verbrauchshandlungen und auch für eine Weiterverarbeitung oder eine Vermischung oder Verbindung des Verarbeitungsproduktes kommen die schon bekannten Grundsätze in Anwendung.

Abweichungen können sich aus dem Kaufvertrag und, soweit sie auf den Inhalt des Vertrages von Einfluß sind, aus Handelsbrauch und Branchenüblichkeit ergeben. So ist mitunter im Vorbehaltsvertrage eine besondere Behandlung der Verarbeitungsprodukte ausbedungen. Insbesondere sind oft Bestimmungen getroffen, die dem Käufer die Pflicht auferlegen, die Verarbeitungsprodukte zu registrieren, gesondert aufzubewahren oder nur jeweils mit Benachrichtigung oder aber Genehmigung des Verkäufers weiterzuverkaufen. Je nach Branche versucht der Verkäufer mit unterschiedlichen Mitteln einen möglichst engen Kontakt zu seiner Ware und dem, was daraus geworden ist, zu behalten. Gerade bei der Verarbeitung seiner Ware ist er bestrebt, Klarheit über ihren Verbleib und damit über den Umfang seiner jeweiligen Sicherung zu erhalten. Nicht für alle Branchen eignet sich das rigorose Verbot des Surrogatsverkaufs ohne Einzelgenehmigung des Lieferanten.

Diese besonderen Vertragsbestimmungen bereiten zumeist keine Subsumtionsprobleme. Dafür sind sie aber, jedenfalls im Rahmen des Tatbestandes des § 246 StGB rechtspolitisch nicht unbedenklich. Sie führen nämlich zu einer weiteren Pönalisierung des Zivilrechts. In allen Fällen, in denen eine (ohne diese besonderen Bestimmungen rechtmäßige) Zueignung vorliegt, gewinnen diese Vertragsbedingungen Einfluß auf die Rechtswidrigkeit, jedenfalls dann, wenn man den Begriff der Rechtswidrigkeit noch als einen für Strafrecht und Zivilrecht gemeinsamen Begriff ansieht. So kann z. B. jede Weiterverarbeitung oder Vermischung des Verarbeitungsproduktes mit anderen Sachen, die Zueignung ist, durch einfache Vertragsbestimmung zur rechtswidrigen Zueignung werden. Auch hier zeigt sich wieder, daß der bisher, jedenfalls im Verhältnis zu § 266, unbescholtene Tatbestand des § 246 StGB weitgehende Pönalisierung von Vertragsbeziehungen gestattet.

(2) Der Schutz des § 266 StGB

Während die zivilrechtliche Bindung des Tatbestandes des § 246 StGB dazu zwingt, scharf zwischen den beiden Handlungsobjekten Vorbehaltsware und Surrogat zu unterscheiden, kommt für den Tatbestand des § 266 StGB nur ein Handlungsobjekt, das Vermögen des Verletzten in Betracht. Scharfe Grenzziehung, Beachtung der zivilrechtlichen Konstruktionen und Unsicherheit der Rechtsanwendung sind für jenen, allmähliche Übergänge, Fortfall sachenrechtlicher Problematik und sichere Erfassung strafwürdiger Vorgänge für diesen Tatbestand kennzeichnend.

Aus den schon erwähnten Gründen interessiert auch hier lediglich der Treubruchstatbestand, und zwar speziell die Frage nach dem Vorliegen eines tatsächlichen Treueverhältnisses und dessen Verletzung.

Während die Rechtsprechung beim einfachen Eigentumsvorbehalt bei der Annahme eines Treueverhältnisses im Sinne des § 266 StGB bisher eine unverständliche Zurückhaltung gezeigt hat, finden wir beim Eigentumsvorbehalt mit Surrogationsklausel schon mehr Neigung der Rechtsprechung, den Treubruchstatbestand anzuwenden. Richtig ist daran, daß die stärkere Einspannung des Käufers in die Wahrnehmung der Interessen des Verkäufers das persönliche Verhältnis verstärkt. Jede Belastung des Kaufvertrages mit Auftragselementen[1]) oder fiduziarischen Elementen[2]), die auch zivilrechtlich persönlichkeitsgebunden sind (vgl. §§ 664, 673 BGB), muß auch diesen Kaufvertrag dem in § 266 StGB strafrechtlich geschützten Verhältnis näherbringen.

Wenn wir daher beim einfachen Eigentumsvorbehaltsvertrag zwischen Verkäufer und Wiederverkäufer nicht gezögert haben, ein derartiges Verhältnis anzunehmen, so muß das erst recht für den Fall gelten, in dem eine Verarbeitungsklausel vorliegt, und zwar unabhängig davon, ob auch (wie allerdings meist) das Eigentum an der Ware vorbehalten ist. Darüber hinaus wird man auch bei Kaufverträgen zwischen Verkäufer und Konsument mit Verarbeitungsmöglichkeit und -klausel, und zwar auch dann, wenn es sich um Geschäfte untergeordneter Größe handelt, ein Verhältnis im Sinne des § 266 StGB annehmen müssen.

Hierbei muß unerheblich sein, ob die Verarbeitungsklausel eine Herstellervereinbarung oder eine antizipierte Übereignung enthält. Beide Klauselformen appellieren an die Ehrlichkeit und Vertragstreue des Käufers. Bei beiden Klauselformen ist der Erfolg letztlich vom Willen des verarbeitenden Käufers abhängig. Es wäre unsinnig, etwa nur dem Kaufvertrag mit antizipierter Übereignung den Schutz des § 266 StGB angedeihen zu lassen, etwa mit der Begründung, daß es sich hierbei ja um eine Sicherungsübereignung mit Verkaufsauftrag oder Verwahrungsauftrag handele, die die Rechtsprechung seit jeher unter die Treueverhältnisse des § 266 StGB eingereiht habe. Gerade umgekehrt liegen die Dinge. Wenn die Verarbeitungsklausel in der Form der antizipierten Übereignung bewirkt, daß ein Treueverhältnis vorliegt, so muß das gleiche für die Verarbeitungsklausel in der Form der Herstellervereinbarung gelten, zumal oft nicht zu unterscheiden ist, ob die gesetzliche Folge des § 950 BGB auf diesem oder jenem Wege ausgeschlossen sein

[1]) RG 77, 394, vgl. auch RG 67, 274; 69, 225; 74, 3 u. BGH 5, 63; BGH in L.M. § 266 Nr. 16.

[2]) Schon RG 62, 60: Gerade diese Fälle will die Bevollmächtigtenuntreue erfassen.

soll. Die vertragschließenden Parteien sind sich ohnehin über die verschiedenen zivilrechtlichen Konstruktionen zumeist nicht im klaren.

Darf als gesichertes Ergebnis festgehalten werden, daß bei Vorliegen einer Verarbeitungsklausel, gleich welcher Art, auch ein Verhältnis im Sinne des § 266 StGB vorliegt, so ist nunmehr zu erörtern, in welcher Weise Verletzungen der Treupflicht möglich sind.

Während die Behandlung des Unterschlagungstatbestandes eine Zäsur nach der dinglichen Rechtslage erforderlich und in drei Handlungsabschnitten verschiedene Strafrechtsreaktionen sichtbar machte, kommen hier nur zwei Abschnitte in Betracht: vor Besitzerlangung der Ware Betrugsfälle, nach Besitzerlangung Treubruchsfälle. Sowohl der Betrugs- wie der Untreuetatbestand sind Vermögensschutztatbestände. Beide sind vom Zivilrecht unabhängig und weisen das rein strafrechtliche Korrektiv der Vermögensbeschädigung resp. Nachteilszufügung auf. Die Abgrenzung ergibt sich klar und auch vom Täterverhalten her verständlich aus der unterschiedlichen Art des Täterangriffs auf das Schutzobjekt. Beeinträchtigt der Täter das Vermögen des Verletzten noch bevor dieser seine Ware aus der Hand gegeben hat, so haben wir den Schwindler und Betrüger, tut er es später, den ungetreuen Geschäftspartner vor uns.

Schon an dieser Stelle kann darauf hingewiesen werden, daß diese beiden Angriffsarten auf das Vermögen des Verletzten einer gemeinsamen Tätergrundhaltung entspringen. Das Verdienst H. Mayers ist es, wieder auf den geschichtlichen Zusammenhang von Stellionat und Falsum einerseits und Untreue und Falsum andererseits aufmerksam gemacht zu haben[1]). Sowohl der Betrug als auch die Untreue gehen in erster Linie von der Vorstellung der Vertrauenstäuschung aus. Daher rührt auch die heute oft und zu Unrecht kritisierte Stellung des Untreuebestandes im Gesetz. Zu Unrecht deshalb, weil der Gesetzgeber nicht nur nach dem Schutzobjekt, sondern auch nach dem gerade für „modernes Täterstrafrecht" wichtigen Gesichtspunkt der Art des Täterangriffs systematisiert hat[2]). Der Betrüger und der Ungetreue täuschen das Vertrauen zwecks Erlangung ihres unredlichen Gewinnes, der Betrüger muß sich erst mühen, die Vermögenswerte seines Opfers durch Täuschung in die Hand zu bekommen, der Ungetreue hat sie schon und erfreut sich bereits des Vertrauens.

Der Übergang zwischen den beiden Handlungsabschnitten vor und nach der Besitzerlangung ist also nicht etwa abrupt, sondern gleitend und der Veränderung der Tätersituation rechnungtragend.

---

[1]) Vgl. Mayer Untreue S. 39ff., womit jedoch nicht behauptet werden soll, daß die Untreue aus dem Falsum herausgewachsen sei, vgl. dazu auch Ebener Untreue S. 1.

[2]) Damit ist die von Hegler in Archiv für Rechtsphilosophie Bd. 9 S. 154 aufgestellte Forderung voll verwirklicht.

Hat der Käufer den Besitz der Ware erlangt, so ist für die weitere strafrechtliche Behandlung unwesentlich, ob er sich nun an der Ware oder aber an deren Surrogat vergreift. Alle die Handlungen, die sich mit dem Vertragszweck nicht vereinbaren lassen, sind Pflichtverletzungen. Welche Handlungen dabei in Betracht kommen, ist Seite 67 ff. hinlänglich dargestellt. Auch hier ist wieder zu beachten, wie wohltuend das bei § 246 nicht vorhandene Korrektiv der Nachteilszufügung unsinnige, weil in sachenrechtlicher Konstruktion befangene Tatbestandsmäßigkeit abfängt. Mag man auch in manchen Unterschlagungsfällen dem redlichen Täter vorsatzausschließenden oder schuldausschließenden Irrtum zugestehen und so eine Strafbarkeit hindern, so ändert das doch nichts an dem Unbehagen, das man empfindet, wenn ersichtlich redliche Handlungen den äußeren Tatbestand eines Strafgesetzes erfüllen.

Andererseits schließt auch der Untreuetatbestand eine Lücke im Strafrechtsschutz, indem er strafwürdiges Verhalten ahndet, das vom Unterschlagungstatbestand nicht erfaßt wird und vom Betrugstatbestand nur bei Überdehnung des Verfügungsbegriffes erfaßt werden könnte.

Liegt nur eine Surrogationsklausel und nicht auch ein Eigentumsvorbehalt an der Ware selbst vor (Fälle, die vor allem dann in Betracht kommen, wenn die Ware sofort beim Käufer verarbeitet werden soll) und nimmt der Käufer die vermögensschädigende Handlung nach Besitzerlangung, aber vor oder während der Verarbeitung vor, so kann nur der Treubruchstatbestand eingreifen. Die Pflichtverletzung liegt hierbei darin, daß der Käufer durch sein Verhalten den nach dem Kaufvertrag vorgesehenen Surrogatserwerb des Verkäufers verhindert. Auch in diesem Falle erweist sich der Untreuetatbestand als elastischer und praktikabler.

β) Vorausabtretungsklausel

Wirtschaftlich erstrebt die Vorausabtretungsklausel[1]) das gleiche wie die anderen Surrogationsklauseln, nämlich Sicherung des Verkäufers durch Übertragung des Surrogats auf diesen. Auch die zivilrechtliche Konstruktion und das zivilrechtliche Ergebnis der Vorausabtretungsklausel gleicht dem der anderen Surrogationsklauseln. Wie dort wird auch hier ein Recht im voraus übertragen und der Verkäufer zum Rechtsinhaber gemacht. Demnach sollte man annehmen, da auch die strafrechtliche Situation die gleiche ist, daß den Täter in allen Fällen der gleiche Tatbestand und die gleiche Strafe erwartet. Das ist aber nach herrschender Lehre nicht der Fall. Die Erklärung, daß das eben an dem Fehlen einer Forderungsunterschlagung liege, ist gerade für ein

[1]) Über die strafrechtliche Wirksamkeit der Vorausabtretung vgl. RG 61, 342; 62, 32; 62, 58; 63, 251; 63, 334; 64, 86. Zuweilen hat das RG sogar zuviel des Guten getan und eine Vorausabtretung dort angenommen, wo sie zivilrechtlich sicher nicht vorlag, so z. B. RG in HRR 28, 1165.

angebliches Täterstrafrecht zu oberflächlich. Hier müßte eigentlich (auch in der Rechtsprechung) allmählich der Gedanke um sich greifen, daß es vielleicht nicht am Gesetz, sondern an falscher Subsumtion liegt. Oberster Grundsatz des Rechts ist doch, nicht nur im Sinne einer Personenindifferenz, sondern auch im Sinne einer Gegenstandsindifferenz Gleiches gleich zu behandeln.

Kommt daher der bei Vorausabtretungsklausel der Untreuetatbestand in Betracht, so dürfen gleichartige Täterhandlungen bei der Verarbeitungsklausel und Erlösklausel eben nicht nur mit dem nach Voraussetzungen, Straffolge und kriminologischem Aufbau ganz andersartigen Unterschlagungstatbestand, sondern müssen außerdem mit dem Untreuetatbestand abgestraft werden. Ob daneben der Unterschlagungstatbestand anzuwenden ist, ist eine andere Frage[1]).

Daß der Untreuetatbestand bei der Vorausabtretungsklausel anzuwenden ist, wird nicht ernsthaft bestritten, soweit es sich darum handelt, daß der Täter sich an den seinem Auftraggeber zustehenden Forderungen vergreift. Gerade hier liegt die Wurzel unseres heutigen Untreuetatbestandes, der ja sein Entstehen der Erweiterung der alten Bevollmächtigtenuntreue in § 266 Ziff. 2 verdankt, die hinwiederum selbst auf das Vorbild des Sächs. Strafgesetzbuches von 1855 Art. 287 II zurückgeht und den Wunsch, auch die Forderungsunterschlagung unter Strafe zu stellen[2]).

Die Beeinträchtigung von Forderungen des Auftraggebers durch den Beauftragten ist geradezu das Schulbeispiel für die Schutzwirkung, und diese Lücke im Vermögensschutz ist ebenso häufig die rechtspolitische Rechtfertigung des Untreuetatbestandes geworden.

Auch kann sich die Vorausabtretungsklausel auf die bisherige und in der Anwendung des Untreuetatbestandes mutigere Rechtsprechung zur Sicherungsübereignung berufen, da die Vorausabtretung der künftigen Forderung zur Sicherheit erfolgt, d. h. zivilrechtlich eine Sicherungsübertragung und ein Treuhandverhältnis vorliegt. Der Käufer hat auch außer den üblichen Sorgfaltspflichten weitere bedeutsame Aufgaben, die die Annahme eines Treueverhältnisses gebieten. So hat er für Rechnung des Verkäufers aber in eigenem Namen, also als verdeckter Stellver-

---

[1]) Erfreulich klare Gleichstellung RG 62, 32.

[2]) Merkwürdig bleibt immerhin, daß der Untreuetatbestand nicht wie zu erwarten als Vermögensverschiebungsdelikt (Binding Bereicherungsdelikt), sondern als reines Entziehungsdelikt (Binding Schädigungsdelikt) konstruiert wurde. Über die soziologischen und psychologischen Folgen einer derartigen unrichtigen Tatbestandsausformung vgl. Hegler in Archiv für Rechtsphilosophie Bd. 9 S. 160. Nach Schönkes Ansicht (§ 266 Anm. II 2) handeln denn auch 98% der Täter nicht bloß um zu schädigen, sondern ihres Vorteils wegen.

Über die geschichtliche Entwicklung der Bevollmächtigtenuntreue aus Art. 287 des Sächs. StGB von 1855 vgl. Kohlrausch Vermögensverbrechen S. 739, Kronecker GA 34, 405ff., Zoller a. a. O. S. 4ff.

treter, die Forderungen aus dem Weiterverkauf einzuziehen. Gerade in diesen Fällen hat aber die Rechtsprechung stets zur Anwendung des Untreuetatbestandes tendiert[1]).

Schließlich ist zu erwägen, daß es mehr als systemwidrig wäre, wollte man die Kommissionsuntreue (bei der der Kommissionär Inhaber der Forderungen ist und diese nur nach § 392 Abs. II HGB im Verhältnis zum Kommissionär und zu dessen Gläubigern dem Kommittenten zustehen) nach § 95 Börsengesetz abstrafen, aber die viel weitergehende Vorausabtretung, bei der der Zessionar auch nach außen Inhaber der Forderungen ist, ohne Strafrechtsschutz lassen.

So sehr nun klar ist, daß der Untreuetatbestand anzuwenden ist, wenn der Käufer die dem Lieferanten zustehenden Forderungen aus dem Weiterverkauf beeinträchtigt, so unklar sind die Vorstellungen über das anzuwendende Strafgesetz, wenn der Käufer schon zu einem früheren Zeitpunkt, also wenn noch nicht weiterverkauft ist, das Vermögen des Lieferanten schädigt. In diesen Fällen, wenn der Täter also die Ware und nicht erst das Surrogat angreift, wird scheinbar sorgfältig überlegt, ob nun auch wirklich ein Verhältnis im Sinne des § 266 StGB vorliegt[2]). Eine wirklich sorgfältige Prüfung müßte zu der Überlegung führen, daß sich an dem Verhältnis zwischen Verkäufer und Käufer durch den Zeitpunkt des Vermögensangriffes gar nichts ändern kann. Hat denn der Täter es in der Hand, durch Wahl des Zeitpunktes zu bestimmen, ob ein Treueverhältnis im Sinne des § 266 StGB vorliegt? Entweder bestand diese enge persönliche Beziehung von Anfang an, oder sie bestand gar nicht und die „Forderungsunterschlagung" muß straffrei bleiben. Die Möglichkeit, gegen den Käufer, der sich an der Ware vergreift, den Unterschlagungstatbestand anzuwenden[3]), darf nicht dazu verleiten, die Frage der Untreue als nebensächlich zu behandeln. Das geschieht aber leider nur allzuoft.

Es ist auch nicht etwa so, daß nun durch den Vorgang des Weiterverkaufs und damit das Wirksamwerden der Einziehungsermächtigung und des Einziehungsauftrages der Käufer neue Rechte und Pflichten erhielte. Vielmehr stehen ihm diese Rechte, und das allein ist entscheidend, von Vertragsschluß an zu. Der Käufer hat es schließlich in der Hand, durch Weiterverkauf die ihm zustehenden Rechte und Pflichten zu aktualisieren. Daß er das tut, ist für den Verkäufer sogar noch wichtiger, als daß der Käufer nach Weiterverkauf die Forderungen ordnungsmäßig behandelt. Die Interessen des Vorbehaltsverkäufers vor Surrogatsgewinnung sind also keinesfalls weniger bedeutungsvoll.

---

[1]) RG 62, 31; 62, 60; 63, 252.

[2]) So bei Borst JW 34, 822.

[3]) Nach herrschender Lehre z. B. auch dann, wenn der Täter die Ware in der Absicht verkauft, die Kaufpreisforderungen für sich zu erwerben und einzuziehen, vgl. Olshausen § 246 Anm. 12a.

Hieraus folgt, daß bei Vorliegen einer Vorausabtretungsklausel der Untreuetatbestand[1]) schlechthin anzuwenden ist, gleichgültig, ob der Käufer sich an der Ware oder an dem Warensurrogat vergreift. Auch kann nicht erheblich sein, ob neben der Vorausabtretung auch das Eigentum an der Ware vorbehalten ist (was allerdings fast immer geschieht). Jede Handlung des Käufers, die die Surrogatsgewinnung für den Verkäufer beeinträchtigt, ist eine Verletzung der dem Käufer obliegenden Treupflicht. Führt sie zu einem Nachteil für den Verkäufer. so ist der Treubruchstatbestand erfüllt[2]).

So liegt Untreue z. B. dann vor, wenn der Käufer nach Besitzerlangung der Ware die Forderungen aus dem Weiterverkauf erneut an einen Dritten abtritt, zur Sicherheit abtritt oder verpfändet, allerdings nur dann, wenn man dem erweiterten Schadensbegriff des BGH folgt, der auch die Schwierigkeiten, die dem wirklichen Forderungsinhaber durch unwirksame Zweitabtretung oder Verpfändung entstehen, mit umgreift.

Untreue liegt auch vor, wenn der Käufer gegen den Zweck der Abtretungsklausel insofern verstößt, als er die Ware verschenkt, für sich verbraucht oder im Scheinverkauf weggibt. Je nach der Art des Geschäftes oder der Ware wird man jedoch ein Einverständnis des Verkäufers dazu anzunehmen haben, daß der Käufer einen Teil der Ware selbst verbraucht, verschenkt usw. Eine Ausnahme muß nur dort gelten, wo der Verkäufer etwa wegen völliger Zahlungsunfähigkeit des Käufers einen vollumfänglichen Weiterverkauf ausdrücklich ausbedungen hat.

Besonders wichtig ist, daß der Treubruchstatbestand[3]) eingreift, wenn der Käufer die Forderungen aus dem Weiterverkauf auch dann einzieht, wenn er selbst mit seinen Verpflichtungen gegenüber dem Verkäufer im Rückstand ist oder über sein Vermögen das Konkursverfahren eröffnet ist. Wegen der Vertragsauslegung insbesondere des Umfanges der Einziehungsermächtigung wird auf die zivilrechtlichen Ausführungen und die dort angeführten Entscheidungen verwiesen. Umgekehrt kann eine Forderungseinziehung des Käufers mit anschließendem Ver-

[1]) Und zwar, wegen der meist vorliegenden Deckung von Innen- und Außenverhältnis, der Treubruchstatbestand. Eine Anwendung des Mißbrauchstatbestandes könnte dann in Betracht kommen, wenn z. B. der Vorbehaltsverkäufer die Eigentumsvorbehaltsware in der Absicht verkauft, die Forderungen aus dem Verkauf für sich einzuziehen und wenn diese Handlungsweise zwar von der Verkaufsbefugnis, nicht aber von der Verkaufserlaubnis gedeckt ist. Vgl. hierzu die Entscheidungen RG 63, 253 und BGH Urteil v. 13. 5. 1953 in Lindenmaier-Möhring § 266 Nr. 11; BGH 5,65; auch Stulz Eigentumsvorbehalt S. 75. Meist wird man jedoch auch hier eine den Mißbrauchstatbestand ausschließende Deckung von Außen- und Innenverhältnis anzunehmen haben.

[2]) Und die später erfolgende Verwertung des Erlöses in jedem Falle straflose Nachtat. So richtig RG 42, 420. Der Ansicht von Schwinge S. 61, daß auch in diesem Falle Idealkonkurrenz von Untreue und Unterschlagung vorliegen könne, kann nicht beigetreten werden.

[3]) Nicht der Mißbrauchstatbestand, wie Grunsfeld ZStW 54, 478/79 meint, denn zu einer derartigen Einziehung ist der Vorbehaltskäufer auch (im Außenverhältnis) nicht ermächtigt.

brauch des Geldes für sich so lange nicht als Treupflichtverletzung angesehen werden, solange der Käufer seinen Verpflichtungen gegenüber dem Verkäufer nachkommt, also der Kaufpreis gestundet ist oder die Kaufpreisraten pünktlich gezahlt werden[1]). Etwas anderes gilt nur, wenn der Verkäufer sich außer der Vorausabtretung auch die sofortige Abführung des Erlöses oder z. B. die getrennte Aufbewahrung des Erlöses ausbedungen hat. In allen diesen Fällen mit dem Mißbrauchstatbestand zu operieren, scheitert fast immer daran, daß Außen- und Innenverhältnis einander angeglichen sind und die Einziehungsermächtigung nicht weiter reicht als der Einziehungsauftrag.

Eine Treupflichtverletzung kann auch dann nicht mehr in Betracht kommen, wenn der Käufer seinerseits den Kaufvertrag erfüllt hat, die Forderungen aus dem Weiterverkauf aber noch nicht eingezogen sind. Sind die Forderungen aus dem Weiterverkauf auflösend bedingt abgetreten, so ist das selbstverständlich, da durch Eintritt der Bedingung (der Zahlung des Kaufpreises an den Vorbehaltsverkäufer) die Forderungen wieder dem Vorbehaltskäufer zustehen. Aber auch, wenn eine auflösende Bedingung nicht vorliegt, wie es zumeist der Fall ist, kommt eine Treupflichtverletzung nicht in Betracht. Da die Abtretung der Forderungen aus dem Weiterverkauf nur zur Sicherung der Kaufpreisforderung des Vorbehaltsverkäufers erfolgt ist, ist dieser bei Erfüllung des Kaufvertrages verpflichtet, die Forderungen zurückzuübertragen. Diese schuldrechtliche Verpflichtung des Verkäufers genügt, die Möglichkeit einer Treupflichtverletzung auszuräumen. Hier zeigt sich, wie schon öfter beobachtet, wohltuend, daß für den Untreuetatbestand nicht die dingliche Rechtslage, sondern die Gesamtheit der Rechtsbeziehungen zwischen Verkäufer und Käufer ausschlaggebend ist. Hätten wir einen Tatbestand, der ähnlich wie § 246 StGB die Forderungsunterschlagung unter Strafe stellen würde, so würden wir an dieser Stelle wieder mit dem „Anspruch auf den konkreten ausgesonderten Gegenstand“ arbeiten müssen[2]).

Auch bei der Frage der Wirksamkeit der Vorausabtretungsklausel insbesondere in allgemeinen Geschäftsbedingungen bewährt sich der Treubruchstatbestand. Hier würde ein dem § 246 StGB nachgebildeter Tatbestand der Forderungsunterschlagung in die allergrößten Schwierigkeiten kommen. Die zivilrechtlich außerordentlich umstrittene Frage würde bei jeder strafrechtlichen Beurteilung mit aufgeworfen und ge-

---

[1]) Die große Mehrzahl der Vorausabtretungsklauseln hat diesen Inhalt. Mit der Einziehung der Forderung erlischt diese und damit ist auch die Zession hinfällig. Die Zession wirkt keinesfalls ohne weiteres auch auf die Surrogate der erloschenen Kaufpreisforderung.

[2]) Vgl. aber die bedenklichen Entscheidungen RG 20, 361 und 61, 66, nach denen das Erlöschen der Schuld nicht für die Rechtswidrigkeit, sondern allenfalls für die Schuldfrage von Bedeutung ist.

Wie hier Nagler in LK Vorbemerkung vor §§ 242ff. Anm. VIII A 4.

löst werden müssen, obwohl doch dem Täter, der den Vorbehaltsverkäufer schädigen will, derartige Überlegungen fremd und auch nebensächlich sind. Für den dolus eventualis würde sich hier ein unerwünscht weites Feld ergeben.

Für den Treubruchstatbestand sind die zivilrechtlichen Fragen von jedenfalls untergeordneterer Bedeutung. Auch bei nicht wirksamer Vorausabtretungsklausel entsteht doch das persönliche Vertrauensverhältnis zwischen Verkäufer und Käufer. Eine Ausnahme dürfte wohl nur für die sittenwidrige oder gesetzlich verbotene Vorausabtretungsklausel gelten, aber nicht etwa, weil die Klausel nach §§ 138 und 134 BGB unwirksam ist, sondern deshalb, weil bei sittenwidrigen und gesetzwidrigen Vereinbarungen kein Vertrauen in die Redlichkeit des Geschäftspartners, sondern allenfalls in dessen Unredlichkeit gesetzt wird[1]). In allen übrigen Fällen, in denen ein Vertrauensverhältnis entsteht, muß sich der Käufer auch bei Unwirksamkeit der Klausel an sein Versprechen gebunden halten und die Vermögensinteressen des Verkäufers in genau der Weise wahrnehmen, wie er es im Kaufvertrage versprochen hat. Das widerspricht auch nicht der zivilrechtlichen Situation, da man zivilrechtlich bei unwirksamer Klausel in allgemeinen Geschäftsbedingungen doch den Käufer für verpflichtet erachten muß, wegen der Einzellieferung eine wirksame Vorausabtretung der Forderungen aus dem Weiterverkauf vorzunehmen.

γ) Verkaufserlösklausel

Während wir bei der Vorausabtretungsklausel, einen Augenblick von der Doppelreaktion des Strafrechts befreit, den Tatbestand des § 246 StGB aus dem Blick lassen durften, haben wir bei der Verkaufserlösklausel, ähnlich wie bei der Verarbeitungsklausel, wieder Sachverhalte vor uns, die die herrschende Meinung in erster Linie dem Tatbestand des § 246 StGB subsumiert. Bei der Darstellung der herrschenden Lehre müssen wir daher zunächst diesen Tatbestand ins Auge fassen.

(1) Der Schutz des § 246 StGB

Ähnlich wie die Verarbeitungsklausel, schafft die Verkaufserlösklausel durch besondere Gestaltung der dinglichen Rechtslage des Surrogates die Voraussetzung für die Anwendung des Unterschlagungstatbestandes. Der Erlös, das Geld, wird vermittels einer zivilrechtlichen Konstruktion (und zwar auch hier wieder einer fiduziarischen Vorausübereignung durch Einigung und antizipiertes Besitzkonstitut) zu einer

[1]) Eine Parallele bieten die mit Recht von der allgemeinen Rechtsprechung abweichenden Entscheidungen des RG zur Untreue gegenüber dem Dieb, vgl. RG 70, 9; RG in HRR 42, 612, gegenüber RG 44, 248. Neuerdings vgl. OLG Braunschweig Urteil v. 27. 10. 1949 in NJW 50, 656, BGH Urteil v. 27. 3. 1953 in NJW 54, 889. Kritisch hierzu Kohlrausch Vermögensverbrechen S. 741 und jetzt Bruns in NJW 54, 857ff. Eigene Stellungnahme vgl. Anm. zu 2 a α (2).

dem Käufer fremden Sache, die nun bei vertragswidrigem Verhalten des Käufers als unterschlagen vorgestellt wird[1]). Welch rohe Pönalisierung zivilrechtlicher Beziehungen und welche Abhängigkeit von zivilrechtlichen Konstruktionen der fragwürdigsten Art dabei in Kauf genommen wird, berührt die herrschende Lehre leider nur zu wenig.

Zunächst ist festzustellen, daß die Verkaufserlösklausel, und insoweit unterscheidet sie sich von der Verarbeitungsklausel, für den Schutz der Ware ohne Bedeutung ist. Ihr fehlt der Charakter einer implicite auch die Behandlung der Ware regelnden Vertragsbestimmung. Sie sagt nicht aus, wie verkauft werden soll, sondern nur, was im Falle eines Verkaufes der Ware aus dem Surrogat werden soll. Lediglich in Ausnahmefällen, also z. B. wenn die Ware an einen Konsumenten verkauft wird oder eine gewöhnlich nicht zum Weiterverkauf geeignete Ware verkauft ist, läßt sich aus der Verkaufserlösklausel auch für die Behandlung der Ware etwas (nämlich im Beispiel eine Verkaufserlaubnis) herleiten. In diesen Fällen stellt die Verkaufserlösklausel klar, daß der Weiterverkauf der Ware jedenfalls vom Verkäufer gebilligt und daher keine rechtswidrige Zueignung der Ware ist.

Erst beim Surrogatsschutz beginnt die ohnehin nicht sehr weitreichende Bedeutung der Verkaufserlösklausel.

Da nach herrschender Lehre die Einigung auch im Zeitpunkt der Übergabe oder des Übergabesurrogats fortbestehen muß, ist die Wirkung auch einer echten, also dinglichen Klausel nur sehr ungewiß. Gibt der Käufer und Wiederverkäufer im Augenblick der Annahme des Erlöses von seinem Kunden zu erkennen, daß er selbst Eigentümer der Geldstücke werden will, so versagt die dingliche Wirkung der Klausel. Damit entfällt auch der strafrechtliche Schutz des Surrogates, der ja voraussetzt, daß die Geldstücke kraft der Klausel Eigentum des Vorbehaltsverkäufers und für den Käufer fremde Sachen werden.

Eine andere Frage ist, ob in solchen Fällen, wenn gleichzeitig Eigentumsvorbehalt an der Ware besteht, Unterschlagung der Vorbehaltsware vorliegen kann[2]). Auf ein derartiges hilfsweises Eingreifen des Warenschutzes in die vom Surrogatsschutz gelassene Lücke ist schon oben Seite 93 ff. aufmerksam gemacht worden. Die Konstruktion wäre etwa die, daß die Verkaufserlaubnis an die Bedingung der Fortdauer der dinglichen Einigung bzgl. der Erlösübereignung geknüpft ist und

[1]) RG 62, 32; 62, 59, Entscheidungen, die so sehr mit Fiktionen arbeiten, um zu dem gewünschten zivilrechtlichen Ergebnis zu gelangen, daß Zoller (a. a. O. S. 40) glaubt, in ihnen die Anerkennung eines wirtschaftlichen Eigentumsbegriffes sehen zu können.

[2]) Mit einer ähnlichen Konstruktion, nämlich daß die Verkaufsbefugnis zwar allgemein besteht, die Erlaubnis dagegen an die Gutwilligkeit bzgl. des Erlöserwerbes geknüpft sei, könnte auch der Mißbrauchstatbestand zur Anwendung gebracht werden. Vgl. hierzu BGH Urteil v. 13. 5. 1953 in Lindenmaier-Möhring § 266 Nr. 11, auch RG 63, 253.

ein Weiterverkauf der Ware, der ja Zueignung ist, bei Mißachtung dieser Bedingung zur unerlaubten und daher rechtswidrigen Zueignung der Ware wird[1]). Welche Fülle zivilrechtlicher Feinheiten! Welches Dilemma, wenn Weiterverkauf und Erlösinempfangnahme zeitlich auseinanderfallen und der Täter erst später, nach dem Weiterverkauf, den Willen zur Erlösübereignung verliert. Da in diesem Falle der Weiterverkauf rechtmäßige Zueignung war, kann der spätere böse Wille ihn nicht rückwirkend zur rechtswidrigen Zueignung machen[2]). Wir sehen daher, daß diese Lückenausfüllung im Surrogatsschutz durch den Schutz der Ware eine zwar vom Standpunkt der herrschenden Lehre zu billigende, aber äußerst unbefriedigende Konstruktion ist.

Man könnte daher auf den Ausweg verfallen, den der Zivilrechtler zugunsten des Vorbehaltsverkäufers, insbesondere im Konkurs des Käufers oder in der Einzelvollstreckung gegen den Käufer, so gern benutzt, um zu einem unmittelbaren Erwerb (statt bloßen Durchgangserwerbes) des Vorbehaltsverkäufers zu gelangen. Dabei ist zweifellos richtig, daß weder die Verkaufserlösklausel in ihrer üblichen Form, noch etwa die Verpflichtung des Käufers zur Vornahme einer Übereignung durch „Insichkonstitut" hindert, gleichzeitig auch einen Eigentumserwerb des Verkäufers nach den Grundsätzen über das „Geschäft für den, den es angeht" zu konstruieren[3]). Gelingt das, so hat der Zivilrechtler den ihm oft billig erscheinenden unmittelbaren Erwerb des Vorbehaltsverkäufers, frei von den Pfandrechten und Belastungen, die beim Durchgang des Eigentums durch den Käufer eintreten könnten, und der an ihn gefesselte Strafrechtler eine neue und auf anderem Wege erzielte Fremdheit der Sache für seinen Unterschlagungstatbestand[4]).

Erfolgreicher ist dieser Weg in der Mehrzahl der Fälle nicht. Denn auch dann, wenn das durch die Klausel geschaffene Besitzmittlungsverhältnis besteht und außerdem der Veräußerer der Geldstücke nicht speziell an den Vorbehaltskäufer, sondern gegebenenfalls auch an dessen Hintermann, den Vorbehaltsverkäufer, übereignen will[5]), steht es im Belieben des Vorbehaltskäufers[6]), dieses Angebot zur Einigung an den, den es angeht, entweder für sich oder für den Verkäufer anzunehmen[7]). Nimmt er

[1]) Vgl. hierzu schon RG 3, 156; Nagler in LK a. a. O. Anm. VIII A 2, Olshausen § 246 Anm. 12a.

[2]) Für eine Lösung über Untreue in Fortsetzungszusammenhang in Tateinheit mit Unterschlagung Grunsfeld ZStW 54, 482.

[3]) Wegen der Bindung an den zivilrechtlichen Eigentumsbegriff hat die Rechtsprechung des RG seit jeher auch derartige Konstruktionen mitmachen müssen, gerade hierzu RG 3, 157; scharf gegen diese Rechtsprechung Mayer Untreue S. 295ff., Gleispach Veruntreuung S. 158ff.

[4]) Auch die Strafsenate des RG sind aber mit einem Erwerb des verdeckt Vertretenen vorsichtig gewesen, vgl. RG. 19, 434; 54, 187. Diese Konstruktion war eigentlich immer nur Notbehelf dann, wenn wegen der Enge des Untreuetatbestandes eine offensichtlich strafwürdige Handlung hätte straffrei bleiben müssen.

[5]) Vgl. auch RGSt. 19, 433. [6]) RGSt. 24, 148.

[7]) Richtig Nagler in LK a. a. O. Anm. II 3 u. BGH in LM § 266 Nr. 11.

für sich an, so wird wieder er und nicht der Vorbehaltsverkäufer Eigentümer der Geldstücke. Etwas anderes kann nur dann in Betracht kommen wenn der Veräußerer der Geldstücke überhaupt nicht an den Vorbehaltskäufer, sondern nur an dessen Hintermann, nur an den wirklichen Eigentümer der Ware übereignen will und ein dementsprechendes Angebot zur Einigung erklärt[1]). Wenn in diesem Falle der Vorbehaltskäufer für sich erwerben will und die Annahme für sich erklärt, läge statt einer dinglichen Einigung Dissens vor. Die Geldstücke blieben dann weiter Eigentum des Kunden und wären für den Vorbehaltskäufer fremde Sachen, die er also unterschlagen könnte. Ein eigentümliches Ergebnis: Schutz des Vorbehaltsverkäufers und Unterschlagung zum Nachteil des Erwerbers der Vorbehaltsware!

Am leichtesten ist es freilich für die strafrechtliche Würdigung, einfach zu unterstellen, daß der Täter den Entschluß, das Geld für sich zu verwenden, später, nämlich nach Eigentumsübergang auf den Vorbehaltsverkäufer gefaßt habe. Der Rechtspraxis kann hier der Vorwurf des Ausweichens vor Rechtsfragen durch jedenfalls nicht unzweifelhafte tatsächliche Feststellungen nicht ganz erspart werden. Der Rechtspraxis vor allem der unteren Gerichte soll hierbei keineswegs bestritten werden, daß sie in der gesamten Würdigung der Sachverhalte und der Täter zu gerechten, nämlich Strafe verhängenden Entscheidungen kommt. Insoweit hat gerade die Rechtsprechung Bewunderungswürdiges an Rechtsempfinden und Gefühl für das Strafwürdige geleistet. Andererseits ist jedoch nicht unwahrscheinlich, daß bei Nichtanwendung dieser Methode schneller und überzeugender klar geworden wäre, daß hier brennende und offene Rechtsfragen vorliegen. Hierbei, das ist die Überzeugung des Verfassers, kann nicht dem Gesetzgeber die Schuld zugeschoben und nach Gesetzesänderung gerufen werden. Bei der Interpretation ist anzusetzen. Nicht das Gesetz, sondern seine Auslegung ist schlecht.

Auch an dieser Stelle muß wieder auf das Problem des Durchgangserwerbs hingewiesen werden. Der Durchgangserwerb, dieses (zivilrechtliche!) Übungsgerät auf dem „Tummelplatz juristischer Spitzfindigkeiten" (Schwister) stellt dem Unterschlagungstatbestand in seiner landläufigen Auslegung Probleme, die nicht gelöst, sondern nur umgangen werden können. Nimmt man den Fall, daß der Vorbehaltskäufer im Augenblick des Gelderwerbes noch willens war, für den Vorbehaltsverkäufer zu erwerben, im nächsten Augenblick jedoch seine Absicht ändert und das Geld seinem eigenen Vermögen einverleibt, so hat er nicht eine fremde, sondern seine eigene Sache sich zugeeignet. Die Zueignung einfach in den tatsächlichen Feststellungen auf einen späteren Zeitpunkt zu verlegen, ist keine Lösung, sondern ein Ausweichen vor dem Problem. Vom Standpunkt der herrschenden Lehre aus darf hier nur die Frage aufgeworfen werden, ob auch diese Handlung des Vorbehalts-

[1]) Vgl. z. B. RG 34, 41, gegen diese Entscheidung H. Mayer in Ger. S. 104, 116.

käufers noch als rechtswidrige Zueignung der Ware angesehen werden kann.

Wie bei der Verarbeitungsklausel entstehen auch bei der Verkaufserlösklausel alle die Schwierigkeiten und Ungereimtheiten, die mit dem Zeitpunkt des Täterentschlusses zusammenhängen. Auch hier ist klar, daß bei Doppelübereignung des Surrogats, Verpfändung usw. vor Inbesitznahme der Ware der Betrugstatbestand eingreift. Und auch hier ist unklar, wie Täterhandlungen in dem Abschnitt zwischen Inbesitznahme der Ware und Surrogatsgewinnung zu beurteilen sind. Erst wieder in dem Handlungsabschnitt, der nach der Surrogatsgewinnung beginnt, ist eine gewisse Regelmäßigkeit zu beobachten. Im einzelnen kann auf die vorstehenden Ausführungen verwiesen werden[1]).

Wenn man von einer Regelmäßigkeit in dem Handlungsabschnitt nach der Surrogatsgewinnung sprechen kann, so ist das cum grano salis zu verstehen. Das Körnchen ist hierbei die Besonderheit, die sich aus der Art des Surrogates ergibt. Geldstücke sind zwar zivilrechtlich Sachen, jedoch Sachen besonderer Art. Ein Verdienst der neuen zivilrechtlichen Lehre ist es, auf diese Besonderheiten aufmerksam gemacht zu haben.

Auch das Strafrecht, jedenfalls solange es mit einem zivilrechtlich gebundenen Tatbestand des § 246 StGB arbeiten will, muß sich wohl oder übel mit diesen Besonderheiten befassen[2]).

Während bei allen anderen Sachen der Sachwert das Interesse des Eigentümers und den Wert des Eigentums bestimmt, ist beim Geld der Sachwert der einzelnen Scheine oder Stücke von untergeordneter Bedeutung. Die einzelnen Scheine oder Stücke sind als Sachen gar nichts oder nur sehr wenig wert. Der wirtschaftliche Wert des Geldes resultiert allein aus seiner Tauschmittelfunktion und wird durch Nennwert und Annahmepflicht bestimmt. Daher interessiert auch bei Geldstücken nicht die Sacheigenschaft, sondern die Eigenschaft als Wertträger.

Auf die unzulängliche Behandlung des Geldes im geltenden Zivilrecht haben vor allem Kaser, Wolff und neuerdings Westermann aufmerksam gemacht[3]). Das hier strafrechtlich am stärksten interessierende Problem ist, inwieweit die Surrogate des einzelnen Geldstückes, also insbesondere das Wechselgeld oder die Forderung gegen ein Geldaufbewah-

---

[1]) Interessant dabei die Ansicht von Olshausen (§ 246 Anm. 15 b), wonach auch bzgl. des Erlöses der Tatbestand der Veruntreuung vorliegt, wenn die verkaufte Ware selbst anvertraut war. Für mittelbare Anvertrauung auch RG 4, 386.

[2]) Der Versuch H. Mayers (Ger. S. 104, 109), wenigstens für Geld mit einem zivilrechtlich nicht gebundenen Fremdheitsbegriff der Tatbest. der §§ 242 u. 246 zu arbeiten, ist ohne Nachfolge geblieben. Er müßte jedoch auch für die Vertreter einer strengen Akzessorietät dann wieder zur Diskussion stehen, wenn sich im Zivilrecht die erweiterte Geldvindikation durchsetzt. Interessant der § 300 des E 1925, der in Abs. II einen vom E unabhängigen Geldunterschlagungstatbestand aufstellt, der später in E 1927 § 348 als Unterfall der Untreue erscheint.

[3]) Vgl. oben S. 1.

rungsinstitut auch zuordnungsmäßig an die Stelle des Geldstückes treten können. Konkreter gestellt: Sind die Geldstücke, die beim Wechseln eines Geldscheines herausgegeben werden, immer Eigentum des Geldscheineigentümers? Tritt die Forderung auf Auszahlung der bei der Bank eingezahlten Summe auch zuordnungsmäßig an die Stelle des eingezahlten Geldes?

Beide Fragen werden von der jedenfalls noch herrschenden Lehre verneint. Wenn A dem B leihweise einen Geldschein überläßt und B wechselt, so kann nach herrschender Lehre A nicht Eigentum am Wechselgeld geltend machen, jedenfalls nicht, solange man nicht mit der Konstruktion des Geschäftes für den, den es angeht, aushelfen kann. Wenn A dem B leihweise einen Geldschein überläßt und B diesen auf ein eigenes Konto bei der Bank einzahlt, so steht A weder das Eigentum am Geldschein noch die Forderung gegen die Bank zu.

Würde man den Wertgesichtspunkt stärker berücksichtigen, so käme man zu dem Ergebnis, daß A das Wechselgeld vindizieren und die Forderung gegen die Bank geltend machen könnte[1]). Die Nichtberücksichtigung des Wertgesichtspunktes führt besonders im Konkurs des Geldbesitzers und in der Einzelvollstreckung gegen diesen zu für den Geldeigentümer recht unerfreulichen Ergebnissen. Im einzelnen vergleiche man die Beispiele in Westermanns Sachenrecht[2]).

Es kann hier bei der Darstellung der herrschenden strafrechtlichen Lehre nicht Aufgabe sein, diese zivilrechtlichen Fragen in extenso abzuhandeln oder gar zu lösen. Aufgabe ist es aber, den unerfreulichen Einfluß des Zivilrechts auf die strafrechtliche Beurteilung von Sachverhalten im Rahmen des § 246 StGB darzustellen und hierbei die für das Strafrecht bedeutsamen zivilrechtlichen Probleme aufzuzeigen.

Hierbei ergibt sich in der Strafrechtspraxis, daß die Anwendung des zivilrechtlich gebundenen Unterschlagungstatbestandes immer dann zur Farce wird, wenn der im Eigentum des Vorbehaltsverkäufers stehende Verkaufserlös nicht auch vom Vorbehaltskäufer gesondert aufbewahrt wird. Da das fast nie der Fall und auch im Geschäftsleben meist untragbar ist, ergeben sich für den auf dem Boden der herrschenden Lehre stehenden Strafrechtler beschämende Situationen[3]).

Eignet sich der Vorbehaltskäufer den Erlös, also die Geldstücke, die im Eigentum des Verkäufers stehen, zu, so ist völlig unstreitig, daß eine Unterschlagung vorliegt[4]). Ein Strafsenat des RG hat sogar hierbei die zivilrechtliche Konstruktion der Verkaufserlösklausel entschlossen an-

[1]) Eine Frage der Konsequenz ist es, ob man die Vindikation gibt und auch vollstreckungsrechtlich die Surrogate an die Stelle des Geldes treten läßt und dabei trotzdem den Eigentumsbegriff unverändert läßt oder ob man m. E. folgerichtig mit den Wirkungen des Eigentums auch dieses selbst anders zuteilt.

[2]) S. 139ff. [3]) Vgl. schon H. Mayer Ger. S. 104, 113.

[4]) Diese Konstruktion wird jedoch schon dann fragwürdig, wenn der Vorbehaltskäufer nicht genau den Erlös, sondern einen größeren Geldschein erhält, der erst gewechselt werden muß, vgl. Wilde in EV S. 176, Peschke daselbst S. 202.

erkannt, noch bevor sich ein Zivilsenat des RG über die dingliche Wirkung dieser Klausel ausgesprochen hatte[1]).

Läßt aber nun der Vorbehaltskäufer den Erlös erst durch seine Kasse gehen, bevor er genau diese Geldsumme zur Verwendung für sich selbst entnimmt, so kann Unterschlagung jedenfalls in der Mehrzahl der Fälle nicht vorliegen, denn nur in wenigen Fällen wird man Zueignungsvorsatz[2]) und Rechtswidrigkeit[3]) annehmen können (vgl. oben S. 55ff.), so daß die Einlegung des Erlöses in die Kasse Unterschlagung wäre. Der Käufer ist dann, wenn er den Erlös straffrei in die Kasse einlegen durfte, bei späterem Zugriff nicht Täter im Sinne des § 246[4]). Eigenartig jedenfalls für denjenigen, der sich noch wundert, daß das Strafrecht bei einer wirtschaftlich und auch strafrechtlich gleichen Situation entweder gar nicht oder aber doch mit einem anderen (auch im Strafmaß anderen) Tatbestand reagiert und den Täter wie einen kriminologisch ganz andersartigen Täter behandelt[5]).

Ursache ist auch hier wieder die Bindung des Unterschlagungstatbestandes an das Zivilrecht. Vermischt der Käufer die dem Verkäufer gehörenden Geldstücke mit seinem eigenen Geld, so wird er zumeist auch Eigentümer dieser Geldstücke. Anders nur dann, wenn der Kassenbestand nicht als Hauptsache anzusehen ist und außerdem das Wertverhältnis der beiden Beträge ermittelt werden kann. Nur in diesem Falle entsteht Miteigentum des Verkäufers am gesamten Kassenbestand, und nur in diesem Falle ist noch eine Unterschlagung fremden Geldes möglich. Da man stets ein Einverständnis des Vorbehaltsverkäufers zur Trennung des Mischbestandes annehmen muß, würde eine Unterschlagung dann vorliegen, wenn der Vorbehaltskäufer den Mischbestand über seinen Anteil hinaus angreift.

Von den rein zivilrechtlichen Fragen der Hauptsache[6]) und der Ermittelbarkeit des Wertverhältnisses die Anwendbarkeit des § 246 StGB abhängig zu wissen, ist nicht ermutigend, stehen sie doch in keinerlei Beziehung zur Strafwürdigkeit[7]). Der Täter, der so viel Geld in seiner Kasse

[1]) RG 62, 32 (unter Zit. von drei nichtveröffentlichten Entscheidungen); RG 62, 59, davon die letztere Entscheidung außerordentlich weitgehend und ohne feste Anhaltspunkte in den zugrunde liegenden Parteivereinbarungen.

[2]) Hierzu besonders RG 26, 439; 71, 96.

[3]) Zum Rechtswidrigkeitsausschluß durch zu vermutende Einwilligung vgl. RG 3, 12; 5, 54.

[4]) Natürlich kommt auch dann, wenn der Täter das Geld straflos auf sein Konto einzahlen durfte bei späterer Erschöpfung dieses Kontos § 246 StGB nicht in Betracht, vgl. Olshausen § 246 Anm. 2 a.

[5]) Zu den Wechselfällen und Überweisungsfällen bereits Mayer Untreue S. 297, mit Recht diese Abhängigkeit der Strafbarkeit von der Art des Zahlungsvorganges kritisierend. Vgl. ferner Gleispach Veruntreuung S. 144ff., Thode Unterschlagung S. 20ff.

[6]) Bedauernd schon Gleispach Veruntreuung S. 145.

[7]) Insofern wäre es schon besser, der Ansicht H. Mayers (Ger. S. 104, 111ff.) zu folgen, nach der gesondert aufzubewahrende Gelder ohne Rücksicht auf die zivilrechtlichen Eigentumsverhältnisse fremd i. S. des § 246 StGB sein können.

hat, daß der Verkaufserlös daneben völlig verschwindet, dessen Kassenbestand also als Hauptsache im Sinne des § 947 Abs. II BGB anzusehen ist und der Alleineigentümer sämtlicher Geldstücke wird, erscheint uns, wenn er das gesamte Geld für sich verbraucht, doch wohl nicht weniger strafwürdig als derjenige, dessen Kassenbestand sehr klein ist. Hier wird ja von der herrschenden Lehre geradezu der wohlhabende Täter prämiiert, während den armen Wicht die Strafe aus § 246 StGB trifft. Auch den Vorbehaltskäufer freizulassen, der nicht weiß und auch mangels Kassabuchführung nicht feststellen kann, wie hoch der Kassenbestand bei Einlegung des Verkaufserlöses ist, und den zu bestrafen, der insofern noch eine gewisse Sorgfalt angewendet hat, scheint uns nicht sehr sinnvoll.

Folgt man dagegen der neuerdings im Zivilrecht vertretenen Ansicht, so ergeben sich ähnliche Probleme wie bei der Ersatzhehlerei und alle die Schwierigkeiten und Bedenken, die eine so extensive Interpretation eines Tatbestandes hervorrufen muß; wobei noch vermerkt sei, daß zur extensiven Interpretation eines so unglücklichen Tatbestandes (jedenfalls in der z. Z. üblichen Auslegung!) wahrlich kein Anlaß besteht[1]).

Die aufgezeigte Anfälligkeit des von der Verkaufserlösklausel zivilrechtlich und strafrechtlich gewährten Schutzes gegenüber dem in den §§ 946ff. BGB stark hervortretenden Spezialitätsprinzip hat dazu geführt, daß Verkaufserlösklauseln oft in Verbindung mit besonderen Nebenverpflichtungen des Käufers auftreten. Zumeist wird neben der Vorausübereignung der Käufer auch noch verpflichtet, den Erlös gesondert aufzubewahren oder sofort, ohne daß eine Vermischung mit anderem Geld eintreten darf, an den Vorbehaltsverkäufer abzuführen. Diese rein schuldrechtlichen Verpflichtungen sind schon oben Seite 82/3 behandelt. Dort ist auch schon auf die Unbilligkeit in der strafrechtlichen Behandlung aufmerksam gemacht, die vorliegt, wenn zwar sehr strenge Nebenverpflichtungen, aber keine dinglich wirkende Vorausübereignung besteht.

Die Stipulierung derartiger Nebenverpflichtungen des Käufers hilft dem Verkäufer jedoch meistens nicht eben viel. Hält sich der Käufer nicht daran, so bewendet es sachenrechtlich bei der Rechtsfolge des Vermischungstatbestandes und strafrechtlich bei der durch diesen Tatbestand gegebenen und für den Unterschlagungstatbestand bindenden Eigentumssituation. Allerdings haben sie insofern strafrechtliche Bedeutung, als bei ausdrücklichem Verbot der Vermischung in der trotzdem erfolgenden Vermischung des Erlöses mit anderen Geldern eine rechtswidrige Zueignung gesehen werden kann[2]). Ebenso kann man, jedoch

[1]) Unklar ist, wieweit Nagler (in LK a. a. O. Anm. II 1) bei Eigentumsdelikten Auswechselbarkeit der Geldstücke annehmen will. Die von Nagler vorgeschlagene Konstruktion über § 181 BGB versagt dann, wenn der Wechselnde ein Insichgeschäft gerade nicht abschließen will.

[2]) Über Rechtswidrigkeit bei Nichteinhaltung der Voraussetzungen der Vermischungsermächtigung Nagler in LK a. a. O. Anm. VIII A 2.

nicht in allen Fällen, eher dazu gelangen, den Zueignungsvorsatz festzustellen[1]). Zumeist wird aber kritisch zu prüfen sein, ob diese Nebenverpflichtungen überhaupt wirksam vereinbart und auch nicht durch später anderes Verhalten der Parteien stillschweigend wieder aufgehoben sind[2]). Auf die entsprechenden Ausführungen zu S. 80 ff. wird verwiesen.

Nicht nur wegen der Gefahr des Eigentumsverlustes durch rechtmäßige Vermischung kommt der Verkaufserlösklausel keine besonders weitreichende Bedeutung zu. Wichtiger ist noch, daß die Zahl der Bargeschäfte, die ja allein von der Verkaufserlösklausel betroffen werden, immer mehr abnimmt. Bei größeren Objekten dringt auch im Einzelhandel der bargeldlose Zahlungsverkehr stärker durch. Nur wenige kaufen auch heute noch z. B. Möbelstücke oder Fahrzeuge in der Weise, daß sie den Kaufpreis sofort bar erlegen. Die Mehrzahl der Käufer zahlt mit Scheck, Wechsel oder durch Banküberweisung. Auch die Zahlung durch Postanweisung und durch oder aber auf Postscheck erfreut sich — letztere wegen ihrer geringen Kosten — steigender Beliebtheit. Nur bei der Zahlung durch Postanweisung wird dem Vorbehaltskäufer ein Geldbetrag ausgehändigt, auf den die Verkaufserlösklausel Anwendung finden könnte. Da Schecks fast immer einer Bank zum Einzug und zur Gutschrift und Wechsel fast immer einer Bank zur Diskontierung übergeben werden, erhält in allen übrigen Fällen der Vorbehaltskäufer kein Bargeld, sondern nur eine endgültige oder bei Wechsel und Scheck provisorische Gutschrift auf seinem Konto[3]).

In Weiterentwicklung des in der Verkaufserlösklausel steckenden Gedankens sind daher Verkäufer dazu übergegangen, das Surrogat der Forderung aus dem Weiterverkauf, nämlich bei Unbargeschäften die Forderung des Käufers gegen die Bank, als Sicherung zu nehmen. Das geschieht in der Weise, daß der Vorbehaltskäufer die bei Zahlung des Kunden entstehende eigene Forderung gegen die Bank im voraus dem Vorbehaltsverkäufer sicherungshalber abtritt. Die zivilrechtliche Konstruktion ist die gleiche wie bei der Vorausabtretungsklausel. Wie dort sind auch die strafrechtlichen Schwierigkeiten schon deshalb geringer, weil von vornherein der Tatbestand des § 246 StGB ausscheiden muß[4]).

(2) Der Schutz des § 266 StGB

Wie bei der Verarbeitungsklausel so ist auch bei der Verkaufserlösklausel festzustellen, daß strafwürdige Vorgänge durch den Tatbestand des § 266 StGB sicherer erfaßt werden und die strafrechtliche Behandlung regelmäßiger, weil von zivilrechtlicher Problematik befreit, vor sich gehen kann.

---

1) Noch stärker einschränkend Nagler in LK a. a. O. Anm. V 2 A a.

2) Hierzu Wilde in EV S. 182, Peschke daselbst S. 207, Stulz Eigentumsvorbehalt S. 76.

3) Womit § 246 StGB ausfällt, vgl. auch Wilde a. a. O. S. 176.

4) Vgl. RG in HRR 38, 782.

Auch hier wieder kommt aus den schon mehrfach erwähnten Gründen zumeist der Treubruchstatbestand[1]) in Betracht, wobei wegen des Bestehens eines tatsächlichen Treueverhältnisses auf die Ausführungen S. 95 ff. verwiesen werden kann[2]).

Hinzu kommt noch, daß gerade bei der Verkaufserlösklausel der Käufer oft noch durch strenge und weitgehende Nebenverpflichtungen gebunden ist, was naturgemäß zu einer noch stärkeren Verquickung des Kaufvertrages mit Auftragselementen führt. Es ist daher nicht recht verständlich, warum die Rechtsprechung nicht längst dem Tatbestand des § 266 ihr Hauptaugenmerk zugewandt hat. Statt dessen beschreitet sie weiter den dornenvollen Subsumtionsweg zu § 246 StGB und ergeht sich in wagehalsigen zivilrechtlichen Konstruktionen zugunsten des Verletzten[3]).

Bei der Prüfung der möglichen Treupflichtverletzungen wird schnell ersichtlich, daß es in der strafrechtlichen Würdigung keinen Unterschied machen kann, ob sich der Täter nach Besitzerlangung der Ware an dieser selbst oder aber später am Verkaufserlös vergreift. Alle Handlungen, die sich mit dem Vertragszweck, der Sicherung des Vorbehaltsverkäufers, nicht vereinbaren lassen, sind Treupflichtverletzungen. Führen sie außerdem noch zu einem Nachteil für den Vorbehaltsverkäufer, so ist der Tatbestand des § 266 StGB erfüllt.

Auch hier wird wieder durch das rein strafrechtliche Merkmal der Nachteilszufügung einer unsinnigen und in rein sachenrechtlichen Konstruktionen befangenen Tatbestandsmäßigkeit vorgebeugt und werden andererseits durch die Unabhängigkeit von zivilrechtlichen Erwägungen empfindliche Lücken im zivilrechtlich gebundenen Strafrechtsschutz geschlossen.

So ist es für den Tatbestand des § 266 StGB ohne Bedeutung, ob der Vorbehaltskäufer im Augenblick der Annahme des Verkaufserlöses noch den Willen hat, für den Vorbehaltsverkäufer Eigentum zu erwerben. Gerade die Tatsache, daß ihm der Wille abhanden gekommen ist und er gar nicht mehr daran denkt, sein Versprechen einzuhalten, ist als Treupflichtverletzung anzusehen.

Gleichgültig muß für den Tatbestand des § 266 StGB naturgemäß auch bleiben, ob überhaupt eine dinglich wirkende Klausel vereinbart ist[4]).

---

[1]) Das übersieht auch hier wieder Grunsfeld in ZStW 54, 480. Mißbrauchstatb. auch BGH vgl. S. 104 Anm. 2.

[2]) Vgl. zum Treueverhältnis allerdings bei der Kommission BGH Urteil v. 13. 5. 1953 in Lindenmaier-Möhring § 266 Nr. 11, von der älteren Rechtsprechung RG 62, 32 und 62, 60, letztere Entscheidung allerdings über die Konstruktion vom Individualanspruch, jetzt OLG Hamm Urteil v. 18. 2. 1954 in NJW 54, 1091; zu eng Borst JW 34, 822.

[3]) So RG 63, 336 = JW 30, 1403 mit dem Hinweis, daß nur bei einem Kommissionsgeschäft wie im Falle RG 63, 251 Untreue in Frage kommen könne. Vgl. auch die nur aus der engen Fassung des alten § 266 StGB zu verstehende Entscheidung RG 68, 304. [4]) Vgl. RG 62, 31; BGH 1, 186; BGH Urteil v. 13. 5. 1953 in Lindenmaier-Möhring § 266 Nr. 11.

Denn auch, wenn der Käufer sich nur schuldrechtlich zur getrennten Aufbewahrung oder gar zur sofortigen Abführung des Erlöses[1]) verpflichtet hätte, würde die spätere Nichtbeachtung seiner Verpflichtungen doch Treupflichtverletzung sein. (Anders nur, wenn es sich um Nebenverpflichtungen bzgl. des Verkaufserlöses von untergeordneterer Bedeutung handelte.) Gerade diese starke schuldrechtliche Bindung des Käufers muß ein Verhältnis im Sinne des § 266 StGB erzeugen, entspricht sie doch derjenigen Bindung, die bei jedem sogenannten unechten Treueverhältnis vorliegt, bei dem der Treuhänder einen Gegenstand im eigenen Namen und zunächst formell für sich, jedoch auf Rechnung und zur späteren Weiterübereignung an den Treugeber erwirbt. Die Strafwürdigkeit der Vermögensschädigung durch Vertrauensbruch ist in diesen Fällen so eklatant, daß vor der Neufassung des § 266 StGB die Rechtsprechung sich bemühte, mit Hilfe der Theorie vom Individualanspruch zu gerechten Ergebnissen zu gelangen[2]).

Erfaßt werden vom Tatbestand des § 266 auch die Fälle, in denen durch den Unterschlagungstatbestand weder ein Schutz der Ware noch ein Schutz des Surrogates bewirkt wird. Dem Untreuetatbestand kann auch derjenige Täter nicht entrinnen, der seinen Zugriff auf fremdes Vermögen geschickt in den Abschnitt verlegt, in dem er nach § 246 StGB nicht gefaßt werden kann. Auch dann, wenn der Vorbehaltskäufer beim Weiterverkauf noch redlich handelte und den Willen hatte, den Erlös für den Vorbehaltsverkäufer zu erwerben, jedoch bei der späteren Inempfangnahme des Erlöses seine Absicht ändert, liegt eine Treupflichtverletzung vor. Es wäre ja auch zu eigentümlich, nicht nur die Strafart und Höhe, sondern das Vorliegen einer Strafbarkeit überhaupt vom Zeitpunkt des verbrecherischen Entschlusses abhängig zu machen.

Ein ganz bedeutender Vorzug des Untreuetatbestandes besteht darin, daß der böswillige Geldbesitzer sich nicht einfach dadurch, daß er das Geld wechselt oder den Erlös durch seine Handkasse laufen läßt, der Strafbarkeit entziehen kann[3]). Auch derjenige ist nach §266 StGB strafbar[4]), der den für den Weiterverkauf erhaltenen Geldschein von einem Dritten in einzelne Geldstücke wechseln läßt, bevor er den Geldwert für

[1]) Hierzu besonders Grunsfeld ZStW 54, 477, über die Konstruktion einer „erweiterten rechtsgeschäftlichen Hauptpflicht“ ein vertragliches Treueverhältnis annehmend. Diese Konstruktion ist jedoch abzulehnen. Vgl. auch Wilde in EV S. 176/77 sogar für § 266 alter Fassung nebst dort angeführter Rechtsprechung. Aus der neueren Rechtsprechung OLG Hamm Urteil v. 15. 9. 1953 in JMBl. 53, 260.

[2]) Insbesondere RG 62, 60 für alle Treuhandverhältnisse. Zum Individualanspruch auch RG 63, 408; 64, 87; 65, 278, über die Entwicklung dieser Theorie vgl. die ausführliche Darstellung bei Zoller a. a. O. S. 40ff., Schwinge-Siebert S. 35ff.

[3]) Immer ist allerdings zuvor zu prüfen, ob nicht schon das Wechseln, Vermischen oder Einzahlen auf ein Konto eine Treupflichtverletzung ist. Vermögensschaden vgl. BGH in LM § 266 Nr. 11.

[4]) Anwendung des Mißbrauchstatbestandes ohne Deckungsprüfung BGH im LM § 266 Nr. 3, Nr. 11 unter Berufung auf RG 63, 251.

sich verbraucht[1]). Die große oder inhaltlich nicht kontrollierte und kontrollierbare Handkasse sichert nicht mehr Straffreiheit zu. Auch der Vorbehaltskäufer kann durch Verbrauch des Geldwertes sich der Untreue schuldig machen, der den Erlös aus dem Weiterverkauf auf sein Bankkonto oder ein Sonderkonto eingezahlt hat[2]). Selbst das echte Kontokorrent verliert seine Schwierigkeiten bei Anwendung des § 266. Zivilrechtlich mag von Bedeutung sein, ob die Einzelforderung im Saldo untergegangen ist oder nicht. Strafrechtlich interessiert allein, ob der Vorbehaltskäufer sein Konto derart belastet hat, daß der Saldo zur Sicherung des Vorbehaltsverkäufers nicht mehr ausreicht[3]). Ob es sich um den Saldo eines echten oder eines unechten Kontokorrent handelt, ist gleichgültig.

Betrachtet man die Verkaufserlösklausel schließlich als gewissermaßen Schlußpunkt der anderen und in Zusammenwirkung mit den anderen Klauseln des verlängerten Eigentumsvorbehalts, so ergibt sich nicht beim Tatbestand des § 246, wohl aber beim Untreuetatbestand eine homogene Reaktion. Treffen z. B. Eigentumsvorbehalt an der Ware, Vorausabtretung, Verkaufserlösklausel i. e. S. und Abtretung der Forderung gegen die Bank zusammen, so ergibt sich für den Tatbestand des § 246 StGB ein sehr merkwürdiges Bild. Je nach dem Zeitpunkt der Täterhandlung wechselt die Strafbarkeit. Der Täter, der in allen Fällen ja nichts anderes will als sich auf Kosten des Vorbehaltsverkäufers zu bereichern und dem es höchst gleichgültig sein dürfte, wann er zugreift, wird dann, wenn er sich an der Ware oder an dem Verkaufserlös vergreift, wegen Unterschlagung bestraft. Vergreift er sich an der dem Vorbehaltsverkäufer zustehenden Forderung gegen den Abkäufer oder gegen die Bank, so wird er vom Unterschlagungstatbestand nicht betroffen. Entschließt sich die herrschende Lehre zur Anwendung des Untreuetatbestandes dort, wo sie eine Lücke im Vermögensschutz empfindet, so haben wir folgende Strafrechtsreaktionen vor uns: Zugriff auf die Ware: Unterschlagung, Zugriff auf die Forderung aus dem Weiterverkauf: Untreue, Zugriff auf den Erlös, der durch Einziehen der Forderung erlangt ist: Unterschlagung, Zugriff auf die Forderung, die durch Einzahlung des Erlöses bei der Bank entsteht: Untreue. Die Tätergesinnung ist überall dieselbe. Dieselbe Täterpersönlichkeit wechselt jedoch für die herrschende Lehre wie ein Chamäleon ihre strafrechtliche Färbung[4]). Hier wird Vernunft Unsinn, jedenfalls dann, wenn man die unterschiedlichen Strafdrohungen bedenkt und außerdem noch an etwas wie ein Täterstrafrecht glaubt.

---

[1]) So auch schon Mayer Untreue S. 300.

[2]) Vgl. hierzu RG 64, 87.

[3]) Richtig Wilde in EV S. 178 (allerdings noch mit wirtschaftlicher Zugehörigkeit arbeitend), vgl. auch RG in HRR 38, 782.

[4]) Sehr gutes Beispiel RG 62, 33; daß in diesem Falle neben § 246 auch der Untreuetatbestand in Idealkonkurrenz angewandt wird, bessert dabei nichts, solange nicht der Vorbehaltskäufer generell dem Kommissionär gleichgestellt wird.

Ebenso hart ist die Zumutung, einzelne dem Vorbehaltskäufer verbotene Handlungen in dem einen Handlungsabschnitt strafbar, im anderen nicht strafbar zu sehen. Verpfändet z. B. der Vorbehaltskäufer die Ware, so wird er nach herrschender Lehre unter besonderen Voraussetzungen vom Unterschlagungstatbestand nicht betroffen. Bei der bisherigen Aversion der Rechtsprechung, den Untreuetatbestand in diesem ersten Stadium schon anzuwenden, würde er auch nicht wegen Untreue bestraft werden. Verpfändet er dagegen die durch Weiterverkauf dieser Ware entstandene und dem Vorbehaltsverkäufer zustehende Forderung, so macht er sich, jedenfalls wenn man den Nachteilsbegriff so ausweitet wie die herrschende Lehre, der Untreue schuldig.

Das kann nicht Sinn des Gesetzes sein. Wer hier nach sofortiger Gesetzesänderung ruft und sich von einer vorschnellen Gesetzesänderung etwas verspricht, zeigt nur, daß er die erste Aufgabe für Wissenschaft und Praxis, nämlich die vorhandenen Gesetze verständig auszulegen, nicht ernst genug nimmt.

c) Der erweiterte Eigentumsvorbehalt

Kennzeichen des erweiterten Eigentumsvorbehalts ist die Abhängigkeit der dinglichen Zuordnung von einer Mehrzahl schuldrechtlicher Verhältnisse. Daß sich hierdurch auch für die strafrechtliche Praxis die größten Schwierigkeiten ergeben, liegt auf der Hand. Die Feststellung, wer Eigentümer einer Sache und auch, wer Inhaber einer Forderung ist, hängt jeweils von der Klärung des Abwicklungsstandes mehrerer, oft einer Unzahl einzelner Kaufverträge ab. In mühseliger Kleinarbeit müssen die einzelnen Geschäfte durchgeprüft werden, und oft kommt eine Strafbarkeit schon deshalb nicht in Betracht, weil dem Täter vorsatzausschließender Irrtum zugute gehalten werden muß oder ihm zumindest Vorsatz nicht nachgewiesen werden kann.

Die Erkenntnis der wirklichen Rechtlage ist naturgemäß um so schwieriger, je vielfältiger und verwickelter die Geschäftsbeziehungen zwischen Verkäufer und Käufer sind. Wer glaubt, daß sich der Abwicklungsstand der Geschäfte leicht an Hand der Kontokarten oder Aufstellungen eines der Beteiligten ablesen lasse, kennt die wirtschaftliche Praxis nicht. Auch bei bestem Willen beider Parteien ergeben sich bei längerer Geschäftsverbindung Ungenauigkeiten in der beiderseitigen Abrechnung. Sei es nun, daß in der Skontoberechnung oder Rabattberechnung Fehler unterlaufen, daß Retouren verschieden gebucht werden, Frachtgutschriften und Verpackungsgutschriften differieren oder daß in der Berechnung von Zahlungszielen und Verzinsungen, Diskontspesen und Wechseleinzugsspesen, Abschlagzahlungen und Kaufpreisraten Unstimmigkeiten auftreten. Fast immer ist es erforderlich, von Zeit zu Zeit eine beiderseitige Kontoabstimmung vorzunehmen. Was auch bei gutem Willen beider Parteien oft beträchtliche Schwierigkeiten macht, nämlich den tatsächlichen Abwicklungsstand zu ermitteln, führt im Zivilrechtsstreit und erst recht im Strafprozeß zu verwickelten Prüfungen, die um so unangenehmer sind, als hier von der Beantwortung vieler tatsächlicher Fragen und von der Lösung vieler zivilrechtlicher Rechtsfragen die schwerwiegende Feststellung tatbestandsmäßigen Handelns abhängt[1]).

Da verlängerter und erweiterter Eigentumsvorbehalt zumeist zusammen auftreten, ergibt sich die weitere Schwierigkeit, daß die strafrechtliche Prüfung nach Klärung des Abwicklungsstandes ihr Augenmerk nicht nur auf das Vorhandensein der Vorbehaltsware zu richten hat, sondern darüber hinaus auch auf das Vorhandensein der Verarbeitungsprodukte, der Forderungen aus dem Weiterverkauf, der Verkaufserlöse und der Forderungen des Vorbehaltskäufers gegen seine Bank. Zu untersuchen ist jeweils, ob an irgendeiner Stelle dieses Komplexes ein Zugriff auf das Eigentum oder das Vermögen des Vorbehaltsverkäufers stattgefunden hat.

Soweit hierbei Probleme des verlängerten Eigentumsvorbehalts auftreten, wird allgemein auf die Ausführungen zu b) verwiesen. Nur soweit es sich um spezifische Probleme des erweiterten Eigentumsvorbehalts handelt, also vor allem um Probleme, die sich aus dem unterschiedlichen Ansatzpunkt der Tatbestände der §§ 246 und 266 gegenüber dem erweiterten Eigentumsvorbehalt ergeben, werden nachstehend Ausführungen gemacht.

α) Kontokorrentklausel

(1) Der Schutz des § 246 StGB

Für den Tatbestand des § 246 StGB bedeutet die Kontokorrentklausel, daß bis zu einem erfolgenden Kontoausgleich alle vom Vorbehaltsverkäufer gelieferten Waren für den Vorbehaltskäufer fremde Sachen sind. Rechtswidrige Zueignung der Ware ist also auch dann noch möglich, wenn diese Ware längst bezahlt ist und nur aus einer anderen Lieferung Rückstände, u. U. nur Zinsrückstände von ganz geringer Höhe bestehen.

Daß hierin ein ganz besonderes Gefahrenmoment für den Vorbehaltskäufer liegt, ist offensichtlich. Gerade bei dauernder Geschäftsverbindung und ständiger Nachbelieferung ist es so, daß fast niemals alle Warenlieferungen und alle Nebenkosten voll bezahlt sind. Schon die Inanspruchnahme von Zahlungszielen führt zu diesem Zustand. Daneben haben auch oft Wiederverkäufer die Gewohnheit, bei ihren Lieferanten stets einen Debetposten zu unterhalten, um bei mangelhafter Lieferung, bei Streitigkeiten über Retouren, Beschädigung der Ware auf dem Transport usw. in besserer Position zu sein. Wer ganz gezahlt hat und sein

---

[1]) Für den Akzessorietätsgläubigen muß in diesen Fällen die „souveräne Verachtung des Strafrechts" im BGB und die Rücksichtslosigkeit der zivilrechtlichen Theorie gegenüber strafrechtlichen Konsequenzen (Gleispach Veruntreuung S. 135) besonders hart erscheinen.

Recht auf Rückzahlung erst erstreiten muß, ist natürlich schlechter daran, als derjenige, der einfach die Zahlung des Restkaufpreises verweigern und dadurch die Gegenseite auf den Prozeßweg verweisen kann.

Das Ergebnis ist jedenfalls überall dort, wo Lieferanten nur unter Eigentumsvorbehalt mit Kontokorrentklausel liefern, daß das ganze Warenlager des Wiederverkäufers im Eigentum seiner Lieferanten steht und auch die längst bezahlten Lieferungen für ihn „fremde Sachen" sind.

Auf diese Weise entsteht für den Tatbestand des § 246 ein ungeheures Anwendungsgebiet. Nicht ein Stück seines Ladens kann der Vorbehaltskäufer als ihm gehörig behandeln. Auch wegen geringer Restschulden und bei Zugriff auf einen geringen Teil der Gesamtlieferungen finden die S. 45 ff. aufgezeigten Grundsätze Anwendung, gleichgültig, ob der Vorbehaltsverkäufer durch den Zugriff auf das Einzelstück überhaupt ernstlich benachteiligt wird.

Wenn nun der Vorbehaltskäufer, um sich von dieser lästigen Bindung zu befreien, unter Verzicht auf sein Zahlungsziel einen völligen Kontoausgleich vornimmt, und ihm dieser aus den schon vorstehend aufgeführten Gründen um einige Pfennige mißlingt, bleibt er im Felde des äußeren Unterschlagungstatbestandes. Ein wahres Glück, daß es keinen Tatbestand der fahrlässigen Unterschlagung gibt und daß der Irrtum über die Fremdheit der Sache noch als Tatumstandsirrtum und nach der verständigen Regelung des § 59 StGB behandelt wird!

Zwar wird man in den meisten Fällen ein ungerechtes Ergebnis vermeiden und mit Hilfe der Konstruktion einer zu vermutenden Einwilligung die Rechtswidrigkeit, mit weitgehender Annahme von Tatumstandsirrtum den Vorsatz ausschließen können. Auch großzügige Zubilligung von Vorsatzausschluß wegen irrtümlicher Annahme einer Einwilligung des Verkäufers kann zu diesem Zwecke beihelfen. Ungut und unheimlich bleibt doch, daß der äußere Tatbestand des § 246 StGB so schnell erfüllt werden kann.

Auch ist das erstrebte gerechte Ergebnis nicht immer leicht zu erreichen. So hilft die zu vermutende Einwilligung dort nicht, wo der Vorbehaltsverkäufer ausdrücklich erklärt hat, daß er auch nicht auf einen winzigen Teil seiner überdehnten Sicherung verzichten wolle. Der vorsatzausschließende Irrtum versagt, wenn der Käufer sich über das Bestehen einer Restschuld und die Wirkung der Kontokorrentklausel im klaren ist und nur glaubt, er dürfe eben bei dieser ungeheuren Absicherung des Vorbehaltsverkäufers einen geringen Teil der Ware für sich in Anspruch nehmen. Ob der Verbotsirrtum in seinem neuen Gewande und mit seiner schon phrasenhaften Wendung von der Gewissensanspannung hier helfen kann, ist zumindest fragwürdig[1]).

---

[1]) Versagt doch das Gewissen des Staatsbürgers schon bei der Beurteilung strafrechtlicher Normen (z. B. der §§ 284/86), um von außerstrafrechtlichen und ihnen gleichzustellenden Normen (also Zivilrechtsnormen und Normen strafrecht-

Tritt die Kontokorrentklausel in Verbindung mit Klauseln des verlängerten Eigentumsvorbehalts auf, und zwar in der Form, daß jedes Surrogat der Vorbehaltsware erfaßt wird, so haben wir, wenn alle Lieferanten diese Bedingungen stellen, den vermögenslosen Wiederverkäufer vor uns. Ihm gehört weder die Ware noch hat er eigene Forderungen gegen seine Abkäufer oder sein Bankinstitut. Alles das nur, weil er sein Zahlungsziel ausnutzen will oder muß und er daher immer mit Restbeträgen aus der letzten Lieferung im Debet bleibt. Dieser Vorbehaltskäufer ist nicht nur zivilrechtlich außerstande, Kredit aufzunehmen und abzusichern, sondern darüber hinaus auch strafrechtlich in einer gefährdeten Situation. Alle eigentumsfähigen Gegenstände, also alle Waren und alle Verkaufserlöse sind mögliche Handlungsobjekte für einen Tatbestand, der feine Differenzierungen nicht zuläßt und in ganz roher Weise nur die Aufrechterhaltung der bestehenden dinglichen Rechtslage zum Ziele hat. Obwohl Vermögensschutztatbestand im weiteren Sinne, fehlt diesem Tatbestand das für Vermögensschutztatbestände allein sinngebende Merkmal der Vermögensbeschädigung[1]). Gerade aber in Fällen des erweiterten und verlängerten Eigentumsvorbehalts kann nicht auf die Zueignung eines einzelnen Stückes, sondern nur auf die Gesamtvermögenslage und Gesamtsicherung des Vorbehaltsverkäufers abgestellt werden. Ist diese trotz einer Zueignungshandlung (begangen beispielsweise an einigen Waren oder Geldstücken) im ganzen unbeeinträchtigt (weil z. B. die Restkaufpreisforderung durch gute Forderungen aus dem Weiterverkauf oder gegen die Bank mehrfach überdeckt ist), so kann sinnvollerweise ein Vermögensdelikt i. w. S. nicht vorliegen.

Wenn ein solches nach § 246 StGB doch vorzuliegen scheint, so müssen Bedenken gegen die Anwendung dieses Tatbestandes oder gegen seine übliche Auslegung auftreten.

(2) Der Schutz des § 266 StGB

Ähnlich wie der Unterschlagungstatbestand scheint auch der Untreuetatbestand durch die überstarke zivilrechtliche Bindung des Vorbehaltskäufers einen unerwünscht großen Anwendungsbereich zu erhalten. Nicht nur deshalb, weil bei Vorliegen des Treueverhältnisses sich Treupflichtverletzung und zivilrechtliche Vertragspflichtverletzung gewöhnlich decken, sondern vor allem, weil bei erweitertem und verlängertem Eigentumsvorbehalt auch noch die Zugriffe auf die Forderungen des Vorbehaltsverkäufers erfaßt werden.

Fraglich erscheint jedoch hier schon, ob man nicht, wenigstens in krassen Fällen, trotz Vorliegens einer zivilrechtlichen Vertragspflicht-

licher Nebengesetze, Polizeinormen usw.), die das Gewissen überhaupt nicht ansprechen, ganz abzusehen.

[1]) Der Unterschlagungstatbestand des preuß. StGB von 1851 § 255 enthielt dagegen das Merkmal der Nachteilszufügung. Über die partikularrechtlichen Unterschlagungstatbestände vgl. die Zusammenstellung bei Köstlin S. 335ff.

verletzung die Verletzung einer Treuepflicht verneinen darf. So könnte u. U. ganz unwesentlichen und die Sicherung des Vorbehaltsverkäufers angesichts des Übermaßes von Sicherheit nicht berührenden Vertragspflichten der Charakter einer Treupflicht abgesprochen werden. Insoweit würde dann eben keine Deckung von Vertragsverhältnis und Treueverhältnis, Vertragspflicht und Treupflicht vorliegen. Zivilrechtliche Wirksamkeit dieser für die Sicherung des Vorbehaltsverkäufers unbedeutenden Vertragspflichten vorausgesetzt, würde sich hier ein augenfälliger Unterschied zur Behandlung ähnlicher Fälle nach § 246 StGB zeigen.

Solange man an einem einheitlichen Begriff der Rechtswidrigkeit festhält und sich nicht entschließt, zivilrechtliche und strafrechtliche Rechtswidrigkeit voneinander abweichen zu lassen, sind Zueignungshandlungen im Sinne des § 246 StGB immer dann rechtswidrig, wenn sie zivilrechtlich verboten, also zivilrechtlich rechtswidrig sind. Es kann also niemals an der Rechtswidrigkeit, sondern immer nur an der Tatbestandsmäßigkeit angesetzt werden.

Während nun der Zueignungsbegriff notwendig alle die Handlungen umfassen muß, mit denen der Vorbehaltskäufer einen Teil der Waren seinem Vermögen einverleibt, gleichgültig wie sich die Gesamtsituation des Verkäufers stellt, und es an der Rechtswidrigkeit wegen der diese Handlung verbietenden zivilrechtlichen Vertragsbestimmung nicht fehlen kann, stellt der Tatbestand des § 266 in der Treupflichtverletzung ein wesentlich feiner differenzierendes Merkmal zur Verfügung, das es erlaubt, unwesentliche und für den Vermögensschutz gleichgültige Handlungen auszuscheiden, ohne daß die Frage der Rechtswidrigkeit dieser Handlungen überhaupt aufgeworfen werden kann.

Bei dieser Auslegung des Untreuetatbestandes ergäbe sich allerdings eine gewisse Überschneidung insofern, als auch durch das Merkmal der Nachteilszufügung für den Vermögensschutz unwesentliche Handlungen aus dem Kreis der tatbestandsmäßigen Handlungen ausgeschieden werden. Man könnte daher Bedenken haben, das Tatbestandsmerkmal der Treupflichtverletzung mit Einschränkungen zu belasten, die der Gesamttatbestand ohnehin, aber in einem anderen Tatbestandsmerkmal ausdrücklich vornimmt. Für die weite Auslegung des Merkmals der Treupflichtverletzung spricht schließlich auch, daß die Unterscheidung zwischen im besonderen Falle wesentlicher oder unwesentlicher Vertragspflicht sehr viel schwieriger sein dürfte, als die zwischen Nachteilszufügung und insoweit indifferenter Handlung, wobei letzten Endes dann der Gesichtspunkt der möglichen Nachteilszufügung bestimmen dürfte, ob eine wesentliche oder unwesentliche Vertragspflicht vorliegt.

Gleich, welcher Auslegung man sich anschließt, bleibt als Ergebnis festzuhalten, daß bei dem Tatbestand des § 266 StGB die für die Gesamtsituation des Vorbehaltsverkäufers indifferenten Handlungen ausscheiden, ein Ergebnis, das sich beim Unterschlagungstatbestand nicht so leicht und auch nicht mit Hilfe der Konstruktion vom fälligen Anspruch auf die konkrete Sache erreichen läßt[1]). Gerade bei der Kontokorrentklausel zeigt sich diese Notwendigkeit mit besonderer Deutlichkeit.

β) Konzernklausel

Die strafrechtliche Situation bei Eigentumsvorbehaltsverträgen mit Konzernklausel unterscheidet sich nicht wesentlich von der vorstehend zu α) geschilderten. Vielleicht tritt bei der Konzernklausel das Problem der nicht vermögensschädigenden Zueignungshandlung noch etwas schärfer hervor, weil auch die dingliche Bindung des Vorbehaltskäufers schärfer und rigoroser ist. Wichtig ist für die Behandlung des Untreuetatbestandes, daß bei der Prüfung der Nachteilszufügung nicht auf den jeweiligen Vorbehaltsverkäufer und Eigentümer oder Inhaber von Ware oder Surrogat, sondern auf die durch den Konzernvorbehalt gesicherte Gemeinschaft mehrerer Gläubiger abzustellen ist.

d) Der weitergeleitete Eigentumsvorbehalt

Während bei den vorstehend behandelten Formen des Eigentumsvorbehalts im wesentlichen nur zwei Personengruppen, nämlich Verkäufer und Käufer zu betrachten waren und nur die Strafrechtsreaktionen zwischen diesen Gruppen interessierten, haben wir beim weitergeleiteten Eigentumsvorbehalt ein Personendreieck mit unterschiedlichen zivilrechtlichen Beziehungen und auch strafrechtlichen Reaktionsmöglichkeiten vor uns. Zum Vorbehaltsverkäufer und Vorbehaltskäufer tritt der Abkäufer, der beim weitergeleiteten Eigentumsvorbehalt in das Sicherungssystem des Vorbehaltsverkäufers einbezogen ist.

(1) Der Schutz des § 246 StGB

Verhältnismäßig einfach liegen die Dinge auf seiten des Vorbehaltskäufers und Wiederverkäufers. Verkauft der Vorbehaltskäufer, der zur offenen Weiterleitung des Eigentumsvorbehalts verpflichtet ist, ohne eine derartige Weiterleitung, so begeht er eine rechtswidrige Zueignungshandlung. Im einzelnen kann auf die Ausführungen oben S. 46 ff. verwiesen werden.

Auch wenn der zur offenen Weiterleitung verpflichtete Vorbehaltskäufer den Eigentumsvorbehalt zwar weiterleitet, aber verdeckt, also selbst als neuer Eigentümer der Ware nach außen auftritt, wird man eine (rechtswidrige) Zueignungshandlung annehmen müssen, da ja die Verwertung der Ware im Interesse des Wiederverkäufers erfolgt und außer-

[1]) Denn den Anspruch auf das Eigentum an der Ware sowie auf Rückübertragung der fiduziarisch übertragenen Warensurrogate hat der Käufer erst, wenn er selbst voll gezahlt hat. Vorher kann er weder ein konkretes Stück der Waren oder Surrogate noch diese im ganzen fordern.

dem nach außen hin, jedenfalls dem Abkäufer gegenüber, der Gegenstand dem Vermögen des Wiederverkäufers zugeschlagen wird.

Ist der Vorbehaltskäufer nur zur verdeckten Weiterleitung des Eigentumsvorbehalts verpflichtet und verstößt er beim Verkauf gegen diese Verpflichtung, so liegt ebenfalls eine rechtswidrige Zueignungshandlung vor. Das folgt notwendig aus der Überlegung, daß die Verwertung der Ware durch Weiterverkauf im Eigeninteresse Zueignung ist und die Rechtswidrigkeit der Zueignung durch das zivilrechtliche Verbot bestimmt wird. Auf die starke Abhängigkeit des Unterschlagungstatbestandes von zivilrechtlichen Vertragsbestimmungen, die sich hierdurch ergibt, und auf die starke Pönalisierung von Verträgen gerade durch diese Abhängigkeit ist schon wiederholt hingewiesen[1]).

Eine Ausnahme von diesem Grundsatz wird man nur dann annehmen können, wenn der Vorbehaltskäufer von seiner Vertragspflicht insofern abweicht, als er den Eigentumsvorbehalt nicht verdeckt, sondern offen weiterleitet. In diesem Falle tut der Vorbehaltskäufer zur Sicherung des Vorbehaltsverkäufers mehr, als er eigentlich tun müßte, und man wird zu einem derartigen Weiterverkauf generell die die Rechtswidrigkeit ausschließende Einwilligung des Vorbehaltsverkäufers annehmen können.

Leitet nun der sowohl zivilrechtlich als auch durch die aufgezeigte Strafrechtsreaktion gebundene Vorbehaltskäufer den Eigentumsvorbehalt vertragsgemäß weiter, so wird auch der Abkäufer in das zivilrechtliche und strafrechtliche Bindungssystem einbezogen.

Beim offen weitergeleiteten Eigentumsvorbehalt haben wir eine Situation vor uns, die der S. 45 ff. beschriebenen ziemlich gleicht, vor allem dann, wenn das Eigentum für den Vorbehaltsverkäufer nur bis zur Zahlung des Abkäufers an den Wiederverkäufer vorbehalten ist. Solange der Abkäufer noch nicht gezahlt hat, steht die Ware im Eigentum des Vorbehaltsverkäufers und kann durch vertragswidrige Handlungen des Abkäufers rechtswidrig zugeeignet werden. Für die einzelnen Handlungen gilt das S. 45 ff. Ausgeführte.

Etwas anders ist es schon, wenn das Eigentum zugunsten des Vorbehaltsverkäufers bis zu dessen Befriedigung vorbehalten ist. In diesen Fällen liegt es nicht in der Hand des Abkäufers, sondern ausschließlich in der des Vorbehaltskäufers, dem Abkäufer das Eigentum an der Ware zu verschaffen. Zahlt zwar der Abkäufer, wird aber der Kaufpreis vom Wiederverkäufer nicht an den Lieferanten weitergeleitet, so bleibt die Ware eine dem Abkäufer fremde Sache. Während man die zivilrechtliche Lage des Abkäufers bei einer derartigen Eigentumsvorbehaltsklausel als unerfreulich und auch unerwünscht bezeichnen kann, muß die strafrechtliche Situation des Abkäufers als erschreckend bezeichnet werden.

---

[1]) Ein eigentümliches Zusammentreffen ist es, daß der Unterschlagungstatbestand des preuß. StGB von 1851 § 225 auch nicht Eigentumsdelikt, sondern Delikt der Verletzung obligatorischer Pflichten ist, vgl. hierzu Ebener Untreue S. 3.

Auch an dieser Stelle erweist sich die zivilrechtliche Bindung des Unterschlagungstatbestandes als besonders störend. Wie soll der Abkäufer wissen, wann er Eigentümer der Ware geworden ist? Muß der Abkäufer nicht besonders in Krisenzeiten damit rechnen, daß sich die Weiterleitung des Kaufpreises an den Lieferanten erheblich verzögern kann oder nicht in voller Höhe erfolgt? Für den dolus eventualis bietet sich auch hier wieder ein unerfreulich weites Feld. Noch erschreckender wird die Situation, wenn die Weiterleitung des Eigentumsvorbehalts mit der Kontokorrentklausel in der Weise gekoppelt ist, daß der Abkäufer erst dann Eigentümer der Ware wird, wenn der Wiederverkäufer seine gesamten Verbindlichkeiten gegenüber dem Lieferanten erfüllt hat. Muß nun der Abkäufer die Ware stets als fremd im Sinne des § 246 StGB ansehen?

Was sich zivilrechtlich noch in etwa rechtfertigen läßt, vor allem durch die Überlegung, daß der Lieferant ja nicht mehr erhält, als ihm zusteht und der Kauf unter diesen Bedingungen eben (bei Konkurs des Wiederverkäufers) freiwilliges Risiko des Abkäufers ist, ist strafrechtlich schlechterdings unvernünftig. Man kann wohl noch verstehen, daß zivilrechtlich der Abkäufer, der auf eigene Gefahr zahlt, gezwungen ist, wenn er endgültig Eigentum erwerben will, einen evtl. Ausfall des Lieferanten im Konkurs des Wiederverkäufers durch teilweise Doppelbezahlung zu decken, nicht aber, daß über dem Abkäufer, praktisch solange die Geschäftsverbindung Lieferant — Wiederverkäufer besteht, das Damoklesschwert des Unterschlagungstatbestandes schwebt.

Ist der Eigentumsvorbehalt verdeckt weitergeleitet, so kann die vorstehend aufgezeigte Situation kaum eintreten, da gewöhnlich die Zahlung des Abkäufers an den als Eigentümer auftretenden Wiederverkäufer als aufschiebende Bedingung bestimmt ist. Hier wird in fast jedem Falle der Abkäufer mit Zahlung auch Eigentümer der Sache. Ausnahmen kommen nur dort in Betracht, wo der Vorbehaltsverkäufer den Wiederverkäufer zu einer derartigen Übertragung nicht ermächtigt hatte und außerdem der Gutglaubensschutz der Vorschriften der §§ 932 ff. BGB oder wichtiger noch 366 HGB nicht eingreift. Nur bis zur Zahlung des Kaufpreises sind Unterschlagungshandlungen möglich, für die im einzelnen auf die Ausführungen S. 45 ff. verwiesen werden kann.

Bei beiden Arten des weitergeleiteten Eigentumsvorbehalts ist zu beachten, daß das Eigentum bis zum Bedingungseintritt stets dem Vorbehaltsverkäufer zusteht. Dieser ist also in jedem Unterschlagungsfall der Verletzte, gleichgültig ob der Abkäufer das weiß oder nicht. Auch wenn der Abkäufer, wie beim verdeckten Vorbehalt, glaubt, sich das Eigentum des Wiederverkäufers zuzueignen, vergreift er sich in Wirklichkeit an Sachen des Lieferanten. Das kann zu sonderbaren Irrtumsfällen führen, z. B. dann, wenn der Abkäufer meint, dem Wiederverkäufer gegenüber zur Zueignung berechtigt zu sein.

Eigentümliche Fälle entstehen auch durch die zivilrechtlich problematischen Eigentumsübergangstheorien. Solange man die Bindung an die zivilrechtliche Eigentumslage in § 246 StGB ernst nimmt, ist man gezwungen, sich mit diesen Theorien auseinanderzusetzen. Folgt man der wohl überwiegend vertretenen Ansicht, daß bei Bedingungseintritt Einigkeit über den Eigentumsübergang nicht mehr vorliegen müsse, so wird der Abkäufer bei Zahlung auch Eigentümer der Ware. Nimmt man dagegen an, daß auch die Einigkeit über den Eigentumsübergang fortbestehen müsse, so hat es beim offen weitergeleiteten Eigentumsvorbehalt der Vorbehaltsverkäufer, beim verdeckt weitergeleiteten der Wiederverkäufer in der Hand, ob der Abkäufer Eigentümer wird. Im einzelnen und wegen der strafrechtlichen Konsequenzen wird auf die Ausführungen S. 57 ff. verwiesen.

(2) Der Schutz des § 266 StGB

Wie schon bei der Behandlung des einfachen Eigentumsvorbehalts ausgeführt, begründet der Eigentumsvorbehalt zwischen Verkäufer und Konsumenten nicht generell auch ein tatsächliches Treueverhältnis im Sinne des § 266 StGB, da dem Konsumenten eine rechtsgeschäftliche Dispositionsbefugnis in der Regel nicht eingeräumt ist. Jedoch wird man wegen der Besitz- und Anwartschaftsrechtsüberlassung, die Dispositionen des Verkäufers weitgehend ausschließt und mit Hilfe der Legitimationswirkung dem Käufer eine tatsächliche Dispositionsmöglichkeit einräumt, bei nicht nebensächlichen und unwesentlichen Geschäften ein tatsächliches Treueverhältnis anzunehmen haben. Gleiches muß auch für das Verhältnis zwischen Wiederverkäufer und Abkäufer beim verdeckt weitergeleiteten Eigentumsvorbehalt gelten.

Im Gegensatz zu dieser Differenzierung im Verhältnis zwischen Wiederverkäufer und Abkäufer können wir in dem Verhältnis zwischen Vorbehaltsverkäufer und Wiederverkäufer stets ein Treueverhältnis im Sinne des § 266 StGB feststellen, da hier außerdem noch rechtsgeschäftliche Dispositionsbefugnis in weitem Umfange übertragen ist. Gerade durch einen Verkauf unter der Bedingung der Weiterleitung des Eigentumsvorbehalts werden dem Vorbehaltskäufer ganz besondere Pflichten zur Wahrnehmung von Vermögensinteressen des Verkäufers auferlegt, wobei es keinen Unterschied machen kann, ob nun der Vorbehaltskäufer zur offenen oder verdeckten Weiterleitung verpflichtet ist.

Neben diesen beiden Personenbeziehungen interessiert für die Fälle des offen weitergeleiteten Eigentumsvorbehalts noch eine dritte, nämlich die Beziehung zwischen Vorbehaltsverkäufer und Abkäufer. Da der Abkäufer in der Regel nicht mit rechtsgeschäftlicher Dispositionsbefugnis ausgestattet ist, wird man auch in diesem Verhältnis nicht generell ein tatsächliches Treueverhältnis im Sinne des § 266 StGB anzunehmen haben. Fraglich ist allein, ob überhaupt auch bei nicht ganz nebensächlichen und unbedeutenden Geschäften die Vereinbarung zwischen Wiederverkäufer und Abkäufer ein Treueverhältnis des Abkäufers zum Vorbehaltsverkäufer zu schaffen vermag und weiter, ob beim offen weitergeleiteten Eigentumsvorbehalt daneben noch ein Treueverhältnis zwischen Wiederverkäufer und Abkäufer entstehen kann.

In diesem Falle, in dem die Vertragsschließung zwischen Wiederverkäufer und Abkäufer, die Vermögensüberlassung dagegen zwischen Vorbehaltsverkäufer und Abkäufer stattfindet, bewährt sich erneut der Grundsatz, daß nicht die Vertragsbeziehung, sondern die Vermögensüberlassung den Ausschlag geben muß. Das entspricht auch durchaus dem Sinne des Tatbestandes, der die Verletzung eines tatsächlichen Treueverhältnisses und nicht die allgemeine Vertragspflichtsverletzung zu ahnden unternimmt. Von einer Überlassung von Dispositionsbefugnis zwischen Wiederverkäufer und Abkäufer kann schon deshalb nicht die Rede sein, weil der Wiederverkäufer offen als Nichtberechtigter über fremdes Vermögen verfügt. In der Überlassung der Dispositionsbefugnis ist der Wiederverkäufer offener Stellvertreter (i. w. S.) des Vorbehaltsverkäufers. Strafrechtlich muß daher das Verhältnis zwischen den Beteiligten so angesehen werden, wie wenn bei einem Treuhandgeschäft zwischen zwei Parteien die eine Seite durch einen Bevollmächtigten vertreten ist. Nur ganz besondere vertragliche Nebenverpflichtungen oder sonstige besondere Umstände könnten dazu veranlassen, auch zwischen Wiederverkäufer und Abkäufer beim offen weitergeleiteten Eigentumsvorbehalt ein Treueverhältnis im Sinne des § 266 StGB anzunehmen. Auf die Ausführungen zum uneigentlichen Eigentumsvorbehalt (a δ) wird verwiesen.

Entsprechend diesen möglichen Treueverhältnissen im Sinne des § 266 StGB ergeben sich auch die verschiedenen Möglichkeiten der Treupflichtverletzungen.

Beim v e r d e c k t weitergeleiteten Eigentumsvorbehalt kommen als Treupflichtverletzungen des Abkäufers gegenüber dem Wiederverkäufer, dann, wenn wegen der Bedeutung des Geschäftes ein Treueverhältnis anzunehmen ist, alle die Handlungen in Betracht, die schon oben S. 67ff. als Vertragspflichtverletzungen und gleichzeitige Treupflichtverletzungen ausgewiesen sind. Insbesondere sind Weiterverkauf, Sicherungsübereignung, Verpfändung und in weitem Umfange auch vertragswidrige Gebrauchs- und Verbrauchshandlungen Treupflichtverletzungen.

Daß durch diese weitgehende Einflußnahme der vertraglichen Verbote auf die strafrechtliche Tatbestandsmäßigkeit keine unverantwortliche Pönalisierung des zivilrechtlichen Vertrages erfolgt, wird auch hier wieder durch das Tatbestandsmerkmal der Nachteilszufügung in wohltuender Weise prästiert.

Genauso ist es im Verhältnis zwischen Vorbehaltsverkäufer und Wiederverkäufer, das regelmäßig als Treueverhältnis im Sinne des § 266 StGB anzusprechen sein wird; gleichgültig, ob der Wiederverkäufer zur offenen oder zur verdeckten Weiterleitung des Eigentumsvorbehalts verpflichtet ist. Insbesondere liegt eine Treupflichtverletzung immer auch dann vor, wenn der Wiederverkäufer ohne Weiterleitung des Eigentumsvorbehalts weiterverkauft, oder der zur offenen Weiterleitung verpflichtete Vorbehaltskäufer den Vorbehalt nur verdeckt weiterleitet.

Leitet der zur verdeckten Weiterleitung des Eigentumsvorbehalts verpflichtete Vorbehaltskäufer den Vorbehalt offen weiter, so bedarf es hier nicht der Konstruktion einer zu vermutenden Einwilligung, um die Rechtswidrigkeit und Strafbarkeit auszuschließen. Da die offene Weiterleitung gegenüber der verdeckten keinen Nachteil, sondern nur Vorteile für den Vorbehaltsverkäufer bietet, fehlt es bereits an der Tatbestandsmäßigkeit.

Seine volle Leistungsfähigkeit in der Erfassung differenzierter Vorgänge zeigt der Untreuetatbestand jedoch beim offen weitergeleiteten Eigentumsvorbehalt im Verhältnis zwischen Vorbehaltsverkäufer und Abkäufer.

Liegt wegen der Bedeutung des Geschäfts ein Treueverhältnis im Sinne des § 266 StGB vor (ganz unbedeutende Geschäfte scheiden für diesen Tatbestand ohnehin aus), so kommen als tatbestandsmäßige Handlungen von vornherein nur solche in Betracht, die auch wirklich geeignet sind, die Vermögenslage des Vorbehaltsverkäufers ungünstig zu beeinflussen. Es müssen daher alle diejenigen Fälle ausscheiden, in denen die Vermögenssituation des Vorbehaltsverkäufers nicht oder nur ganz unwesentlich beeinträchtigt wird. Ist z. B. das Eigentum dem Vorbehaltsverkäufer so lange vorbehalten, bis der Wiederverkäufer gezahlt hat und besteht gleichzeitig eine Kontokorrentklausel, so kommt bei Handlungen des Abkäufers der Untreuetatbestand dann nicht in Betracht, wenn die Sicherung des Vorbehaltsverkäufers nicht nennenswert beeinträchtigt wird. Das ist beispielsweise der Fall, wenn für eine geringe Restschuld des Wiederverkäufers von vielleicht wenigen Pfennigen praktisch dessen ganzes Warenlager noch haftet und Kaufpreisforderungen in weitem Umfange vorausabgetreten sind. Der starre Tatbestand des § 246 StGB muß in solchen Fällen streng auf die dingliche Rechtslage abstellen, während doch offensichtlich ist, daß ein Vermögensdelikt (in weitestem Sinne) gar nicht vorliegen kann[1]).

Die Ausführungen über den Eigentumsvorbehalt können nicht abgeschlossen werden ohne den Hinweis darauf, daß gerade die Kombinierung der verschiedenen Vorbehaltsklauseln, die vom Lieferanten als allein ausreichender Schutz empfunden wird, zu sachenrechtlich außerordentlich verwickelten Verhältnissen und damit zu entsprechender Unsicherheit in der Anwendung des Unterschlagungstatbestandes führt. Demgegenüber ist der Untreuetatbestand nicht so stark von zivilrechtlichen Erwägungen abhängig, bereitet also in seiner Anwendung auch

---

[1]) Darüber, ob in diesen Fällen der Begriff der Treupflichtverletzung einzuschränken ist, vgl. oben S. 119.

dann keine größeren Schwierigkeiten, wenn eine Vielzahl von Klauseln miteinander kombiniert wird. Die sooft vertretene Ansicht, daß der Untreuetatbestand wegen seiner weiten Fassung besondere Schwierigkeiten bereite und der Unterschlagungstatbestand einfach anzuwenden sei, ist daher ganz unrichtig. Sie kann allenfalls für ganz primitive, gewissermaßen archaische Eigentumsverhältnisse[1]) gelten, die im modernen Wirtschaftsverkehr immer seltener aufzufinden sind. Gerade wenn der Eigentumsvorbehalt des Lieferanten in seiner erweiterten Form und in immer feinerer Ausbildung im Kampfe gegen die Sicherungsübereignung der Banken allmählich zum festen Bestandteil aller Geschäfts- und Lieferungsbedingungen wird, wenn also durch Überschneidung vielfacher Eigentumsvorbehalte und Sicherungsübereignungen alle Gegenstände des Warenverkehrs außergewöhnlich und schwer entwirrbar zugeordnet sind[2]), kann von einer klaren und gerechten Anwendung des Unterschlagungstatbestandes keine Rede mehr sein. Wenn sich die objektive dingliche Rechtslage auch durch eingehende Untersuchungen ermitteln lassen muß, entsteht doch eine Unzahl von Irrtumsproblemen, die im Ergebnis die Anwendung des Tatbestandes unmöglich macht. Sehr viel leichter dagegen läßt sich feststellen, ob ein echtes Kredit- also Vertrauensgeschäft vorliegt und ob ein Vermögensschaden eingetreten ist.

Das Kreditgeschäft, also das Vermögensgeschäft auf Vertrauensgrundlage kann daher nicht mit einem auf fremdes Eigentum abstellenden Eigentumsschutztatbestand[3]), sondern allein mit einem Vermögensschutztatbestand auf Vertrauensschutzgrundlage wirksam angegangen werden.

2. Die Sicherungsübereignung

Ebenso wie der Warenkredit, ist auch der Geldkredit kaum noch als reiner Personalkredit anzutreffen. Trotz des Vertrauens auf die Rückzahlung, ohne welches Darlehn gewöhnlich nicht gegeben werden, will der Gläubiger sein Risiko durch entsprechende, und zwar möglichst hohe Absicherung verkleinern. Auch hier wieder und gerade hier wird die Sicherung meist durch übermäßige formelle und in diesem Umfang wirtschaftlich nicht gerechtfertigte Übertragung von Rechten erreicht, mit

[1]) Für die dieser Tatbestand schließlich auch geschaffen wurde, treffend H. Mayer in Materialien S. 347.

[2]) Schon Schwister JW 31, 1161, der vor der „Knochenerweichung der alten festen Begriffe ... wie Eigentum und Verfügung" warnt, machte auf die Auswirkung dieser Knochenerweichung auf das Strafrecht aufmerksam; derselbe auch in JW 33, 1857 über die strafrechtlichen Folgen der zivilrechtlichen Abspaltung des Anwartschaftsrechts vom Volleigentum.

[3]) Das ist eigentlich schon eine alte Erkenntnis, vgl. z. B. Thode in Unterschlagung Einleitung Gleispach in Veruntreuung S. 197, der schon durch die Behandlung der Unterschlagung vertretbarer Sachen zu dem Ergebnis kommt, daß der Gedanke des Eigentumsschutzes sich nicht bewährt habe.

dem Ergebnis, daß die durch die Absicherung entstehende Zuordnung von Eigentum und anderen Rechten als unnatürlich angesprochen werden muß. Ungeachtet dessen greift auch hier die strafrechtliche Behandlung diese Zuordnungsverhältnisse auf und agiert zunächst mit dem so einfach erscheinenden (weil auf eine natürliche Zuordnung abgestimmten) Unterschlagungstatbestand[1]).

Aus dieser Gleichartigkeit der Situation ergibt sich auch eine Gleichartigkeit der strafrechtlichen Probleme. Hinzu kommt, daß unter den Ausführungen zu 1. oft Formen von Vorbehaltsklauseln zu behandeln waren, die zivilrechtlich Sicherungsübereignungen darstellten. Es kann daher, da diese Schrift nicht Nachschlagewerk für den um die Entscheidung eines Einzelfalles bemühten Juristen sein soll, sondern eine in sich geschlossene Abhandlung ist, im folgenden an vielen Stellen auf die entsprechenden Ausführungen zu 1. verwiesen werden. Nur auf die spezifischen Sachverhalte, die im Verhältnis zwischen Geldgläubiger und Schuldner auftreten, nicht auf solche, die auch zwischen Warengläubiger und Schuldner vorliegen, wird im nachfolgenden eingegangen.

Trotz ähnlicher strafrechtlicher Situation kann vorweg schon ein wirklich auffälliger Unterschied in der strafrechtlichen Behandlung von Eigentumsvorbehalt einerseits und Sicherungsübereignung andererseits festgestellt werden. Auffällig jedenfalls für denjenigen, der bei ähnlicher Situation eine ähnliche Strafrechtsreaktion erwartet. Während im Rahmen des Unterschlagungstatbestandes die Behandlung von Eigentumsvorbehalt und Sicherungsübereignung in althergebrachter und gleichförmiger Weise erfolgt, reagiert der Untreuetatbestand, jedenfalls nach der bisherigen Rechtsprechung, auf die beiden Rechtsinstitute sehr unterschiedlich. Der Zurückhaltung der Rechtsprechung, den Untreuetatbestand auf Eigentumsvorbehaltsfälle anzuwenden, steht eine gewisse Anwendungsfreudigkeit bei Sicherungsübereignungen gegenüber.

Es hält schwer, einen einleuchtenden Grund für diese unterschiedliche Behandlung aufzufinden. Mitgesprochen hat sicher die zeitlich unterschiedliche Entwicklung der beiden Zivilrechtsinstitute. Da der Eigentumsvorbehalt vor dem stärkeren Auftreten der Sicherungsübereignung nur in seiner einfachen Form vorkam, deren Verletzung nach § 246 StGB abgestraft werden konnte, wurde hier kein besonderes Bedürfnis zur Anwendung des Untreuetatbestandes empfunden. Anders dagegen bei der Sicherungsübertragung. Diese hatte sich von vornherein, in Anlehnung an die schon sonst geübte Diskontierung von Buchforderungen durch die Banken, auf die Forderungen der Kreditsuchenden erstreckt, sich also auf ein Gebiet begeben, auf dem eine Anwendung des Unterschlagungstatbestandes nicht möglich war. Da es aber für die Anwendung des Untreuetatbestandes nichts ausmachen durfte, ob Sachen oder

---

[1]) Schon von Zivilrechtlern moniert, vgl. z. B. Siebert, Rechtsgeschäftliches Treuhandverhältnis S. 177ff.

sonstige „Vermögensstücke" Handlungsobjekt waren, mußte auch bei der Sicherungsübereignung von Sachen das Vorliegen einer Untreue geprüft werden.

Eine andere Ursache mag darin liegen, daß auch die wörtliche Fassung sowohl der alten Bevollmächtigtenuntreue als auch des neuen Untreuetatbestandes für die Sicherungsübereignung günstiger schien. Es mochte der Rechtsprechung leichter fallen, im Verhältnis zwischen Treugeber und Treuhänder ein Vollmachtsverhältnis anzunehmen als im Verhältnis des immerhin auf eigene Rechnung handelnden[1]) Vorbehaltskäufers zu seinem Lieferanten. Der neue Untreuetatbestand kommt der Sicherungsübereignung insofern entgegen, als er ausdrücklich von Treueverhältnissen spricht und die Sicherungsübereignung zivilrechtlich als eigennütziges echtes Treuhandverhältnis zu klassifizieren ist.

Wie wenig von diesen Gründen zu halten ist, ist durch die unter 1. gemachten Ausführungen genügend dargestellt. Auch in anderen Beziehungen ergibt sich zwischen Eigentumsvorbehalt und Sicherungsübereignung eine weit größere Übereinstimmung für die strafrechtliche Behandlung als gemeinhin angenommen wird. So ist auch der Strafrechtsschutz der Sicherungsübereignung vor Abschluß des Vertrages dem des Eigentumsvorbehalts durchaus ähnlich.

(1) Vor Abschluß des Sicherungsübereignungsvertrages

Ebenso wie beim Eigentumsvorbehalt treten auch schon vor Abschluß des Sicherungsübereignungsvertrages besondere Schutzfunktionen des Strafrechts zugunsten dieses Rechtsinstitutes auf.

Hierbei interessieren ebenso wie beim Eigentumsvorbehalt nicht die Schutzfunktionen, die allgemein dort zugunsten des Kaufvertrages und hier zugunsten des Darlehnsgeschäftes in Erscheinung treten, sondern nur die speziellen Funktionen, die das dingliche Absicherungsgeschäft betreffen. Es erübrigt sich daher, im folgenden über das schuldrechtliche Kreditgeschäft und über allgemeinen Kreditbetrug Ausführungen zu machen.

Während als Täuschungshandlungen beim Darlehnsgeschäft im wesentlichen nur Täuschung über Rückzahlungswilligkeit, Rückzahlungsfähigkeit und die allgemein die Kreditwürdigkeit betreffenden Verhältnisse und Eigenschaften des Kreditsuchenden in Betracht kommen, haben wir hier bei dem durch treuhänderische Übereignung gesicherten Darlehnsgeschäft auch Täuschungshandlungen, die diese dingliche Absicherung betreffen. So kann in der Täuschung des Sicherungsgebers oder des Sicherungsnehmers über die Fähigkeit oder Willigkeit, die Sicherungsübereignung vertragsgemäß durchzuführen, eine nach §§ 263/43 StGB strafbare Handlung liegen.

---

[1]) Vgl. gerade hierzu RG 63, 334. Der Bevollmächtigte im zivilrechtlichen Sinne handelt gewöhnlich auf fremde Rechnung.

In erster Linie interessieren hier die Handlungen des Schuldners und Sicherungsgebers.

So fehlt es dem Schuldner an der Fähigkeit, die vorgesehenen Gegenstände als Sicherheit zu übertragen, wenn er diese Gegenstände unter Eigentumsvorbehalt erworben hat[1]) oder erst erwerben muß, oder wenn die zu übertragenden Gegenstände, also Sachen oder Rechte, insbesondere Kaufpreisforderungen, schon durch verlängerten Eigentumsvorbehalt anderweitig zugeordnet werden sollen.

Folgt man dem erweiterten Schadensbegriff der neueren Rechtsprechung, so liegt in allen diesen Fällen versuchter Betrug vor. Tut man das nicht, so muß in jedem Einzelfalle untersucht werden, ob der Gläubiger nach Lage der Dinge die erstrebte Sicherheit erhalten hätte. Bei Eigentumsvorbehaltsware käme es also darauf an, ob der Sicherungsnehmer gutgläubig gewesen wäre und ob im projektierten Sicherungsübereignungsvertrag die Klippe des § 933 BGB geschickt durch Übereignung nach §§ 929 oder 929/931 BGB umgangen worden wäre. Bei der Sicherungsübereignung künftig zu erwerbender Eigentumsvorbehaltsware gelten entsprechende Überlegungen.

Bei den Surrogaten der Eigentumsvorbehaltsware wäre zu untersuchen, ob der Sicherungsnehmer Eigentümer der Sachen oder Inhaber der Forderungen hätte werden können. Schon vorausabgetretene Forderungen aus dem Weiterverkauf könnte der Sicherungsnehmer in keinem Falle erhalten, da hier die erste Abtretung zugunsten des Warenlieferanten im Wege stünde. Dagegen könnte der Sicherungsnehmer das Eigentum am Verarbeitungsprodukt oder Verkaufserlös erhalten, nämlich dann, wenn der Sicherungsgeber für ihn verarbeiten oder erwerben wollte, oder aber der Sicherungsnehmer bzgl. dieser Gegenstände gutgläubig wäre und außerdem die Übereignung auf ihn unter Umgehung der Vorschrift des § 933 BGB stattfände. Soll der Kauf unter verlängertem Eigentumsvorbehalt erst noch erfolgen, sollen aber die Surrogate dieser Vorbehaltswaren schon vorher zur Sicherheit übertragen werden, so könnte natürlich der Sicherungsnehmer nicht nur Eigentümer der Verarbeitungsprodukte und Verkaufserlöse, sondern auch Inhaber der Forderungen aus dem Weiterverkauf dieser Waren werden.

Gerade an derartigen Fällen könnte sich die neue Fassung des Schadensbegriffes bewähren. Es ist immerhin nicht unbedenklich, den Schädigungsvorsatz dann zu verneinen, wenn der Sicherungsgeber glaubt, der Sicherungsnehmer werde schon auf irgendwelche Weise und zumindest mit Hilfe des Gutglaubensschutzes zu seiner Sicherheit kommen und die Eigentumsvorbehaltsklauseln des Warenlieferanten überspielen können. Während die herrschende Lehre bei wirksamer Eigentumsvorbehaltsklausel einen Schaden, bei Kenntnis dieser Rechtslage Schädigungsvorsatz, bei Irrtum Vorsatzausschluß, dagegen bei unwirksamer Eigen-

[1]) Hierzu Wilde in EV S. 182, vgl. auch RG in HRR 38, 1145.

tumsvorbehaltsklausel keinen Schaden, bei Kenntnis dieser Rechtslage Straffreiheit und bei Irrtum versuchte Schädigung annehmen würde, müßte die neuere Rechtsprechung in allen Fällen Schaden und Schädigungsvorsatz annehmen, wobei der Schaden in der zivilrechtlichen und beweismäßigen Unsicherheit der „Sicherung" und der Vorsatz in der entsprechenden Kenntnis des Sicherungsgebers zu erblicken wäre.

An der Fähigkeit, die Sicherung unbelastet im Eigentum des Sicherungsnehmers zu erhalten, fehlt es dem Schuldner auch dann, wenn er die zu übertragenden Gegenstände bereits übereignet, zur Sicherung übereignet[1]) oder verpfändet hat, oder wenn er die Sachen auf ein Lager ausliefern läßt, oder die Erlöse auf ein Konto einzahlen läßt, dessen Bestand er im voraus bereits übertragen, sicherungsübertragen oder verpfändet hat. Auch hier kommt es nach dem Schadensbegriff der herrschenden Lehre darauf an, ob die den Sicherungsnehmer belastenden Rechte tatsächlich entstehen. Für die Fälle der bereits zugunsten eines Dritten erfolgten Übereignung oder Sicherungsübereignung heißt das, daß zu prüfen ist, ob nicht der zweite Sicherungsnehmer und Geldgläubiger kraft guten Glaubens und geschickter Umgehung des § 933 BGB dennoch Eigentum an den Sachen erhalten hätte. Ist das der Fall, so fehlt es am Vermögensschaden des zweiten Sicherungsnehmers, und es läge nur eine Unterschlagung zum Nachteil des ersten Sicherungsnehmers vor. Für die Fälle der bereits zugunsten eines Dritten erfolgten Verpfändung wäre zu prüfen, ob nicht der Sicherungsnehmer nach § 936 BGB ebenfalls kraft guten Glaubens und Umgehung der Übereignung durch Einigung und Besitzkonstitut unbelasteter Eigentümer geworden wäre. Ist das der Fall, so läge wiederum kein Vermögensschaden für den Sicherungsnehmer vor und käme allenfalls Pfandkehr zum Nachteil des Pfandgläubigers in Betracht.

In allen diesen Fällen würde ohne Rücksicht auf die entstehende dingliche Rechtslage versuchter Betrug vorliegen, wenn man dem erweiterten Schadensbegriff folgt.

Für die Sicherungsübertragung von Forderungen oder anderen Rechten, die ja nicht gutgläubig erworben werden können, käme es wieder darauf an, wen der Schuldner und Sicherungsgeber zuerst bedenkt. Hat der Schuldner die Forderungen oder Rechte bereits einem Dritten abgetreten, zur Sicherung abgetreten oder verpfändet, so kann der Sicherungsnehmer nicht mehr uneingeschränkter Inhaber dieser Forderungen und Rechte werden. Es läge also immer ein Vermögensschaden vor, gleichgültig, welchen Schadensbegriff man vertritt.

Sind die vorstehend bezeichneten Handlungen wie Übereignung, Sicherungsübereignung oder Verpfändung vom Schuldner noch nicht vorgenommen oder eingeleitet, sondern erst geplant, so würde es dem

[1]) Vgl. Wilde a. a. O. S. 183.

Schuldner nicht an der Fähigkeit, sondern nur am Willen fehlen, die Sicherungsübereignung vertragsgemäß durchzuführen. Je nach der geplanten Handlung und je nachdem, welcher Schadensbegriff angewendet wird, liegt auch bei einem Vertragsangebot eines derart böswilligen und hierüber täuschenden Schuldners ein Betrugsversuch vor. Für die dingliche Rechtslage sowie die verschiedenen Irrtumsfälle gelten die bereits aufgeführten Grundsätze.

Was für geplante Übertragung, Sicherungsübertragung oder Belastung der zur Sicherungsübereignung dienenden Gegenstände gilt, muß auch für vom Sicherungsgeber geplante Gebrauchs- und Verbrauchshandlungen gelten. Auch dann, wenn der Sicherungsgeber plant, die zu übereignenden Gegenstände zu beschädigen oder zu zerstören, macht er sich bei einem darüber täuschenden Angebot bereits vor Abschluß des Kaufvertrages eines versuchten Betruges schuldig.

Nach dem Inhalt des projektierten Sicherungsübereignungsvertrages bestimmt sich, wie der Sicherungsgeber die Ware zu behandeln hat, ob und in welcher Weise er sie mit anderen Waren verbinden oder vermischen, ob und wie er sie verarbeiten darf, ob er sie verleihen darf, wie er sie aufbewahren muß usw. Plant der Sicherungsgeber eine von den Vertragsbestimmungen abweichende Behandlung und täuscht er durch Vertragsangebot vor, die Waren vertragsgemäß behandeln zu wollen, so liegt ebenfalls versuchter Betrug vor. Auf die Schwierigkeiten, mangels ausdrücklicher Vertragsbestimmungen den Inhalt des Vertrages aus Handelsbrauch und Branchenüblichkeit festzustellen, ist schon oben S. 42 hingewiesen.

(2) Bei Abschluß des Vertrages

Während vor Abschluß des Vertrages für den böswilligen Sicherungsgeber nur versuchter Betrug in Frage kommt, liegt in allen vorstehend aufgeführten Fällen bei Abschluß des Vertrages ein vollendeter Eingehungsbetrug vor[1]). Versuchsfälle können nur dort vorliegen, wo der Täter die zivilrechtlichen Folgen seiner Handlungen falsch beurteilt und irrig annimmt, daß für den Sicherungsnehmer ein Schaden entstehen werde. Folgt man dem erweiterten Schadensbegriff, der auch Unsicherheit und Beweisschwierigkeiten als Vermögensschaden gelten läßt, so wird man freilich nur in wenigen Fällen noch Versuch annehmen können, da dann Schaden und Schädigungsvorsatz (vor allem die Kenntnis, daß dem Sicherungsnehmer Schwierigkeiten erwachsen werden) fast immer anzunehmen sind.

Bzgl. der Einzelheiten kann auf die entsprechenden Ausführungen S. 42ff. verwiesen werden. Auch hier wie bei der betrügerischen Erlangung von Eigentumsvorbehaltsware schließt das vollendete Betrugsdelikt weitere Straftatbestände in der Regel aus. Für den betrügerischen Sicherungsgeber sind die später folgenden Handlungen straflose Nachtaten. Der Begriff der Verwertungshandlung paßt hier nicht, da nicht das gleiche

Handlungsobjekt vorliegt. Betrügerisch erlangt (nämlich durch Vorspiegelung einer nicht eintretenden Sicherung) war der Kredit, der spätere Zugriff dagegen trifft die Sicherung. Dennoch ist nicht zu bezweifeln, daß der Zugriff auf die Sicherung nichts ist, als die konsequente Weiterführung des vorher erfolgten Betruges. Erst damit, daß der Gläubiger die von ihm erstrebte Sicherung auch tatsächlich nicht erhält, ist der betrügerische Plan zum Abschluß gebracht.

(3) Nach Abschluß des Vertrages, vor Auszahlung des Darlehens

Nimmt der Sicherungsgeber die den Gläubiger schädigenden Handlungen erst nach Abschluß des Sicherungsübereignungsvertrages vor, oder faßt er erst in dieser Zeit den Entschluß, derartige Handlungen vorzunehmen, so entsteht auch hier wieder die Frage, ob ein Betrugsfall vorliegt. Daran, daß der Sicherungsgeber durch Unterlassen über seine Fähigkeit oder Willigkeit den Sicherungsvertrag einzuhalten täuscht, kann kein Zweifel sein. Fraglich ist nur, ob die Hingabe des Geldes als eine den Schaden bewirkende Vermögensverfügung anzusehen ist.

Eine gewisse Schwierigkeit ergibt sich hier daraus, daß anders als bei den entsprechenden Fällen S. 44 der Sicherungsgeber schon im Besitze des (für andere Vermögensschutztatbestände relevanten) Handlungsobjekts ist. Während der Vorbehaltskäufer, der in diesem Handlungsabschnitt den Eigentumsvorbehalt wirkungslos macht oder zu machen sich entschließt, sich an der Vorbehaltsware nicht vergreifen kann und wegen Betruges strafbar ist, ist der Sicherungsgeber meistens im Besitz der sicherungsübereigneten Gegenstände. Es konkurrieren daher Betrug (bei Täuschungshandlung durch Unterlassen und Vermögensverfügung durch Geldhingabe) und Unterschlagung bzw. Untreue, begangen an den sicherungsübereigneten Gegenständen. Auch hier wird man aber nicht Idealkonkurrenz beider Tatbestände annehmen können. Der Vermögensschaden, die Geldhingabe ohne entsprechende Sicherheit, ist in erster Linie Folge des Zugriffs des Sicherungsgebers auf die Sicherung und nicht Folge der Geldhingabe. Der Vermögensschaden ist mithin nicht direktes Werk des getäuschten Sicherungsnehmers, sondern in erster Linie Werk des unterschlagenden Sicherungsgebers. Der Betrugstatbestand ist daher nicht anwendbar.

Zu einem anderen Ergebnis wird man nur dort gelangen, wo ausnahmsweise der Sicherungsgeber noch nicht im Besitz und der Sicherungsnehmer noch nicht Eigentümer des Sicherungsgutes ist. Soll z. B. der Sicherungsgeber die zu übereignende Ware erst selbst noch erwerben [2]), so entfällt eine Konkurrenz von Betrugs- und Unterschlagungstatbestand. Für den Unterschlagungstatbestand liegt ein Handlungsobjekt noch nicht vor. Der Betrugstatbestand ist allein anwendbar [3]).

[1]) Vgl. BGH Urteil v. 26. 3. 1953 in NJW 53, 836 mit dort angef. Entscheidung.

[2]) Wie z. B. bei antizipierter SÜ oder SÜ mit Nachschubklausel.

[3]) Gerade diese Untersuchung von Handlungskomplexen in einzelnen Handlungsabschnitten ist geeignet, das Ineinandergreifen der Tatbestände und auch die Lücke der bisherigen monographischen Behandlung deutlich zu machen.

Ähnlich liegen die Verhältnisse nach Abschluß des Vertrages und Auszahlung des Geldes. Auch hier kann der Betrugstatbestand nur dann zur Anwendung kommen, wenn mangels Handlungsobjektes, also einer im Eigentum des Sicherungsnehmers und im Gewahrsam des Sicherungsgebers stehenden Sache, der Unterschlagungstatbestand ausfällt und wenn man außerdem eine Vermögensverfügung durch Unterlassen annehmen will. Nur dann, wenn der Schaden nicht direkt auf die Unterschlagung des Sicherungsgebers, sondern allein auf das Verhalten des getäuschten Sicherungsnehmers zurückgeführt werden kann, kann Betrug vorliegen.

Daraus ergibt sich schon, daß wir es in diesem Abschnitt hauptsächlich mit Unterschlagungs- und Untreuefällen zu tun haben werden, deren Behandlung wegen ihrer Abhängigkeit vom Zivilrecht auch wieder im Rahmen der einzelnen zivilrechtlichen Konstruktionen erfolgen muß.

a) Die einfache Sicherungsübereignung

α) Sicherungsübereignung von Einzelgegenständen

Ebenso wie beim Eigentumsvorbehalt reagiert auch hier wieder die herrschende Lehre auf vermögensschädigende Handlungen des Schuldners und Sicherungsgebers in erster Linie mit dem Unterschlagungstatbestand. Auch hier wieder muß der so ungeeignete Eigentumsschutztatbestand herhalten, um diffizil liegende Vermögensdelikte zu erfassen, und auch hier wieder wird ein starrer Begriff der Fremdheit einer Sache auf Eigentumsformen angewandt, die sich von dem gewöhnlichen zivilrechtlichen Eigentum ganz wesentlich unterscheiden. Da aber die herrschende Lehre zunächst mit diesem Tatbestand arbeitet, ist es zweckmäßig, ihm auch in der Reihenfolge der Behandlung den Vortritt einzuräumen.

(1) Der Schutz des § 246 StGB

Während beim Eigentumsvorbehalt der vollständige Übergang des Eigentums zumeist an eine auflösende oder aufschiebende Bedingung geknüpft ist, das Eigentum also nicht eigentlich vorbehalten, sondern nur bedingt vorbehalten ist[1]), tritt die Sicherungsübereignung zumeist ohne eine derartige Bedingung auf. Bei der Sicherungsübereignung ist daher gewöhnlich zur Herstellung der früheren dinglichen Rechtsverhältnisse auch ein neues dingliches Rechtsgeschäft, nämlich die Rückübereignung des Sicherungsnehmers an den Sicherungsgeber erforderlich. Nur in wenigen Fällen wird die Rückzahlung des Kredits als auflösende Bedingung vereinbart, wodurch das Eigentum bei Rückzahlung wieder an den Sicherungsgeber zurückfällt.

Für die strafrechtliche Behandlung bedeutet das, daß in den meisten Fällen auch nach Rückzahlung des Darlehns bis zur ausdrücklichen Rückübereignung die sicherungsübereigneten Gegenstände im Eigentum des

[1]) Der Ausdruck Eigentumsvorbehalt ist daher ungenau.

Sicherungsnehmers stehen, also für den Sicherungsgeber fremde Sachen sind. Die Verfügung des Sicherungsgebers nach Rückzahlung ist also objektiv Zueignung einer fremden Sache.

Da fast jeder Schuldner glaubt, mit der Rückzahlung des Darlehns sei alles erledigt, und da den allerwenigsten Schuldnern klar ist, daß noch ein dingliches Rückübereignungsgeschäft erforderlich ist, unterbleibt die Rückübertragung zumeist. Wir haben daher eine große Zahl von Schuldnern, die nicht wissen, daß für einen alten und längst zurückgezahlten Kredit auch heute noch ihre gesamte Einrichtung an den früheren Gläubiger übereignet ist.

Dem Tatbestand der Unterschlagung hilft hier die Lehre vom Ausschluß der Rechtswidrigkeit bei fälligem Anspruch auf die konkrete Sache. Da der Sicherungsnehmer schuldrechtlich verpflichtet ist, nach Ablösung des Darlehns auch das Sicherungsgut zurückzuübereignen, da also der Sicherungsgeber einen Anspruch auf diese einzelnen Gegenstände hat, ist die Verfügung über diese Gegenstände rechtmäßige Zueignung[1]).

Unangenehmer ist es schon, wenn sich der Sicherungsgeber bei der Rückzahlung geirrt und z. B. einige Pfennige Zinsen zu wenig gerechnet und gezahlt hat. Für den Tatbestand des § 246 StGB sind dann die Sachen weiter fremdes Eigentum, und auch der Anspruch auf die konkrete Sache kann nicht helfen, da ein solcher ja erst nach vollständiger Rückzahlung besteht. Gewiß kann man hier noch zivilrechtlich mit Verjährung oder Verwirkung und strafrechtlich mit vorsatzausschließendem Irrtum helfen und sich darüber freuen, daß der Irrtum über die Fremdheit einer Sache noch Tatumstandirrtum ist[2]) und nach § 59 StGB behandelt wird. Eigenartig bleibt doch, daß auch bei redlichem Handeln so leicht der äußere Tatbestand der Unterschlagung erfüllt werden kann.

Wirklich ärgerniserregend wird die überspannte Schutzdauer des Unterschlagungstatbestandes dann, wenn auch vorsatzausschließender Irrtum nicht angenommen werden kann. Schuldet z. B. der Sicherungsgeber nur noch einige Pfennige und weiß er, daß aus diesem Grunde sein gesamtes Warenlager und seine gesamten Einrichtungsgegenstände noch im Eigentum des Gläubigers stehen, so wird er sich dennoch für befugt halten, auch gegen den Willen des Gläubigers einzelne Gegenstände oder Waren zu veräußern. Es ist immerhin fraglich, ob die Lehre vom Verbotsirrtum in ihrer jetzigen Ausformung auch diese Fälle befriedigend lösen kann.

Da derartige Fälle aber wegen der allgemeinen Unkenntnis von der Notwendigkeit der Rückübereignung bei der nicht bedingten Sicherungs-

---

[1]) Bedenklich die Entscheidung BGH 1, 263, die die Frage des Ausschlusses der Rechtswidrigkeit offenbar übersieht, sowie die Entscheidung RG 61, 66 nach der die Rückzahlung allein die innere Tatseite berühren soll. Richtig Nagler in LK Vorbem. vor §§ 242ff. Anm. VIII A 4.

[2]) Jedenfalls nach noch herrschender Lehre.

übereignung selten sind, zumeist also Rechtswidrigkeit oder wenigstens Zueignungsvorsatz ausgeschlossen ist, unterscheidet sich in der Regel der Schutz der bedingten nicht von dem der unbedingten Sicherungsübereignung. Diese Unterscheidung wird daher auch in der folgenden Darstellung nur noch in ganz besonderen Fällen durchgeführt.

aa) Verkauf des Sicherungsgutes

Voraussetzung für den Schutz des § 246 StGB ist selbstverständlich, daß die Sicherungsübereignung auch zivilrechtlich wirksam ist. Entspricht die Sicherungsübereignung nicht den Anforderungen, die vor allem die höchstrichterliche Rechtsprechung seit jeher an die Vereinbarung eines konkreten Besitzmittlungsverhältnisses gestellt hat, so entfällt auch der strafrechtliche Schutz. Diese Fälle sind häufiger als man gemeinhin annimmt, da die Parteien oft das Besitzmittlungsverhältnis nur abstrakt bezeichnen, in der an sich berechtigten Annahme, daß das bei verständiger Auslegung des Vertrages genügen müsse.

Ist nun die Sicherungsübereignung eines Einzelgegenstandes unter Vermeidung dieser „Fußangel" (Lange) wirksam erfolgt, so ist jede Veräußerung dieses Gegenstandes durch den Sicherungsgeber eine rechtswidrige Zueignung einer fremden Sache[1]). Wie schon oben zu 1. ausgeführt, kommt es dabei nicht auf die Vornahme oder die Wirksamkeit des dinglichen Geschäftes an. Entscheidend ist vielmehr die Verbindung zwischen dinglichem und schuldrechtlichem Geschäft, die allein erkennen läßt, ob der Täter den Gegenstand seinem eigenen Vermögen einverleibt.

Auch ist zur Zueignung nicht erforderlich, daß der Täter die genannten Geschäfte bereits abgeschlossen hat. Es genügt vielmehr das bloße Verkaufsangebot, die Beauftragung eines Dritten mit dem Verkauf und u. U. auch schon das bloße Wegschaffen des Gegenstandes zum Verkauf, um eine vollendete Zueignungshandlung feststellen zu können. Im einzelnen wird auf die Ausführungen zu S. 46 ff. verwiesen.

Aus der durch die Sicherungsübereignung geschaffenen dinglichen Rechtslage, die für den Unterschlagungstatbestand verbindlich ist[2]), ergibt sich andererseits, daß der Sicherungs**nehmer** jedenfalls im Rahmen des Unterschlagungstatbestandes straflos das Sicherungsgut weiterveräußern darf. Für ihn ist die Sache nicht fremd, gleichgültig, ob er ein unbedingtes oder auflösend bedingtes Sicherungseigentum erhalten hat[3]). Das kann dann, wenn kein anderer Tatbestand einzugreifen in der Lage ist, zu ganz unsinnigen Ergebnissen führen, vor allem in den Fällen, in denen der Sicherungsgeber seine Schuld bis auf einen ganz geringen Rest oder aber bei

[1]) RG 61, 66; 74, 2.

[2]) Kritisch jetzt H. Mayer in Materialien S. 275 mit Hinweis auf den schwächeren Schutz des seiner Ansicht nach „viel stärkeren Faustpfandrechtes".

[3]) RG 61, 66, 343 auch ganz h. M. vgl. Nagler in LK Vorbem. vor §§ 242 ff. Anm. II 3; Olshausen § 246 Anm. 4 b und d ii; Schönke § 246 Anm. III 2 a.

unbedingter Sicherungsübereignung vollständig beglichen hat. In diesen Fällen, in denen das Eigentum wirtschaftlich wieder dem Sicherungsgeber zusteht, der bei ganz geringer Restzahlung Eigentümer wird oder aber bei geringer Restzahlung oder ohne weitere Zahlung die Rückübereignung verlangen kann, in denen also aus dem eigennützigen eigentlich ein uneigennütziges Treuhandverhältnis geworden ist, kommt der Unterschlagungstatbestand zu verwunderlichen Resultaten. Verfügt der Sicherungsgeber, so liegt Unterschlagung vor[1]) (wobei nur bei vollständiger Zahlung mit Hilfe der Lehre vom fälligen Anspruch die Rechtswidrigkeit ausgeschlossen werden kann), verfügt der Sicherungsnehmer, so ist diese sehr viel schlimmere Handlung straffrei (und zwar bei unbedingter Sicherungsübereignung auch dann, wenn vollständig zurückgezahlt ist).

Irrt der weiterveräußernde Sicherungsnehmer und hält er die in seinem Eigentum stehende Sache, etwa nach Rückzahlung der Schuld, für eine fremde Sache, so kommt versuchte Unterschlagung in Betracht. Dem Erwerber gegenüber läge versuchter Betrug vor. Auch in diesem Falle vollendeten Betrug anzunehmen und den Schaden darin zu erblicken, daß der Erwerber vom Sicherungsgeber zur Herausgabe aufgefordert werden könnte, geht angesichts der völlig klaren und für den Erwerber risikolosen Eigentumsverhältnisse zu weit. Dahin darf der Schadensbegriff auf keinen Fall ausgeweitet werden.

Die Unfähigkeit des Unterschlagungstatbestandes, mit Verhältnissen fertig zu werden, bei denen nicht ganz primitive Eigentumsformen vorliegen, kann nicht besser demonstriert werden.

Was für das einfache Verkaufsgeschäft gilt, muß auch für ähnliche Geschäfte der Vertragsparteien gelten. Auch der Abschluß eines Kaufmietvertrages, der Verkauf unter Eigentumsvorbehalt, auch das Verschenken eines sicherungsübereigneten Gegenstandes ist für den Sicherungsgeber Unterschlagung, für den Sicherungsnehmer eine vom Unterschlagungstatbestand nicht betroffene Handlung. Einer besonderen Bemerkung bedarf es noch zum Falle des Verkaufs unter Eigentumsvorbehalt.

So wenig man an sich schon der Entscheidung RG 11, 17 folgen kann, die für den Zueignungsbegriff (stark objektiv) auf die Wiederbeschaffbarkeit abstellt und z. B. bei Verkauf unter Wiederkaufsvorbehalt keine Zueignung annimmt, noch weniger läßt sich dieser (unrichtige) Grundsatz auf den gewöhnlichen Verkauf unter Eigentumsvorbehalt anwenden, der in der Regel ohne diese Klausel erfolgt. Während beim Verkauf mit Rückkaufklausel immerhin für den Verkäufer die Möglichkeit besteht, durch einseitige Erklärung eine Rückgabepflicht des Käufers zu erzeugen, hat der Vorbehaltsverkäufer diese Möglichkeit nicht. Erfüllt der Vorbehaltskäufer den Kaufvertrag, so wird er auch meist kraft guten Glaubens Eigentümer und ist zur Rückgabe keineswegs verpflichtet. Damit ist der verkaufte Gegenstand dem Sicherungsnehmer endgültig

[1]) Vgl. BGH 1, 263.

entzogen, also auch vom verkaufenden Sicherungsgeber zugeeignet und nicht nur vertragswidrig gebraucht.

bb) Sicherungsübereignung und Verpfändung

Während bei der Sicherungsübereignung von Vorbehaltswaren immerhin teilweise die Ansicht vertreten wird, daß in der Sicherungsübereignung u. U. ähnlich wie bei der Verpfändung eine Gebrauchsanmaßung erblickt werden könnte, Sicherungsübereignung also nicht immer Zueignung sei, ist derartiges bei der mehrfachen Sicherungsübereignung nicht vertreten worden. Das dürfte seine Ursache darin haben, daß man sich scheut, bei der Zueignung das zu bagatellisieren, dem man zuvor bei der Fremdheit der Sache ausschlaggebende Bedeutung beigemessen hat. Unter Bezugnahme auf die entsprechenden Ausführungen S. 48ff. dürfen wir daher auch hier feststellen, daß eine vom Täter gewollte Sicherungsübereignung niemals bloße Gebrauchsanmaßung sein kann, sondern immer Zueignung ist[1]).

In der zugunsten eines zweiten Gläubigers vorgenommenen Sicherungsübereignung des Sicherungsgutes durch den Sicherungsgeber liegt daher immer auch eine Unterschlagung. Etwas anderes kann nur dann gelten, wenn der Sicherungsgeber weiß oder glaubt, daß die zweite Sicherungsübereignung unwirksam ist[2]).

Weicht die Vorstellung des Täters von der tatsächlichen Handlung ab, so ergeben sich folgende Möglichkeiten:

Weiß oder glaubt der Sicherungsgeber, daß die Weiterveräußerung des Sicherungsgutes unwirksam ist, so kann in seiner Veräußerung keine vorsätzliche Zueignungshandlung erblickt werden, gleichgültig, ob die Weiterveräußerung etwa kraft guten Glaubens des Erwerbers wirksam ist oder nicht. In beiden Fällen fehlt es am Zueignungsvorsatz. Nach dieser Auffassung kann sowohl bei der tatsächlich wirksamen aber vom Täter für unwirksam gehaltenen Übereignung als auch bei der vom Täter richtig eingeschätzten unwirksamen Übereignung strafbare Beihilfe zur vollendeten Unterschlagung geleistet werden. Auf die entsprechenden Ausführungen S. 48 ff. wird verwiesen.

Daß statt der Unterschlagung ein Betrug zum Nachteil des Erwerbers des Sicherungsgutes vorliegen kann, versteht sich.

Verwendet man den Schadensbegriff der bisher herrschenden Lehre, so liegt bei unwirksamer und für unwirksam gehaltener Übereignung ein vollendeter Betrug, bei wirksamer und für unwirksam gehaltener Über-

---

[1]) Kritisch jetzt H. Mayer in Materialien S. 275. Würde man aber Mayer folgen, so ergäbe sich nur eine noch stärkere Unzulänglichkeit des Unterschlagungstatbestandes.

[2]) So BGH 1, 264, vgl. auch Weinhausen Sicherungsübereignung S. 135ff. Auf die Inkonsequenz der unterschiedlichen Behandlung der Irrtumsfälle bei Verkauf und SÜ durch die h. L. ist schon oben S. 50/1 und 67/8 ausführlich hingewiesen.

eignung versuchter Betrug vor. (Bei unwirksamer und für wirksam gehaltener Übereignung fehlt der Schädigungsvorsatz, bei wirksamer und für wirksam gehaltener auch der Schaden.) Geht man vom Schadensbegriff der Makelentscheidung aus, so liegt in jedem dieser vier Fälle ein vollendeter Betrug vor, wobei der Schaden darin zu erblicken ist, daß die Rechtsstellung des Erwerbers zumindest umstritten ist und wobei der Schädigungsvorsatz in der entsprechenden Vorstellung des Täters und dem Willen dennoch zu handeln gesehen werden muß.

Wird die zweite Sicherungsübereignung vom Schuldner gerade deshalb vorgenommen, um durch Erlangung eines neuen Kredits den alten Kredit abzulösen, so liegt ebenfalls eine Zueignung vor. Nur in besonderen Fällen dürfte man dazu gelangen, daß die Rechtswidrigkeit durch zu vermutende Einwilligung des ersten Sicherungsnehmers ausgeschlossen wird, dann nämlich, wenn der erste Kredit durch den zweiten voll abgelöst werden kann und außerdem sichergestellt ist, daß die Ablösung auch ungestört (durch andere Gläubiger) und risikolos erfolgt. Keinesfalls ist eine Einwilligung des jeweiligen Sicherungsnehmers dahingehend zu vermuten, daß der Schuldner, Pfändungsrisiko zu Lasten des Sicherungsnehmers, stets einen kurzfristigen Kredit durch den nächsten ersetzt und immer dieselben Gegenstände zur Sicherungsübereignung verwendet. Zu leicht läuft der Gläubiger und Sicherungsnehmer hierbei Gefahr, daß die Kreditauswechslung einmal wegen Dazwischentretens anderer Gläubiger mißlingt. Insofern unterscheidet sich dieser Fall doch in etwa von ähnlichen beim Eigentumsvorbehalt aufgezeigten Fällen.

Die Verpfändung des Sicherungsgutes ist nach herrschender Lehre nicht Zueignung, sondern nur straflose Gebrauchsanmaßung, wenn der Sicherungsgeber das Sicherungsgut ernstlich glaubt wieder einlösen zu können und wenn er das auch will. Man wird jedoch hier bei der Verpfändung von Sicherungsgut einen ganz besonders strengen Maßstab bzgl. des Wiedereinlösungswillens anzuwenden haben, da bei weitgehender Sicherungsübereignung von Gegenständen meist eine schon gefährliche Beanspruchung von Betriebsmittelkredit vorliegt, die bei noch stärkerer Erweiterung durch die Verpfändung nur selten den Glauben an die Wiedereinlösbarkeit bestehen läßt. Von dieser Abweichung abgesehen kann auf die entsprechenden Ausführungen S. 51 ff. verwiesen werden.

cc) Gebrauchs- und Verbrauchshandlungen

Während vom Täter beabsichtigter unsachgemäßer Gebrauch, Beschädigung oder Zerstörung des Sicherungsgutes im Rahmen des Betrugstatbestandes von Einfluß waren, kommt diesen Handlungen im Rahmen des Unterschlagungstatbestandes keine Bedeutung zu. Unsachgemäßer Gebrauch[1]), Beschädigung oder Zerstörung sind auch bei wei-

[1]) Solange es nicht Verbrauch des Sicherungsgutes ist, bei dem selbstverständlich Unterschlagung vorliegt. Im einzelnen vgl. die entspr. Ausführung S. 54 ff.

tester Auslegung des Unterschlagungstatbestandes keine Zueignungshandlungen.

Gleiches gilt auch für Handlungen, die zwar als schwere Verstöße gegen den Sicherungsübereignungsvertrag empfunden werden und die zumeist auch ausdrücklich im Vertrage untersagt sind, weil sie für die Sicherung des Gläubigers große Bedeutung haben. Es handelt sich hierbei um die Vertragsvorschriften über die Aufbewahrung des Sicherungsgutes. Fast in jedem wichtigen Sicherungsübereignungsvertrag befinden sich ausdrückliche Vorschriften über die Art der Aufbewahrung, über die Unzulässigkeit der Verleihung oder Verwahrung bei Dritten und über die besondere Kenntlichmachung des Sicherungsgutes. Oft wird diesen Vertragsvorschriften von seiten der Sicherungsnehmer eine noch größere Bedeutung beigemessen, als ihnen tatsächlich zukommt. Genügt es doch nach durchaus herrschender Meinung dafür, daß die Sicherungsübereignung wirksam ist und bleibt, wenn bei Abschluß des Vertrages der zu übereignende Gegenstand ausreichend bestimmt ist. Ist mangels gesonderter Aufbewahrung und unzureichender Kennzeichnung der einmal wirksam sicherungsübereignete Gegenstand später nicht mehr zu bestimmen, so berührt das die Eigentumsverhältnisse nicht. Der Gegenstand bleibt im Eigentum des Sicherungsnehmers, der allerdings bei der Durchsetzung seiner Rechte in erhebliche Beweisschwierigkeiten gerät.

Gerade wegen der großen Bedeutung der Bestimmtheit des Gegenstandes bei Abschluß des Vertrages wird diese Rechtslage oft verkannt und zu Unrecht nach einer Anwendung des Unterschlagungstatbestandes gerufen. Zu Unrecht, weil diese Handlungen des Schuldners, so sehr sie auch den Sicherungsnehmer treffen mögen, keine Zueignungshandlungen sind. Etwas anderes kann nur dann gelten, wenn der Schuldner gerade vermeint, mittels dieser Handlungen die Sache dem Eigentum des Sicherungsnehmers zu entziehen und seinem eigenen Vermögen einzuverleiben. Auf die Ausführungen S. 80 ff. über den Einfluß besonderer Pflichten auf die Feststellung der Zueignungshandlung wird in diesem Zusammenhang verwiesen.

Das Bild ändert sich jedoch erheblich, sobald Handlungen vorgenommen werden, die einen Wechsel in den Eigentumsverhältnissen zur Folge haben. Derartige Handlungen, wie Verbindung, Vermischung und Verarbeitung sind stets Zueignungshandlungen. Einer näheren Auseinandersetzung bedarf es hier in Anbetracht der schon mehrfachen Behandlung dieser Frage nicht mehr. Auch ist schon klar, daß eine vorsätzliche Zueignungshandlung nur dann vorliegt, wenn der Täter durch diese Handlung auch das Sicherungsgut seinem Vermögen einverleiben will, Vorsatz also dann fehlt, wenn die Handlung unwissentlich, aus Versehen, oder in Verkennung der Rechtsfolgen vorgenommen ist. Inwieweit die Zueignung rechtswidrig ist, bestimmt sich auch hier wieder nach dem ausdrücklichen oder erst zu ermittelnden Inhalt des Vertrages. Auf die starke Pönalisierung von Vertragsbestimmungen durch diesen Einfluß auf die Rechtswidrigkeit ist ebenfalls schon wiederholt hingewiesen.

dd) Das Anwartschaftsrecht

Von der Verfügung über die Sache ist scharf die Verfügung über das Anwartschaftsrecht zu trennen. Der Fall der Verfügung über das Anwartschaftsrecht ist bei der Sicherungsübereignung verhältnismäßig selten, weil die Mehrzahl der Sicherungsübereignungen ohne auflösende Bedingung erfolgt. Liegt ausnahmsweise eine auflösend bedingte Sicherungsübereignung vor, so kann der Sicherungsgeber auch über das ihm zustehende Anwartschaftsrecht verfügen, ohne daß er damit in Rechte des Sicherungsnehmers eingreift. Nur bei ganz besonderen Umständen wird man in der Verfügung über das Anwartschaftsrecht gleichzeitig eine Zueignung der Sache selbst zu sehen haben, so u. U. dann, wenn die Verfügung über das Anwartschaftsrecht wirtschaftlich der Veräußerung des Gegenstandes gleichgestellt werden muß. Übergibt z. B. der im Rechtsverkehr erfahrene Täter den Gegenstand einem gewerbsmäßigen Hehler und verkauft und veräußert er nun schlau berechnend nicht die Sache selbst, sondern nur das ihm zustehende Anwartschaftsrecht, so wird man nicht zögern, hierin eine Zueignung der Sache selbst zu erblicken. Von derartigen Ausnahmefällen abgesehen kann in der Verfügung über das Anwartschaftsrecht, auch in seiner Sicherungsübertragung oder Verpfändung keine Zueignung der Sache selbst liegen.

Wie bei jeder zivilrechtlichen Aufspaltung des Eigentums in auflösend und aufschiebend bedingtes Eigentum treten auch hier wieder Schwierigkeiten auf, denen der an primitive Zuordnungsformen anknüpfende Unterschlagungstatbestand nur schlecht gewachsen ist. Man bedenke nur die unterschiedliche strafrechtliche Behandlung je nachdem, ob nun eine auflösend oder aber aufschiebend bedingte Sicherungsübereignung vorgenommen wird. Tritt der Eigentumsanfall beim Sicherungsnehmer erst ein, wenn der Schuldner in Zahlungsverzug kommt, so ist bis zu diesem Zeitpunkt der Gläubiger schutzlos jedem Zugriff ausgeliefert, obwohl er doch immerhin ein aufschiebend bedingtes Recht an der Sache hat. Folgt man zudem der Ansicht, daß bei Bedingungseintritt noch Einigkeit über den Eigentumsübergang vorliegen müsse, so hat es der Schuldner in der Hand, durch abweichende Willensäußerung den Vollrechtserwerb des Sicherungsnehmers und damit dessen Schutz durch § 246 StGB zu vereiteln.

Ist eine Sicherungsübereignung gleichzeitig aufschiebend und auflösend bedingt, so geraten wir mit dem Eigentumsschutz des § 246 StGB in noch größere Schwierigkeiten. Wenn die Valutazahlung des Sicherungsnehmers aufschiebende Bedingung ist, so kann sich der Sicherungsgeber straflos erlauben, ganz kurz vor Zahlungseingang (der ihm zumeist vorher angezeigt ist) über die aufschiebend bedingt übereigneten Gegenstände zu verfügen. Nach Bedingungseintritt unterliegt dann eine entsprechende Verfügung dem Tatbestand des § 246. Bis zum Eintritt der auflösenden Bedingung kann nunmehr der Sicherungsnehmer straflos verfügen, wenn auch die Schuld des Sicherungsgebers schon nahezu völlig zurückgezahlt ist. Ist nun die Sicherungsübereignung der Gegenstände an den Saldo eines Kontokorrents geknüpft, in der Weise, daß ein Passivsaldo des Schuldners aufschiebende und ein Aktivsaldo auflösende Bedingung ist, so haben wir bei einiger Bewegung auf dem Konto einen nur den Strafrechtsverächter erheiternden, jeden andern aber erschütternden Wechsel der Strafbarkeit.

Nur um das Bild abzurunden, sei noch auf die verschiedenen strafrechtlichen Auswirkungen der verschiedenen zivilrechtlichen Theorien zum Eigentumsübergang bei der Übertragung des Anwartschaftsrechts verwiesen. Auch hier zeigt sich wieder, die Einzelheiten sind schon unter 1. behandelt, daß die heute im Sachenrecht herrschenden Konstruktionen dem an die dingliche Rechtslage gebundenen Unterschlagungstatbestand unlösbare Probleme aufgeben. Unter Verzicht auf eine Abhandlung der Spezialvorschriften der §§ 247, 248a, 370 I 5 StGB, der §§ 34ff. Dep.G und der Vorschriften der Sozialversicherungsgesetze, werden wir daher auch hier, ebenfalls unter Verzicht auf Spezialbestimmungen, unser Augenmerk auf § 266 StGB zu richten haben.

(2) Der Schutz des § 266 StGB

Während wir beim Eigentumsvorbehalt nur selten Fälle unwirksamer Parteivereinbarung zu beobachten haben und eigentlich nur bei der in der Vorausabtretungsklausel liegenden Sicherungsübertragung mit Fällen unwirksamer Sicherung rechnen müssen, sind Fälle unwirksamer Sicherungsübereignung durchaus häufig. Das hat seine Ursache darin, daß beim einfachen Eigentumsvorbehalt die ganze Sicherung darin besteht, daß eben kein Eigentum übertragen wird und bei den Formen des verlängerten Eigentumsvorbehalts Gegenstände im voraus übertragen werden, die noch gar nicht vorhanden sind und an denen zumeist auch keine (fremden) Rechte bestehen. Demgegenüber wird bei der gewöhnlichen Sicherungsübereignung das Eigentum an einem schon vorhandenen und schon dinglich zugeordneten Gegenstand übertragen. Hier müssen also gleichzeitig andere Rechte beseitigt werden.

Auf eine erste Schwierigkeit, die in der Vereinbarung eines konkreten Besitzmittlungsverhältnisses liegt, ist schon oben hingewiesen. Liegt ein konkretes Besitzmittlungsverhältnis nicht vor, so ist die Sicherungsübereignung des Gegenstandes unwirksam. Der Gegenstand bleibt im Eigentum des Sicherungsgebers. Der Unterschlagungstatbestand ist daher auf Handlungen des Sicherungsgebers nur dann anwendbar, wenn der Sicherungsgeber über diese Rechtslage irrt.

Da den Parteien meist das Erfordernis eines konkreten Konstituts unbekannt ist, liegt in der Mehrzahl der Fälle versuchte Unterschlagung vor. Eine recht eigentümliche Reaktion des Strafrechts, denn der Täter bei abstraktem Konstitut unterscheidet sich in seinem verbrecherischen Willen in nichts von dem Täter bei konkretem Konstitut. Man könnte nun aber meinen, daß der Unterschied in der Behandlung sich dadurch rechtfertigt, daß im einen Falle dem Sicherungsnehmer etwas, nämlich sein Eigentum und im anderen ihm nichts genommen sei. So ist es aber auch nicht, denn auch zivilrechtlich ist der Sicherungsgeber, der unwirksam übereignet hat, doch verpflichtet, diese Übereignung sofort wirksam nachzuholen. Diese Nachholung wirkt zwar ex nunc, der Sicherungsgeber ist aber nach § 141 II BGB verpflichtet, seinen Vertragspartner so zu stellen, wie dieser stünde, wenn das Geschäft von Anfang an wirksam gewesen wäre. Von einer Betrachtung des Vermögensschadens, wie man sie auch bei einem Vermögensschutztatbestand im weiteren Sinne erwarten sollte, ist hier nichts zu verspüren.

Anderes gilt wieder für die Irrtumsfälle der Gegenseite. Ist die Sicherungsübereignung mangels konkreten Konstituts unwirksam, so sind Eigentumsdelikte des Sicherungs*nehmers* möglich, und zwar bei Besitz Unterschlagung, ohne Besitz Diebstahl. Meist wird der Sicherungsnehmer die Gegenstände als ihm gehörig betrachten, also unvorsätzlich handeln. Eigentümlich bleibt, daß z. B. die Verwertung des Sicherungsgutes durch den Sicherungsnehmer bei Überfälligkeit der Forderung zwar straflose, aber immerhin rechtswidrige Zueignungshandlung ist.

Was für den Tatbestand des § 246 StGB bei der Sicherungsübereignung von alleiniger Bedeutung ist, nämlich die dingliche Rechtslage, ist für den Tatbestand der Untreue unwesentlich. Ob ein Treueverhältnis vorliegt oder nicht, ist nach den persönlichen Beziehungen der Parteien zu beurteilen. Hier ist durchaus von Bedeutung, welche dingliche Rechtslage die Parteien gewollt haben, nicht aber, ob ihnen die Herstellung dieser Rechtslage versehentlich mißglückt ist. Für die Anwendung des Untreuetatbestandes kann es nichts ausmachen, ob die Parteien nun vereinbart haben, daß die Sache im Besitze des Gebers bleiben, oder aber, daß sie in Verwahrung des Gebers bleiben soll. Das Wörtchen Besitz oder Verwahrung kann nicht über Straflosigkeit oder Untreue entscheiden.

Ähnliche Erwägungen gelten für die Fälle geglückten oder mißglückten gutgläubigen Erwerbes. Hier sind für den Unterschlagungstatbestand zwei Faktoren von besonderer Bedeutung: die Fassung des Vertrages und die Gutgläubigkeit des Sicherungsnehmers.

Für den Unterschlagungstatbestand ist von außerordentlicher Wichtigkeit, in welcher Weise die Sicherungsübereignung erfolgt. Wird durch Einigung und Übergabe oder durch Einigung und Abtretung des Herausgabeanspruches des mittelbaren Besitzers übereignet, so genügt zum Rechtserwerb guter Glaube bei Vornahme des Geschäftes. Der Sicherungsnehmer, der durch Einigung und Besitzkonstitut erwirbt, ist wesentlich schlechter gestellt, muß er doch auch bei Besitzerlangung noch gutgläubig sein. Der Sicherungsnehmer hat daher nur dann Aussicht auf

Schutz durch den Unterschlagungstatbestand, wenn er gutgläubig ist und außerdem im Übereignungsvertrage das Besitzkonstitut vermeidet. Bei Übereignung mittels Besitzkonstitut entfällt § 246 schon deshalb, weil der Eigentumserwerb des Sicherungsnehmers erst nach Besitzverlust des Sicherungsgebers eintreten kann, der dann fast immer auch keinen Gewahrsam mehr hat.

Eine andere Frage ist natürlich, ob sich der Sicherungsgeber gegenüber dem wirklichen Eigentümer der Sache einer Unterschlagung schuldig macht. In diesem Verhältnis ist gewiß unter den oben beschriebenen Voraussetzungen eine Unterschlagung anzunehmen. Möglicherweise liegt auch, wie ebenfalls oben gezeigt, Betrug gegenüber dem Sicherungsnehmer vor. Nicht immer ist jedoch dem Sicherungsgeber bekannt, daß die zu übereignende Sache nicht in seinem Eigentum steht. Nimmt man die Fälle, in denen sowohl Sicherungsgeber als auch Sicherungsnehmer an das Eigentum des Sicherungsgebers glauben, so bleibt jedenfalls merkwürdig, wie der Unterschlagungstatbestand auch bei unwirksamer Übereignung einen Schutz für den Sicherungsnehmer erreicht[1]).

Für den Untreuetatbestand gelten ganz andere Überlegungen. Hier kann es nicht darauf ankommen, in welcher Weise übereignet wird. Gleichgültig, ob eine Übergabe erfolgt oder der Herausgabeanspruch abgetreten oder aber andererseits ein Besitzkonstitut vereinbart wird, muß bei Gutgläubigkeit des Sicherungsnehmers auch ein Verhältnis im Sinne des § 266 StGB vorliegen, wenn die sonstigen Voraussetzungen dafür erfüllt sind. Das Besitzkonstitut ist hier nicht schlechter gestellt als die anderen Formen oder Surrogate der Übergabe. Daß von dieser Zufälligkeit in der Wahl der Übereignungsform nicht das Vorliegen eines Treueverhältnisses abhängen kann, ist so klar, daß es keiner weiteren Ausführungen bedarf. Nur darauf sei hingewiesen, daß ja gerade die dem Unterschlagungstatbestand günstigen Formen dann gewählt werden, wenn der Sicherungsnehmer nicht so ganz sicher glaubt, daß der Sicherungsgeber auch Eigentümer ist, wenn er also dem Geber kein oder nur wenig Vertrauen entgegenbringt, d. h. *gerade* bei einer Übereignung nach §§ 929/30 BGB kommt der Untreuetatbestand in Betracht.

Nicht nur die Übereignungsformen, sondern auch die tatsächlichen Eigentumsverhältnisse und die hierüber bestehenden Parteivorstellungen sind für den Untreuetatbestand weitgehend irrelevant. Es kommt überhaupt nicht darauf an, ob der Veräußerer Eigentümer ist und auch nicht darauf, ob der Erwerber Eigentümer wird. Das folgt schon aus der Unabhängigkeit des Untreuetatbestandes von der dinglichen Rechtslage. Es ist auch ohne Bedeutung, ob der Sicherungsgeber sein Nichteigentum

[1]) Zur Verdeutlichung ein Beispiel: Die Sache gehört A. Sicherungsgeber B und -nehmer C glauben, sie gehöre dem B und übereignen unwirksam an C. Jetzt glaubt B, die Sache gehöre dem C, und er eigne sich dessen Sache rechtswidrig zu. M. E. vollendete Unterschlagung, da die Sache tatsächlich fremd ist, weil sie nämlich dem A noch gehört.

kennt oder ob er gutgläubig handelt. Auch dem Dieb kann man vertrauen. Lediglich die Vorstellung des Sicherungsnehmers ist insofern von Bedeutung, als von einem Treueverhältnis dann nicht die Rede sein kann, wenn der Sicherungsnehmer weiß, daß die zu übereignenden Gegenstände nicht dem Sicherungsgeber gehören, also durch die Übereignung unterschlagen werden. Hier vertraut der Nehmer nicht auf Ehrlichkeit und Vertragstreue, sondern paktiert mit der Unehrlichkeit des Sicherungsgebers[1]). Je nachdem, in welchem Zeitpunkt seine Zusammenarbeit mit dem Sicherungsgeber beginnt, ist hier der Sicherungsnehmer Gehilfe der Unterschlagung oder aber Hehler. Im einzelnen vergleiche man hierzu die Ausführungen S. 53/4.

Wichtig ist hierbei aber, daß es bei der Vorstellung des Sicherungsnehmers nicht auf eine Gutgläubigkeit im Sinne der Legaldefinition des § 932 Abs. II BGB ankommen kann. Entscheidend ist vielmehr, ob er im strafrechtlichen Sinne gutgläubig ist, also ohne Verletzung von Strafrechtsnormen handelt. Daraus ergeben sich wichtige Abweichungen. In der Regel wird man auch den Sicherungsnehmer für gutgläubig erachten, der grob fahrlässig an das Eigentum des Sicherungsgebers glaubt. Dem Vorliegen eines Treueverhältnisses würde also nur positive Kenntnis von der Nichtberechtigung schaden. Etwas anderes muß wiederum für die Fälle der Sicherungsübereignung von Edel- oder Buntmetallen gelten. Hier verstößt der Sicherungsnehmer schon bei fahrlässiger Unkenntnis gegen Strafrechtsnormen. Man wird daher in derartigen Fällen Bösgläubigkeit und Ausschluß eines Treueverhältnisses schon bei fahrlässiger Unkenntnis der Nichtberechtigung des Sicherungsgebers anzunehmen haben[2]).

Während der Unterschlagungstatbestand seinen Schutz dann versagt, wenn die sicherungsübereignete Sache früher einmal verlorengegangen oder abhanden gekommen war, ihn aber auch in diesen Fällen wieder gewährt, wenn es sich um Geld, Inhaberpapiere oder Sachen handelt, die durch eine öffentliche Versteigerung gegangen sind, ist das für den Untreuetatbestand ohne Bedeutung. Es ist ja auch eine arge Zumutung, von derartigen rein zivilrechtlichen Erwägungen die Strafbarkeit abhängig

[1]) Vgl. den Fall RG 70, 10, zu Unrecht kritisch Kohlrausch Vermögensverbrechen S. 741. Ebenso wie das RG jetzt BGH Urteil v. 27. 3. 1953 in NJW 54, 889, krit. dazu Bruns in NJW 54, 857 ff., dem jedenfalls insoweit zu folgen ist, daß nicht bei Ablehnung eines Treueverhältnisses wegen Sittenwidrigkeit ersatzweise der Veruntreuungstatbestand angewandt werden darf. Das sind Taschenspielerkunststücke! Nicht beizupflichten ist Bruns darin, daß er aus dem (richtigen) Grundsatz, das Strafrecht habe die Täterhandlung und nicht die Person des Verletzten zu werten, den Schluß zieht, ein Treueverhältnis erfordere keinen anständig Vertrauenden. Das läßt sich aus diesem Grundsatz nicht schließen.

[2]) Für im strafrechtlichen Sinne bösgläubig muß der Sicherungsnehmer auch dann gelten, wenn die Sicherungsübereignung nach § 138 BGB nichtig ist, so z. B. bei vorsätzlichen Knebelungsverträgen, vorsätzlicher Gläubigerbenachteiligung, Konkursverschleppung, Aussaugung usw. Fahrlässigkeit oder grobe Fahrlässigkeit kann hierbei nicht genügen.

zu wissen. Was hat schließlich die in §§ 932ff. BGB zum Gesetz gewordene Mischung deutschrechtlicher und römischrechtlicher Elemente und wiederum die Ausnahmeregelung zugunsten des Verkehrs in § 935 Abs. II BGB mit der Strafwürdigkeit zu tun! Wie kann es für die Strafwürdigkeit des Sicherungsnehmers von Belang sein, ob einmal ein früherer Eigentümer unfreiwillig den mittelbaren oder aber den unmittelbaren Besitz verloren hat!

Zur Unabhängigkeit des Untreuetatbestandes von der dinglichen Rechtslage gehört im weiteren Sinne auch die Unabhängigkeit dieses Tatbestandes von der jeweiligen Zuordnung einer Forderung.

Die Gleichbehandlung von körperlichen und sonstigen Gegenständen ist an sich schon eine eben nur vom Untreuetatbestand erfüllte rechtspolitische Forderung. Gerade heute, wo sich immer mehr die Erkenntnis durchsetzt, daß die Unterscheidung des BGB zwischen Sachen und Forderungen oder sonstigen Rechten eigentlich willkürlich ist[1]), kann man sich noch weniger mit der Enge des nur auf Sachen abstellenden Unterschlagungstatbestandes beruhigen. Daß der Untreuetatbestand hier Gleiches gleich behandelt, sichert ihm bereits unsere Zuneigung. Es ist ja auch zu eigenartig und für das Rechtsgefühl unerträglich (wenn man eine weitgehende Anwendung des Untreuetatbestandes auf Sicherungsübereignungen ablehnt), die Strafbarkeit von der Art des sicherungsübereigneten Gegenstandes abhängig zu machen. Der Täter, der sich an einer Sache vergreift, ist strafbar, derjenige, der sich an einer Forderung (die vielleicht durch Surrogationsklausel an die Stelle der Sache getreten ist) vergreift, ist straffrei, während der, der sich an dem vorausübereigneten Surrogat der Forderung, dem Erlöse vergreift, wieder strafbar ist. So jedenfalls bei alleiniger Anwendung des Unterschlagungstatbestandes. Auf ähnliche Vorgänge beim Eigentumsvorbehalt, die dort noch des Näheren ausgeführt sind, kann hier generell verwiesen werden.

Nicht nur von diesen Ungereimtheiten befreit die weitgehende Anwendung des Untreuetatbestandes. Darüber hinaus muß es für den Treubruchstatbestand auch gleichgültig bleiben, ob die sicherungsübereignete Forderung tatsächlich wirksam dem Sicherungsnehmer zugeordnet ist. Sollte sie wirksam zugeordnet werden, ist das aber aus irgendeinem Grunde mißlungen, was wegen der Unmöglichkeit eines gutgläubigen Erwerbes leicht vorkommen kann, so kann das auf das Vorliegen eines tatsächlichen Treueverhältnisses keinen Einfluß haben. Auch in diesem Punkte erweist sich also der Untreuetatbestand als der ideale Vermögensschutztatbestand, der uns in Fällen der Sicherungsübereignung als einziger Tatbestand zu gerechten und verständigen Ergebnissen gelangen läßt.

Schon aus diesen der Behandlung des Untreuetatbestandes vorangestellten Erwägungen folgt, daß der Untreuetatbestand bei Fällen der

[1]) Eine Emanzipation des strafrechtlichen Sachbegriffs bei Erik Wolf in Reichsgerichtspraxis a. a. O.

Sicherungsübereignung weitgehende Anwendung finden muß. Es handelt sich hier nicht nur um Überlegungen de lege ferenda! Der Untreuetatbestand ist in seiner wörtlichen Fassung so unbestimmt und weit, daß die Tatbestandsgrenzen allein aus Sinn und Zweck der Vorschrift gewonnen werden können. Sinn und Zweck einer Vorschrift sind aber nicht bei isolierter Betrachtung des Tatbestandes selbst zu eruieren. Allein die Betrachtung eines Komplexes von Lebenssachverhalten und das Inbeziehungsetzen mit einer Gruppe von (dem Wortlaut nach anwendbaren) Tatbeständen erlaubt eine Aussage über Tatbestandsgrenzen. An seinen Grenzfällen erkennen wir den Tatbestand. Wie anders gelingt z. B. die Abgrenzung von Betrug gegenüber Diebstahl und wie anders wäre das ungeschriebene Tatbestandsmerkmal des Betrugstatbestandes zu finden!

Gelten aber derartige Prinzipien schon allgemein, so müssen sie beim Untreuetatbestand wegen seiner weiten und unbestimmten Fassung besonderes Gewicht haben.

Derartige Erwägungen sind nun auch indirekt von Einfluß auf die bisherige Rechtsprechung gewesen. Unser Anliegen ist es, ihre direkte Bedeutung anzuerkennen.

Schon zu 1. ist verschiedentlich auf die gegenüber dem Eigentumsvorbehalt bei der Sicherungsübereignung zu findende größere Geneigtheit der Rechtsprechung, den Untreuetatbestand anzuwenden, hingewiesen. Auch die verschiedenen Gründe für diese größere Anwendungsfreudigkeit bei der Sicherungsübereignung sind erörtert. Wir können daher hier auf erneute Darlegung verzichten und uns darauf beschränken, den Grundzug der neueren höchstrichterlichen Rechtsprechung als Ausgangspunkt festzuhalten, der darin besteht, daß eine Sicherungsübereignung allein nicht genügt, ein Treueverhältnis im Sinne des § 266 StGB zu erzeugen, aber schon verhältnismäßig unbedeutende Nebenpflichten mit Auftragscharakter zum Treueverhältnis führen[1]).

aa) Mißbrauch einer Verfügungsbefugnis

Bei der Untersuchung im einzelnen mag auch hier wieder der Mißbrauchstatbestand mit seinen noch zivilrechtlich gebundenen Elementen den Vortritt haben, wiewohl schon diese zivilrechtliche Bindung im Schutzobjekt und im Handlungsobjekt unser Bedenken erregen muß.

Die zivilrechtliche Bindung des Schutzobjektes macht den Mißbrauchstatbestand bei der Sicherungsübereignung von vornherein im Verhältnis des Sicherungsnehmers zum Sicherungsgeber unanwendbar[2]). Da die sicherungsübereigneten Sachen zivilrechtlich (auch bei auflösender Bedingung) Eigentum des Sicherungsnehmers sind, kann der Sicherungsnehmer nicht über fremde Vermögensstücke mißbräuchlich verfügen[3]).

[1]) RG 74, 3; RG in HRR 41, 984; BGH 5, 64 = NJW 54, 202.

[2]) Gegen die Weitergeltung des Mißbrauchstatbestandes wegen dieses Mangels H. Mayer in Materialien S. 341.

[3]) Schwinge-Siebert S. 24; vgl. jetzt BGH Urteil v. 8. 5. 1951 in Lindenmaier-Möhring § 266 Nr. 2.

Eine Ausnahme kommt wieder nur dann in Betracht, wenn die Sicherungsübereignung unwirksam oder nicht mehr wirksam ist, die Gegenstände also Eigentum des Sicherungsgebers geblieben oder wieder geworden sind. Meist wird es bei derartigen Fällen aber am Vorsatz des Sicherungsnehmers fehlen. In diesen Fällen gerät die herrschende Lehre vom Verbotsirrtum in ganz besondere Schwierigkeiten. So liegt vorsatzausschließender Tatumstandsirrtum vor, wenn der Sicherungsnehmer bei auflösend bedingter Sicherungsübereignung die Gegenstände auch nach Rückzahlung der Schuld für noch wirksam übereignet hält. Wie ist es aber, wenn er glaubt, das Eigentum sei zwar an den Sicherungsgeber zurückgefallen, er, der Nehmer habe aber noch irgendwelche Verfügungsrechte? Sollte dieser Fall tatsächlich schärfer angefaßt werden, als derjenige, bei dem sich der Sicherungsnehmer in viel gröberer Weise noch für den Eigentümer hält?

Umgekehrt können Versuchsfälle vorliegen, wenn die Sicherungsübereignung wirksam ist, der Sicherungsnehmer sie aber für unwirksam oder nicht mehr wirksam hält. Glaubt z. B. der Sicherungsnehmer irrig, der Gegenstand sei fremdes Vermögen, etwa weil er wirtschaftlichem Denken zuneigt und bei Rückzahlung oder weitgehender Rückzahlung an einen Rückfall des Eigentums auch bei unbedingter Sicherungsübereignung glaubt, so liegt Versuch vor. Diese Fälle sind wegen der Verbreitung der unbedingten Sicherungsübereignung und der allgemeinen Unkenntnis über die Notwendigkeit der Rückübereignung nicht so selten.

Von derartigen Ausnahmefällen abgesehen kommt also der Mißbrauchstatbestand nur für Handlungen des Sicherungs*gebers* in Betracht, denn nur für diesen sind die sicherungsübereigneten Gegenstände „fremdes Vermögen“[1]. Der Kreis der möglichen Mißbrauchshandlungen wird noch weiter dadurch eingeengt, daß der Sicherungsgeber eine ihm zustehende und wirksam erteilte Befugnis, nach außen hin wirksam rechtsgeschäftlich zu verfügen, im Innenverhältnis mißbrauchen muß.

In aller Regel ist aber der Sicherungsgeber zu irgendwelchen Verfügungen über das Sicherungsgut überhaupt nicht ermächtigt. Er soll ja die Gegenstände ohne Veränderung der dinglichen Rechtslage und auch ohne Belastung im Eigentum des Sicherungsnehmers erhalten. Darin liegt gerade der Zweck der Sicherungsübereignung. Faßt man den Verfügungsbegriff weiter und folgt man der Rechtsprechung, die auch rein tatsächliche Handlungen mitunter als mißbräuchliche Verfügungen gelten läßt, so besteht allerdings die Möglichkeit, z. B. in einer Verbindung, Vermischung oder Verarbeitung oder im Verbrauch des Sicherungsgutes einen Mißbrauch einer Verfügungsbefugnis zu erblicken. In Betracht kommen derartige Fälle selbstverständlich nur, wenn z. B. eine ausdrückliche *generell* erteilte Erlaubnis zur Verarbeitung oder zum Ver-

[1]) Über die Entwicklung der Rechtspr. u. Lehre zu diesem Begriff im Mißbrauchstatbestand vgl. die entsprechende Anm. S. 74.

brauch usw. besteht, die dann ausnahmsweise als mißbraucht vorgestellt werden könnte, wenn der Täter die ihm erlaubten Handlungen zu einem vertragswidrigen Zwecke vornimmt. Zumeist wird sich aber auch bei diesen Fällen der Inhalt der Erlaubnis nach dem Sinn des ganzen Vertrages richten, so daß aus diesem Grunde ein Mißbrauch gar nicht möglich ist. Die Konstruktion eines vom rechtsgeschäftlichen Außenverhältnis abweichenden rechtsgeschäftlichen Innenverhältnisses ist überhaupt nicht möglich, da es für nichtrechtsgeschäftliche Handlungen auch kein Vollmachts- oder Ermächtigungsverhältnis gibt.

Daraus folgt, daß der Mißbrauchstatbestand auch für Handlungen des Sicherungsgebers nur ganz untergeordnete Bedeutung hat. Selbst wenn dem Sicherungsgeber ausnahmsweise auch der Verkauf des Sicherungsgutes (etwa bei Vorliegen von Surrogationsklauseln) erlaubt sein sollte, ist bei der heute weitgehenden Angleichung von Innen- und Außenverhältnis nur noch selten ein Mißbrauchsfall denkbar. Im einzelnen kann auf die Ausführungen S. 61 ff. verwiesen werden.

bb) Verletzung einer Treupflicht (zur Wahrnehmung von Vermögensinteressen)

Die gänzliche Unabhängigkeit des Treubruchstatbestandes von zivilrechtlichen Vorbedingungen erlaubt es, diesen Tatbestand direkt und ohne zuvorige Einengung des möglichen Täterkreises anzugehen. Für den Treubruchstatbestand kommt nicht wie beim Unterschlagungstatbestand und Mißbrauchstatbestand nur eine Personengruppe, nämlich die der Nichteigentümer in Betracht. Vielmehr ist seine Anwendung bei Handlungen sowohl des Sicherungsgebers als auch des Sicherungsnehmers von vornherein jedenfalls möglich.

Im Gegensatz zum Eigentumsvorbehalt haben wir hier bei der Sicherungsübereignung auch Sachverhalte vor uns, bei denen ein Schutz der Vermögensinteressen des Nichteigentümers u. U. erforderlich wird. Während beim Eigentumsvorbehalt der über die Sache verfügende Verkäufer und Eigentümer nicht strafwürdig erscheint[1]), weil die Vorbehaltsware aus seinem Vermögen stammt, ist das bei der Sicherungsübereignung anders. Bei ihr stammt der Gegenstand aus dem Vermögen des Gebers, in das er auch bei normalem Verlauf der Dinge, d. h. bei Rückzahlung der Geldschuld zurückkehren soll. Hieraus ergibt sich auch ein stärkeres Schutzbedürfnis des Sicherungsgebers.

---

[1]) Jedenfalls nicht generell. Daß besondere Umstände auch in diesem Verhältnis die Anwendung des Untreuetatbestandes fordern können, versteht sich. Nur über diesen Tatbestand (nicht mit Hilfe des § 246) können auch die sehr üblen Fälle gelöst werden, in denen der formelle Eigentümer das Vermögen des wirtschaftlichen Eigentümers, z. B. durch Wegnahme der schon fast vollständig bezahlten Ware schädigt. Allerdings wird man nur in besonders schwerwiegenden Fällen das Vorliegen eines Treueverhältnisses annehmen können.

Instruktiv ist der Fall des nachträglichen Eigentumsvorbehalts. Obwohl es sich bei ihm zivilrechtlich um eine Sicherungsübereignung handelt, liegt doch für die strafrechtliche Betrachtung im Rahmen des Treubruchstatbestandes ein echter Eigentumsvorbehaltsfall vor. Wie bei allen Eigentumsvorbehaltsfällen wird man auch beim nachträglichen Eigentumsvorbehalt Verfügungen des Verkäufers und Eigentümers in der Regel für strafunwürdig halten. Auch beim nachträglichen Eigentumsvorbehalt stammt die Ware eben ursprünglich aus dem Vermögen des Verkäufers, nicht aus dem des Käufers und Sicherungsgebers.

Ähnliche Überlegungen gelten für die Fälle des verlängerten Eigentumsvorbehalts. Auch hier liegen, mit Ausnahme der Herstellervereinbarung, zivilrechtlich Sicherungsübertragungen vor. Dennoch erscheint uns auch das Surrogat als aus dem Vermögen des Verkäufers stammend und diesem daher voll zustehend. Nur in seltenen Ausnahmefällen wird man zu einer Anwendung des Treubruchstatbestandes auf Handlungen des Verkäufers und Sicherungsnehmers neigen[1]).

Wenn nun auch bei der Sicherungsübereignung zur Sicherung des Geldgläubigers der Treubruchstatbestand auch auf Handlungen des Sicherungsnehmers Anwendung finden kann und muß, so überwiegen doch naturgemäß die Fälle strafwürdigen Verhaltens des Schuldners und Sicherungs*gebers*. Hier ist zunächst klar, daß ein rechtsgeschäftliches Treueverhältnis nicht vorliegen kann. Hauptpflicht des Gesamtvertrages (der aus dem Darlehnsvertrag und dem Sicherungsübereignungsvertrag besteht) ist die Rückzahlung des Darlehns. Da der im Sicherungsübereignungsvertrage steckende Verwahrungsvertrag nur ein an das Hauptgeschäft, nämlich das Darlehnsgeschäft angelehnter Vertrag ist, und er zumeist auch nur dazu dient, die Forderung der Rechtsprechung nach einem konkreten Besitzkonstitut zu erfüllen, wird man ihm keine sehr große Bedeutung beimessen können. Vor allem wird man in der Verwahrungsverpflichtung im Rahmen des Gesamtvertrages keine selbständige vertragliche Treupflicht erblicken können. Würde man derartiges tun, so müßte man erst recht in jedem selbständigen Verwahrungsvertrag ein vertragliches Treueverhältnis im Sinne des § 266 StGB sehen[2]).

[1]) So z. B., wenn der Sicherungsnehmer vor Fälligkeit seiner Forderung und vertragswidrig die vorausabgetretenen Forderungen aus dem Weiterverkauf rücksichtslos und in größerem Umfange als ihm bei Fälligkeit zustehen würde, für sich einzieht.

[2]) Vgl. die auf das Verwahrungselement abstellenden Entscheidungen z. B. RG 74, 3: „Ein Miet- oder Verwahrungsverhältnis ist an sich schon seiner Natur nach in besonderem Maße geeignet, eine solche Pflicht zu begründen." Hier wird gerade das Wesen des Sicherungsübereignungsvertrages (dem der Verwahrungsvertrag oft nur notwendiges Übel ist, mitunter sogar ganz fehlen kann) gründlich verkannt. Die Entscheidung ist überhaupt recht oberflächlich, so z. B. wenn ausgeführt wird, daß zum Verwahrungsverhältnis noch ein Verfügungsverbot „hinzukomme", als ob sonst der Verwahrer verfügen dürfe. Vgl. auch BGH 5, 64.

In Betracht kommen kann daher nur ein tatsächliches Treueverhältnis mit Pflichten zur Wahrnehmung fremder Vermögensinteressen. Die Rechtsprechung hat bei der Sicherungsübereignung ein derartiges Verhältnis nur angenommen, wenn der Sicherungsgeber auch besondere Pflichten bzgl. des Sicherungsgutes hatte, die über die allgemeine Verwahrungspflicht hinausgingen. Gefordert wurden Auftragsbestandteile im Sicherungsübereignungsvertrag, die sich über die Behandlung des fremden Eigentums näher verhalten sollten.

Wichtig erscheint dabei zunächst, daß die Rechtsprechung bei der Feststellung der „fremden Vermögensinteressen" überhaupt an die Verwahrung des fremden Eigentums angeknüpft hat und nicht, wie es ja auch möglich gewesen wäre, an die Erfüllung des Darlehnsvertrages, also an die Rückzahlung des „fremden" Geldes. Darauf ist schon oben bei der Behandlung des uneigentlichen Eigentumsvorbehalts hingewiesen. Das ist also bei dem Verhältnis des Sicherungsgebers zum Sicherungsnehmer der Anknüpfungspunkt. (Ganz anders im umgekehrten Verhältnis, wie noch zu zeigen sein wird.) Dabei ist selbstverständlich, daß eine Unwirksamkeit des dinglichen Geschäftes nicht schadet. Auch dann, wenn die Parteien ein Verhältnis gewollt haben, nach dem der Sicherungsgeber das Eigentum des Sicherungsnehmers verwahren sollte, diese Situation sachenrechtlich aber nicht erreicht worden ist, liegt das Verhältnis „zur Wahrnehmung fremder Vermögensinteressen" vor. Der Sicherungsgeber ist ja auch in derartigen Fällen schuldrechtlich verpflichtet, das etwa fehlgeschlagene dingliche Geschäft alsbald nachzuholen. Genau genommen ist also Anknüpfungspunkt nicht die Verwahrung fremden Eigentums, sondern die Verwahrung und Behandlung einer Sache so, wie wenn sie fremdes Eigentum wäre.

Wenn die Rechtsprechung teilweise für diese Verwahrung nun noch besondere Auftrags- oder Treueelemente fordert, so ist das zivilistisch und sogar unrichtig zivilistisch gedacht. Die Rechtsprechung behandelt hier den Sicherungsübereignungsvertrag so, als ob ein einfacher Verwahrungsvertrag vorläge. So ist es aber doch nicht! Auch ist der Verwahrungsvertrag Annex des Sicherungsübereignungsvertrages und nicht umgekehrt. Konsequent müßte die Rechtsprechung also untersuchen, ob nicht schon im Sicherungsübereignungsvertrag als Gesamtvertrag die Elemente stecken, die das Verhältnis zwischen Sicherungsgeber und Sicherungsnehmer über das gewöhnliche Verwahrungsverhältnis hinausheben.

Der Verwahrer hat eine fremde Sache aufzubewahren und zurückzugeben. Mit der näheren Ausgestaltung dieser Pflichten beschäftigt sich der Verwahrungsvertrag. Das ist auch der Zweck dieses Vertrages. Der Sicherungsübereignungsvertrag hat ganz andere Zwecke. Daß ein Verwahrungsverhältnis oder Leihverhältnis oder ein sonstiges konkretes Besitzmittlungsverhältnis vorliegen muß, ist für den Sicherungsübereignungsvertrag nur ein zumeist notwendiges Übel. Oft wird dieses Übel ja auch (wegen des besseren Gutglaubensschutzes) durch Übereignung ohne Besitzkonstitut umgangen. Sollen derartige Fälle der Sicherungsübereignung etwa strafrechtlich anders behandelt werden, als die üblichen Sicherungsübereignungen mittels Besitzkonstitutsvereinbarung? Zweck des Sicherungsübereignungsvertrages ist die Absicherung der Geldforderung des Gläubigers, die Zurverfügunghaltung eines Vermögensstückes zur Verwertung bei Nichteinbringlichkeit der Forderung. Das Vermögensstück soll gar nicht bei normaler Abwicklung des Geschäftes dem „hinterlegenden“ oder „verleihenden“ Sicherungsnehmer „zurückgegeben“ werden. Es soll auch nicht so aufbewahrt werden, daß der Sicherungsnehmer sein Eigentum unbeschädigt zurückerhält (wie beim Verwahrungsvertrag), sondern so, daß das Vermögensstück stets zur Befriedigung des Sicherungsnehmers dienen kann und gleichzeitig dem Weitergebrauch des Sicherungsgebers möglichst in bisheriger Form erhalten bleibt. In der Aufgabe des Sicherungsgebers, trotz eigener Verwendung des Gegenstandes dem Sicherungsnehmer die Verwertbarkeit und damit das Vorrecht vor anderen Gläubigern zu erhalten, liegen bereits die mitunter geforderten Auftrags- bzw. Treueelemente, die dieses Verhältnis erheblich vom einfachen Verwahrungsvertrag unterscheiden.

Sieht man einmal von den speziellen Forderungen der Rechtsprechung zur Sicherungsübereignung ab und wendet man die allgemein zum Treueverhältnis entwickelten Kriterien an, so ergibt sich das gleiche Bild. Auch hiernach muß das Verhältnis des Sicherungsgebers zum Sicherungsnehmer als tatsächliches Treueverhältnis angesprochen werden. In der Absicherung eines Kredits wird kaum jemand ein unbedeutendes Geschäft erblicken, zeigt doch die Absicherung gewöhnlich, daß entweder der Kredit hoch oder aber wegen der allgemeinen Vermögenslage des Schuldners riskant ist. Die Beschränkung des Schuldners in seinen Eigentumsrechten an Gegenständen, die er zumeist zur Fortführung seines Geschäftes benötigt, für einen hohen oder riskanten Kredit ist fast immer ein für den Schuldner einschneidendes und für den Gläubiger gewagtes Geschäft. Ebenso liegt eine mechanische oder unselbständige Tätigkeit nicht vor, wenn der Schuldner die Aufgabe hat, gleichzeitig das Sicherungsgut zur Fortführung seines Betriebes zu gebrauchen und dabei doch dem Gläubiger mit demselben Gegenstand Sicherheit zu leisten.

Stellt man auf die Dispositionsfähigkeit über fremdes Vermögen ab (über dieses Differenzierungsmerkmal s. die Ausführungen unter 1.), so wird man ebenfalls der Annahme eines Treueverhältnisses zuneigen. Wenn auch dem Sicherungsgeber eine rechtsgeschäftliche Dispositionsbefugnis in der Regel nicht zusteht, so hat er doch eine gewisse Dispositionsmacht, da er Besitzer der Sache und damit als Eigentümer legitimiert ist. Das hat zur Folge, daß er die Sache an Gutgläubige wirksam veräußern kann. Außerdem steht ihm jedenfalls bei der auflösend bedingten Sicherungsübereignung ein Anwartschaftsrecht an der Sache zu. Ist die Sicherungsübereignung unbedingt, so hat der Sicherungsgeber statt des dinglichen Anwartschaftsrechts einen schuldrechtlichen Anspruch auf Rückübertragung der Sache und damit eine gewisse Nähe zu ihr. Wir können daher auch hier feststellen, daß die Rechte an dem und auf das Vermögensstück so verteilt sind, daß es zwar noch dem Vermögen des Sicherungsnehmers angehört und daher für den Sicherungsgeber ein fremdes Vermögensstück ist, gleichzeitig aber dem Sicherungsgeber eine Nähe und Dispositionsfähigkeit eingeräumt ist, die den Sicherungsnehmer bzgl. dieses Vermögensstückes in weitem Umfange dem guten Willen und der Ehrlichkeit des Sicherungsgebers ausliefert. Wie schon mehrfach gezeigt, sind das gerade die Sachverhalte, die dem Treubruchstatbestand unterstellt werden müssen.

Handelt es sich um eine Sicherungsübertragung von Forderungen, so gelten ähnliche Überlegungen. Wenn auch der Begriff des Anwartschaftsrechts bei der Forderung nicht üblich ist, so liegt doch die gleiche Rechtslage vor, wie bei der auflösend bedingten Übereignung von Sachen, d. h. bei bedingter Sicherungsübertragung hat der Geber ein Recht an der — bei der unbedingten ein Recht auf die Forderung. Da Forderungen, anders als Sachen, gewöhnlich nicht durch Verkauf, sondern durch Einziehung verwertet werden, liegt ganz folgerichtig die Dispositionsfähigkeit[1]) des Sicherungsgebers in der Möglichkeit der Einziehung vom gutgläubigen Schuldner. An die Stelle des Gutglaubensschutzes nach §§ 932ff. BGB tritt hier der Gutglaubensschutz nach §§ 407/408 BGB.

Wir können daher feststellen, daß bei jeder Sicherungsübertragung in der Regel ein tatsächliches Treueverhältnis des Sicherungsgebers zum Sicherungsnehmer besteht. Nur in ganz besonderen Ausnahmefällen, etwa bei ausgesprochen unbedeutenden Geschäften, wird man das Vorliegen eines Treueverhältnisses abzulehnen haben. Ein Treueverhältnis würde z. B. dann nicht vorliegen, wenn mit dem Rechtsinstitut der Sicherungsübertragung in der Weise Unfug getrieben würde, daß etwa für eine Forderung von wenigen Mark oder gar Pfennigen ein ebenso wertloser Gegenstand zur Sicherheit übertragen würde.

Im umgekehrten Verhältnis, also im Verhältnis des Sicherungsnehmers zum Sicherungsgeber gelten etwas abweichende Überlegungen. Hier wird man nicht nur ein tatsächliches, sondern ein rechtsgeschäftliches Treueverhältnis annehmen müssen.

Hauptpflicht des Sicherungsnehmers aus dem Sicherungsübereignungsvertrag ist bei der unbedingten Sicherungsübereignung die Rückübertragung des Eigentums nach Ablösung der Schuld auf den Sicherungs-

[1]) Wenn nicht sogar eine rechtsgeschäftlich verliehene Dispositionsbefugnis, etwa eine Einziehungsermächtigung vorhanden ist. Das ist gerade bei Sicherungsübertragungen von Forderungen zumeist der Fall. Vgl. hierzu die Entscheidung BGH 5, 65, in der jedoch übersehen ist, daß auch in dem entschiedenen Fall ein Mißbrauch mangels Ermächtigung (Außenverhältnis!) zu einer derartigen Einziehung nicht vorliegen konnte.

geber. Bei der bedingten Sicherungsübereignung tritt an deren Stelle die Pflicht des Sicherungsnehmers, keine belastenden Zwischenverfügungen vorzunehmen (die u. U. nach § 161 Abs. III BGB auch dem Sicherungsgeber gegenüber wirksam sind). Der Sicherungsübereignungsvertrag ist ein echtes Treuhandgeschäft. Die starke formelle Rechtsstellung des Sicherungsnehmers ist nur eine fiduziarische. Sie bei Abwicklung des Gesamtvertrages wieder aufzugeben und während der Zeit der Innehabung nicht zu mißbrauchen, ist oberste Pflicht des Sicherungsnehmers.

Auch der Rechtsprechung fällt es nicht sonderlich schwer, in diesem Verhältnis ein Treueverhältnis im Sinne des § 266 StGB zu erblicken[1]). Seine Ursache hat das jedoch nicht in der hierbei tieferen Einsicht in die Problematik des § 266 StGB, sondern allein darin, daß für als strafwürdig empfundene Handlungen des Sicherungsnehmers kein anderer Tatbestand zur Verfügung steht. Immerhin können wir für die Anwendung des Untreuetatbestandes im Verhältnis des Sicherungsnehmers zum Sicherungsgeber auf die gesamte, auch ältere Rechtsprechung zur Untreue bei Treuhandverhältnissen verweisen und uns im folgenden den zumeist auftretenden Treupflichtverletzungen einmal des Sicherungsgebers und sodann des Sicherungsnehmers zuwenden.

αα) Verkauf des Sicherungsgutes

Verkauft der Sicherungsgeber das ihm nicht gehörende Sicherungsgut, so liegt in der Regel neben der Unterschlagung auch eine Untreuehandlung vor[2]). Auch hier, wie in ähnlichen Fällen beim Eigentumsvorbehalt, decken sich Zueignung und Treupflichtverletzung. Auf die Wirksamkeit des Veräußerungsgeschäftes kommt es für die Feststellung der Treupflichtverletzung genauso wenig an, wie für die Feststellung der Zueignung bei der Unterschlagung. Auch wenn also die Veräußerung unwirksam und nur vom Täter irrig für wirksam gehalten ist, liegt eine Treupflichtverletzung vor.

Hält der Täter die Veräußerung für unwirksam, so kann niemals der Tatbestand des § 266 StGB ausfallen. Auch die in Kenntnis dieser Rechtslage vorgenommene unwirksame Veräußerung ist Treupflichtverletzung. Ob auch ein Vermögensschaden entstanden ist, ist eine andere Frage, deren Beantwortung im wesentlichen von dem jeweils vertretenen Schadensbegriff abhängt. Daß bei dieser Regelung dem Rechtsgefühl für das Strafwürdige mehr Rechnung getragen wird, liegt auf der Hand. Ob der Täter ein Vermögensdelikt begangen hat, kann eben nicht von seiner Vorstellung über Wirksamkeit oder Unwirksamkeit der ihm jedenfalls untersagten Geschäfte abhängen, sondern vernünftigerweise allein davon, ob er bewußt durch unerlaubte Geschäfte einen Schaden anrichtet. Zu den Einzelheiten mögen auch hier wieder die entsprechenden Ausführungen S. 67ff. verglichen werden.

---

[1]) Vgl. z. B. RG 67, 274; 69, 225. Oder zivilrechtlich RGZ 76, 347.

[2]) RG 74, 4.

Daß der Untreuetatbestand auch den Verkauf der zur Sicherheit übertragenen Forderungen ergreift und damit im Gegensatz zum Unterschlagungstatbestand Gleiches auch gleich behandelt, sei vollständigkeitshalber erwähnt.

Verkauft der Sicherungs*nehmer* das Sicherungsgut ohne schon durch Überfälligkeit der Forderung zur Verwertung berechtigt zu sein, so ist diese Handlung ebenfalls Treupflichtverletzung[1]). Hier zeigt sich der fundamentale Unterschied zur Behandlung derartiger Fälle im Rahmen des Unterschlagungstatbestandes.

Der Untreuetatbestand findet darüber hinaus auch dann Anwendung, wenn der an sich zulässige Verwertungsverkauf entweder von den besonderen vertraglichen oder aber mangels solcher von den für die Verwertung eines Pfandes geltenden gesetzlichen Vorschriften abweicht[2]). Daß der Unterschlagungstatbestand derartige Fälle nur dann erfassen kann, wenn bei einer Sicherungsübereignung mit auflösender Bedingung das Eigentum wieder an den Sicherungsgeber zurückgefallen ist, ist eine schwere Unbilligkeit.

ββ) Sicherungsübereignung und Verpfändung

Auch die Fälle der erneuten Sicherungsübertragung des Sicherungsgutes durch den Sicherungsgeber sind in der oben aufgezeigten zweifachen Hinsicht durch den Treubruchstatbestand glücklich gelöst.

Die Normalfälle doppelter Sicherungsübereignungen werden sowohl vom Unterschlagungs- als auch vom Untreuetatbestand erfaßt; die Fälle, in denen der Täter annimmt, daß die Sicherungsübereignung unwirksam sei, dagegen, bei Zugrundelegung der herrschenden Lehre, nur vom Treubruchstatbestand[3]). Außerdem ergreift der Treubruchstatbestand auch hier wieder die erneute Sicherungsübertragung einer zur Sicherung übertragenen Forderung.

Die für den Sicherungsnehmer gleich schädliche Verpfändung wird durch den Untreuetatbestand in der gleichen Weise behandelt. Wenn auch die Verpfändung für den Unterschlagungstatbestand u. U. ausscheidet, weil in ihr nach herrschender Lehre nur eine Gebrauchsanmaßung zu sehen ist, so ist sie doch immer Treupflichtverletzung. Auf die größere Billigkeit dieser strafrechtlichen Gleichstellung ist schon oben S. 68/70 hingewiesen. Auch hier liegt wieder der Vorzug des Untreuetatbestandes darin, daß er den Akzent von der Stärke des formellen Eingriffs weg zu dem durch diesen Eingriff wirtschaftlich angerichteten Schaden hin verlegt.

Erfolgen Sicherungsübertragung oder Verpfändung allein zu dem Zwecke, die alte Schuld und damit auch die bestehende Sicherungsüber-

---

[1]) Vgl. schon RG 69, 225.

[2]) RG a. a. O.

[3]) Richtig RG in HRR 41, 372.

tragung oder Verpfändung abzulösen, so gelten ähnliche Grundsätze wie oben S. 138 entwickelt. Eine Treupflichtverletzung liegt immer dann vor, wenn nicht ausnahmsweise eine Einwilligung des Sicherungsnehmers vorliegt oder aber dessen Einwilligung wegen ganz besonderer Umstände und bei Ausschluß jeden Risikos (durch Pfändungen anderer Gläubiger!) zu vermuten ist. Vor der Gefahr, mit dem Institut der zu vermutenden Einwilligung zu weitherzig umzugehen, bewahrt hier das Korrektiv des Tatbestandsmerkmals der Nachteilszufügung. Durch dieses werden die Fälle von der Strafbarkeit ausgenommen, in denen eine Schädigung oder Gefährdung des Sicherungsnehmers trotz Pflichtverletzung des Sicherungsgebers nicht eintritt. Eine Überdehnung der Rechtfertigungsgründe ist daher hier nicht erforderlich.

Während im Rahmen des Unterschlagungstatbestandes der Sicherungsnehmer straflos das Sicherungsgut seinerseits sicherungsübereignen oder verpfänden darf, sind derartige Handlungen im Rahmen des Untreuetatbestandes strafbare Treupflichtverletzungen[1]). Die Verpfändung spielt wegen der gewöhnlichen Besitzlosigkeit des Sicherungsnehmers keine besondere Rolle. Dagegen wird oft das Sicherungsgut vom Nehmer durch nochmalige Sicherungsübereignung zur Kreditbeschaffung benutzt. Daß diese erneute Sicherungsübereignung, die ja, falls die erste Sicherungsübereignung nicht auflösend bedingt war, auch dem ersten Sicherungsgeber gegenüber wirksam ist, erhebliche Gefahren für den früheren Eigentümer hat, liegt auf der Hand. Während bei der Sicherungsübereignung von Sachen der ursprüngliche Eigentümer meist noch nach § 986 Abs. II BGB die Möglichkeit hat, die Einwendungen aus seinem Verhältnis zum Sicherungsnehmer dem neuen Eigentümer entgegenzusetzen, ist der Sicherungsgeber, der eine Forderung sicherungsübertragen hat, ganz übel daran. Hier zeigt sich ein Fall, in dem der Schutz von Forderungen nicht nur ebenso notwendig wie der des Eigentums ist, sondern sogar noch notwendiger. Hier etwa im Falle der Sicherungsübereignung (bei auflösend bedingtem Sicherungseigentum und nach Bedingungseintritt) mit der Anwendung des Unterschlagungstatbestandes zu reagieren, obwohl doch der Sicherungsgeber sich dem Herausgabeanspruch des zweiten Sicherungsnehmers widersetzen kann, im Falle der Sicherungsübertragung einer Forderung, bei der der Sicherungsgeber seine Forderung unwiederbringlich verlieren kann, aber für Straffreiheit zu plädieren, ist so fern aller Vernunft, daß schon aus diesem Resultat endlich die Konsequenzen gezogen werden müssen.

$\gamma\gamma$) Gebrauchs- und Verbrauchshandlungen

Ein weites, aber m. E. nicht unberechtigt weites Anwendungsgebiet ergibt sich für den Untreuetatbestand bei den Gebrauchs- und Ver-

[1]) RG 69, 225, es sei denn, die gesicherte Forderung ist überfällig und SÜ bzw. Verpfändung sind vertraglich zulässige Verwertungshandlungen, lediglich mißverständlich RG 67, 274.

brauchshandlungen; nicht unberechtigt, weil es einerseits Handlungen des Sicherungsgebers gibt, die, ohne Zueignungshandlung zu sein, für den Sicherungsnehmer außerordentlich gefährlich sind und andererseits die Strafbarkeit immerhin auch noch von der vorsätzlichen Schadenszufügung abhängig bleibt.

So liegt bei unsachgemäßem Gebrauch des Sicherungsgutes durch den Sicherungsgeber, bei vertragswidriger Aufbewahrung, Verleihung, Beschädigung oder Zerstörung eine Treupflichtverletzung vor. Auch die vertragswidrig mangelhafte Kennzeichnung des Sicherungsgutes ist Treupflichtverletzung[1]). Damit wird eine Unterlassung in den Rahmen möglicher Strafbarkeit einbezogen, der besondere praktische Bedeutung zukommt, gleichzeitig aber die endgültige Aussage über die Strafbarkeit von der Feststellung der vorsätzlichen Nachteilszufügung abhängig gemacht. Das hat zur Folge, daß auch diejenigen Fälle vom Untreuetatbestand erfaßt werden, bei denen der Sicherungsgeber in Schädigungsabsicht dem Sicherungsnehmer den Eigentumsnachweis und damit die Durchsetzung seines Rechtes unmöglich macht, Fälle, die vom Zueignungsbegriff des Unterschlagungstatbestandes nicht erfaßt werden, obwohl sie den Sicherungsnehmer ebenso hart treffen wie Zueignungsfälle. Es besteht daher keine Veranlassung, hier von gefährlicher Pönalisierung von Vertragsbeziehungen zu sprechen. Die Gleichbehandlung vom Täter aus gesehen gleich bösartiger und vom Verletzten aus gesehen gleich schädigender Handlungen kann nur als Vorteil empfunden werden.

Mit dem Unterschlagungstatbestand trifft der Untreuetatbestand zusammen, wenn der Sicherungsgeber das Sicherungsgut vertragswidrig für sich verbraucht.

Sehr viel leichter und ungezwungener als im Rahmen des Unterschlagungstatbestandes lösen sich für den Treubruchstatbestand die Fälle der Gebrauchs- und Verbrauchshandlungen mit Eigentumswechsel. Für den Treubruchstatbestand kann eine Pflichtverletzung nur vorliegen, wenn und soweit eine vom Geber vorgenommene Verbindung, Vermischung oder Verarbeitung nicht durch Einwilligung oder zu vermutende Einwilligung des Sicherungsnehmers gedeckt ist. Im einzelnen kann hier auf die entsprechenden Ausführungen zu 1. verwiesen werden, insbesondere auf die sachgemäßere Behandlung der Fälle, in denen ohne Verletzung des Vertrages Miteigentum nach Bruchteilen oder Alleineigentum des Sicherungsgebers entstanden ist.

Gebrauchs- und Verbrauchshandlungen des Sicherungs*nehmers* scheiden gewöhnlich aus, da der Sicherungsnehmer nur selten auch tatsächlichen Besitz oder Mitbesitz am Sicherungsgut hat. Besteht aber ausnahmsweise einmal ein solcher, so gelten für Gebrauchs- und Verbrauchshandlungen des Sicherungsnehmers die gleichen Grundsätze wie für entsprechende Handlungen des Sicherungsgebers.

---

[1]) Vgl.: ähnlich RG in JW 37, 2698 (mangelnde Übersicht des Berechtigten infolge ungenauer Buchführung).

Das gilt naturgemäß auch dann, wenn der Sicherungsnehmer sich mittels seines Herausgabeanspruches in den Besitz des Sicherungsgutes gesetzt hat. Auch dann muß er sich bei Gebrauch und Verbrauch des Sicherungsgutes im Rahmen des vertraglich Zulässigen halten. Verletzung der Vertragsvorschrift ist auch Treupflichtverletzung. Auch bei Verwertungshandlungen des Sicherungsnehmers kann der Treubruchstatbestand eingreifen, wie schon oben S. 153/4 aufgezeigt ist. Besonders interessiert hier die Verwertung, die nicht durch Verkauf erfolgt, also die Verwertung von zur Sicherung übertragenen Forderungen.

Da die Sicherungsübertragung der Forderung dem Schuldner gewöhnlich nicht bekannt gemacht wird (das ist sogar oft der Grund, weshalb nicht die mit der Anzeigepflicht nach § 1280 BGB verbundene Verpfändung, sondern die Sicherungsübertragung gewählt wird) und der Sicherungsgeber zumeist in einem gewissen Umfange zur Einziehung ermächtigt ist, treten die Rechte des Sicherungsnehmers nach außen hin erst bei Überfälligkeit der gesicherten Forderung, also bei der Verwertung, in Erscheinung. Zieht der Sicherungsnehmer vorher vertragswidrig die abgetretene Forderung ein, so begeht er damit eine Treupflichtverletzung, ebenso wie eine Treupflichtverletzung vorliegt, wenn der Sicherungsgeber über den Rahmen des vertraglich Zulässigen hinaus Forderungen einzieht[1]). Bei Überfälligkeit der gesicherten Forderung ist nun gewöhnlich dem Sicherungsgeber jede weitere Einziehung der abgetretenen Forderung untersagt und dem Sicherungsnehmer die Verwertung der abgetretenen Forderung durch Einziehung gestattet[2]). Von diesem Zeitpunkt ab ist also jede Einziehung des Sicherungsgebers Treupflichtverletzung, die Einziehung des Sicherungsnehmers nur dann, wenn sie von der vertraglich vereinbarten zum Nachteil des Sicherungsgebers abweicht.

Da zur ordnungsmäßigen Verwertung, auch wenn es nicht ausdrücklich im Vertrage bestimmt ist, gehört, daß eine Verwertung der sicherungsübertragenen Gegenstände nur soweit erfolgt, wie zur Deckung der gesicherten Forderung notwendig ist, trifft der Untreuetatbestand auch den Sicherungsnehmer, der bei geringer Hauptforderung viele und größere Sicherungsforderungen einzieht. Auch der Sicherungsnehmer verletzt seine Treupflicht, der bedenkenlos wegen einer geringen Restschuld des Sicherungsgebers dessen gesamte Schuldner von der Sicherungsabtretung in Kenntnis setzt und damit das Ansehen und die Kreditwürdigkeit des Sicherungsgebers schädigt[3]). Gerade dieser Verstoß gegen das „Heimlichkeitsprinzip" bei der Sicherungsübertragung hat oft für den Sicherungsgeber schwerwiegende Folgen. Das Verbot des Sicherungsnehmers für die Drittschuldner, an den Sicherungsgeber weiter zu zahlen, bewirkt meist sofortige Liquiditätsschwierigkeiten, da bei Weiterlaufen der Verbindlichkeiten Zahlungseingänge nicht mehr

[1]) Vgl. RG in HRR 41, 372.
[2]) Zum Ganzen RG 67, 274; 69, 224.
[3]) Vgl. hierzu Westermann Interessenkollisionen S. 9 und Anm. 14 daselbst.

stattfinden. Da der Zugriff des Sicherungsnehmers auf die Forderungen zumeist nicht geheim bleibt, sondern auch den anderen Gläubigern des Sicherungsnehmers bekannt wird, setzt alsbald ein allgemeines Kündigen der Kredite und Ausbleiben der Belieferungen ein, mit dem Ergebnis, daß oft genug ein an sich gesundes Geschäft ruiniert wird. Daß derartige Fälle vom Untreuetatbestand erfaßt werden können, ist ein besonderer Vorteil dieses Tatbestandes, und man wird jede Auslegung des § 266 StGB, die diese Anwendbarkeit nicht gewährleistet, mißbilligen müssen.

δδ) Anwartschaftsrecht und schuldrechtlicher Anspruch

Ist die Sicherungsübereignung auflösend bedingt vorgenommen, so behält der Sicherungsgeber ein Anwartschaftsrecht, über das er auch frei verfügen kann. Er kann, ohne damit eine Treupflichtverletzung zu begehen, dieses Anwartschaftsrecht auch übertragen, zur Sicherung übertragen oder verpfänden, und sich so weiteren Kredit beschaffen. Nur in ganz besonders gelagerten Ausnahmefällen, auf die schon hingewiesen ist, wird man die Verfügung über das Anwartschaftsrecht der Verfügung über die Sache wirtschaftlich gleichzustellen haben, mit dem Ergebnis, daß dann eine Treupflichtverletzung vorliegt. Das gleiche gilt für das Anwartschaftsrecht des Sicherungsnehmers bei aufschiebend bedingter Sicherungsübereignung.

Nicht anders verhält es sich auch mit den beiderseitigen schuldrechtlichen Ansprüchen, die bei unbedingter Sicherungsübereignung an Stelle der Anwartschaftsrechte entstehen. Auch der schuldrechtliche Anspruch des Sicherungsgebers auf Rückübereignung und (vor Abschluß des dinglichen Geschäftes) der Anspruch des Sicherungsnehmers auf Übereignung sind Rechte, die Sicherungsgeber bzw. -nehmer zur freien Verfügung zustehen. In der Verfügung über eines dieser Rechte kann daher in der Regel auch keine Treupflichtverletzung liegen.

cc) Nachteilszufügung.

Mit diesem Tatbestandsmerkmal zeigt sich auch hier wieder der Treubruchstatbestand als echter Vermögensschutztatbestand. Das Merkmal der Nachteilszufügung erlaubt, die vielen kleinen Pflichtverletzungen, die bei nicht genauer Vertragserfüllung unterlaufen, von einem Einfluß auf die Strafbarkeit auszuschließen. Ob dabei der Begriff der Treupflichtverletzung eingeengt wird, oder aber das Ausscheiden von Handlungen, die die Vermögenslage des Vertragspartners nicht beeinflussen, bei der Feststellung der Nachteilszufügung vorgenommen wird, ist, wie schon in den vorstehenden Ausführungen dargelegt, im Ergebnis gleichgültig. Erzielt wird jedenfalls, daß z. B. Sicherungsübereignungen oder Verpfändungen, die nach den Umständen des Einzelfalles zu einem Vermögensschaden oder zu einer Vermögensgefährdung des Vertragspartners nicht geführt haben, aus dem Kreis der strafbaren Handlungen ausscheiden.

Das Erfordernis des Schädigungsvorsatzes verbürgt, daß auch nur der bösartige, nicht der nur in der Erfüllung seiner zivilrechtlichen Pflichten nachlässige Vertragspartner mit Strafe bedroht wird. Vor einer Pönalisierung zivilrechtlicher Verträge zu warnen, besteht also gerade beim Untreuetatbestand kein Anlaß[1]).

Auch der einen Vermögensschaden im strafrechtlichen Sinne einengende weitgehende Vorteilsausgleich wirkt in dieser Richtung. Schon aus ihm ergibt sich, daß nicht in allen Fällen, in denen ein Schaden im zivilrechtlichen Sinne vorliegt, gleichzeitig ein Nachteil im Sinne des § 266 StGB festzustellen ist. Daß der nicht das Tatbestandsmerkmal des Vermögensschadens und erst recht nicht die Möglichkeit einer Gegenüberstellung von Vor- und Nachteilen bietende Unterschlagungstatbestand hier stärker pönalisieren muß, liegt auf der Hand.

Da die Versuchsfälle und Irrtumsfälle zu diesem Tatbestandsmerkmal keine Probleme stellen, die nicht schon in den vorangehenden Ausführungen erörtert wären, können nachfolgend die Besonderheiten der von diesem Musterfall abweichenden Sicherungsübertragungen behandelt werden.

β) Sicherungsübereignung eines Warenlagers

(1) Der Schutz des § 246 StGB

Die Schwierigkeiten, die die Sicherungsübereignung eines Warenlagers zivilrechtlich macht, sind nicht ohne Folgen für den zivilrechtlich gebundenen Unterschlagungstatbestand. Zu den durch diesen Tatbestand geschützten Gütern gehören eben nur solche, die entsprechend dem Spezialitätsprinzip wirksam an den Sicherungsnehmer übereignet sind. Es ist erstaunlich, wie bedenkenlos ein derartiger Einfluß eines zivilrechtlichen Grundsatzes auf die Strafwürdigkeit (bei Nichtanwendung des Untreuetatbestandes) hingenommen wird.

Besonders deutlich wird die Untragbarkeit dieser dem Strafrechtler zugemuteten Bindung in den Fällen, bei denen gerade die Ehrlichkeit der Vertragsparteien zur ungenauen Bestimmung der zu übereignenden Gegenstände und damit zur Unwirksamkeit der Übereignung führt. Da fast jedes Warenlager und auch jeder größere Teil eines Lagers Gegenstände enthält, die unter oder noch unter Eigentumsvorbehalt stehen, wird der ehrliche Sicherungsnehmer geneigt sein, im Sicherungsübereignungsvertrag generell die Übereignung dieser dem Geber nicht gehörenden Gegenstände auszunehmen. Der Wirksamkeit des Übereignungsvertrages ist das aber nach der höchstrichterlichen Rechtsprechung, wie oben S. 33ff. gezeigt, sehr abträglich. Damit entfällt auch der Schutz des Sicherungsnehmers durch den Unterschlagungstatbestand. Läßt sich

[1]) Insofern bedenklich die Ausführungen H. Mayers in Materialien S. 345. Wer von einer Gefährdung des Kreditverkehrs durch den zu weiten Treubruchstatbestand spricht, mag auch angeben, wie er die noch stärkere Gefährdung durch den Unterschlagungstatbestand vermeiden will.

der Sicherungsnehmer aber alle Gegenstände ohne Rücksicht auf die bestehenden Eigentumsverhältnisse übereignen, so sind die einzelnen Gegenstände ausreichend genug bestimmt, der Sicherungsnehmer wird Eigentümer wenigstens der Gegenstände, die nicht unter Eigentumsvorbehalt stehen (u. U. auch kraft guten Glaubens und geschickter Umgehung des § 933 BGB der übrigen) und durch den Tatbestand des § 246 StGB geschützt. Alles das, obwohl er bei verkehrsüblicher Sorgfalt annehmen müßte, meist sogar positiv weiß, daß fast immer einzelne Gegenstände noch unter Eigentumsvorbehalt stehen. Der Vorbehaltsverkäufer mag sich dann damit abplagen, zu beweisen, daß der Sicherungsnehmer nicht gutgläubig war.

Abgesehen von diesen ganz schlimmen Fällen, in denen der Sicherungsnehmer, will er Strafrechtsschutz genießen, geradezu zur Beeinträchtigung fremder Eigentumsrechte angehalten ist, ergeben sich auch sonst merkwürdige Ergebnisse für die strafrechtliche Betrachtung.

Immer unter der Voraussetzung, daß man nicht geneigt ist, den Untreuetatbestand generell bei Sicherungsübereignungen anzuwenden, kommt man z. B. zu dem Ergebnis, daß das Vorliegen eines Vermögensdelikts davon abhängt, ob sich die Bestimmung der sicherungsübereigneten Gegenstände aus dem Vertrage selbst oder aber aus dem Vertrage in Verbindung mit außerhalb des Vertrages liegenden Umständen ergibt. Auf die Unbilligkeit, die darin liegt, daß es auch für die strafrechtliche Betrachtung auf das Vorliegen eines konkreten Besitzmittlungsverhältnisses ankommt, ist schon oben hingewiesen.

Erst wenn Bestimmtheit und konkretes Konstitut gewahrt sind, kann der Schutz des § 246 StGB zugunsten des Sicherungsnehmers einsetzen. Wie leicht er versagt, zeigt sich aber, wenn etwa im Laufe der Zeit die Bestimmbarkeit der sicherungsübereigneten Gegenstände verloren gegangen, über die Eigentumsverhältnisse am Einzelgegenstand also keine sichere Aussage mehr möglich ist.

Ist die Eigentumsübertragung wirksam erfolgt, so kann in dem Verkauf der Ware durch den Sicherungsgeber eine Unterschlagungshandlung liegen. Da gewöhnlich in einem vertraglich bestimmten Rahmen dem Sicherungsgeber der Verkauf zwecks Abdeckung des Kredits erlaubt ist, liegt eine rechtswidrige Zueignung nur dann vor, wenn er den Rahmen dieser Verkaufserlaubnis überschreitet. Wegen der Einzelheiten wird auf die Ausführungen zu 1 a α (1) verwiesen. Auch darauf, daß durch diese Einflußnahme der Vertragsbestimmungen auf die Rechtmäßigkeit der Zueignung eine sehr weitgehende Pönalisierung zivilrechtlicher Beziehungen erfolgt, ist bereits mehrfach aufmerksam gemacht.

Während für die Sicherungsübereignung und Verpfändung des sicherungsübereigneten Warenlagers keine Besonderheiten gelten, ergeben sich bei den Gebrauchs- und Verbrauchshandlungen einige oben unter α) nicht behandelte Schwierigkeiten, die speziell bei den Übereignungen umfangreicher Läger auftreten. Da es nicht immer gelingt, das Sicherungsgut von anderen Waren streng getrennt zu halten, kommt es oft zu Vermischungen, die zwar nicht untrennbar oder wirtschaftlich untrennbar im Sinne des § 948 BGB sind, die Eigentumsverhältnisse also nicht beeinflussen, die aber doch geeignet sind, dem Sicherungsgeber die Übersicht über die Eigentumsverhältnisse zu nehmen. Das ist insbesondere der Fall, wenn verschiedene Lagerteile an verschiedene Gläubiger sicherungsübereignet sind und außerdem noch Eigentumsvorbehaltsware da ist.

Ein ähnliches, für den Sicherungsgeber kaum zu übersehendes Durcheinander von Eigentumsverhältnissen entsteht auch dann, wenn jeweils nicht ganze Lagerteile, sondern nur genau beschriebene einzelne Waren übereignet sind. Vor allem dann, wenn die Sicherungsübereignung länger zurückliegt, wenn mehrere Sicherungsübereignungen vorgenommen sind und außerdem noch Vorbehaltsware vorhanden ist, kann nur noch mit Mühe ermittelt werden, wem der einzelne gerade zu verkaufende Gegenstand gehört.

Zwar versucht oft der Sicherungsnehmer schon aus Beweisgründen, durch besondere Verwahrungs- und Kennzeichnungsvorschriften eine derartige Verwischung der Eigentumsverhältnisse zu verhindern. Ganz gelingt das in den seltensten Fällen, da eine gewisse Fluktuation der Ware auch innerhalb des Betriebes unumgänglich ist. Schon die Ausstattung der Schaufensterauslagen, Musterläger, Vertreterkollektionen, Auslieferungsläger, Ausstellungen usw. mit einzelnen Stücken vom Gesamtlager bringt einen Abfluß vom fest umgrenzten und gekennzeichneten Teil des Gesamtlagers. Daß diese die Eigentumsverhältnisse nicht berührenden Vermischungshandlungen nur in ganz besonderen Fällen Zueignungshandlungen sein können, ist schon oben S. 138ff. gezeigt. Die Herstellung dieses unübersichtlichen Zustandes ist also im allgemeinen zwar vertragswidrig, aber nicht nach § 246 StGB strafbar.

Liegt dieser Zustand einmal vor, so ergibt sich nur selten noch die Möglichkeit einer Anwendung des Unterschlagungstatbestandes. Nur in wenigen Fällen wird dem Sicherungsgeber bekannt sein, wem die Ware gehört, die er gerade verkauft. Noch seltener wird er sich nicht nur über den Eigentümer, sondern gleichzeitig auch über den Umfang der von diesem gegebenen Verkaufserlaubnis im klaren sein. Daher wird in vielen Fällen Irrtum über die Fremdheit, in den meisten der noch verbleibenden Irrtum über den Rahmen der Verkaufsbefugnis vorliegen. Selbst wenn aber der Sicherungsgeber vorsätzlich handelt, so wird man es ihm kaum nachweisen können. Damit ist die Schutzwirkung des Unterschlagungstatbestandes praktisch aufgehoben.

Etwas günstiger für den Sicherungsnehmer liegen die Verhältnisse bei Vermischungshandlungen des Sicherungsgebers, die wegen ihres Einflusses auf die dingliche Rechtslage als Zueignungshandlungen angesprochen werden müssen. Hier kann schon in der Vermischung selbst (nicht erst im späteren Verkauf) der rechtswidrige Zueignungsakt liegen.

Inwieweit Vermischungs-, Verbindungs- oder Verarbeitungshandlungen und die hierin liegenden Zueignungsakte rechtswidrig sind, ergibt sich aus den Vorschriften des Sicherungsübereignungsvertrages. Wegen der Einzelheiten kann auf die Ausführungen S. 54ff. verwiesen werden.

Der stärkere Schutz des Sicherungsnehmers bei diesen Handlungen hat seine Ursache darin, daß hier der Zueignungsakt nicht erst nach der Vermischung und Verwirrung der Eigentumsverhältnisse, sondern in der Vermischung selbst liegt und festgestellt werden kann. Bis zu diesem Vorgang sind aber zumeist die Eigentumsverhältnisse klar und auch dem Sicherungsnehmer bekannt.

Ob diese stark unterschiedliche Schutzwirkung, je nachdem, ob die Vermischung eine im Sinne des § 948 BGB untrennbare ist oder nicht, unter dem Gesichtspunkt der Strafwürdigkeit und Vermögensschädigung berechtigt ist, muß für die herrschende Lehre leider gleichgültig bleiben.

(2) Der Schutz des § 266 StGB

Alle diese Unzulänglichkeiten und Unbilligkeiten entfallen bei der Anwendung des Untreuetatbestandes, insbesondere des zivilrechtlich völlig ungebundenen Treubruchstatbestandes. Der nur teilweise zivilrechtlich gebundene Mißbrauchstatbestand spielt auch hier wieder aus den schon erwähnten Gründen keine nennenswerte Rolle.

Für den Treubruchstatbestand[1]) ist gleichgültig, ob ein konkretes oder abstraktes Besitzmittlungsverhältnis vereinbart wird und auch, ob die zu übereignenden Gegenstände objektiv und allein nach dem Vertrage ausreichend bestimmt sind. Es genügt, daß die Parteien wissen, um welche Gegenstände es sich handelt und auch, daß sich die Bestimmung der Gegenstände aus Nebenaufzeichnungen oder sonstigen Umständen ergibt. Auf den Willen der Parteien, nicht auf die erreichte dingliche Rechtslage kommt es für das Vorliegen eines Treueverhältnisses an. Im einzelnen wird hierzu auf die Ausführungen S. 141ff. verwiesen.

Die größere Elastizität des Treubruchstatbestandes zeigt sich auch bei den verschiedenen Formen des gutgläubigen Erwerbs von Sicherungsgut. Gerade bei der Sicherungsübereignung ganzer Warenlager oder Warenlagerteile ist die Übereignung durch Einigung und Übergabe an einen als Treuhänder des Sicherungsnehmers fungierenden Angestellten des Sicherungsgebers Mode geworden. Diese recht durchsichtige Umgehung des § 933 BGB stellt den gutgläubigen Sicherungsnehmer im Rahmen der Eigentumsschutztatbestände erheblich besser, als er bei der der natür-

---

1) Für die Anwendung des Treubruchstatbestandes spricht hier außer den schon erwähnten Argumenten, daß bei der SÜ eines Warenlagers oder Warenlagerteiles der Sicherungsgeber weitere bedeutsame Pflichten hat, so z. B. die Pflicht zur Kenntlichmachung von Übereignung und Gegenständen, die Pflicht zur abgesonderten Lagerung usw.

lichen Interessenlage entsprechenden Übereignung nach §§ 929/930 BGB stehen würde. Während bei der Übereignung nach §§ 929/930 BGB der Unterschlagungstatbestand überhaupt nicht in Betracht kommen kann, macht sich bei einer Übereignung nach § 929 der Sicherungsgeber bei Zueignung des Diebstahls schuldig. Anders im Rahmen des Treubruchstatbestandes! Da ist es gleichgültig, wie übereignet wird. Die Übereignung durch Einigung und Besitzkonstitut ist nicht schlechter gestellt als die (sogar häufig dolose) Übereignung durch Einigung und Übergabe an einen Besitzmittler.

Daß der Treubruchstatbestand, wie schon unter α) aufgezeigt, auch auf Handlungen des Sicherungs**nehmers** angewandt werden kann, macht ihn für die Sicherungsübereignungen ganzer Läger oder Lagerteile besonders wertvoll. Gerade hier, wo der Sicherungsgeber einen beträchtlichen Teil seines Vermögens fiduziarisch veräußert, besteht aller Anlaß, schädigende Handlungen des Sicherungsnehmers mit gleichem Maß zu messen wie entsprechende Handlungen des Sicherungsgebers. Das gleiche persönliche Verhältnis schon erfordert diese Gleichbehandlung böswilliger vermögensschädigender Handlungen.

Auch die einzelnen strafwürdigen Handlungen der Vertragsparteien lassen sich besser an den Begriffen der Treupflichtverletzung und der Nachteilszufügung messen. So sind Verkäufe, Sicherungsübereignungen und Verpfändungen des Sicherungsgebers immer dann Treupflichtverletzungen, wenn sie vertragswidrig sind, ohne daß es dabei auf die Vorstellung des Sicherungsgebers über die Wirksamkeit oder Unwirksamkeit ankäme. Gleiches gilt für die entsprechenden Handlungen des Sicherungsnehmers. Ob auch Strafbarkeit wegen Untreue vorliegt, hängt in allen Fällen davon ab, ob diese pflichtverletzenden Handlungen auch vorsätzliche Schädigungshandlungen sind. Nicht die Vorstellung über die zivilrechtliche Wirksamkeit des Rechtsgeschäfts, sondern die Vorstellung über die vermögensschädigende Wirkung entscheidet. Allein diese Akzentverlagerung auf die vorsätzliche Schädigung ist ein nicht zu unterschätzender Vorteil des Treubruchstatbestandes.

Schließlich werden vom Treubruchstatbestand auch die Handlungen des Sicherungsgebers besser erfaßt, die gerade, wie oben zu (1) aufgezeigt, im Rahmen des Unterschlagungstatbestandes besondere Schwierigkeiten machen. Für den Treubruchstatbestand muß gleichgültig bleiben, ob die Vermischungshandlung des Sicherungsgebers Zueignung oder bloß Gebrauchsanmaßung ist. Diese schwierige Abgrenzung und Einordnung braucht hier nicht vorgenommen zu werden. Gleichgültig ist demgemäß auch, ob die Vermischung eine untrennbare im Sinne des § 948 BGB ist. Vertragswidrige Vermischung im weitesten Sinne ist auch Treupflichtverletzung, ohne Rücksicht darauf, ob sie die Eigentumsverhältnisse oder nur deren Erkennbarkeit berührt. Ob eine Untreue vorliegt, hängt allein davon ab, ob der Sicherungsgeber durch die Vermischung den Sicherungsnehmer vorsätzlich geschädigt hat.

b) Die Sicherungsübereignung von Ersatzgegenständen

Was für die einfache Sicherungsübereignung gilt, kann in noch stärkerem Maße bei den komplizierten Formen der Sicherungsübereignung festgestellt werden. Wenn Fälle einfacher Sicherungsübereignungen wenigstens für Handlungen der Geberseite mit dem Unterschlagungstatbestand noch in etwa befriedigend zu lösen waren, so versagt dieser Tatbestand, muß es notwendig bei weiterer Komplizierung der dinglichen Rechtslage. Komplizierte Eigentumsverhältnisse können eben nicht mit einem primitiven Fremdheitsbegriff erfaßt werden.

Das zeigt sich schon deutlich bei der Sicherungsübereignung von Ersatzgegenständen. Auch hier wieder soll zur Vermeidung von Wiederholungen nur das Charakteristische der strafrechtlichen Auswirkung von Ersatzklauseln hervorgehoben werden. Wegen der allgemeinen Auslegung der in Betracht kommenden Tatbestände und wegen der Einzelheiten der auftretenden Erscheinungen wird auf die vorangegangenen Ausführungen Bezug genommen. Auch die Schutzwirkung der Ersatzklauseln vor und bei Abschluß des Vertrages interessiert hier nur insofern, als zu zeigen ist, daß nicht bei Anwendung des Untreuetatbestandes, wohl aber bei alleiniger Anwendung des Unterschlagungstatbestandes ein befremdlicher Bruch in der Täterbehandlung vorliegt. Aus diesem Grunde können die Ausführungen hierzu kurz gehalten werden.

(1) Vor und bei Abschluß des Sicherungsübereignungsvertrages

Zu den eingangs S. 128ff. aufgeführten möglichen Täuschungshandlungen des Sicherungsgebers über die Fähigkeit oder Willigkeit, die Vertragspflichten bezüglich des Sicherungsgutes einzuhalten, treten bei Sicherungsübereignungen mit Ersatzklauseln auch die Täuschungshandlungen, die die Fähigkeit oder Bereitwilligkeit des Sicherungsgebers zur Einhaltung der besonderen Pflichten bezüglich der Ersatzgegenstände betreffen.

Handlungen oder geplante Handlungen, die den Gegenstand selbst und als Folge davon den Ersatzgegenstand betreffen, haben hier keine besondere Bedeutung, da einmal Sicherungsübereignungen, die sich von vornherein nur auf Ersatzgegenstände beziehen, kaum zu finden sind (stets also der Gegenstand sicherungsübereignet ist, mit der Folge des Schutzes nach § 263 StGB) und zum anderen bei der Sicherungsübereignung fast niemals ein Interesse des Sicherungsnehmers am Umsatz des sicherungsübereigneten Gegenstandes besteht.

In Betracht kommen daher nur Handlungen oder geplante Handlungen des Sicherungsnehmers (die in erster Linie interessieren), die sich direkt auf den Ersatzgegenstand beziehen.

So fehlt es z. B. dem Schuldner an der Fähigkeit, dem Sicherungsnehmer die Forderungen aus dem Weiterverkauf zu verschaffen, wenn er diese Forderungen bereits anderweitig abgetreten oder zur Sicherung abgetreten hat. Täuscht der Schuldner den Sicherungsnehmer vor Abschluß eines Sicherungsübereignungsvertrages mit Vorausabtretungsklausel über diese Rechtslage, so liegt darin ein Betrugsversuch.

Einen versuchten Betrug zum Nachteil des Sicherungsnehmers wird man auch anzunehmen haben, wenn der Sicherungsgeber die Ersatzwaren, Verarbeitungsprodukte oder Verkaufserlöse bereits anderweitig übereignet oder sicherungsübereignet hat. Der Schaden würde (bei vollendetem Delikt) darin bestehen, daß der Rechtserwerb des Sicherungsnehmers von dem für ihn guten und für den Dritten schlechten Willen des Sicherungsgebers im Augenblick der Erlangung des Surrogats abhängig wäre, also darin, daß die Rechtsposition des Sicherungsnehmers gefährdet ist. Im einzelnen kann auf die Ausführungen S. 88ff. Bezug genommen werden

Ebenso liegen Betrugsversuche vor, wenn der Sicherungsgeber diese Handlungen zwar noch nicht vorgenommen, aber schon geplant hat. Für die Schadensfeststellung nach dem Schadensbegriff der herrschenden Lehre käme es bei der geplanten Abtretung der Forderungen aus dem Weiterverkauf auf den Zeitpunkt der projektierten Abtretung an. Fälle versuchten Betruges ergäben sich auch dann, wenn der Sicherungsgeber bereits vor Abschluß des Vertrages beabsichtigt, die Surrogate des Sicherungsgutes vertragswidrig zu gebrauchen oder zu verbrauchen.

Bei Abschluß des Sicherungsübereignungsvertrages liegt in allen diesen Fällen ein vollendeter Eingehungsbetrug vor. Das vollendete Betrugsdelikt schließt eine weitere Strafbarkeit nach § 246 oder § 266 StGB aus, denn für den betrügerischen Sicherungsgeber ist der spätere Zugriff auf den Ersatzgegenstand nichts weiter als die Durchführung des schon früher begangenen Betruges. Im einzelnen wird auf die Ausführungen S. 131 u. 42ff. Bezug genommen.

(2) Nach Abschluß des Vertrages

Wenn der Sicherungsgeber nach Abschluß des Sicherungsübereignungsvertrages, aber noch vor Erhalt der Darlehensvaluta die oben bezeichneten Handlungen vornimmt oder den Plan hierzu faßt, ergibt sich auch hier wieder die Frage, in welchem Verhältnis die Vorschriften der §§ 263 und 246/266 StGB zusammentreffen.

Man wird dazu neigen, in allen den Fällen eine direkte Schädigung durch den Sicherungsgeber anzunehmen und damit Betrug auszuschließen, in denen der Ersatzgegenstand schon als Zugriffsobjekt vorhanden ist, oder aber die Surrogation zwar noch fehlt, dafür aber ein nach § 246 bzw. § 266 strafbarer Zugriff auf das Sicherungsgut vorliegt. Der zuletzt erwähnte Fall liegt z. B. dann vor, wenn bei einer Sicherungsübereignung mit Verarbeitungsklausel vor Erhalt der Darlehensvaluta der Sicherungsgeber das Sicherungsgut für einen Dritten verarbeitet.

Ist erst einmal auch die Hingabe der Darlehensvaluta erfolgt, so sind Betrugsfälle nur noch über die recht zweifelhafte Konstruktion der Vermögensverfügung durch Unterlassen möglich, wobei auch fast immer der Schaden nicht als Folge der unterlassenen Vermögensverfügung, sondern primär als eine Folge des Zugriffs des Sicherungsgebers erscheint. Im einzelnen vergleiche man die Ausführungen S. 132.

Während sich nun der Untreuetatbestand mit gleichem Handlungsobjekt und ähnlichem Handlungsmittel harmonisch an den Betrugstatbestand anschließt, muß der Unterschlagungstatbestand, schon um keine Strafrechtslücke für strafwürdiges Tun zu lassen, zu seltsamen Konstruktionen greifen, oder aber, wenn auch das nichts hilft, zur Konstruktion eines Betrugsfalles mit Täuschung und auch Verfügung durch Unterlassen animieren. Die Abgrenzung zwischen Betrugs- und Untreuefällen ist dagegen gewöhnlich nicht schwierig. Täuscht der Täter das Vertrauen, damit er in die für ihn günstige Position kommt, so liegt Betrug, täuscht er erst nach deren Erlangung, so liegt Untreue vor. Eine Strafrechtslücke dazwischen gibt es nicht. Bei der Abgrenzung zwischen Betrugs- und Unterschlagungsfällen haben wir einen derartigen Übergang nicht, da der Schutz des Unterschlagungstatbestandes erst noch eine bestimmte dingliche Rechtslage voraussetzt.

α) Nachschubklausel

(1) Der Schutz des § 246 StGB

Die dingliche Bindung des Unterschlagungstatbestandes hat zur Folge, daß nur diejenige Nachschubklausel einen Schutz der nachgeschobenen Waren vor Zugriffen des Sicherungsgebers bewirkt, die auf die dingliche Rechtslage dieser Waren einwirkt.

Wird also eine schuldrechtliche Nachschubklausel verwandt, nach der der Sicherungsgeber lediglich verpflichtet ist, dem Sicherungsnehmer neue Ware durch Insichgeschäft zu übereignen, so bleibt die Schutzwirkung des Unterschlagungstatbestandes eben davon abhängig, ob nun auch der Sicherungsgeber vertragsgemäß dieses dingliche Rechtsgeschäft vornimmt.

Man glaube nun nicht, daß die sogenannte dingliche Nachschubklausel, bei der die nachzuschiebende Ware durch Einigung und vorweggenommenes Besitzkonstitut an den Sicherungsnehmer übereignet ist, sehr viel größere Sicherheit biete. Nach noch herrschender Lehre kommt es für die Eigentumsübertragung darauf an, daß die Einigkeit über den Eigentumsübergang auch im Augenblick der Übergabe, hier des Wirksamwerdens des Besitzmittlungsverhältnisses noch fortbesteht. Gibt nun der Sicherungsgeber bei Empfang der neuen Ware zu erkennen, daß er nicht mehr gewillt ist, dem Sicherungsnehmer hieran Eigentum zu verschaffen, so erhält dieser auch kein Eigentum. Da die neuen Waren dann dem Sicherungsgeber gehören, können sie von ihm auch nicht unterschlagen werden.

Auch die dinglich wirkende Nachschubklausel versagt außerdem dann, wenn die Übereignung der nachgeschobenen Waren an den Sicherungsnehmer nicht genügend kenntlich gemacht ist. Gerade in dieser Beziehung hat die Rechtsprechung, um wenigstens eine gewisse Erkennbarkeit dinglicher Rechtsvorgänge zu bewahren, strenge Forderungen gestellt. Das hat dazu geführt, daß üblicherweise die Ersatzwaren in besondere Lagerteile, die im Sicherungsübereignungsvertrag bezeichnet und durch Hinweisschilder kenntlich gemacht sind, eingelagert werden müssen. Damit sind dann sowohl der Übereignungsvorgang als auch die einzelnen zu übereignenden Gegenstände ausreichend kenntlich. Bei jeder anderen Form der Übereignung und Kenntlichmachung besteht die Gefahr, daß das dingliche Rechtsgeschäft unwirksam ist und der Schutz des § 246 StGB ausfällt.

Auch in diesen Fällen, in denen ein Schutz der Ersatzware mangels dinglicher oder dinglich wirksamer Nachschubklausel nicht eintreten kann, ist die Klausel nicht schlechthin bedeutungslos, denn indirekt wird durch eine derartige Klausel der Schutz des Sicherungsgutes beeinflußt.

So ist bei Vorliegen einer Nachschubklausel klar, daß dem Sicherungsgeber, auch wenn es nicht ausdrücklich im Vertrage erwähnt ist, der Verkauf des Sicherungsgutes im Rahmen des ordentlichen Geschäftsverkehrs gestattet ist. Verkäufe können daher nicht rechtswidrige Zueignungen sein. Ist jedoch in der Klausel bestimmt, daß der Verkauf nur insoweit gestattet ist, als Ware nachgeschoben und sicherungsübereignet wird, so gilt für die Gestattung des Weiterverkaufs zusätzlich auch diese Grenze. Dann müssen sich Verkaufshandlungen einmal im Rahmen des Geschäftsüblichen und außerdem im Rahmen der Neuübereignungen halten.

Daraus folgt umgekehrt, daß alle die Verkaufshandlungen, die diese Begrenzungen überschreiten, rechtswidrige Zueignungshandlungen sind. Rechtswidrige Zueignungen liegen also auch dann vor, wenn der Sicherungsgeber Sicherungsgut verkauft, ohne durch Insichkonstitut oder Fortdauer der Einigkeit (bei der dinglichen Nachschubklausel) oder Kenntlichmachung der Übereignung und der übereigneten Gegenstände dem Sicherungsnehmer neues Eigentum zu übertragen. Hier haben wir wieder (wie auch bei den Surrogationsklauseln beim Eigentumsvorbehalt) die Erscheinung vor uns, daß eine Lücke im Surrogatsschutz durch den Schutz des ursprünglichen Gegenstandes geschlossen wird.

Wie wenig befriedigend derartige Konstruktionen sind, ist schnell einzusehen. So kommt ein Schutz des Sicherungsgutes nur dann in Betracht, wenn in der Klausel ausdrücklich der Umfang der Verkaufserlaubnis beschränkt ist. Oft lauten die Klauseln einfach so, daß der Sicherungsgeber verpflichtet sei, das sicherungsübereignete Lager stets auf gleicher Werthöhe zu halten. Obwohl damit dasselbe bezweckt ist, wie mit einem verklausulierten Verkaufsverbot, kommt hier ein Schutz des § 246 StGB nicht in Betracht. Die Auferlegung dieser Nebenverpflichtung ist zivilrechtlich noch keine Beschränkung der Verkaufserlaubnis und Übereignungsermächtigung. Strafrechtlich hat das zur Folge, daß Verkaufshandlungen des Sicherungsgebers trotz Nichteinhaltung dieser Nebenpflicht nicht rechtswidrige Zueignungshandlungen sind. Daß sie weniger strafwürdig sind, wird niemand behaupten wollen.

Ebenso unbefriedigend ist diese Konstruktion, wenn man sie einmal im Zusammenhang der möglichen Täterhandlungen betrachtet.

Hat der Sicherungsgeber die Ersatzware bereits vor Vertragsschluß einem Dritten übereignet, so ist er bei Täuschung über diese Rechtslage wegen Betruges strafbar.

Nimmt er die Übereignung zugunsten eines Dritten nach Abschluß des Sicherungsübereignungsvertrages mit Nachschubklausel aber vor Erlangung der Darlehensvaluta vor, so kommt entweder Betrug oder aber Unterschlagung in Betracht. Für den Betrug liegt die Täuschungshandlung in der Unterlassung der Aufklärung über die Doppelübereignung und die Vermögensverfügung in der dennoch erfolgenden Geldauszahlung. Ist die Ersatzware schon vorhanden und auch schon Eigentum des Sicherungsnehmers, so liegt statt eines Betruges Unterschlagung dieser Ersatzware vor. Ist die Ersatzware noch nicht vorhanden, so kann in dem Verkauf des Sicherungsgutes, falls dieser nur bei Ersatzübereignung erlaubt ist, eine Unterschlagung des Sicherungsgutes liegen.

Ähnlich ist es, wenn die Übereignung zugunsten eines Dritten noch später, nämlich nach Empfang der Darlehensvaluta erfolgt. Für die Fälle, die vom Unterschlagungstatbestand nicht erfaßt werden, ist Betrug mittels Täuschung durch Unterlassen und Vermögensverfügung durch Unterlassen denkbar.

Erfolgt schließlich die Übereignung zugunsten eines Dritten nach Empfang und Übereignung der Ersatzware an den Sicherungsnehmer, so liegt in dieser Übereignung, falls sie nicht wieder im Rahmen der Nachschubklausel erfolgt, eine Unterschlagung der Ersatzware.

Nimmt man nun einmal an, daß der Sicherungsgeber die Ersatzware nicht an einen Dritten übereignet, sondern nur verpfändet, so ergibt sich ein noch merkwürdigeres Bild. Überall dort, wo nach dem Zeitpunkt der Täterhandlung der Betrugstatbestand zum Zuge kommen könnte, ist die Verpfändung strafbar, denn der Sicherungsnehmer will unbelastete Ersatzware haben. Überall, wo eine Unterschlagung der Ersatzware in Frage steht, ist die Verpfändung, jedenfalls wenn sie in Wiedereinlösungsabsicht vorgenommen wird, straflose Gebrauchsanmaßung. Überall dort, wo eine Unterschlagung des Sicherungsgutes vorliegen könnte, kann die Verpfändung der Ersatzware wieder strafbar sein, weil eben der Verkauf des Sicherungsgutes ohne Sicherungsübereignung lastenfreier Ersatzware von der Verkaufserlaubnis nicht gedeckt, also rechtswidrige Zueignung des Sicherungsgutes sein kann.

Erst in dem Zeitpunkt nach wirksamer Sicherungsübereignung der Ersatzware finden wir erträgliche Reaktionen des Unterschlagungstatbestandes. Da die Ersatzware an die Stelle ursprünglichen Sicherungsgutes tritt, gelten auch die für dieses aufgestellten Grundsätze. Wegen der Einzelheiten kann auf die früheren Ausführungen zu a) und auch, soweit es den Einfluß der Verkaufserlaubnis betrifft, zu S. 45ff. verwiesen werden. Danach sind Verkaufshandlungen nur wenn sie den Rahmen der Verkaufserlaubnis überschreiten, Sicherungsübereignungen dagegen immer rechtswidrige Zueignungshandlungen. Verpfändungen der Ersatzware sind es nach herrschender Lehre nur dann, wenn die Wiedereinlösungsabsicht fehlt. Bei den Gebrauchs- und Verbrauchshandlungen ist wieder die oben unter S. 138ff. aufgezeigte Unterscheidung zu machen. Werden alle diese Handlungen vom Sicherungs*nehmer* vorgenommen, so werden sie vom Unterschlagungstatbestand nur in den schon behandelten Ausnahmefällen erfaßt.

Tritt an die Stelle der Ersatzware wieder neue Ersatzware, so gelten immer wieder dieselben Grundsätze. Das Eigentum an der neuen Ersatzware wird für den Sicherungsnehmer nach § 246 StGB geschützt, so gut es eben dieser Tatbestand vermag. Das Interesse des Sicherungsnehmers an den künftigen Ersatzwaren erfährt auch wieder dadurch einen gewissen Schutz (z. B. vor Doppelübereignungen usw.), daß bei Vereitelung erneuten Ersatzes der Verkauf der am Lager befindlichen Ersatzware rechtswidrige Zueignung sein kann. Alle Kuriositäten und alle Nachteile des Unterschlagungstatbestandes schleppen sich auf diese Weise weiter fort. So kann es dazu kommen, daß ein Zugriff des Sicherungsgebers auf Ersatzware nicht als vollendete Unterschlagung strafbar ist, weil sich bei genauer Untersuchung des seit vielen Jahren laufenden und von den Parteien beachteten Sicherungsübereignungsvertrages herausstellt, daß dieser Vertrag keine dingliche Wirkung haben konnte. Die Frage, ob dieses Nichterreichen der dinglichen Wirkung, das auf einem schon Jahre zurückliegenden Formfehler oder aber nur auf einer Änderung der zivilrechtlichen Rechtsprechung beruht, geeignet ist, die Strafwürdigkeit oder die Sozialschädlichkeit der Handlung zu mindern, mag der Leser selbst beantworten.

(2) Der Schutz des § 266 StGB

Alle diese Schwierigkeiten entfallen bei Anwendung des Untreuetatbestandes. Aus den schon erwähnten Gründen kommt auch hier in der Regel nur der Treubruchstatbestand zur Anwendung. Daß ein rechtsgeschäftliches Treueverhältnis des Sicherungsnehmers zum Sicherungsgeber und ein tatsächliches Treueverhältnis zwischen Geber und Nehmer besteht, dürfte hier kaum zweifelhaft sein. Zu den schon erwähnten Gründen für das Vorliegen eines tatsächlichen Treueverhältnisses zwischen Sicherungsgeber und Sicherungsnehmer kommt hier hinzu, daß der Sicherungsübereignungsvertrag mit Nachschubklausel ein mehr als reichhaltiges Arsenal von Auftrags- und Treueelementen enthält. Bei schuldrechtlichen Nachschubklauseln ist das ganz offensichtlich. Aber auch die dingliche Nachschubklausel wirkt ja nicht, ohne daß der Sicherungsgeber in einer bestimmten, dem Sicherungsnehmer günstigen Haltung verharrt. Hinzu kommen noch die Elemente in den Bestimmungen über Art und Umfang der Verkaufserlaubnis.

Das Vorliegen eines Treueverhältnisses ist auch davon unabhängig, welche Form der Nachschubklausel gewählt ist. Auch die nur schuldrechtlich zur Übereignung verpflichtende Nachschubklausel schafft ein Treueverhältnis im Sinne des § 266 StGB. Ist die Übereignung bei dinglicher Nachschubklausel unwirksam, so wird dadurch das Vorliegen eines Treueverhältnisses ebensowenig berührt. Auch unzulängliche Kenntlichmachung des Übereignungsaktes oder der zur Übereignung vorgesehenen Gegenstände ist unschädlich.

Daraus folgt, daß der Treubruchstatbestand in sehr viel besserer Manier als der Unterschlagungstatbestand auch die Fälle erfassen kann, in denen der Sicherungsgeber seiner Übereignungspflicht nicht nachkommt, seinen Willen, nicht zu übereignen, zu erkennen gibt, oder pflichtwidrig Übereignungsvorgang und zu übereignende Gegenstände nicht kenntlich macht. Alle diese Handlungen bzw. Unterlassungen des Sicherungsgebers sind Treupflichtverletzungen, gleichgültig ob nun die Verkaufserlaubnis ausdrücklich an die Unterlassung bzw. Vornahme dieser Handlungen geknüpft ist. Schon darin zeigt sich ein bedeutender Unterschied zu der Behandlung dieser Fälle im Rahmen des Unterschlagungstatbestandes.

Während die Lösung von Schädigungsfällen mit Hilfe des Betrugs- und Unterschlagungstatbestandes es erforderlich machte, zwischen drei Handlungsobjekten zu unterscheiden (für § 263 das Vermögen, für § 246 das Eigentum an der Ware und später das Eigentum an der Ersatzware), kommt bei Anwendung des Betrugs- und Untreuetatbestandes nur ein einziges Handlungsobjekt, das Vermögen des Geschädigten, in Betracht. Damit entfällt eine ganze Reihe von Schwierigkeiten und auch die Gefahr der unterschiedlichen Bewertung einer Täterhandlung in den verschiedenen Handlungsabschnitten.

So ist z. B. die Verpfändung der Ersatzware nicht im einen Handlungsabschnitt strafbar und im anderen straflos. Verpfändung ist immer Treupflichtverletzung. Ob sie strafbar ist, hängt nicht vom Handlungsabschnitt ab, sondern nur davon, ob sie einen Vermögensschaden zur Folge hat (wobei es allerdings auf den anzuwendenden Schadensbegriff entscheidend ankommt). Das allein ist strafrechtsgemäße Behandlung.

Auch ist die Abgrenzung zwischen Betrugs- und Treubruchsabschnitt in den meisten Fällen leicht zu finden. Nimmt der Sicherungsgeber die schädigenden Handlungen, gleich ob sie sich auf das Sicherungsgut oder die Ersatzware beziehen, bis zum Vertragsabschluß vor, oder plant er sie schon bis zu diesem Zeitpunkt, so begeht er bei Täuschung über diese Rechtslage oder Absicht Betrug. Nimmt er sie nach Abschluß des Vertrages vor oder plant er sie nach diesem Zeitpunkt, so greift der Treubruchstatbestand ein. Was in den Ausführungen S. 95ff. über die

Sachgemäßheit dieses Übergangs vom Betrugstatbestand zum Untreuetatbestand gesagt ist, gilt auch hier. Anders als dort beim Eigentumsvorbehalt liegt bei der Sicherungsübereignung nur die Grenze zwischen Betrugs- und Treubruchshandlungen. Während beim Eigentumsvorbehalt auf die Hingabe der Vorbehaltsware abzustellen ist, kommt bei der Sicherungsübereignung nicht die Darlehenshingabe, sondern die Übereignung des Sicherungsgutes, also der Vertragsschluß, in Betracht. Das ist deshalb berechtigt, weil schon zu diesem Zeitpunkt der Sicherungsgeber Vermögen des Sicherungsnehmers in der Hand hat und weil schon zu diesem Zeitpunkt der Sicherungsnehmer eine Rechtsstellung erlangt[1]), die ihn zur bedenkenlosen Darlehenshingabe veranlaßt.

Ist einmal der Vertrag abgeschlossen, so ist es im Rahmen des Untreuetatbestandes gleichgültig, ob sich der Sicherungsgeber an der Ware selbst, an der Ersatzware oder an der wieder an die Stelle tretenden Ware vergreift.

β) Surrogationsklauseln

Bei den eigentlichen Surrogationsklauseln, der Verarbeitungs-, Vorausabtretungs- und Verkaufserlösklausel haben wir Erscheinungen vor uns, denen wir schon beim Eigentumsvorbehalt begegnet sind. Dort wie hier handelt es sich zivilrechtlich (bis auf die Herstellervereinbarung) um Sicherungsübertragungen der Gegenstände, die bei gestatteter Verarbeitung, gestattetem Verkauf oder gestatteter Forderungseinziehung an die Stelle des ursprünglichen Gegenstandes treten. Da die strafrechtliche Auswirkung dieser Zivilrechtsinstitute im Rahmen des Unterschlagungstatbestandes schon in den Ausführungen zu S. 83ff. ausführlich behandelt ist und auf die allgemeinen Probleme der Tatbestände der §§ 246 und 266 StGB bei Sicherungsübereignungen von Ersatzgegenständen schon vorstehend unter α) hingewiesen ist, können wir uns auf einige Bemerkungen beschränken.

Daß der Untreuetatbestand bei Sicherungsübereignungen mit Surrogationsklauseln Anwendung zu finden hat, dürfte auch vom Standpunkt der bisherigen Rechtsprechung aus kaum bestritten werden können. Ein derartiger Sicherungsübereignungsvertrag enthält zu viel Auftrags- und Treueelemente, als daß man, auch bei strengsten Anforderungen, die Erfüllung des Tatbestandsmerkmals der Wahrnehmung von Vermögensinteressen in Abrede nehmen könnte. Um so unverständlicher bleibt, daß ähnliche Formen des Eigentumsvorbehalts nicht längst allgemein dem Untreuetatbestand unterstellt werden. Die dingliche Rechtslage, die Interessenlagen der Parteien und auch die strafrechtliche Situation bei den beiden Rechtsinstituten ist zu gleichartig, als daß eine unterschiedliche Behandlung möglich wäre.

Wie beim Eigentumsvorbehalt so auch bei der Sicherungsübereignung mit Surrogationsklausel kann nur die Anwendung des Untreuetatbe-

[1]) Beim EV erlangt der Verkäufer die entsprechende Rechtsstellung erst bei Übergabe der Ware an den Käufer.

standes zu vernünftigen Ergebnissen führen. Nur dieser Tatbestand vermeidet die Verkettung der strafrechtlichen Behandlung mit dem gerade im Sachenrecht herrschenden Konstruktionalismus. Schon der Gedanke ist absurd, daß der Erfolg der den Parteien ohnehin meist unklaren zivilrechtlichen Konstruktionen über Strafwürdigkeit oder Straflosigkeit bzw. Strafbarkeit wegen Versuchs entscheiden soll. Daher kann auf die Anwendung des § 266 StGB in diesen Fällen nicht verzichtet werden. Der Untreuetatbestand kann auch nicht als bloßer Lückenbüßer Verwendung finden. Er muß vielmehr als der einzige Tatbestand angesprochen werden, der in allen Fällen eine sachgemäße und der Strafwürdigkeit Rechnung tragende Behandlung verbürgt. Nur er vermeidet bei allen Surrogationsklauseln die Aufspaltung des Handlungsobjekts und die unterschiedliche Bewertung derselben Täterhandlung je nach dem Zeitpunkt der Vornahme. Nur der Untreuetatbestand erfaßt bei allen Surrogationsklauseln auch die Fälle, in denen die Parteivereinbarungen den Anforderungen der zivilrechtlichen Rechtsprechung nicht genügen oder aber der Sicherungsgeber böswillig das Eintreten der dinglichen Wirkung vereitelt. Ihm fehlt auch nicht das gerade bei Surrogationsfällen so wichtige Korrektiv des Tatbestandsmerkmals der vorsätzlichen Schädigung.

Zur Vorausabtretungsklausel speziell ist zu bemerken, daß hier ohnehin der Unterschlagungstatbestand nur ausnahmsweise und durch eine sehr gewundene Konstruktion zur Anwendung gebracht werden kann. Wenn der Sicherungsgeber das Sicherungsgut veräußert, in der Absicht, die Kaufpreisforderungen für sich zu erwerben und einzuziehen, könnte darin ein rechtswidriger Verkauf und eine Unterschlagung des Sicherungsgutes gesehen werden. Diese Konstruktion versagt schon dann, wenn der Täter diesen Plan erst nach dem Verkauf des Sicherungsgutes faßt. Wenn hier der Untreuetatbestand Anwendung finden muß und auch findet[1]), ist es nicht gerechtfertigt, ihn bei anderen Surrogationsklauseln nicht, oder erst in zweiter Linie anzuwenden.

Wegen der eigenartigen zivilrechtlichen Behandlung des Geldes gewinnt der Untreuetatbestand bei der Verkaufserlösklausel eine besondere Bedeutung. Nur der Untreuetatbestand verhindert, daß der gerissene und mit der Bedeutung der §§ 946ff. BGB vertraute Sicherungsgeber sich der gerechten Strafe entziehen kann.

c) Die Sicherungsübereignung zur Sicherung mehrerer Forderungen

Die Hauptschwierigkeit für die Anwendung des Unterschlagungstatbestandes in Fällen, in denen die Sicherungsübereignung mehrere Forde-

[1]) Vgl. BGH 5, 65 allerdings in der Form des Mißbrauchstatbestandes. Wohl unrichtig, da in dem vom BGH entschiedenen Fall der Täter nicht mehr im Rahmen der Einziehungsermächtigung handelte.

rungen eines Gläubigers oder die Forderung eines Gläubigers aus einem Kontokorrent sichert[1]), besteht darin, daß der Unterschlagungstatbestand als Vermögensschutztatbestand im weiteren Sinne ohne ein Tatbestandsmerkmal der Schadens- oder Nachteilszufügung auszukommen sucht. Je mehr sich die dingliche Zuordnung von der wirtschaftlichen Zugehörigkeit der Gegenstände entfernt, desto stärker muß dieser Nachteil des Unterschlagungstatbestandes in Erscheinung treten.

Die Divergenz zwischen dinglicher Zuordnung und wirtschaftlicher Zugehörigkeit ist in den Fällen der Sicherungsübereignung mit Kontokorrentklausel[2]) oft besonders stark. Bei ständiger Geschäftsbeziehung und ständig sich änderndem Kontokorrentsaldo haben wir (bei gleichbleibendem Sicherungsgut) ein stetes Pendeln des Absicherungsgrades. So kann es kommen, daß aus einer nur recht dürftigen oder mangelhaften Absicherung im nächsten Augenblick eine erhebliche Übersicherung oder sogar eine Absicherung ohne Forderung wird.

In den Fällen, in denen die Übersicherung sehr stark wird und außerdem ein Wiederanwachsen der Forderung nach den tatsächlichen Umständen ausgeschlossen erscheint oder vertraglich ausgeschlossen ist, erzielt der nur auf die dingliche Rechtslage abstellende Unterschlagungstatbestand sehr unbillige Ergebnisse. Der Untreuetatbestand vermag mit seinem Tatbestandsmerkmal der Nachteilszufügung hier sehr viel mehr der wirtschaftlichen Lage Rechnung zu tragen. Wegen der Einzelheiten kann auf die Ausführungen zu S. 116ff. Bezug genommen werden.

Da gewöhnlich die verschiedenen Klauseln, wie beim Eigentumsvorbehalt so auch bei der Sicherungsübereignung kombiniert werden, ergeben sich bei der Subsumtion praktischer Fälle unter den Unterschlagungstatbestand gleich eine ganze Anzahl von Schwierigkeiten und Unbilligkeiten. Nur selten liegen die Fälle so, daß eine Unbilligkeit gerade durch eine andere wieder wettgemacht wird, z. B. die zu große Weite des Unterschlagungstatbestandes bei der Kontokorrentklausel durch dingliche Unwirksamkeit der Verarbeitungsklausel und die hier zu große Enge des Tatbestandes kompensiert wird. Die Möglichkeit derartiger Ausgleichungen ist daher kein besonderer Trost. Im allgemeinen wächst mit zunehmender Komplizierung der Sicherungsübereignungsverträge auch die Unbilligkeit der Ergebnisse. Für zunehmende Komplizierung sorgt aber schon der erbitterte Kampf zwischen Warengläubigern und Geldgläubigern um die Absicherung ihrer Forderungen. Die immer feinere Ausbildung der Eigentumsvorbehalts- und Sicherungsübereignungsverträge schafft dingliche Rechtslagen, die auch für den speziell auf diesem

---

[1]) Ist die SÜ auflösend bedingt, so haben wir hier ein Hinundherfließen des Eigentums mit der im Rahmen des Unterschlagungstatbestandes unvermeidbaren aber unerträglichen Folge, daß immer abwechselnd Sicherungsgeber und Sicherungsnehmer Eigentumsdelikte begehen können.

[2]) Sicherungsübertragungen mit Konzernklauseln sind außerordentlich selten.

Gebiete geübten Juristen nur schwer entwirrbar sind. In diesem Durcheinander von Anwartschaftsrechten, auflösend bedingten Rechten, Rückübereignungsansprüchen und fiduziarischen Rechten[1]) muß der auf einfache Eigentumsverhältnisse zugeschnittene Unterschlagungstatbestand Schiffbruch erleiden[2]).

Nur ein elastischer Vermögensschutztatbestand, der Vermögensschädigung durch Vertrauenstäuschung[3]) unter Strafe stellt, kann auf Kreditgeschäfte der Warenlieferanten und Kapitalgeber Anwendung finden.

B. Problematik

Wenn wir uns nunmehr bemühen, aus der Fülle der unter A. abgehandelten Sachverhalte die eigentliche Problematik herauszudestillieren und zusammenzufassen, so haben wir es damit verhältnismäßig leicht.

Schon die Abhandlung der einzelnen Sachverhalte einmal im Rahmen des Unterschlagungs- und sodann im Rahmen des Untreuetatbestandes und die Gegenüberstellung der Tatbestandsreaktionen machte es erforderlich, auf die Vorzüge und Nachteile der jeweiligen Tatbestandsanwendung hinzuweisen. Daß diese Hinweise schon im Rahmen der Abhandlung zu A. erfolgen durften, ist hinreichend gerechtfertigt durch das allgemein ganz auffällige Versagen des einen Tatbestandes. Daß die Hinweise auch im Rahmen der Einzeldarstellung schon erfolgt sind, wird nur der für nicht erforderlich halten, dem diese Vorgänge in zivilrechtlicher und gleichzeitig strafrechtlicher Schau derart geläufig sind, daß ihm jede Situation nur mit einem Stichwort angedeutet zu werden brauchte.

Wir können uns daher hier darauf beschränken, das noch Übrige zu tun, nämlich, diesmal vom Tatbestand aus gesehen, eine zusammenfassende Übersicht über die Problematik zu geben, die sich bei Anwendung der Unterschlagungs- und Untreuevorschrift in den verschiedenen Situationen ergibt. Wenn wir hierbei eine grobe Einteilung vornehmen, so geschieht das lediglich aus Gründen der Übersichtlichkeit. Durch die Ein-

---

[1]) Die schon den Untreuetatbestand alter Fassung zu Fall gebracht haben, vgl. über diese Entwicklung Pfeiffer Untreue S. 20ff.

[2]) Vgl. H. Mayer in Materialien S. 347, der sich allerdings Rettung durch Aufgabe des zivilrechtlich gebundenen Fremdheitsbegriffs erhofft.

[3]) Also gerade, verglichen mit z. B. Nagler in LK § 266 Anm. I 2, umgekehrt: nicht das primitive und untaugliche spezielle Schutzobjekt (im Rahmen des umfassenderen Schutzobjekts Vermögen), sondern das Mittel des Angriffs ist wichtig. Daher muß sich auch die Prognose Naglers, die Bestrebungen, den Treubruch zentral zu machen, seien überwunden, als falsch erweisen, und zwar um so offensichtlicher, je mehr sich das Zivilrecht von einfachen dinglichen Zuordnungen entfernt. Nicht das Schutzobjekt im Sinne eines zivilrechtlich bestimmten Ausschnittes aus dem Gesamtvermögen, sondern das Angriffsmittel ist von Bedeutung, so schon für die Systematisierung Hegler in Arch. f. Rechts- u. Wirtschaftsphil. Bd. IX S. 158.

teilung soll nicht der Anschein erweckt werden, daß etwa die einzelnen eingeordneten Sachverhalte nur für ein Tatbestandsmerkmal bedeutsam wären. Gerade bei den hier aufgezeigten Sachverhalten ist es so, daß sie nicht nur in einer Beziehung Subsumtionsschwierigkeiten machen, sondern zumeist sowohl für die Merkmale des Handlungsobjekts als auch für die Tatbestandsmerkmale der Täterhandlung von Bedeutung sind.

1. Handlungsobjekt und Schutzobjekt [1])

Während der Untreuetatbestand ein Vermögensdelikt reinsten Wassers ist[2]), kommt für den Unterschlagungstatbestand als primäres Schutzobjekt das Eigentum und erst im weiteren Sinne das Vermögen in Betracht. Der Unterschlagungstatbestand schützt nicht wie der Untreuetatbestand das Vermögen direkt, sondern nur indirekt, indem er einen dem Gesetzgeber so klar abgrenzbar und schutzbedürftig erscheinenden Ausschnitt aus dem Vermögen, nämlich das Eigentum, durch Strafrechtsdrohung gegen Übergriffe abschirmt[3]). Daraus ergeben sich naturgemäß dann Schwierigkeiten, wenn dieser Ausschnitt in bestimmten Lebenssachverhaltsgruppen entweder die klare Abgrenzbarkeit oder aber seine Schutzbedürftigkeit vermissen läßt. Da auch die Strafrechtsnormen vom Zweck her auszulegen sind, besteht dabei zwischen Abgrenzbarkeit und Schutzbedürftigkeit ein funktionaler Zusammenhang, mit der Folge, daß z. B. eine Veränderung der Schutzbedürftigkeit auch für die Abgrenzbarkeit von Bedeutung ist.

Daß der Unterschlagungstatbestand sub specie Schutzbedürftigkeit kein idealer Tatbestand ist, ist in der Lehre schon verschiedentlich behauptet worden[4]). Es gibt nicht nur Fälle, die trotz Schutzbedürftigkeit dem Unterschlagungstatbestand nicht subsumiert werden können, sondern auch solche, die vom Tatbestand erfaßt werden, ohne daß ein echtes Schutzbedürfnis vorläge. So ist es auch bei der Gruppe der vorstehend behandelten Lebenssachverhalte und zwar in einem Ausmaße, das es nicht mehr erlaubt, sich mit der erkannten Unzulänglichkeit des Tatbestandes oder der Tatbestandsanwendung zu beruhigen.

a) Bewegliche Sache — Vermögensinteressen

Ein wie merkwürdiges Handlungsobjekt die „bewegliche Sache" in § 246 StGB ist, müßte eigentlich schon daraus erhellen, daß die Einzahl oder Vielzahl der Tatbestandsverwirklichungen von der physikalischen Beschaffenheit des Zugriffsobjektes abhängig ist. Wer sich einen Hundert-

[1]) Zu dieser Unterscheidung, die sich allgemein eingeführt hat, vgl. Hirschberg Vermögensbegriff S. 276.

[2]) Vgl. Hirschberg Vermögensbegriff S. 3.

[3]) Vgl. dazu Hirschberg Vermögensbegriff S. 319ff., 346.

[4]) Vgl. Gleispach Veruntreuung S. 197 und Thode Unterschlagung Einleitung.

markschein zueignet, begeht eine Unterschlagung, wer hundert einzelne Markstücke seinem Vermögen einverleibt, eigentlich hundert Unterschlagungen, denn hier kann hundertmal eine Handlung dem Unterschlagungstatbestand subsumiert werden.

Ein nur geringer Trost ist es, daß sich die Praxis hierüber keine Gedanken macht, sondern nur eine einzige Unterschlagung annimmt und die Lehre das Denkgebilde der gleichartigen Idealkonkurrenz zur Lösung zur Verfügung stellt. Aber nicht in allen Rechten wird die gleichartige Idealkonkurrenz so behandelt, wie es in § 73 unseres Strafgesetzbuches geschehen ist, und auch unser Strafrecht und Rechtsempfinden lassen der Theorie der Verbrechensmehrheit bei gleichzeitiger Verletzung mehrerer Strafrechtsnormen Raum. Außerdem wird unsere Rechtslehre über kurz oder lang sich erneut damit auseinandersetzen müssen, ob nicht die Bedeutung des verletzten Rechtsgutes für § 73 von Einfluß ist, in der Weise, daß bei Verletzung höherwertiger Rechtsgüter ein Handlungszusammenhang mehr erfordert, als bloß zeitlichen Zusammenhang der Ausführungshandlungen[1]). Nimmt der Täter die Geldstücke in bestimmten Abständen, so versagt auch der Begriff der natürlichen Handlungseinheit, bildet man den Fall so, daß der Täter sich nach jeder Zueignung neu entschließt, hilft auch die Theorie vom Fortsetzungszusammenhang nicht mehr.

Man glaube nun nicht, daß derart absurde Ergebnisse nur bei Geldunterschlagungen drohen. Sehr viele Vermögenswerte bestehen jeweils aus einer Mehrzahl von Sachen. Nur dem Wertdenken ist es vermutlich zu verdanken, daß die Praxis sich nicht darüber den Kopf zerbricht, ob bei Zueignung einer Handtasche oder Aktentasche auch jede darin befindliche Sache z. B. das einzelne Geldstück, die Geldtasche und das Taschentuch zugeeignet ist. Will man aber für das Strafrecht den Sachbegriff anders als physikalisch fassen, so bleibt als einziger Weg ein Zurückgehen auf Wertvorstellungen[2]). Was dieser Sachbegriff dann überhaupt noch soll und welche Berechtigung er neben dem Wertbegriff hat, ist unklar.

Wie sehr sich die Strafrechtsanwendung schon vom physikalischen Sachbegriff entfernt hat, wird deutlich, wenn man die verschiedenen Sachwert- und Sachsubstanztheorien betrachtet, die als Lückenbüßer dann dienen müssen, wenn der Täter an der Substanz selbst desinteressiert ist. Auch hier ist weitere Aufklärung vonnöten, vor allem aber die

---

[1]) Das alte Schulbeispiel der absichtlichen Tötung zweier Menschen durch einen einzigen Schuß fordert geradezu zum Widerspruch heraus. Soll wirklich derjenige Täter, der zwei Morde vorhat und sie geschickt uno actu ausführt, weniger strafwürdig sein, als derjenige, der nicht so geschickt ist und zwei Handlungen hierzu benötigt? Der Gedanke des Einflusses des Rechtsgutes hat sich bei der Lehre von der juristischen Handlungseinheit also vom Fortsetzungszusammenhang bereits durchgesetzt. Es ist an der Zeit, ihm auch bei der tatsächlichen Handlungseinheit zum Durchbruch zu verhelfen.

[2]) Vgl. etwa Wolf, Der Sachbegriff im Strafrecht.

Klarstellung, daß nicht physikalisches-, sondern allein Wertdenken Erfolg verspricht.

Ist es so, daß die herrschende Lehre und Praxis beim Unterschlagungstatbestand schon generell statt mit einem echten Sachbegriff mit einem verschleierten Wertbegriff arbeitet, um die allergröbsten Unbilligkeiten vermeiden zu können, so ist leicht vorzustellen, daß komplizierte Fälle erst recht Schwierigkeiten bereiten. Wollte man sie alle über den Unterschlagungstatbestand befriedigend lösen, so müßte man neben dem Sachbegriff auch den damit zusammenhängenden Eigentumsschutz aus dem Tatbestand entfernen. Das würde natürlich ein Aufgeben des Tatbestandes überhaupt sein. Zwischen diesen beiden Punkten: Einführung des Wertbegriffs und Aufgabe des Tatbestandes bewegen sich die Geister. Man will das eine tun und das andere lassen!

Für unsere Fälle interessiert hier zunächst, daß der Unterschlagungstatbestand Sachen und Rechte unterschiedlich behandelt. Neben der an sich schon fragwürdigen Abgrenzung dieser Rechtsobjekte voneinander, ist unbefriedigend, daß bei Außerbetrachtlassen des Untreuetatbestandes der Zugriff auf Sachen bestraft, der Zugriff auf Forderungen und sonstige Rechte aber nicht bestraft wird. Das ist an sich schon sonderbar.

Hinzu kommt, daß gerade im modernen Wirtschaftsverkehr ein Vermögenswert infolge vertraglicher Surrogationsklauseln mehrere Rechtsobjektsformen durchläuft. Derselbe Vermögenswert taucht einmal als Sache, dann als Forderung, dann wieder als Sache und schließlich wieder als Forderung auf, wenn z. B. Eigentumsvorbehalt mit Vorausabtretungsklausel, Verkaufserlösklausel und Guthabenabtretungsklausel besteht. Hier in einem Abschnitt (bei Nichtanwendung des Untreuetatbestandes) den Unterschlagungstatbestand anzuwenden, im anderen die Täterhandlung straflos zu lassen, ist ein Unding.

Das bloße Abstellen auf die Sachqualität ist auch insofern recht oberflächlich, als hier ununtersucht bleibt, ob die reine Substanz überhaupt für den Täter von Wert und daher von ihm erstrebt ist. Während heute fast niemand mehr daran zweifelt, daß derjenige, der ein fremdes Sparkassenbuch vorübergehend an sich nimmt, um das Guthaben abzuheben, nicht die Buchsubstanz sondern den Sachwert entwendet, wird derartigem Wertdenken hartnäckig Widerstand geleistet, wenn es sich darum handelt, es auch auf andere Gebiete zu übertragen. So findet man es selbstverständlich, daß auch derjenige, der sich eine z. B. durch belastende Rechte ausgehöhlte und damit wertlose Sache (unterstellt, auch für den Täter wertlos) zueignet, Unterschlagung begeht. Es ist doch sehr zweifelhaft, ob § 246 StGB auch den Fall deckt, in dem z. B. der Täter eine ihm aufschiebend bedingt übereignete Sache, an der er außerdem noch ein den Wert der Sache vollständig aushöhlendes Pfandrecht hat, für sich verbraucht.

Der Untreuetatbestand mit seinem Merkmal der „Vermögensinteressen" vermeidet demgegenüber sowohl die Bindung an physikalische

Vorstellungen, als auch die Wertunabhängigkeit des Handlungsobjektes. Er gewährleistet hierdurch, daß der Zugriff des Täters auf den Vermögenswert in jedem Durchgangsstadium dieses Wertes gleich behandelt wird und zwingt gleichzeitig zu der Prüfung, ob der Zugriff auf das Handlungsobjekt einen vermögenswerten Gegenstand trifft.

b) Fremde Sache — Fremde Vermögensinteressen

Während das Tatbestandsmerkmal der Fremdheit in § 246 StGB als Hinweis auf die zivilrechtlichen Eigentumsverhältnisse verstanden wird, hat der gleiche Begriff als Tatbestandsmerkmal des § 266 StGB eine weitere, umfassendere Bedeutung. Gerade bei den hier behandelten Lebenssachverhaltsgruppen gibt es nun zahlreiche Fälle, wo die Bindung an die zivilrechtlichen Eigentumsverhältnisse zu Schwierigkeiten führt.

α) Zivilrechtliche Bindung und Strafwürdigkeit allgemein

Gerade diese enge Bindung an das Zivilrecht im Unterschlagungstatbestand hat dazu geführt, daß die Rechtsprechung, um strafwürdig erscheinende Täter fassen zu können, zu waghalsigen sachenrechtlichen Konstruktionen gegriffen hat und z. B. bei Fällen, in denen eine Verkaufserlösklausel nicht vorlag, mit der Denkfigur des Geschäftes für den, den es angeht, gearbeitet hat. Wenn man dabei die zur Entscheidung gekommenen Sachverhalte betrachtet, kann kein Zweifel sein, daß die Strafsenate diese Konstruktion überdehnt haben, nur um zur Strafbarkeit zu gelangen.

Demgegenüber muß verwundern, daß andererseits die Fälle der Sicherungsübereignung mit schuldrechtlicher Nachschubklausel bei Zueignung der nachgeschobenen Ware dem Unterschlagungstatbestand nicht subsumiert werden. Hier ist die Anwendung dieses Tatbestandes von der dinglichen Wirkung der Klausel abhängig gemacht worden, obwohl doch sicher ist, daß die Strafwürdigkeit des Täters nicht von der mehr oder weniger glücklichen Fassung der Klausel abhängen kann. Ähnlich ist es bei der Verkaufserlösklausel. Wenn schon bei Nichtvorliegen einer Verkaufserlösklausel über die Hilfskonstruktion des Geschäftes für den, den es angeht, der Fremdheit nachgeholfen wird, müßte doch erst recht bei schuldrechtlicher Verkaufserlösklausel eine Strafbarkeit des Täters zustandekommen. Die Strafwürdigkeit des Täters, der ausdrücklich zur Erlösablieferung und -übereignung verpflichtet ist, ist doch größer, als die Strafwürdigkeit desjenigen, der nicht noch besonders gebunden ist.

Da für den Treubruchstatbestand die dingliche Wirkung nicht entscheidend ist, können für diesen derartige Ungereimtheiten nicht auftreten. Im Rahmen des § 266 StGB bewirkt die besondere schuldrechtliche Bindung gerade das Zustandekommen eines schutzwürdigen Treueverhältnisses.

Die Abhängigkeit der Strafbarkeit (falls § 266 StGB nicht eingreifen kann) von der dinglichen Rechtslage ist auch in den Fällen drückend, in denen z. B. eine Sicherungsübereignung wegen irgend eines Formfehlers unwirksam ist. Besonders merkwürdige Fälle entstehen, wenn bei langlaufenden und immer befolgten Sicherungsübereignungsverträgen dieser Formfehler schon viele Jahre zurückliegt, oder aber die früher für wirksam gehaltene Sicherungsübereignung sich durch Änderung der zivilrechtlichen Rechtsprechung plötzlich als unwirksam herausstellt. Daß die Änderung der höchstrichterlichen Zivilrechtsprechung auch eine Änderung der Strafwürdigkeit oder Sozialschädlichkeit des Täterverhaltens mit sich bringe, ist schlecht vorstellbar.

Die derart bedeutungsvolle Eigentumsbindung des § 246 StGB steht nun aber auf recht schwachen Füßen. Das wird klar, wenn man die Bestrebungen im Zivilrecht über die erweiterte Geldvindikation ins Auge faßt. Ob dabei der Eigentumsbegriff bezüglich Geld ersetzt wird, oder aber nur die Eigentumswirkungen anders festgestellt werden, kommt auf dasselbe heraus. Versagt die Bindung in diesen für den Unterschlagungstatbestand so wichtigen Fällen der Geldunterschlagung, so verliert sie auch für die restlichen ihren Alleinherrschaftsanspruch.

Schließlich führt die zivilrechtliche Bindung des Handlungsobjekts in den hier interessierenden Lebenssachverhaltsgruppen zu dem Ergebnis, daß zwischen Täterhandlungen vor und nach Erlangung der Eigentumsvorbehaltsware oder des Surrogats bzw. vor und nach Abschluß des Sicherungsübereignungsvertrages, eine Strafrechtslücke klaffen kann. Das ist dann der Fall, wenn der Betrugstatbestand nicht mehr eingreift und der Unterschlagungstatbestand mangels Vorliegen der hierzu erforderlichen dinglichen Rechtslage noch nicht eingreifen kann. Der Täter hätte also die Möglichkeit, seine vermögensschädigende Handlung in diesen Zeitabschnitt zu verlegen und den Strafrechtsschutz zu umgehen. Wie an den einzelnen Stellen zu A) ausgeführt, besteht in derartigen Fällen nur die Möglichkeit, den ohnehin weitgedehnten Betrugstatbestand noch weiter zu dehnen und diese Fälle mit der nahezu auf jedes Vermögensdelikt anwendbaren, also recht zweifelhaften Konstruktion des Betruges mit Täuschung und Verfügung durch Unterlassen abzustrafen. Daß derartige Lücken und derartige fragwürdige Lückenschließungen im Verhältnis der Tatbestände der §§ 263 und 266 nicht auftreten können, ist unter A) mehrfach gezeigt.

β) Zivilrechtliche Bindung bei aufgespaltenem oder fiduziarischem Eigentum

Daß unser Diebstahlsdelikt früher nicht Eigentumsdelikt, sondern Gewahrsamsbruchsdelikt war, ist allgemein geläufig. Bekannt ist auch, daß erst das Naturrecht, veranlaßt durch sein Bestreben, Zivilrecht und Strafrecht zu koordinieren[1]), den Diebstahl als Eigentumsdelikt ausgeformt

[1]) H. Mayer, Untreue S. 20, ders. in Materialien S. 335.

hat und nun glaubte, ein ergänzendes Eigentumsdelikt (ohne Gewahrsamsbruchsmerkmal) zur Verfügung stellen zu müssen. Nicht beachtet wird nun, daß diese beiden Eigentumsschutztatbestände naturgemäß die Eigentumsformen voraussetzen, die der Vorstellung des Gesetzgebers bei Ausbildung der Tatbestände entsprachen. In diesem Rahmen und mit dieser Einschränkung ist der Unterschlagungstatbestand auch heute noch in der Lage, brauchbare Ergebnisse zu liefern. Liegen jedoch Eigentumsformen vor, die von diesen altehrwürdigen Formen abweichen, so muß die Tatbestandsanwendung auf unüberwindliche Schwierigkeiten stoßen. Das ist besonders bei den hier auftauchenden Formen des aufgespaltenen oder des fiduziarischen Eigentums der Fall.

Besonders auffällig ist hier die unterschiedliche Behandlung des auflösend und aufschiebend bedingten Eigentums. Das auflösend bedingte Eigentum (des Verletzten) wird geschützt, während das aufschiebend bedingte schutzlos bleibt, umgekehrt und vom Täter aus gesehen, das aufschiebend bedingte Eigentum wird nicht beachtet, während das auflösend bedingte Eigentum dem Täter Straffreiheit bei Zugriffen sicherstellt. Weder das auflösend noch das aufschiebend bedingte Eigentum ist ein Vollrecht. Die Form der Bedingung sagt auch nichts über die Nähe des Berechtigten zur Sache aus. Vielmehr wird die wirtschaftliche Nähe durch die Wahrscheinlichkeit des Eintretens der Bedingung bestimmt. Das auflösend bedingte Eigentum ist z. B. wirtschaftlich nichts wert, wenn feststeht, daß die Bedingung unter allen Umständen eintritt. Dennoch behandelt der Unterschlagungstatbestand beide Nichtvollrechte unterschiedlich, und zwar nicht gemäß ihrer Fähigkeit, zum Vollrecht zu erstarken, sondern lediglich gemäß der von den Parteien gewählten Bedingungsform. Das kann gar nicht zu billigen Ergebnissen führen. Wie oben gezeigt, ergeben sich denn auch sowohl beim Eigentumsvorbehalt als auch bei der Sicherungsübereignung unbillige Tatbestandsreaktionen.

Ähnlich ist es beim fiduziarischen Eigentum. Gerade die übliche Sicherungsübereignung ohne auflösende Bedingung gibt dem Unterschlagungstatbestand unlösbare Probleme auf, ist doch trotz Rückzahlung der gesicherten Forderung zunächst noch ein (oft vergessener) Rückübereignungsakt erforderlich, damit die Sache wieder in das Eigentum des Sicherungsgebers zurückkehrt. Wie oben aufgezeigt, hilft auch die Lehre vom Ausschluß der Rechtswidrigkeit bei fälligem Anspruch auf die konkrete Sache nicht immer. Kehrseite dieser schlechten Behandlung des Sicherungsgebers durch den Unterschlagungstatbestand ist die bevorzugte Behandlung des Sicherungsnehmers. Dieser kann im Rahmen des § 246 StGB straflos mit den zur Sicherung übereigneten Gegenständen machen was er will, und zwar auch dann, wenn die zu sichernde Forderung vollständig erloschen ist.

Daß hier eine bessere Berücksichtigung der wirklich schutzwürdigen Vermögensinteressen erfolgen muß, ist offensichtlich. Der Tatbestand, der hierzu nicht taugt bzw. die so erfolgende Tatbestandsauslegung verdient nicht als Vermögensschutzbestand bzw. vernünftige Auslegung bezeichnet zu werden. Gleich vermögensschädigende Handlungen des Sicherungsgebers oder Sicherungsnehmers müssen auch gleich behandelt werden. Es ist auch nicht angängig, für Handlungen des Sicherungsnehmers nun als Lückenbüßer den Untreuetatbestand anzuwenden und im umgekehrten Verhältnis wieder mit dem als für das Verhältnis untauglich erkannten Unterschlagungstatbestand zu arbeiten.

Einen besonderen Hinweis verdient auch die strafrechtliche Eingruppierung der Verwertungshandlungen des Sicherungsnehmers. Ist die Sicherungsübereignung auflösend bedingt und die Bedingung eingetreten, so können Verwertungshandlungen mit dem Unterschlagungstatbestand erfaßt werden. Ist sie nicht auflösend bedingt, oder ist die Bedingung nicht eingetreten, so müssen jedenfalls im Rahmen des Unterschlagungstatbestandes alle unzulässigen Verwertungshandlungen straffrei bleiben. Es kommt also, wenn eine auflösende Bedingung vereinbart ist, für den Sicherungsnehmer, der sich bereichern will, alles darauf an, daß er kurz vor Bedingungseintritt, also vor Zahlungseingang (z. B. schon bei der Zahlungsanzeige) schnell das Sicherungsgut für sich verwertet. Auch in derartigen Fällen zeigt sich das Unvermögen des Unterschlagungstatbestandes, mit fiduziarischen Rechtsverhältnissen fertig zu werden.

Dagegen ist der Treubruchstatbestand für die Behandlung der Fälle aufgespaltenen oder fiduziarischen Eigentums wie geschaffen, stellt er doch nicht auf die sachenrechtliche, sondern in der Hauptsache auf die schuldrechtliche und daher persönliche Beziehung zwischen den Parteien ab. Gerade die Aufspaltung des Vollrechts oder die fiduziarische Zuordnung schafft die dem § 266 eigentümliche Doppelzugehörigkeit eines Vermögensstückes einmal zum Vermögen des am Wert Interessierten, daneben zum Machtbereich des an der Disposition Interessierten.

γ) Einfluß einzelner sachenrechtlicher Grundsätze

Anders als beim Treubruchstatbestand, der sachenrechtlich nicht gebunden ist, finden wir beim Unterschlagungstatbestand, daß einzelne sachenrechtliche Vorschriften und Doktrinen eine billige und einfache Anwendung des Tatbestandes erschweren oder unmöglich machen.

So ist beim Eigentumsvorbehalt die Sache für den Käufer bis zum Zahlungseingang beim Verkäufer eine „fremde Sache". Verfügt der Käufer zwischen Zahlung und Zahlungseingang, so eignet er sich eine fremde Sache zu. Im Rahmen des Unterschlagungstatbestandes bleibt nur der Weg, einen Ausschluß der Rechtswidrigkeit durch Einwilligung oder durch die Lehre vom fälligen Anspruch zu suchen. Für den Treubruchstatbestand ist offensichtlich, daß eine Pflichtverletzung nicht vorliegt, weil eben das Abwarten des Zahlungseinganges bei den heutigen Geldüberweisungsverhältnissen dem Käufer vernünftigerweise nicht abverlangt zu werden braucht.

Eine ähnliche Erscheinung haben wir vor uns, wenn entgegen dem Kaufvertrag die Ware mit dinglichem Vorbehalt übereignet worden ist. Da es für § 246 StGB nicht auf das Schuldverhältnis, sondern allein auf die dingliche Rechtslage ankommt, ist die Ware für den Käufer fremd im Sinne des Unterschlagungstatbestandes. Auch hier kann nur wieder mit einem Ausschluß der Rechtswidrigkeit wegen fälligen Anspruchs auf die konkrete Sache, also mit einer immerhin nicht unbestrittenen Konstruktion geholfen werden. Für den Treubruchstatbestand ist dagegen das Schuldverhältnis entscheidend, nach dem ja der Käufer unbedingte Übereignung verlangen kann. Für § 266 StGB ist also der Zugriff des Käufers keine Pflichtverletzung.

Umgekehrt kommt beim uneigentlichen Eigentumsvorbehalt niemals der Unterschlagungstatbestand in Betracht, auch wenn der Käufer vertraglich sehr stark gebunden ist und zahlreiche und wichtige Nebenpflichten bestehen, die unter Umständen die Ware fester an den Verkäufer binden als ein echter Eigentumsvorbehalt. Während diese Bindung für § 246 unbeachtlich bleiben muß, kann sie doch ein Treueverhältnis im Sinne des § 266 StGB erzeugen. Es ist unbefriedigend zu sehen, daß Verträge über bedeutende Vermögenswerte mit erheblichen Überwachungsrechten des Verkäufers ohne Unterschlagungsschutz sind und geradezu lächerlich bedeutungslose Verkäufe zwischen Wiederverkäufer und Konsumenten, nur weil eine dingliche Klausel besteht, den Schutz des Unterschlagungstatbestandes genießen. Die alleinige, aber auch weitgehende Anwendung des Untreuetatbestandes würde hier vernünftigen Wandel schaffen, wichtige Vertragsbeziehungen schützen und unwesentlichen ihren nichtberechtigten Schutz entziehen.

Die zivilrechtliche Lehre von der Notwendigkeit der Einigkeit auch noch bei Bedingungseintritt, die allerdings zum Großteil überwunden zu sein scheint, führt, auf Unterschlagungsfälle angewendet, zu seltsamen Ergebnissen. Nimmt man an, daß bei Bedingungseintritt noch Einigkeit vorliegen müsse, so hat es der Vorbehaltsverkäufer in der Hand, den Eigentumsübergang bei Bedingungseintritt zu verhindern. Will er nicht mehr übereignen, so bleibt die Vorbehaltsware eine dem Käufer „fremde Sache“. Auch hier kann bei Handlungen des Käufers nur wieder mit der Lehre vom fälligen Anspruch geholfen werden. Für Handlungen des Verkäufers aber gilt, daß sich dieser (im Rahmen des § 242 StGB) straflos die Ware zurückholen darf. Mangels einer für ihn „fremden Sache“ kann Diebstahl nicht vorliegen.

Wendet man auf derartige Fälle den Treubruchstatbestand an, so liegt trotz entgegenstehenden Willens des Verkäufers bei Zueignung des Käufers keine Pflichtverletzung vor, denn der Käufer tut nur das, wozu er nach dem Vertrag berechtigt ist. Die Wegnahme der Sache durch den Verkäufer wäre entweder straffrei, oder aber (wenn man das Treueverhältnis soweit ausdehnen will) nach § 266 StGB strafbar, jedenfalls, und hierauf kommt es an, ohne Rücksicht darauf, welcher Zivilrechtskonstruktion man folgt.

Ähnliche Schwierigkeiten treten beim weitergeleiteten Eigentumsvorbehalt auf, wenn es z. B. beim offen weitergeleiteten Eigentumsvorbehalt der Vorbehaltsverkäufer, beim verdeckt weitergeleiteten der Wiederverkäufer in der Hand hat, den Abkäufer Eigentümer werden zu lassen oder den Eigentumsübergang zu verhindern. Auch bei der durch Zahlung der Darlehensvaluta aufschiebend bedingten Sicherungsübereignung wird dieses Problem akut, wenn z. B. der Sicherungsgeber zwischen Absendung und Eingang der Valuta den Willen zur Übereignung des Sicherungsgutes erkennbar verliert und so den Darlehensgeber um die von diesem erstrebte Sicherheit bringt.

Eine besonders unerfreuliche Erscheinung ist der Einfluß der verschiedenen zivilrechtlichen Erwerbstheorien auf die strafrechtliche Behandlung im Rahmen des Unterschlagungstatbestandes. Kommt man zivilrechtlich zu dem Ergebnis, daß ein Durchgangserwerb vorliegt, wenn z. B. der Täter das Anwartschaftsrecht nach §§ 929/930 an einen Dritten übertragen hatte, so kann der Täter sich im Augenblick des Eigentumsdurchganges straflos die Sache zueignen. Nimmt man unmittelbaren Erwerb des Anwartschaftsberechtigten an, so ist eine straflose Zueignungshandlung des Sachbesitzers, also z. B. des Vorbehaltskäufers oder des Sicherungsgebers bei auflösend bedingter Sicherungsübereignung, nicht möglich. Auf den nicht korrekten Ausweg der Rechtsprechung, einfach die Zueignungshandlung auf einen späteren Zeitpunkt zu verlegen, ist schon hingewiesen.

Nicht nur bei der Anwartschaftsrechtsübertragung beim Eigentumsvorbehalt und bei der Sicherungsübereignung, sondern auch bei jeder Übereignung mit Hilfe des antizipierten Besitzkonstituts wird die Durchgangserwerbstheorie bedeutungsvoll. So kann z. B. bei der Verkaufserlösklausel der Vorbehaltskäufer sich im Augenblick der Geldinempfangnahme die Geldstücke straflos zueignen, da das Eigentum an den Geldstücken erst „durch ihn hindurch" auf den Vorbehaltsverkäufer übergeht. Im Augenblick des Durchganges ist das Geldstück Eigentum des Käufers und daher für ihn keine fremde Sache. Daß der Treubruchstatbestand auf diese Eigentumsverhältnisse keine Rücksicht nimmt, ist ausgeführt.

Für den Unterschlagungstatbestand macht der auflösend bedingte Eigentumsvorbehalt Schwierigkeiten, wenn die Bedingung ungenau oder unzweckmäßig bestimmt ist. Vor allem kann die Bedingung vom Vorbehaltskäufer zu leicht durch eine andere als übliche Reihenfolge der Geschäfte umgangen werden. Ist z. B. der Weiterverkauf vor Zahlung auflösende Bedingung, so kann der Käufer durch ein Angebot zum Weiterverkauf oder ein isoliertes Veräußerungsgeschäft nicht straffällig werden, da bei Vornahme dieser Handlungen die das Eigentum zurückfallenlassende Bedingung noch nicht eingetreten ist. Starrheit der Bedingung und Abhängigkeit des Straftatbestandes von dieser Bedingung verhindern hier die sonst das Strafrecht bei Feststellung der Ausführungshandlung auszeichnende Anpassung an den Täterplan. Der nicht an die (durch Bedingungseintritt bestimmte) dingliche Rechtslage gebundene Treubruchstatbestand kann auch den raffiniert die Bedingung umgehenden Täter fassen.

Auch die Sonderform des nachträglichen Eigentumsvorbehalts ist ein geeigneter Prüfstein für den Unterschlagungs- und Treubruchstatbestand. Da der nachträgliche Eigentumsvorbehalt zivilrechtlich Sicherungsübereignung ist, kommt eine Anwendung des Unterschlagungstatbestandes auch immer nur dann in Betracht, wenn die Voraussetzungen vorliegen, von denen das Zivilrecht die Wirksamkeit einer Sicherungsübereignung abhängig macht. Für den Treubruchstatbestand liegt jedoch ein echter Eigentumsvorbehalt vor, da für ihn nicht der Zeitpunkt der Begründung bestimmter Pflichten, sondern die Art dieser Pflichten ausschlaggebend ist. Ähnlich verhält es sich mit den Formen des verlängerten Eigentumsvorbehalts, soweit sie zivilrechtlich Sicherungsübereignungen sind. Auch hier entscheidet nicht der Sinn des Vertrages, sondern die Rechtskonstruktion über die Anwendbarkeit des Unterschlagungstatbestandes.

Zu eingeengt ist der Schutz des Unterschlagungstatbestandes, wenn Eigentumsvorbehaltsware oder Sicherungsgut mit anderen Gegenständen verbunden oder vermischt und wenn Eigentumsvorbehaltsware oder Sicherungsgut verarbeitet werden. Sind derartige Handlungen an sich gestattet und das ist wie aufgezeigt oft der Fall, so machen die Vorschriften der §§ 946ff. BGB oft weiteren Strafrechtsschutz unmöglich, vor allem in den Fällen, in denen Miteigentum des früheren Eigentümers nicht entstehen kann. Der Treubruchstatbestand ist zur Behandlung derartiger Fälle sehr viel geeigneter, da für ihn die Veränderung der dinglichen Rechtslage bedeutungslos ist. Auch z. B., wenn der verbindende oder vermischende Vorbehaltskäufer oder Sicherungsgeber Alleineigentümer geworden ist, können den Verkäufer oder Sicherungsnehmer schädigende Handlungen dieses Alleineigentümers erfaßt werden. Für § 266 interessiert nicht die dingliche Rechtslage, sondern allein, ob der Käufer oder Sicherungsgeber weiter einen angemessenen Teil seines Eigentums dem Verkäufer oder Sicherungsnehmer zur Verfügung hält.

Während es für den Treubruchstatbestand gleichgültig ist, ob eine Verarbeitungsklausel durch antizipierte Übereignung des Verarbeitungsprodukts oder durch eine Herstellervereinbarung zum Ziele zu kommen sucht, können sich für den Unterschlagungstatbestand, je nach Art der zivilrechtlichen Konstruktion, unterschiedliche Ergebnisse rechtfertigen lassen, weil nämlich im einen Fall Durchgangs- und im anderen unmittelbarer Erwerb vorliegt. Das ist vor allem deswegen untragbar, weil die meisten Verarbeitungsklauseln sowohl die eine wie die andere Auslegung zulassen und den Parteien die unterschiedlichen Zivilrechtskonstruktionen ohnehin nicht geläufig sind. Den Parteien kommt es lediglich darauf an, daß das gewollte Ergebnis erreicht wird. Das „Wie“

interessiert sie nicht. Genauso, nämlich ohne Rücksicht auf die zivilrechtliche Konstruktion, behandelt der Treubruchstatbestand diese Fälle.

Die genannten Surrogationsklauseln und auch die Verkaufserlösklausel können zudem sowohl beim Eigentumsvorbehalt als auch bei der Sicherungsübereignung vom Täter in einfacher Weise für § 246 StGB umgangen werden. Sowohl die Herstellervereinbarung als auch die Vorausübereignung versagt nach herrschender Lehre dann, wenn der Täter im Augenblick des Surrogatserwerbs den Willen zur Verarbeitung für einen Dritten resp. zur Übertragung erkennbar verliert. Verliert er ihn später, nämlich nach Eigentumsanfall an den Vorbehaltsverkäufer oder Sicherungsnehmer, so begeht er Unterschlagung. Diese Abhängigkeit der Strafbarkeit (immer vorausgesetzt, daß § 266 StGB nicht zutrifft) vom Zeitpunkt der Täterhandlung ist unbillig. Der rechtskundige Täter hat es so in der Hand, einen Vorteil vor dem unkundigen und ungeschickten Schelm zu gewinnen. Ein Straftatsbestand, der das zuläßt, und der Unterschlagungstatbestand in seiner bisherigen Auslegung ist ein solcher, verletzt den Grundsatz der Gleichbehandlung. Auch hier wieder hilft sich die Praxis oft durch Feststellung eines späteren Zeitpunktes bei der Täterhandlung. Wie läßt sich aber überhaupt feststellen und weiß der Täter überhaupt, wann er zum ersten Male mit dem Gedanken, sich auf fremde Kosten etwas zukommen zu lassen, gespielt hat? Für den Untreuetatbestand liegt die Pflichtverletzung sehr einfach in der erkennbaren Willensänderung des Täters.

Teilweise begegnet in diesem Zusammenhang bei dem Versuch, den Unterschlagungstatbestand anzuwenden, eine merkwürdige Lückenausfüllung durch eine Konstruktion, nach der der Täter nun nicht das Surrogat, sondern die Ware unterschlagen hat. Besteht auch Eigentumsvorbehalt an der Ware, so wird bei einer zweiten Herstellervereinbarung oder einer zweiten Übereignung des Verarbeitungsproduktes oder Verkaufserlöses in der Verarbeitung oder dem Verkauf der Ware eine rechtswidrige Zueignung der Ware gesehen, da eben die Ware nur bei Bestehen einer Vereinbarung oder Vorausübereignung zugeeignet werden darf. Das ist gekünstelt, denn die Täterhandlung zielt nicht auf die Ware, sondern auf das Surrogat. Außerdem muß diese Konstruktion bei der Verkauferlösklausel auch versagen, wenn der Täter bei Verkauf noch willens war, den Erlös zu übereignen. Das spätere Wegfallen dieses Willens kann die rechtmäßige Zueignung durch Verkauf nicht rückwirkend zur rechtswidrigen Zueignung machen[1]). Auch hier ist es un-

---

[1]) Die Fälle der Vorausabtretungsklausel bei Eigentumsvorbehalt oder Sicherungsübereignung sind ähnlich gelagert. Bei ihnen kann der Unterschlagungstatbestand angewandt werden, wenn man annimmt, daß der Verkauf der Ware oder des Sicherungsgutes durch den Täter in der Absicht, die entstehende Kaufpreisforderung für sich einzuziehen, rechtswidrige Zueignung der Ware bzw. des Sicherungsgutes ist. Auch hier geht aber die Täterhandlung nicht auf Erlangung der

befriedigend, festzustellen, daß Strafbarkeit oder Nichtstrafbarkeit im Rahmen des § 246 StGB vom Zeitpunkt der Täterhandlung abhängt und der zivilrechtlich gewandte Täter sich der Strafe entziehen kann.

Eine ähnliche Erscheinung finden wir bei der Nachschubklausel der Sicherungsübereignung. Für den Unterschlagungstatbestand, dem nur die dingliche Nachschubklausel etwas bedeutet, ist wichtig, ob der Täter auch bei Einbringung der Ersatzware diese noch übereignen wollte. Ist das nicht der Fall, so kann eine spätere Unterschlagung dieser Ersatzware nicht in Betracht kommen. Auch hier hängt die Strafbarkeit des Täters im Rahmen des Unterschlagungstatbestandes vom Zeitpunkt seines verbrecherischen Entschlusses ab. Auch hier kann wieder die lückenschließende Konstruktion vorgenommen werden, nach der ein Verkauf der Ware bei Nichteinhaltung der Nachschubklausel rechtswidrige Zueignung der Ware ist, wobei es nun wieder darauf ankommt, ob die Verkaufserlaubnis ausdrücklich durch die Einhaltung der Nachschubverpflichtung bedingt ist, oder aber die Nachschubverpflichtung eine die Verkaufserlaubnis nicht berührende Nebenverpflichtung ist. Letzteren Falles versagt diese „Lückenausfüllung", obwohl doch die Parteien sich über die rechtliche Konstruktion meist keine Gedanken machen. Strafwürdigkeit von der Exaktheit der Vertragsfassung abhängig zu finden, ist unbefriedigend.

Daß die dingliche Wirkung der Sicherungsübereignung, die sich bei umfangreichen Übereignungen oft nur schwer erreichen läßt und daher häufig voll, oder doch bezüglich einzelner Gegenstände verfehlt wird, Voraussetzung für die Anwendung des Unterschlagungstatbestandes ist, ist mehrfach demonstriert. Gerade die besonderen Anforderungen der Zivilrechtsprechung machen hier große Schwierigkeiten. So will nur wenig einleuchten, daß die Strafbarkeit des Täters davon abhängt, ob die Vertragsparteien nun auch ein konkretes Besitzmittlungsverhältnis vereinbart haben, obwohl doch dieses bei anderen Formen der Sicherungsübereignung nicht erforderlich ist. Gerade bei einer Übereignung nach §§ 929/930 sind die Parteien im allgemeinen ehrlicher als z. B. bei einer Sicherungsübereignung nach § 929. Für den Treubruchstatbestand ergibt sich so auch folgerichtig, daß gerade bei einer Übereignung nach §§ 929/930 ein Treueverhältnis vorliegt.

Für den Untreuetatbestand ist auch gleichgültig, ob sich die Bestimmtheit der zu übereignenden Gegenstände aus dem Vertrage selbst, oder aber nur unter Zuhilfenahme anderer Umstände ergibt. Das ist auch allein richtig, denn für die Strafwürdigkeit des Täters kommt es auf dessen Kenntnis an, nicht darauf, woher er diese Kenntnis bezieht. Der Unterschlagungstatbestand muß dagegen auf die Einhaltung der zivilrechtlichen Bestimmungen abstellen.

Ware, sondern auf Erlangung des Ersatzgegenstandes. Außerdem versagt die Konstruktion dann, wenn der Täter behauptet (und das ist ihm zumeist nicht zu widerlegen), daß er den Plan der Einziehung für sich erst später gefaßt habe.

Auch die Forderung der Erkennbarkeit des Übereignungsvorganges gehört in diesen Zusammenhang. Nicht auf das Wissen und Wollen des Sicherungsgebers wird abgestellt, sondern darauf, ob die Übereignung z. B. eines Warenlagers oder Warenlagerteiles auch nach außen hin erkennbar geworden ist. Ist das nicht der Fall, so kann der Unterschlagungstatbestand mangels Wirksamkeit des Übereignungsvorganges nicht eingreifen. Die Art der Anbringung der den Eigentümer bezeichnenden Tafel, ihre Größe, oder die Anordnung der Regale im Warenlager wird hier für die Frage der Strafbarkeit wichtig.

Der Grundsatz der Spezialität dinglicher Rechte macht bei der Sicherungsübereignung eines Warenlagers, insbesondere, wenn noch eine Nachschubklausel vorliegt, erhebliche Schwierigkeiten. Die Untersuchung eines Falles im Rahmen des Unterschlagungstatbestandes muß sich vor allem zuerst darauf erstrecken, ob dieser Zivilrechtsgrundsatz gewahrt ist. Findet sie ihn vielleicht gerade nur bezüglich des zugeeigneten Gegenstandes nicht gewahrt, so hat der Täter Glück, zivilrechtliches Glück gehabt. Das ist keine strafrechtsgemäße Beurteilung.

Noch erschütternder ist, daß gerade der Spezialitätsgrundsatz die Sicherungsnehmer anhält, vom Geber die Übereignung des ganzen Warenlagers oder eines ganzen Warenlagerteiles zu fordern, ohne hierbei die Eigentumsvorbehaltsware auszunehmen. Da eine Einzelfeststellung und Einzelaufzählung der Eigentumsvorbehaltsware zu schwierig und umständlich wäre, eine generelle Ausnehmung der Eigentumsvorbehaltsware von der Übereignung aber nach höchstrichterlicher Zivilrechtsprechung dem Bestimmtheitsgrundsatz zuwiderliefe, wird eben eine Ausnahme nicht gemacht. Hier wird der Sicherungsgeber geradezu dazu angehalten, das Eigentum des Lieferanten zu ignorieren und der Lieferant dadurch geschädigt, daß er der Gefahr des gutgläubigen Erwerbs der Eigentumsvorbehaltsware durch den Sicherungsnehmer ausgesetzt wird.

Zu erwähnen ist in diesem Zusammenhang noch, daß sich im Rahmen des Unterschlagungstatbestandes überhaupt die Bindung an die Rechtsfolgen der Vorschriften der §§ 932/936 BGB ungünstig auswirkt. Ist der Täter nicht gleich strafwürdig, gleichgültig, ob nun der Sicherungsnehmer gutgläubig erwirbt oder nicht? Das Fehlen des guten Glaubens beim Erwerber kann doch nicht strafrechtlich dem Veräußerer zugute kommen! So ist es aber beim Unterschlagungstatbestand, wenn mangels gutgläubigen Erwerbs des Sicherungsnehmers der Unterschlagungstatbestand ausfällt (vollständig, auch als Versuch, wenn der Täter weiß, daß der Sicherungsnehmer nicht gutgläubig war).

Auch der Einfluß der Übereignungsart auf die Möglichkeit gutgläubigen Erwerbs des Sicherungsnehmers und damit auf die Strafbarkeit des Sicherungsgebers kann nicht gebilligt werden. Daß bei Nichteigentum des Sicherungsgebers und Veräußerung nach §§ 929/930 praktisch keine Unterschlagungsfälle vorliegen können, während das bei einer Sicherungsübereignung nach § 929 oder §§ 929/931 doch möglich ist, zeigt die Unzulänglichkeit des Tatbestandes oder der Tatbestandsanwendung in diesen Fällen.

Die Vorschrift des § 935 BGB gibt in diesem Zusammenhang ebenfalls zu denken. Hat der Täter eine verlorengegangene Sache sicherungsübereignet und ist er sich über die Rechtslage im klaren, so können die nur den Interessen des Sicherungsnehmers zuwiderlaufenden Handlungen nicht Unterschlagungshandlungen sein. Das hat mit strafrechtlicher Betrachtungsweise nichts mehr zu tun. Für die Strafwürdigkeit des Täters kann es nicht darauf ankommen, ob die Gutglaubensschutzregelung des BGB hier eine Ausnahme erleidet. Auch die Ausnahme von der Ausnahme, die Möglichkeit gutgläubigen Erwerbs von abhanden gekommenen Geldscheinen, Inhaberpapieren und Versteigerungsgegenständen ist für die Strafwürdigkeit des Täters unbeachtlich. Der Unterschlagungstatbestand muß dagegen alle diese auf die dingliche Rechtslage einwirkenden Momente beachten, und in seinem Rahmen muß auch der Strafrechtler tiefgründige Untersuchungen darüber anstellen, ob früher einmal der Eigentümer diesen Gegenstand freiwillig oder unfreiwillig, aus dem mittelbaren oder aus dem unmittelbaren Besitz verloren hat, ob danach bei irgendeinem Zwischenbesitzer eine Ersitzung stattgefunden hat, ob die Ersitzung gutgläubig war, usw.

Unbefriedigende Resultate erzielt der Unterschlagungstatbestand wegen seiner ungeheueren Ausdehnung der Strafbarkeit beim offen weitergeleiteten Eigentumsvorbehalt und bei allen Kontokorrentklauseln. Ist beim offen weitergeleiteten Eigentumsvorbehalt das Eigentum bis zur Zahlung des Wiederverkäufers an den Lieferanten vorbehalten, so bringt der Unterschlagungstatbestand zusätzlich zu der bestehenden zivilrechtlichen auch noch eine unerträgliche strafrechtliche Fesselung des Konsumenten. Dieser muß die Ware auch noch als fremd betrachten, wenn er selbst allen seinen Verpflichtungen nachgekommen ist. Liegt noch gleichzeitig eine Kontokorrentklausel zwischen Lieferanten und Wiederverkäufer vor, so bleibt die Ware für den Konsumenten praktisch immer eine „fremde Sache".

Fast ebenso schlimm wirkt die Kontokorrentklausel strafrechtlich für das Verhältnis zwischen Vorbehaltsverkäufer und Wiederverkäufer. Die Einzelheiten sind unter A) jeweils auseinandergesetzt. Hinzu kommt, daß die Feststellung der wirklichen Eigentumsverhältnisse bei Vorliegen von Kontokorrentklauseln große Schwierigkeiten bereitet und auch Kontoausgleiche bei längerer und umfangreicherer Geschäftsverbindung fast immer mißlingen, wenn nicht vorher eine gegenseitige Kontoabstimmung vorgenommen wird. Von allen diesen Dingen das äußere Anwendungsgebiet des Unterschlagungstatbestandes abhängig zu wissen, ist nicht erfreulich. Daß sich hier außerordentlich viele Irrtumsfälle ergeben, liegt auf der Hand.

Als Eigentümlichkeit bei der Kontokorrentklausel ist noch zu nennen, daß die verhängnisvolle direkte Kopplung zwischen dinglicher Rechtslage und Strafbarkeit zu kuriosen Erscheinungen führt. Sowohl beim Eigentumsvorbehalt als auch bei der auflösend und aufschiebend bedingten Sicherungsübereignung macht die „Fremdheit“ der Sache gemäß § 246 StGB alle Sprünge das Saldos mit. Ergebnis ist ein dauerndes Hin- und Herspringen des Strafrechtschutzes.

Alle diese Konstruktionen erlauben naturgemäß eine Unzahl von Irrtumsmöglichkeiten, wobei es nun keineswegs immer so ist, daß mit Hilfe des § 59 StGB eine im Ergebnis (nicht in der Konstruktion!) billige Behandlung erzielt werden kann. Das ist schon deswegen nicht der Fall, weil gerade bei den hier behandelten Sachverhaltsgruppen der Irrtum über Tatumstände oder negative Tatbestandsmerkmale und der Verbotsirrtum außerordentlich nahe beieinanderliegen. Auf derartige Fälle ist oben zu A) mehrfach hingewiesen. Der Täter, der sich keine Vorstellungen über Rechte des Verletzten und eigene Gegenrechte macht, sondern immer gleich und sehr einfach glaubt, er sei Eigentümer, wird bevorzugt behandelt.

Eigentümliche Irrtumsfälle finden wir, wenn z. B. beim verdeckt weitergeleiteten Eigentumsvorbehalt der Abkäufer glaubt, Gegenansprüche gegen den Wiederverkäufer, den er für den Eigentümer halten muß, geltend machen zu können. Interessant, aber nicht erfreulich, sind auch die Fälle, in denen sich der Täter zwar am Eigentum vergreift, aber hierbei eine ganz andere Person verletzt, als die, die er zu verletzen glaubt. Wenn z. B. bei der Erlöshereinnahme des Wiederverkäufers der Abkäufer objektiv zu erkennen gibt, daß er das Geld dem Eigentümer der Ware übereignen will, der Wiederverkäufer aber das Einigungsangebot erkennbar für sich annimmt, also Dissens vorliegt, unterschlägt der Wiederverkäufer nicht (wie er will) Eigentum des Lieferanten, sondern Eigentum des Abkäufers. Ähnlich, wenn der Sicherungsgeber und Nichteigentümer unwissentlich unwirksam sicherungsübereignet. Hier glaubt der Sicherungsgeber sich am Eigentum des Nehmers zu vergreifen, während er in der Wirklichkeit das Eigentum eines Dritten verletzt.

Neben der Bindung des § 246 StGB an den physikalischen Sachbegriff wirkt auch die Bindung des Tatbestandes an die Eigentumsverhältnisse in Richtung einer Vermehrung der Handlungsobjekte bei an sich gleichartigem Täterverhalten. Beim verlängerten Eigentumsvorbehalt oder verlängerter Sicherungsübereignung muß im Rahmen des Unterschlagungstatbestandes scharf zwischen Delikt an der Vorbehaltsware bzw. am Sicherungsgut und Delikt am Ersatzgegenstand unterschieden werden. Für § 266 StGB ist diese Unterscheidung uninteressant. Hier ist nur von Bedeutung, ob das Vermögen des Geschützten überhaupt geschädigt ist. Ein Handlungsobjekt, nämlich das Vermögen, kommt bei §§ 263/266, drei Handlungsobjekte: Vermögen, Eigentum am Gegenstand und Eigentum am Ersatzgegenstand, kommen bei §§ 263/246 StGB in Betracht. Daraus ergeben sich viele Schwierigkeiten.

Die Verschiebung der Deliktstypen bei gleichartigem Täterverhalten ist an sich schon eine bedauerliche Erscheinung. Hinzu kommt, daß man teilweise geneigt ist, nicht allgemein, sondern dort, wo man eine Strafrechtslücke empfindet, den Untreuetatbestand als Lückenausfüller anzuwenden. So kann z. B. bei bloßer Surrogationsklausel (also ohne Eigentumsvorbehalt an der Ware) bei Vertrauenstäuschung des Käufers bis zur Inbesitznahme der Ware Betrug vorliegen. Zwischen Inbesitznahme der Ware und Surrogatsgewinnung kann nur die Konstruktion des Betruges mit Täuschungshandlung durch Unterlassen und Vermögensverfügung durch Unterlassen, oder aber der Untreuetatbestand helfen. Erst nach Surrogatsgewinnung findet der Unterschlagungstatbestand Anwendung. Die oben aufgezeigte Lückenschließung kann hier nicht in Betracht kommen, da kein Vorbehalt an der Ware besteht. Man wird daher meist geneigt sein, hier Betrug, Untreue und Unterschlagung einander folgen zu lassen und die Abhängigkeit der Deliktseingruppierung vom Zeitpunkt der Täterhandlung hinzunehmen.

Noch ärgerniserregender sind die Fälle, in denen nicht Zweitübereignungen, sondern Verpfändungen zu beurteilen sind und in denen nicht nur der Tatbestand, sondern auch der Schutzumfang wechselt. Wird z. B. die Vorbehaltsware oder das Surrogat vor Inbesitznahme der Ware zugunsten eines Dritten verpfändet, so liegt Betrug vor, denn der Verkäufer hätte bei Kenntnis der Verpfändung nicht geliefert. Hat der Käufer die Ware im Besitz und verpfändet er sie dann, so kommt der Betrugstatbestand (falls man nicht eine Verfügung durch Unterlassen konstruieren will) nicht zur Anwendung. Eine Unterschlagung liegt nach herrschender Lehre auch nicht vor, wenn der Käufer den Wiedereinlösungswillen hat. Die Vorausverpfändung des Surrogats vor Surrogatsgewinnung könnte wiederum die Surrogatsgewinnung oder den Verkauf der Ware, und zwar ohne Rücksicht auf den Wiedereinlösungswillen zur rechtswidrigen Zueignung der Ware machen. Wird dagegen das Surrogat nach Gewinnung verpfändet, so hängt die Strafbarkeit dieser Handlung wieder vom Wiedereinlösungswillen ab! Derartige Fälle treten besonders bei der Verarbeitungs- und bei der Verkaufserlösklausel auf. Sie lassen die Unfähigkeit des Unterschlagungstatbestandes, die ihm bei diesen Sachverhaltsgruppen aufgebürdeten Aufgaben zu lösen, klar erkennen.

δ) Einfluß der zivilrechtlichen Bindung des Handlungsobjekts auf die Täterhandlung

Auf dem Umwege über die Beeinflussung des Handlungsobjekts wirkt die zivilrechtliche Bindung des § 246 StGB auch auf den Zueignungsbegriff. Klar ist, daß zu einer Zueignung i. S. des § 246 StGB nicht ein Eigentumswechsel erforderlich ist. Durch seine Handlung wirksamer Eigentümer zu werden, ist dem Täter fast immer unmöglich[1]). Umge-

[1]) Er könnte es z. B. rechtsgeschäftlich durch Veräußerung an einen Gutgläubigen und nachfolgenden Rückerwerb, der weder böswillig ist, noch im Übertragungsgeschäft wurzelt. Also nur bei zufälligem und echtem Verkehrsgeschäft.

kehrt ist aber nun der Zueignungsbegriff nicht unabhängig davon, was der Täter mit der Sache macht und muß umso eher erfüllt sein, je näher der Täter die Sache zu sich in Beziehung bringt. Da die allernächste Beziehung die dingliche Zuordnung ist, wird man bei ausnahmsweise möglicher Zuordnung nicht die Zueignung verneinen können. Das wäre auch schon sprachlich seltsam.

So kommt es, daß man Eigentumserwerbshandlungen des Täters nicht mehr als Nichtzueignung, etwa als bloßen Gebrauch einer zivilrechtlich fremden Sache werten kann. Das führt z. B. bei der Sicherungsübereignung oder der Verbindung, Vermischung und Verarbeitung von Vorbehaltsware oder Sicherungsgut zu ernsten Schwierigkeiten, indem nicht mehr auf den vermögensschädigenden Charakter der Handlung, sondern auf ihre zivilrechtliche Wirkung abgestellt werden muß. Auf diese Weise gewinnen die zivilrechtlichen Voraussetzungen der §§ 946ff. BGB Einfluß auf die strafrechtliche Behandlung und wird strafrechtlich von Bedeutung, ob z. B. eine Vermischung untrennbar i. S. des § 948 BGB ist, ob aus der Sache ein wesentlicher Bestandteil einer neuen Sache geworden ist, ob bei § 950 das Wertverhältnis gewahrt ist, usw. Sicher kann ein Teil dieser Fälle deshalb straflos bleiben, weil der Täter die Vermischung usw. unwissentlich oder unvorsätzlich vornimmt oder weil er die Rechtsfolgen seiner Handlungen nicht kennt, sich also unvorsätzlich zueignet. Ungut bleibt deswegen doch die Abhängigkeit der objektiven Deliktshandlung von der zivilrechtlichen Bindung des Handlungsobjektes.

Besonders unbillig erscheint diese Abhängigkeit auch bei der Sicherungsübereignung von ganzen Warenlagerteilen. Während im Rahmen des § 266 StGB die den Sicherungsnehmer gefährdenden Gebrauchshandlungen ohne Rücksicht auf ihre sachenrechtliche Folge gleichgestellt sind, kommt es für die Beurteilung im Rahmen des § 246 StGB auf die dingliche Rechtsfolge dieser Handlungen an. So kann im Rahmen des Unterschlagungstatbestandes eine dem Sicherungsnehmer sehr schädliche Vermischung straflos bleiben[1]) und eine unschädliche strafbar sein[2]), nur weil die eine gleichzeitig eine i. S. des § 948 BGB „unteilbare" Vermischung ist.

2. Täterhandlung

Der Hauptunterschied zwischen den Täterhandlungen beider Tatbestände besteht darin, daß die Handlung des Untreuetatbestandes schärfer und enger als die des Unterschlagungstatbestandes, nämlich als pflichtverletzende und nachteilszufügende Handlung umrissen

[1]) Wenn sich der Täter nicht gerade durch diese Vermischung zueignen will.

[2]) Wenn der Täter um die Rechtsfolge seiner Handlung weiß, aber glaubt, daß für den Sicherungsnehmer ja kein großer Nachteil entstehe, weil die Forderung noch mehr als reichlich gesichert sei.

ist. Damit wird gewährleistet, daß nicht wie beim Unterschlagungstatbestand das Vermögen in seinem jeweiligen Bestande, sondern allgemein Vermögen vor schädigenden Handlungen geschützt ist. Aufrechterhaltung eines bestimmten Zustandes kennzeichnet den Unterschlagungstatbestand, Duldung von Veränderungen aber Schutz vor Verminderung den Untreuetatbestand.

Daraus ergibt sich schon ganz generell, daß der Untreuetatbestand für Lebenssachverhaltsgruppen des Wirtschafts*verkehrs* leistungsfähiger sein muß. Verhältnisse, in denen Bewegung, Güterumsatz und Dynamik herrschen, können nicht mit dem auf statische Verhältnisse zugeschnittenen Unterschlagungstatbestand gemessen werden. Dieser taugt infolge seiner statischen, einen Zustand aufrechterhaltenden Tendenz auch nur für Verhältnisse, in denen die Aufrechterhaltung eines bisherigen Zustandes erstrebt wird, etwa für Leih- und Verwahrungsverhältnisse. Daß weder Eigentumsvorbehalt noch Sicherungsübereignung echte Verwahrungsverhältnisse sind, ist oben zu A) ausführlich dargelegt.

Daraus ergeben sich naturgemäß für die Anwendung des Unterschlagungstatbestandes auf die hier behandelten Sachverhaltsgruppen erhebliche Schwierigkeiten. Teilweise können die Sachverhalte nur sehr mühsam und unter Zuhilfenahme umständlicher Konstruktionen sinnvoll subsumiert werden, teilweise ist eine vernünftige Strafrechtsreaktion überhaupt nicht zu erzielen, weil entweder strafwürdiges Verhalten straflos oder aber nicht strafwürdiges Verhalten strafbar erscheint.

a) Zueignung—Treupflichtverletzung und Nachteilszufügung

α) Vermögensschädigung

Da dem Unterschlagungstatbestand das die Strafbarkeit einschränkende Merkmal der Vermögensschädigung fehlt, müssen ihm oft nichtstrafwürdige Handlungen subsumiert werden. So ist z. B. eine Verschleuderung der Vorbehaltsware in jedem Falle Unterschlagung, gleichgültig, ob dadurch der Vorbehaltsverkäufer geschädigt wird oder nicht. Vor allem dann, wenn der Weiterverkaufspreis ausdrücklich vorgeschrieben und jede Ausnahme und Abweichung verboten ist, also auch die Konstruktion der vermuteten oder zu vermutenden Einwilligung nicht hilft, entstehen unbillige Ergebnisse, denen nur ein Tatbestand ausweichen kann, der gleichzeitig auch berücksichtigt, ob z. B. die Restkaufpreisschuld noch hoch ist, was der Schleuderverkauf einbringt, wieviel Eigentumsvorbehaltsware noch da ist, usw. Der Unterschlagungstatbestand straft hier auch das rein vertragswidrige nichtvermögensschädigende Verhalten. Er erfaßt auch die Fälle, in denen gar keine Gefahr für den Vorbehaltsverkäufer besteht, aber wegen besonderer Vorschriften über Ausverkäufe, Rabatte oder Grenzen der Skontogewährung rechtswidrige Zueignungshandlungen vorliegen.

Genauso ist es in den Fällen, in denen die Ware oder das Sicherungsgut bestimmungsgemäß verarbeitet oder mit anderen Sachen vermischt oder verbunden wird. Auch hier richtet sich das Vorliegen der rechtswidrigen Zueignungshandlung nach der entsprechenden Vertragsvorschrift, und auch hier gelangt daher nichtschädigendes Verhalten unter die Strafdrohung des § 246. Besonders unbillig ist dieses Fehlen der Schadensbetrachtung dann, wenn die rechtswidrige Zueignung durch bloße und unbedeutende (insbesondere für die Sicherheit von Verkäufer und Sicherungsnehmer unbedeutende) Nebenverpflichtungen erzeugt wird.

Die Verarbeitungsklausel sowohl beim Eigentumsvorbehalt als auch bei der Sicherungsübereignung bereitet besondere Schwierigkeiten. Hier können nicht nur nichtschädigende Handlungen besonders leicht, nämlich dann, wenn sie den Verarbeitungsvorschriften zuwiderlaufen, dem Unterschlagungstatbestand subsumiert werden, sondern auch umgekehrt schädigende Handlungen straflos bleiben. Ohne besondere „Subsumtionskünste" läßt sich hier nämlich nur schwer erzielen, daß Verarbeitungshandlungen strafbar sind, die für den Eigentümer der Sache, aber völlig gegen dessen Vermögensinteressen vorgenommen werden.

In den Rahmen der fehlenden Schadensbetrachtung gehört auch die außerordentlich starre Reaktion des Unterschlagungstatbestandes auf Sicherungsübereignungen und Verpfändungen. Schon die unterschiedliche Behandlung ohne Rücksicht darauf, ob nun im Einzelfall ein Schaden angerichtet wird, ist unbefriedigend, sagt doch die dingliche Rechtsfolge einer Handlung noch nichts über den Schaden aus. Ob ein Schaden vorliegt, ist nicht durch formalrechtliche, sondern allein durch wirtschaftliche Betrachtung zu ermitteln. Der Schaden des Vorbehaltsverkäufers kann bei einer Sicherungsübereignung kleiner sein als bei einer Verpfändung, so z. B., wenn die Sicherungsübereignung nur der Sicherung einer ganz geringen Forderung dient. Der Untreuetatbestand behandelt richtig die Fälle der Sicherungsübereignung und Verpfändung in gleicher Weise als Treupflichtverletzungen und macht seine Strafreaktion allein davon abhängig, ob im Einzelfall ein Vermögensschaden eingetreten ist.

Bezweckt die Sicherungsübereignung oder Verpfändung der Ware oder des Sicherungsgutes gerade die Auslösung durch Zahlung der Forderung, so können wir eine Straflosigkeit des Käufers oder Sicherungsgebers im Rahmen des Unterschlagungstatbestandes nur über die sehr gewundene Konstruktion der zu vermutenden Einwilligung oder Geschäftsführung ohne Auftrag erzielen. Die Tatbestandshandlung als solche kann bei § 246 StGB nicht entfallen, während im Rahmen des § 266 klar ist, daß eine schädigende Treupflichtverletzung überhaupt nicht vorliegt.

Überhaupt besteht gerade in den Fällen der Sicherungsübereignung oder Verpfändung von Vorbehaltsware oder Sicherungsgut oder deren Surrogaten bei einer Behandlung im Rahmen des Unterschlagungstatbestandes sehr stark die Gefahr, daß die Rechtfertigungsgründe, wie z. B.

Einwilligung, Geschäftsführung oder Interessenkollision überfordert werden. Gerade weil dem Unterschlagungstatbestand das Korrektiv der Nachteilszufügung fehlt, ist man versucht, den Rechtfertigungsgründen eine derartige Rolle zuzuweisen und mit ihrer Hilfe und bei außerordentlich wohlwollender Annahme ungerechte Ergebnisse zu vermeiden. Das wird schon daraus besonders klar, daß die Rechtsprechung das Fehlen eines Vermögensschadens als Indiz für eine zu vermutende Einwilligung des Verletzten wertet. Hier wird mit Falschgeld bezahlt! Dem Unterschlagungstatbestand wird hier heimlich ein Tatbestandsmerkmal imputiert, das er (leider!) nicht hat. Das muß klar erkannt werden. Nicht immer ist der Eigentümer bereit, bei Nichtgefährdung seiner Vermögeninteressen auf Eigentumsschutz zu verzichten. Wie sollen derartige Fälle behandelt werden? Die Rechtfertigungsgründe des Strafrechts dürfen nicht überdehnt werden. Das würde die Sicherheit der Strafrechtsanwendung beeinträchtigen.

Die strafrechtliche Beurteilung einer Anwartschaftsrechtsübertragung ist im Rahmen des Unterschlagungstatbestandes so schwierig, weil hier eine offene Schadensbetrachtung mangels dazu berechtigenden Tatbestandsmerkmals nicht erfolgen kann. Heimlich muß dann doch bei der Fassung des Zueignungsbegriffes eine solche Betrachtung erfolgen. Nur so kann man die Handlungen erfassen und den Zueignungshandlungen gleichstellen, durch die z. B. ein gerissener Täter die Sache einem Hehler zuschiebt mit der Behauptung, er habe nur gemäß § 929 BGB das Anwartschaftsrecht übertragen.

Für die Verkaufserlösklausel hat die Schadensbetrachtung deshalb besondere Bedeutung, weil bei Anwendung diese Klausel wegen der Vorschriften der §§ 946ff. BGB ohnehin zumeist eine Verwirrung der Eigentumsverhältnisse eintritt. Hier kann nur noch die Schadensbetrachtung helfen, um sowohl nichtschädigende Eigentumsveränderungen straffrei zu halten als auch schädigende Vorgänge wirkungsvoll zu bestrafen. Nicht auf „Trennbarkeit", Ermittelbarkeit" oder „Hauptsache", sondern auf den Schaden muß es ankommen.

Ebenso ist es bei der Aufbewahrung von Sicherungsgut bei der Sicherungsübereignung eines Warenlagers. Auch hier darf nicht die zivilrechtliche Betrachtung, sondern muß allein die Schadensbetrachtung, über Strafbarkeit oder Nichtstrafbarkeit entscheiden. Auch eine (i. S. des § 948) noch trennbare Vermischung kann eine schwere Schädigung des beweispflichtigen Sicherungsnehmers sein. Für den Untreuetatbestand spielt nicht die zivilrechtliche Betrachtung der Eigentumsverhältnisse, sondern die Betrachtung, ob in concreto ein Vermögensschaden vorliegt, die entscheidende Rolle. Benachteiligende Änderung der Eigentumsverhältnisse und benachteiligende Änderung ihrer Erkennbarkeit sind im Rahmen des Untreuetatbestandes gleichgestellt.

Eine besondere Erwähnung verdient die Rolle, die der Unterschlagungstatbestand mangels Merkmals der Nachteilszufügung in den Fällen des offen weitergeleiteten Eigentumsvorbehalts und bei allen Kontokorrentklauseln spielt.

Der offen weitergeleitete Eigentumsvorbehalt bringt, wenn das Eigentum dem Lieferanten bis zu dessen Bezahlung vorbehalten ist, eine außerordentlich starke Fesselung des Abkäufers. Dem Abkäufer droht der Tatbestand des § 246 StGB auch bei Handlungen, die die Vermögensinteressen des Lieferanten überhaupt nicht berühren, insbesondere natürlich, wenn gleichzeitig noch eine Kontokorrentklausel besteht.

Auch die Kontokorrentklausel bei der Sicherungsübereignung schafft Verhältnisse, die von einem Tatbestand ohne Schadensmerkmal überhaupt nicht gelöst werden können. Während der Unterschlagungstatbestand den geringsten formellen Verstoß des Sicherungsgebers erfassen muß, fehlt es in derartigen Fällen für § 266 StGB sowohl an der Treupflichtverletzung als auch am Vermögensschaden.

Was für die objektive Betrachtung dieses Tatbestandsmerkmals gilt, das objektiv keinem Vermögensdelikt i. w. S. fehlen dürfte, gilt auch für die subjektive Betrachtung. Gerade die Vielzahl der Irrtumsmöglichkeiten bei den hier behandelten und schon zivilrechtlich nicht unkomplizierten Sachverhaltsgruppen fordert eine Garantie dafür, daß nicht der unerfahrene oder bloß leichtsinnige Täter bestraft wird. Das gewährleistet das Erfordernis des Schädigungsvorsatzes beim Untreuetatbestand. Dieser Tatbestand kann nur den böswillig Schadenzufügenden fassen. Der Unterschlagungstatbestand wird auch dem Unerfahrenen gefährlich, vor allem dann, wenn mangels „kräftigen Tatumstandsirrtums" nicht die Regelung des § 59 StGB, sondern die von der Rechtsprechung angenommene Verbotsirrtumsregelung Platz greift. Der arme Schelm, dessen Gewissen bei der Frage, ob er bei erheblicher Übersicherung seines Gläubigers nicht doch trotz Verbots des Gläubigers eine fremde zu seiner eigenen Sache machen darf, schweigt, gerät zu leicht in die erbarmungslos starren Zähne des Unterschlagungstatbestandes.

β) Schwierigkeiten bei der Bestimmung der Täterhandlung

Während die Bestimmung der Pflichtverletzung, wenn einmal ein Treueverhältnis i. S. des § 266 StGB vorliegt, keine besonderen Schwierigkeiten bereitet, ist die Bestimmung der Zueignungshandlung, sowie die Abgrenzung des Zueignungsbegriffes recht problematisch.

Schon die Abgrenzung zwischen Zueignung und Gebrauch ist schwer zu treffen und übrigens auch nicht leicht einzusehen. So kann es sehr fraglich werden, ob nicht in den Fällen nachhaltigen Gebrauchs mit starker Abnutzung schon Zueignung vorliegt. Die Grenzen sind hier flüssig. Die Notwendigkeit scharfer Abgrenzung will auch nicht recht einleuchten, wenn man bedenkt, daß es schließlich für ein Vermögensdelikt auf den Vermögensschaden und nicht auf die Art der Herstellung dieses Schadens ankommen muß.

Ähnlich ist es mit der Abgrenzung zwischen Zueignung und Beschädigung. Gerade wenn man hartnäckig verficht, daß der Diebstahl und die Unterschlagung keine Bereicherungsdelikte sind und sein sollen, besteht wenig Anlaß, sie scharf von der ebenfalls eine Bereicherung nicht erfordernden Sachbeschädigung abzugrenzen.

Diese ganzen Schwierigkeiten entfallen bei § 266 StGB, bei dem nicht die Art der Handlung, sondern ihre Folge für den Verletzten ausschlaggebend ist. Nur der Treubruchstatbestand erlaubt die sachgerechte Bestrafung der für den Verletzten gleich schädlichen Gebrauchs-, Verbrauchs- und Beschädigungshandlungen.

Auf die Schwierigkeit der Bestimmung des Zueignungsbegriffs bei einer Verarbeitung zwar für den Sacheigentümer, aber entgegen den Vermögensinteressen des Sacheigentümers ist schon oben S. 193 aufmerksam gemacht. Besonders bei der Herstellervereinbarung wird hier fraglich, ob der Zueignungsbegriff durch die Täterhandlung erfüllt ist. Die Tatsache, daß der Täter die Sache nicht für sich begehrt und daß er auch zu keinem Zeitpunkt Eigentum an der Sache oder dem Verarbeitungsprodukt erlangt, könnte gegen die Annahme einer Zueignungshandlung sprechen.

Damit zusammen hängt die Frage, inwieweit überhaupt eine Ersatzübereignung das Vorliegen einer Zueignungshandlung ausschließt und inwieweit die spätere Wiederbeschaffung eine Zueignungshandlung entfallen läßt. Es genügt, hier festzustellen, daß in allen diesen Fällen klare Grenzen nicht gezogen werden können.

Eine besondere Rolle spielt in der Rechtsprechung zur Abgrenzung Zueignung/Gebrauchsanmaßung nicht die Wiederbeschaffung, sondern die (objektive) Wiederbeschaffbarkeit und der Wiederbeschaffungswille. Subjektives und Objektives wird dabei kräftig miteinander gemischt, und es ist z. B. keinesfalls klar, was der vielgenannte Wiedereinlösungswille (bei der Verpfändung) denn beseitigt, ob die Zueignungshandlung oder den Zueignungsvorsatz. Auf die Vermischung zwischen Objektivem und Subjektivem wird nachstehend noch eingegangen. Hier ist festzustellen, daß gerade auch die objektive Tendenz der Rechtsprechung, bei der Verpfändung auf die Wiedereinlösbarkeit abzustellen, im Gegensatz zu der Erkenntnis der Lehre, daß der Wiedereinlösungswille den Zueignungswillen ausschließt, Verwirrung gestiftet hat. Von einer klaren Fassung des Zueignungsbegriffes kann also gar keine Rede sein.

Ein interessantes Problem für die Abgrenzung des Zueignungsbegriffes bietet der Fall, in dem bei Verpfändung in Wiedereinlösungsabsicht später diese Wiedereinlösungsabsicht wegfällt. Da ja nach h. L. in der so vorgenommenen Verpfändung keine vorsätzliche Zueignung liegt, taucht hier die Frage auf, ob die Änderung des Entschlusses des Täters eine vorsätzliche Zueignungshandlung ist. Verneint man die Frage, so wird jeder Täter diese Absicht zwar bei der Verpfändung gehabt, etwas später jedoch verloren haben. Bejaht man die Frage, so ist die Zueignungshandlung nicht objektiv zu bestimmen. Außerdem entsteht dann die weitere Frage, wie dieser Täterentschluß zu beurteilen ist, wenn der Wiedereinlösungswille nur deshalb entfallen ist, weil keine Wiedereinlösungsmöglichkeit mehr bestand.

Während es nach herrschender Lehre bei einem Verkauf einer fremden Sache für die Zueignung nicht darauf ankommt, ob das Übereignungsgeschäft wirksam ist und ob der Täter sich nun Wirksamkeit oder Unwirksamkeit des Geschäftes vorstellt, soll bei der Sicherungsübereignung und Verpfändung die Vorstellung des Täters über die Wirksamkeit des Rechtsgeschäftes von Bedeutung sein. Auf die Fehlerhaftigkeit dieser unterschiedlichen Behandlung und darauf, daß beim Verkauf, nicht aber bei der Sicherungsübereignung Sachwertvorstellungen mitspielen[1]) ist unter A) ausführlich eingegangen. Hier ist der ganze Zueignungsbegriff in Frage gestellt. Unklar ist nämlich außerdem, ob nun die Vorstellung des Täters über die Wirksamkeit oder Unwirksamkeit nur den Zueignungswillen, oder auch die Zueignungshandlung beeinflußt. Bildet man Teilnahmefälle, in denen sich z. B. der Haupttäter die Unwirksamkeit der Sicherungsübereignung, der Gehilfe aber ihre Wirksamkeit vorstellt, so wird offensichtlich, daß der Zueignungsbegriff überhaupt schwammig und unabgrenzbar ist.

Daß die Subsumtion unter ein so unbestimmtes Tatbestandsmerkmal schwierig ist, liegt auf der Hand. Hinzu kommt noch, daß je nach dem Täterplan einmal diese und einmal jene Handlung als Ausführungshandlung, also vollendete Zueignung in Betracht kommt. Die Abgrenzung zwischen Versuch und Vollendung ist dementsprechend schwierig und auch oft willkürlich. Dabei ist außerdem zu berücksichtigen, daß z. B. einfache Nebenverpflichtungen des Vorbehaltskäufers die Feststellung der Zueignungshandlungen beeinflussen, in der Form, daß man in der Vornahme ausdrücklich verbotener Handlungen nicht mehr eine Vorbereitungshandlung, sondern schon den Beginn der Ausführungshandlung oder sogar diese selbst sehen kann.

Daß mit einem so unbestimmten Begriff und mit einer so ungenau feststellbaren Handlung gearbeitet werden muß, ist allgemein bedauerlich, aber de lege lata nicht zu ändern. Nicht begreiflich ist jedoch, daß die Rechtsprechung bei diesem Tatbestandsmerkmal sich nicht scheut, mit dem Unterschlagungstatbestand auch verwickelte Vorgänge des modernen Waren- und Geldverkehrs anzugehen. Ein Tatbestand, dessen Handlungsmerkmal derart unpraktikabel[2]) ist, kann bei Anwendung auf komplizierte Lebenssachverhalte keine vernünftigen Ergebnisse erzielen.

[1]) Bei Verkauf will der Täter nicht die Sache, sondern den dafür gegebenen Kaufpreis, ebenso will er aber bei der Sicherungsübereignung nicht die Sache, sondern den dafür gegebenen Kredit. Entweder muß also die Sachwertvorstellung in beiden Fällen Platz greifen, oder in keinem.

[2]) Über das Erfordernis praktikabler Abgrenzungsmerkmale zur klaren und sicheren Diagnostizierung im Strafrecht vgl. besonders Gemmingen Probleme S. 53ff., 70.

γ) Überschneiden der Täterhandlungen

Üblicherweise wird die Anwendbarkeit sowohl des Untreue- als auch des Unterschlagungstatbestandes in seiner erschwerten Form auf einen Sachverhalt ohne große Bedenken hingenommen. Es handelt sich hierbei nach allgemeiner Meinung einfach um einen Vorgang der Idealkonkurrenz zweier Tatbestände, wobei allenfalls Erwägungen über die Häufigkeit des Zusammentreffens und die Möglichkeit, den einen oder anderen Tatbestand zu entbehren, angestellt werden[1]).

Zu diesen Erklärungen und Versuchen soll hier nicht Stellung genommen werden. Wichtig erscheint uns allein, darauf aufmerksam zu machen, daß der Tatbestand der Veruntreuung nicht (wie es nach dem Gesetzeswortlaut scheint) ein qualifiziertes Handlungsobjekt, sondern eine modifizierte Täterhandlung hat. Das „Anvertrautsein" ist nicht eine Eigenschaft der Sache, wie etwa eine Farbe, ein Gewicht oder eine sonstige der Sache zukommende und sie aus der Vielzahl der Sachen heraushebende nähere Kennzeichnung, sondern die Bezeichnung eines zwischen Personen bestehenden inneren[2]) Verhältnisses. Nicht die Sache hat eine Eigenschaft, sondern der Täter steht in einer Beziehung. Daraus ergibt sich, daß nicht das Handlungsobjekt, sondern die Täterhandlung eine besondere ist. Die Zueignung der schweren Unterschlagung muß gleichzeitig auch das persönliche Verhältnis zwischen Täter und Eigentümer verletzen. Richtig gelesen lautet der Tatbestand daher: Wer ... sich rechtswidrig zueignet und damit das Vertrauensverhältnis verletzt, wird ...

Sieht man die Dinge so, so unterscheidet sich der Veruntreuungstatbestand vom Treubruchstatbestand in der Täterhandlung nur dadurch, daß der eine auf Eigentumsverletzung als Verletzung eines bestehenden Zustandes, der andere auf Vermögensschädigung als Minderung eines bestehenden Gesamtwertes abstellt. Alle eigentumsverletzenden Untreuehandlungen sind daher auch Veruntreuungshandlungen, und alle vermögensschädigenden Veruntreuungshandlungen Untreuehandlungen, letzteres unter der Voraussetzung, daß man ein Treueverhältnis i. S. des § 266 StGB auch immer dann annimmt, wenn eine Sache i. S. des § 246 StGB anvertraut ist. Nun ist allerdings die Lehre und auch die Rechtsprechung bei der Annahme eines Anvertrautseins großzügiger als bei der Annahme eines Treueverhältnisses i. S. des § 266, so großzügig, daß eigentlich in jedem Falle, ausgenommen Fälle der Fundunterschlagung, Veruntreuung vorliegen müßte.

Für uns ergibt sich daraus folgende Überlegung: Wenn, wie aufgezeigt, Veruntreuung und Untreue sich nicht allgemein in der Täterhandlung,

---

[1]) Vgl. Kohlrausch Vermögensverbrechen S. 747.

[2]) Auch dieses Verhältnis setzt ebenso wie das Treueverhältnis des § 266 StGB ein wirksames Vertragsverhältnis nicht voraus. Allein die persönliche Beziehung entscheidet, vgl. RG in GA 48, 545.

sondern im wesentlichen nur durch das Handlungsobjekt (in der Täterhandlung nur, soweit sie durch das Handlungsobjekt näher bestimmt wird) unterscheiden, wenn außerdem alle Unterschlagungsfälle in den hier behandelten Sachverhaltsgruppen Veruntreuungen sind und schließlich nach der Untersuchung zu A) feststeht, daß das den §§ 266 und 246 gemeinsame Schutzobjekt, das Vermögen i. w. S. besser durch das Handlungsobjekt des § 266 StGB geschützt wird, so ist die Anwendung des § 246 in diesen Fällen sowohl überflüssig als auch nicht wünschenswert.

b) Rechtswidrigkeit der Täterhandlung

Da bei § 266, und zwar beim Treubruchstatbestand allgemein bekannt ist, daß vertragliche Abmachungen auf die Rechtswidrigkeit der Täterhandlung von Einfluß sind (das ist gerade die Ursache der allgemeinen Furcht vor einer Pönalisierung zivilrechtlicher Abmachungen durch § 266), können wir uns darauf beschränken, darzutun, inwieweit das bei den anderen, in dieser Beziehung weniger verdächtigen Tatbeständen auch der Fall ist.

An dieser Stelle verlohnt es sich, auch den Mißbrauchstatbestand kurz zu erwähnen[1]), der in seinem Aufbau, also der Unterscheidung von Innen- und Außenverhältnis, Auftrag und Befugnis, geradezu zur Vereinbarung strafrechtlich relevanter Vertragsverhältnisse reizt. Hier haben es die Parteien in der Hand, durch enge Bindung im Innenverhältnis bei weiter rechtsgeschäftlicher Befugnis im Außenverhältnis Strafrechtsschutz zu stipulieren.

Nicht ganz so kraß ist es beim Unterschlagungstatbestand. Dennoch ist die Pönalisierung hier stärker und unerfreulicher, da dem Unterschlagungstatbestand das Korrektiv des Vermögensschadens fehlt. Schon S. 192 ff. ist auf diese Möglichkeit der Bestrafung zwar vertragswidriger, aber nicht schädigender Handlungen aufmerksam gemacht. Es genügen daher kurze Hinweise.

Da jeder Verkauf der Eigentumsvorbehaltsware durch den Vorbehaltskäufer Verwertung im Eigeninteresse, also Zueignung ist, besteht für den Verkäufer eine sehr einfache Pönalisierungsmöglichkeit. Er braucht nur die Verkaufserlaubnis vertraglich an bestimmte Voraussetzungen zu binden, gleichgültig, ob diese für den Schutz seines Vermögens erforderlich sind oder nicht, und schon wird jeder Weiterverkauf unter Überschreitung dieser Voraussetzungen zur rechtswidrigen Zueignung; jeden-

---

[1]) Der, wie an den verschiedenen Stellen festgestellt, für die hier interessierenden Fälle keine besondere Rolle spielt. Die Unzulänglichkeit dieses Tatbestandes, der die frühere Mißbrauchstheorie zu § 266 a. F. verkörpert, ist allgemein anerkannt. Kohlrausch (Vermögensverbrechen S. 740) spricht von einer concordantia discordantium. Beherzigenswert schon die Worte Bindings (Lehrbuch S. 397): „Tatbestände, die sich als Ausschnitt aus einer großen Zahl anderer darstellen, zugleich aber auch ein Stück über sie hinausragen, sind technisch völlig mißlungen."

falls, solange man sich nicht entschließt, Rechtswidrigkeit im Zivil- und Strafrecht voneinander differieren zu lassen[1]).

Ebenso wirken die Vertragsvorschriften für eine Verarbeitung, Verbindung oder Vermischung von Eigentumsvorbehaltsware oder Sicherungsgut. Da diese Handlungen unter bestimmten Voraussetzungen Zueignungshandlungen sind, kann ihre Rechtswidrigkeit durch einfache Verklausulierung der Verarbeitungserlaubnis usw. bestimmt werden.

Ähnlich ist es mit Vorschriften über die Behandlung des Verkaufserlöses, seine Aufbewahrung usw. . . Die einfache Vertragsvorschrift ist in der Lage, die in einer Vermischung liegende Zueignungshandlung rechtmäßig oder rechtswidrig erscheinen zu lassen. Eklatante Fälle finden wir auch bei der Bindung der Verkaufserlaubnis an die Bedingung, den Eigentumsvorbehalt offen oder verdeckt weiterzuleiten, oder schließlich bei der Bindung der Verkaufserlaubnis bezüglich Sicherungsgut an die Bedingung, Waren im entsprechenden Wert nachzuschieben und zur Sicherheit zu übereignen.

Schon diese Beispiele zeigen, wie stark die Rechtswidrigkeit der Täterhandlung gerade bei dem in dieser Beziehung so harmlos erscheinenden Unterschlagungstatbestand von der Vereinbarung der Parteien, also letzten Endes von der Pönalisierungskunst des Vorbehaltsverkäufers bzw. Sicherungsnehmers abhängt.

C. Ursachen der Schwierigkeiten

Die vorstehende und vom Tatbestandsmerkmal ausgehende Zusammenstellung zeigt deutlich zweierlei. Einmal zeigt sie, daß sich die Problematik der Tatbestandsanwendung auf die hier interessierenden Sachverhaltsgruppen nicht auf ein einzelnes Tatbestandsmerkmal beschränkt, sondern allgemein alle Tatbestandsmerkmale berührt. Sodann ist klar geworden, daß durchgehend der Treubruchstatbestand zur Erfassung dieser Sachverhaltsgruppen bessere Tatbestandsmerkmale zur Verfügung stellt. Worin wir die Ursachen dieser Erscheinung zu sehen haben, ist (unter Außerachtlassung der bereits im Gange der Untersuchung zu A) aufgezeigten Einzelheiten) zusammengefaßt darzustellen.

Die Schwierigkeiten bei der Subsumtion rühren zu einem Teil daher, daß die h. L. beim Unterschlagungstatbestand mit einem vollakzessorischen, beim Treubruchstatbestand dagegen mit einem nicht akzessorischen Fremdheitsbegriff arbeitet. Zum anderen sind sie Folge davon, daß der Unterschlagungstatbestand durch sein besonderes Angriffsobjekt, nicht dagegen durch eine besondere Angriffsart, der Treubruchstatbestand aber gerade nicht durch ein besonderes Angriffsobjekt sondern nur durch eine besondere Angriffsart charakterisiert ist. Mit diesen Erscheinungen haben wir uns zu befassen.

---

[1]) Zu weitgehend Bruns Befreiung S. 259ff.

1. Akzessorietät des Tatbestandes

a) Ihre Begründung

Wie bereits erwähnt, vertritt die absolut herrschende Lehre die Ansicht, daß sich das Merkmal „fremd" im Unterschlagungstatbestand nach den bürgerlich rechtlichen Eigentumsverhältnissen bestimme[1]. Es wird hier also ein direkter Einfluß der zivilrechtlichen Rechtslage auf die strafrechtliche Beurteilung hingenommen.

Das läßt sich, wie heute allgemein anerkannt, nicht damit begründen, daß das Strafrecht generell den Schutz der Zivilrechtsordnung zu bezwecken habe. Diese früher stark vertretene Ansicht[2] ist ein wenig ins Hintertreffen geraten[3], vor allem, nachdem die Rechtsprechung des Reichsgerichtes in den Fällen z. B. des bestohlenen Diebes oder des betrügerischen Verkäufers von Abtreibungsmitteln sehr klar von diesem Schutzgedanken abgerückt ist[4]. Historisch ist sie sicher unrichtig, denn vor jeder Zivilrechtsordnung entstanden die grundsätzlichen Strafrechtsnormen.

Die Abhängigkeit des Fremdheitsbegriffes im § 246 StGB läßt sich auch nicht damit begründen, daß generell ein Bedeutungszusammenhang zwischen Strafrechts- und Zivilrechtsbegriffen bestünde. Hier haben die verdienstvollen Untersuchungen von Bruns[5] wahrhaft befreiend gewirkt. Der Hinweis darauf, daß vor 1900 eine Begriffspriorität der partikularrechtlichen Zivilrechte oder des gemeinen Rechts nicht bestanden haben kann, ist ebenso überzeugend wie die zu einzelnen gleichlautenden Begriffen angestellten Untersuchungen[6].

Von einer generellen direkten[7] Bindung der strafrechtlichen Tatbestandsmerkmale kann also nicht die Rede sein.

Wenn dennoch, auch heute noch, die herrschende Meinung an der Abhängigkeit des § 246 StGB von der zivilrechtlichen Rechtslage und damit an der Akzessorietät des Fremdheitsbegriffes festhält, so geschieht das, weil der Diebstahls- und der Unterschlagungstatbestand (im weiteren auch der Tatbestand der Sachbeschädigung, des Raubes usw.) als spezifische Eigentumsschutztatbestände begriffen werden. Damit liegt dann

[1] Nachweise siehe oben S. 45.

[2] Besonders ausgebildet von Merkel und Binding bis etwa 1930/33 durchaus herrschende Meinung. Vgl. auch noch H. Mayer Untreue S. 119.

[3] Vgl. Bruns Befreiung S. 1/6, 56ff., 71/72 mit Hinweisen.

[4] Vgl. hierzu auch Bruns Befreiung S. 74.

[5] Befreiung d. Strafrechts S. 85ff. Darüber, daß gerade der 1870 einsetzende Bedeutungswandel zivilrechtlicher Begriffe noch nicht Eingang in die Terminologie des Strafgesetzgebers gefunden haben konnte, vgl. H. Mayer in Materialien S. 336 (mit Hinweis auf § 266 Ziff. 2 a. F.).

[6] Vgl. auch Nagler in GS 111, 127.

[7] Das über die Wirkung der zivilrechtlichen oder strafrechtlichen Begriffsbildung auf die allgemeine Umgangssprache eine mittelbare gegenseitige Beeinflussung der Begriffsbedeutung im Straf- und Zivilrecht stattfindet, versteht sich. Vgl. dazu auch Bruns Befreiung S. 205.

gleichzeitig fest, daß Handlungsobjekt die zivilrechtlich nicht dem Täter gehörende Sache sein muß.

Während Bruns sonst keineswegs besonders wohlwollend mit zivilrechtlichen Bindungsvorstellungen verfahren ist[1]), meint auch er hier die Bindung an das Zivilrecht nicht leugnen oder missen zu können[2]). Resignierend spricht er von vorläufiger Unabänderlichkeit.

Richtig ist diese Resignation beim Unterschlagungstatbestand. Dieser wurde vom historischen Gesetzgeber als reiner Eigentumsschutztatbestand geschaffen, und zwar zur Ausfüllung der Lücke im Strafrechtsschutz, die entstand, als man den Diebstahl nicht mehr als Gewahrsams-, sondern als Eigentumsdelikt begreifen zu müssen glaubte[3]). Bei Verwendung der heute üblichen Begriffe würde man sagen, daß die Unterschlagung als reines Eigentumsdelikt (nicht als Vertragsbruchsdelikt[4])) ihre Geburt der Akzentverlagerung beim Diebstahl[5]) verdankt, wobei dann gleichzeitig der Untreuetatbestand außer seinen alten Amtsuntreuefällen auch den freiwerdenden schweren Vertragsbruch in sich aufnehmen mußte[6]). Ob diese Lückenschließung und die Umdeutung des Diebstahls (der auch heute noch in weiten Volkskreisen als Gewahrsamsbruchsdelikt und nicht als Eigentumsdelikt gilt, vgl. etwa die Unpopularität der Konstruktion vom Mitgewahrsamsbruch[7])) zweckmäßig war, ist eine andere Frage[8]).

---

[1]) Vgl. seinen Aufsatz in NJW 54, 857ff., in dem er m. E. über das Ziel hinausschießt und Bindungen argwöhnt, wo sie garnicht bestehen.

[2]) Bruns Befreiung S. 66/7 und 292, in Anlehnung an die Unterscheidung von Schröder.

[3]) Zur Geschichte vgl. Ebener Untreue S. 1ff.

[4]) Als Vertragsbruchsdelikt taucht sie schon sehr viel früher, nämlich in Art. 170 CCC. und in der Reichspolizeiordnung von 1577 auf, allerdings hier gemischt mit Untreueelementen, so richtig H. Mayer Untreue S. 2ff. Nach Mayer ist der Begriff der Unterschlagung, wie wir ihn heute verstehen, erst durch Feuerbach geschaffen worden.

[5]) Zur Geschichte s. Mayer Untreue S. 5ff., 20ff.

[6]) Es ist also falsch gesehen, wenn Nagler in LK § 266 Anm. I 1) ausführt, der Untreuetatbestand sei als Ergänzungstatbestand zu den Aneignungsverbrechen geschaffen. Nicht auf die Bezeichnung, sondern auf das Wesen des Tatbestandes kommt es an. Die Vorstellung von der strafbaren Verletzung der Treupflicht (in den ursprünglichen Untreuefällen und auch in Mischtatbeständen, die Vertrags- und Eigentumsverletzungen ahnden, wie z. B. der Unterschlagungstatbestand des preuß. StGB) ist sehr viel älter als die Vorstellung der strafbaren Eigentumsverletzung durch den Sachbesitzer.

[7]) Deshalb braucht man vielleicht in diesem Punkt nicht zu resignieren. Sowohl die Gesetzgeber überdauernde geschichtliche Bedeutung des Diebstahlsbegriffes als auch die objektive Auslegung des Tatbestandes erlauben hier leichter eine andere Stellungnahme.

[8]) Es ist wichtig, dieses Verhältnis zwischen Diebstahl und Unterschlagung stets vor Augen zu haben. Zu leicht wird objektiv einfach der Unterschlagungstatbestand als Grunddelikt und der Diebstahlstatbestand als aus diesem ausgegliedertes Delikt angesehen. So z. B. von Binding Lehrbuch S. 254 und Welzel JZ 52, 617. Auch die objektive Auslegung darf die Erkenntnisse der Tatbestandsgeschichte nicht beiseiteschieben, sondern muß zunächst suchen, ob nicht der Zweck

Auch vom Standpunkt der objektiven, nicht historisch verhafteten Auslegung wird man zu einem anderen Ergebnis beim Unterschlagungstatbestand nicht gelangen können. Der Tatbestand kann nach seiner Stellung im Gesetz nur den Zweck haben, das Eigentum zu schützen. Die Bindung an das Zivilrecht ist also zwingende Folge davon, daß der Unterschlagungstatbestand sowohl historisch als auch objektiv den Zweck hat, ein zivilrechtliches Rechtsgut zu schützen.

b) Möglichkeit von Ausnahmen

Diese Erkenntnis genügt allein noch nicht. Es könnten ja immerhin über den Umfang dieser Bindung unterschiedliche Vorstellungen möglich sein. In diesem Zusammenhang sei auf die Versuche des preuß. Obertribunals, in Ausnahmefällen mit einem strafrechtlichen Eigentumsbegriff zu arbeiten, hingewiesen[1]). Auch das frühere RG hat in Einzelentscheidungen ausnahmsweise einen wirtschaftlichen Eigentumsbegriff verwandt, wenn es annahm, nur auf diesem Wege eine im Ergebnis ungerechte Entscheidung vermeiden zu können[2]). Auch die etwas reichlich freie und in der Auslegung zivilrechtlicher Vorgänge kühne Rechtsprechung des RG zur antizipierten Übereignung und zum Geschäft für den, den es angeht, gehört in diesen Zusammenhang[3]). Bei allen diesen Fällen lagen Sachverhalte vor, die heute unter den Treubruchstatbestand fallen würden.

Es stellt sich damit die Frage, ob nicht auch die grundsätzliche Begriffsbindung an das Zivilrecht und die Schutzbindung des Unterschlagungstatbestandes derartige Ausnahmen erlaubt.

Eine begriffliche Bindung, die derartige Ausnahmen verbieten würde, besteht sicher nicht, ist doch die Erkenntnis der Begriffsbindung nur Folge der Erkenntnis, daß der Unterschlagungstatbestand die Eigentumsordnung schützen will. Ob diese Bindung des Tatbestandes Ausnahmen verträgt, ist zu prüfen.

Die herrschende Lehre wendet den Unterschlagungstatbestand auch bei komplizierten Eigentumsformen, wie sie uns hier beim Eigentumsvorbehalt und bei der Sicherungsübereignung in Gestalt des aufgespaltenen oder fiduziarischen Eigentums begegnen, an. Die ausnahmslose Gleichbehandlung der gewissermaßen primitiven und modifizierten Eigentumsformen führt entweder zur Inkaufnahme der oben unter B) aufgezeigten Unbilligkeiten, oder aber zur Erkenntnis, daß der Unter-

---

des objektiv als Grunddelikt erscheinenden Tatbestandes Tatbestandseinengungen liefert, die den Tatbestand zu einem speziellen machen.

1) Nachweise oben S. 45.

2) RG 61, 174, RG in JW 29, 273 beides Entscheidungen des I. Senats und RG 61, 341 Entscheidung des II. Senats. Inzwischen hatte der III. Senat die Lehre vom Individualanspruch aufgestellt, vgl. Entscheidung des III. Senats v. 1. 3. 1928 RG 62, 58. Über diese Entwicklung vgl. Zoller, Ausdehnung S. 40ff.

3) Einzelnachweise bei Schwinge-Siebert S. 9.

schlagungstatbestand für modifizierte Eigentumsformen nicht anwendbar ist.

Ein zweiter Weg wäre die Annahme eines generell vom zivilrechtlichen abweichenden strafrechtlichen Eigentumsbegriffs bzw. Fremdheitsbegriffs. Eine derartige Annahme würde zur Aufgabe des zivilrechtlichen Schutzobjektes in § 246 StGB hinführen. Das wäre gleichbedeutend mit einer Aufgabe des Unterschlagungstatbestandes überhaupt, der sein Leben ja nur diesem Schutzzweck verdankt und daher auf der zivilrechtlichen Eigentumsordnung aufbaut. Nimmt man ihm dieses Fundament, so bleibt weder ein Handlungsobjekt noch (da auch die Täterhandlung durch das Objekt beeinflußt ist) eine Täterhandlung übrig. Letzteres insbesondere deshalb, weil der Unterschlagungstatbestand sich nur durch Schutz- und Handlungsobjekt, nicht auch durch eine besondere Art des Täterangriffes charakterisiert.

Der dritte, zwischen beiden Extremen vermittelnde und hier interessierende Weg wäre der, zwar für einfache Eigentumsformen an der zivilrechtlichen Bindung festzuhalten, für komplizierte Eigentumsformen jedoch Ausnahmen zuzulassen. Das könnte einmal auf mehr strafrechtlichem Gebiet in der Form erfolgen, daß man für diese modifizierten Eigentumsformen offen mit einem wirtschaftlichen, also strafrechtlichen Eigentumsbegriff bzw. Fremdheitsbegriff arbeitet. Sodann wäre denkbar, daß man, mehr auf zivilrechtlichem Gebiet argumentierend, modifizierte Eigentumsformen als den zivilrechtlichen Eigentumsbegriff nicht voll erfüllende und daher einer Sonderbeurteilung unterwerfbare Rechte behandelt. Das Ergebnis wäre das gleiche, nur im letzteren Falle etwas unehrlicher, da hier die gerade dem Strafrecht eigentümliche wirtschaftliche und realistischere Betrachtung auf das vorgelagerte zivilrechtliche Gebiet geschoben würde.

Interessant ist hier die Überlegung, wie es wäre, wenn im Zivilrecht nicht nur die Sicherungsübereignung (bei der starke Bestrebungen bestehen) sondern auch der Eigentumsvorbehalt (bei dem das noch nicht in diesem Maße der Fall ist) in ein Pfandrecht umgedeutet oder aber durch den Gesetzgeber umgeformt würde. Würde eine derartige Regelung durch den Gesetzgeber erfolgen, so würde ja wohl nicht mehr von Sicherungs- oder Vorbehaltseigentum, sondern von einem besitzlosen Mobiliarpfand die Rede sein. In diesem Falle könnte der Unterschlagungstatbestand keine Anwendung mehr finden, womit nicht gesagt ist, daß nicht die Wirtschaft, der Eigentum nun einmal lieber ist als ein Pfandrecht, alsbald neue Modifizierungen des Eigentums suchen und auch finden würde, bei denen dann das Problem wiederaufleben müßte. Würde die Rechtslehre und Praxis den Eigentumsbegriff aus dem bedingten und fiduziarischen Eigentum eskamotieren, so müßte man m. E. zu dem gleichen Ergebnis kommen. Hierzu dürfte auch genügen, wenn dem Vorbehalts- oder Sicherungseigentum alle Wirkungen des Eigentums (nicht nur in der Zwangsvollstreckung) abgesprochen würden. Die Aufrechterhaltung der bloßen Bezeichnung, ohne daß auch nur in einem Punkt Eigentumswirkungen bestehen blieben, könnte für das Strafrecht nicht ausschlaggebend sein. Sie wäre auch zivilrechtlich nicht nur unnötig, sondern sogar falsch, da ein Mobiliarpfandrecht, also ein beschränktes und das Eigentum beschränkendes dingliches Recht, nicht unter dem Oberbegriff Eigentum untergebracht werden kann.

α) „Wirtschaftliches Eigentum"

Der Kompromißweg, bei einfachen Eigentumsformen den zivilrechtlich formalen, bei komplizierten einen wirtschaftlichen Eigentums- oder Fremdheitsbegriff zu verwenden, hat nun, so verlockend er auf den ersten Blick scheinen mag, eine große Schwierigkeit. Diese liegt eben bei dem sogenannten „wirtschaftlichen Eigentumsbegriff". Ist „wirtschaftliches Eigentum" ein Widerspruch in sich und weiter nichts als Vermögen im strafrechtlichen Sinne, so ist dieser Weg nicht begehbar. Er würde ja den Eigentumsschutztatbestand der Unterschlagung aufspalten in einen reinen Eigentumsschutztatbestand und einen Vermögensschutztatbestand ganz allgemeiner Art, bei dem also noch nicht einmal die Täterhandlung näher festgelegt wäre. Der Tatbestand würde dann etwa zu lesen sein: „Wer eine nicht in seinem Eigentum stehende bewegliche Sache . . . sich rechtswidrig zueignet, oder in das Vermögen eines anderen rechtswidrig irgendwie zustandsändernd eingreift, auch wenn er hierdurch keinen Schaden verursacht, wird wegen Unterschlagung . . . bestraft." Auf diese Weise würde durch Auslegung ein Vermögensschutztatbestand von geradezu uferloser Ausdehnung geschaffen werden, der fast jeden Zivilrechtsverstoß unter Strafe stellte. Das kann nicht richtig sein. Diesen Tatbestand durch Auslegung zu schaffen, kann niemand ernstlich wollen, denn die Schaffung eines derartigen Tatbestandes wäre schlimmer als jede Analogie.

Der Kompromißweg kann also nur beschritten werden, wenn sich wirtschaftliches Eigentum und Vermögen in irgendeiner Form unterscheiden, wenn ein derartiges wirtschaftliches Eigentum im Gegensatz zum formalen zivilrechtlichen Eigentum noch besonders und klar von anderen Vermögensrechten abgrenzbar ist[1]).

Man könnte daran denken, hierbei auf die dingliche, nicht nur schuldrechtliche Berechtigung des wirtschaftlichen Eigentümers abzustellen. Eine derartige Abgrenzung versagt jedoch schon bei der Sicherungsübereignung und zwar bei den Fällen unbedingter fiduziarischer Übereignung, bei denen nur ein schuldrechtlicher Anspruch auf Rückübereignung besteht. Außerdem richtet sich die wirtschaftliche Zugehörigkeit ohnehin nicht danach, ob nun ein Anspruch auf Rückübereignung oder aber (bei auflösend bedingter Übereignung) ein Anwartschaftsrecht be-

[1]) Über strafrechtliches Eigentum vgl. auch Kronecker in GA 34, 402ff. und (ablehnend) Leopold Untreue S. 44ff.

steht. Derjenige Sicherungsgeber, der seine Schuld beglichen hat, und die Rückübereignung verlangen kann, ist bei wirtschaftlicher Betrachtung dem Vermögensstück näher[1]) als derjenige, der zwar ein Anwartschaftsrecht hat, dessen Umwandlung in Volleigentum aber wegen Nichtzahlung oder Zahlungsunfähigkeit noch in weiter Ferne liegt[2]).

Auch für die Fälle des Eigentumsvorbehalts gelten derartige Erwägungen. Der nur anwartschaftsberechtigte Verkäufer (der also mit auflösender Bedingung übereignet hat) ist, wenn die Bedingung mit Sicherheit eintritt, näher an der Vorbehaltsware, als der Verkäufer, der unter aufschiebender Bedingung verkauft hat, aber wegen seiner Forderung fast vollständig, oder binnen kurzem vollständig befriedigt ist.

Eine dingliche Angrenzung zwischen wirtschaftlichem Eigentum und Vermögen ist also nicht möglich. Das wäre ja auch eigenartig, wenn gerade das Merkmal, welches formelles und „wirtschaftliches Eigentum" voneinander abgrenzt (nämlich in der Weise, daß der wirtschaftliche Eigentümer dinglich schwächer berechtigt ist als der formelle Eigentümer), nun zur Abgrenzung von wirtschaftlichem Eigentum und Vermögen helfen könnte.

Nähere Betrachtung verdient eine andere Möglichkeit. Man könnte daran denken, wirtschaftliches Eigentum von Vermögen ähnlich wie in der Zwangsvollstreckung abzugrenzen und zwar in der Form, daß bei einem Herausgabeanspruch, gleich welcher Art, wirtschaftliches Eigentum, bei einem bloßen Verschaffungsanspruch aber nur ein Vermögensrecht vorläge. Damit würden sich bei § 246 StGB die Ausnahmen vom formellen Eigentumsbegriff darauf beschränken, daß als dem formellen Eigentum gleichgestelltes wirtschaftliches Eigentum nur ein Recht auf Herausgabe einer Sache gilt. Dieser schuldrechtliche oder dingliche[3]) Herausgabeanspruch würde dem Anspruchsberechtigten im Rahmen des § 246 StGB die gleiche Stellung verschaffen, wie sie der Volleigentümer hat, und den Verpflichteten behandeln wie jemanden, der fremdes Eigentum in seinem Gewahrsam hat.

Eine derartige, dem Zwangsvollstreckungsrecht nachgebildete und jedenfalls auch strafrechtlich nicht widersinnige Abgrenzung würde sowohl die Fälle, in denen der Täter zur Herausgabe verpflichtet ist, als auch die, in denen der formelle Eigentümer dem Täter gegenüber zur Herausgabe verpflichtet ist, lösen. Diese Abgrenzung würde also nicht nur zu einer Ausdehnung, sondern auch zu einer Einengung der Tatbestandsanwendung führen, da ja generell bei aufgespaltenem oder fiduziarischem Eigentum in § 246 statt auf das formelle Eigentum auf den

[1]) Müßte also wirtschaftlicher Eigentümer sein, obwohl er nicht dinglich berechtigt ist.

[2]) Der also zwar dinglich berechtigt ist, und wenn die Stellung als wirtschaftlicher Eigentümer davon abhängig wäre, wirtschaftlicher Eigentümer sein müßte, es aber sicher nicht ist.

[3]) Des sonst dinglich Berechtigten, also etwa des Nießbrauchers (§§ 1065/985) oder Pfandgläubigers (§§ 1227/985 BGB).

dinglichen oder schuldrechtlichen Herausgabeanspruch abgestellt würde. Der Sicherungsnehmer würde also nicht mehr als Eigentümer und das Sicherungsgut nicht mehr als fremd für den Sicherungsgeber angesehen, wenn der Sicherungsgeber z. B. nach Rückzahlung der gesicherten Forderung einen Rückübereignungs- und Herausgabeanspruch hat. Das wäre eine Einengung der Tatbestandsanwendung. Umgekehrt würde der Sicherungsnehmer, demgegenüber z. B. nach Rückzahlung der gesicherten Forderung ein Herausgabeanspruch besteht, und für den das Sicherungsgut folglich als fremd zu gelten hat, sich wegen Unterschlagung oder Diebstahls strafbar machen können. Das wäre ein Fall der Ausdehnung der Tatbestandsanwendung.

Bei der Überlegung, was tatsächlich erreicht würde, zeigen sich schon die Schwächen dieser Abgrenzungsmethode. Ein Herausgabeanspruch und gleichzeitig Rückübereignungsanspruch bei der unbedingten Sicherungsübereignung setzt im allgemeinen volle Rückzahlung der gesicherten Forderung voraus. Die Lage des Sicherungsgebers würde sich also bei dieser Abgrenzung nicht günstiger gestalten, als sie jetzt schon ist, denn bei vollständiger Rückzahlung bleibt immerhin auch für die herrschende Tatbestandsauslegung der Ausweg über den Ausschluß der Rechtswidrigkeit bei fälligem Anspruch auf die konkrete, ausgesonderte Sache. Erfolg wäre lediglich, daß nicht die Rechtswidrigkeit der Täterhandlung, sondern schon das Handlungsobjekt entfiele. Wichtig wäre aber gerade gewesen, auch in den Fällen zu helfen, in denen der Sicherungsgeber noch nicht vollständig, aber zum großen Teil gezahlt hat. Bei Vorliegen von Kontokorrentklauseln besteht dieses Bedürfnis im besonderen Maße[1]). Es würden also immer noch nichtvermögensschädigende Handlungen strafbar sein.

Genau so ist es bei der bedingten Sicherungsübereignung, bei der ein Herausgabeanspruch des Sicherungsgebers erst bei Eigentumsrückfall und dieser erst bei vollständiger Rückzahlung vorliegt. Vorher bliebe demnach das Sicherungsgut noch wirtschaftliches Eigentum des Sicherungsnehmers. Gleichgültig, ob die Bedingung binnen kurzem eintritt, kann zwar der Sicherungsgeber, nicht aber der Sicherungsnehmer Unterschlagung begehen. Umgekehrt hat der Sicherungsnehmer, sowohl bei bedingter als auch bei unbedingter Sicherungsübereignung, bis zur vollen Rückzahlung stets den Herausgabeanspruch.

Die Betrachtung des Eigentumsvorbehalts liefert kein günstigeres Bild, ist doch auch beim Eigentumsvorbehalt der Herausgabeanspruch im allgemeinen an die formelle Eigentumslage gebunden. Schuldrechtliche Herausgabeansprüche des Käufers (im Gegensatz zu Verschaffungsansprüchen) bestehen überhaupt nicht.

Es ist daher festzustellen, daß die Übertragung der vollstreckungsrechtlichen Unterscheidung nur bei fiduziarischen Rechtsverhältnissen

[1]) Immerhin könnte man die Klausel wieder ähnlich behandeln wie im Vollstreckungsrecht.

und auch hier nur in einem einzigen Falle hilft, nämlich dann, wenn der Fiduziant seine vertraglichen Verpflichtungen voll erfüllt hat und der Fiduziar mit der Rückübertragung des Eigentums säumig ist. Bei Betrachtung dessen, daß auch die herrschende Auslegung dem Fiduzianten mit der Konstruktion vom fälligen Anspruch hilft, ist Ergebnis nur eine Ausdehnung des Unterschlagungstatbestandes auf Handlungen des böswilligen Fiduziars. Das ist zu wenig und erlaubt nicht, den so abgegrenzten Eigentumsbegriff als wirtschaftliches Eigentum zu bezeichnen, also als eine Beziehung, die auf die tatsächliche Nähe einer Sache zu einer Person abstellt.

Die bloße Gleichschaltung von dinglichem Herausgabeanspruch und schuldrechtlichem Herausgabeanspruch (im vollstreckungsrechtlichen Sinne) und die daraus folgende minime Tatbestandsausdehnung haben wir nicht im Sinne, wenn wir nach einem wirtschaftlichen Eigentumsbegriff suchen. Vielmehr suchen wir eine von der formell dinglichen abweichende Zuordnung einer Sache, also nach einer Vermögenszugehörigkeit einer Sache. Hierbei dürfte es auch keinen Unterschied machen, ob ein Herausgabe- oder Verschaffungsanspruch bzgl. der Sache besteht. Auch ein unbedingter und unbefristeter Verschaffungsanspruch, der nicht mehr von der Erfüllung eines Gegenanspruches abhängig ist und der auch nicht mehr durch Rechtsfolgen der Vorschriften über Leistungsstörungen behindert werden kann, läßt uns eine Sache als zum Vermögen des Berechtigten gehörend erscheinen. Dingliche Rechtslage und schuldrechtliche Beziehungen aller Art sind in gleicher Weise zu beachten. Eine derart umfassende Einbeziehung aller dinglichen und schuldrechtlichen Verhältnisse in die Betrachtung erlaubt jedoch nur der Vermögensbegriff[1]). Wer also vom wirtschaftlichen Eigentum spricht, kann nichts weiter meinen als die Zugehörigkeit einer Sache zu einem bestimmten Vermögen, die enge Bindung schuldrechtlicher oder dinglicher Art, die eine Sache zu einer bestimmten Person hat, wobei sich über die Art und Form der Bindung nichts Grundsätzliches aussagen läßt. Einen vom strafrechtlichen Vermögensbegriff abweichenden und doch leistungsfähigen (nämlich den wirtschaftlichen Gegebenheiten, der wirklichen Nähe zur Sache Rechnung tragenden) wirtschaftlichen Eigentumsbegriff kann es daher nicht geben.

Mit dieser Möglichkeit, einen vom Vermögensbegriff abgrenzbaren, aber nicht formellen Eigentumsbegriff aufzustellen, entfällt auch die Möglichkeit der wirtschaftlichen Auslegung des Unterschlagungstatbestandes in Fällen modifizierten Eigentums. Will man vernünftige Ergebnisse erzielen, so muß man den Vermögensbegriff anwenden und dem

[1]) Vgl. Grünhut in Reichsgerichtspraxis Bd. V S. 126ff. Zur Schärfung der Erkenntnis, daß nicht die sachenrechtliche Betrachtung, sondern die alle Beziehungen umfassende wirtschaftliche Betrachtung über die Zugehörigkeit eines Gegenstandes Aufschluß gibt, hat besonders der Tatbestand des § 288 beigetragen. Siehe hierzu RG 72, 254.

Eigentumsschutztatbestand würde ein unbegrenzt weiter Vermögensschutztatbestand hinzugefügt.

β) Pfandrecht

Gerade weil eine generelle Lösung des Problems nicht zu erreichen ist, könnte man dazu neigen, in „schrecklicher Vereinfachung" eine spezielle, nur die Sachverhaltsgruppen des Eigentumsvorbehalts und der Sicherungsübereignung betreffende Lösung darin zu sehen, daß man Eigentumsvorbehalt und Sicherungsübereignung einfach strafrechtlich als Pfandrechte betrachtet.

Das ist nun natürlich eine Gewaltmaßnahme, da Eigentumsvorbehalt und Sicherungsübereignung nur Ausschnitte aus dem Gesamtgebiet aufgespaltenen oder fiduziarischen Eigentums sind, und außerdem eine derartige Lösung nicht an die Auslegung eines Tatbestandsmerkmals des Unterschlagungstatbestandes anknüpfte. Hier würde einfach der Unterschlagungstatbestand für unanwendbar erklärt, auch wenn sich im Einzelfall formelles Eigentum und wirtschaftliche Zugehörigkeit decken.

Gewonnen wäre damit auch nur eine Entlastung des Unterschlagungstatbestandes. Wie die strafwürdigen Fälle dieser Sachverhaltsgruppen in den spärlichen Pfandrechtsschutz des StGB einzuordnen wären, ist unklar, da es sich ja beim Eigentumsvorbehalt oder bei der Sicherungsübereignung um grundsätzlich besitzlose Pfandrechte handelte und nur in wenigen Fällen Besitz oder Mitbesitz des Gläubigers vorläge.

c) Konsequenz

Die bisherige Untersuchung hat gezeigt, daß eine strafrechtlich vernünftige Behandlung der Fälle modifizierten Eigentums im Rahmen des Unterschlagungstatbestandes nicht erfolgen kann. Die Annahme eines vom formellen abweichenden wirtschaftlichen Eigentumsbegriffes würde den Unterschlagungstatbestand zu einem Vermögensdelikt umformen. Das wäre eine Auflösung des Tatbestandes, der gerade Eigentumsschutz bezweckt. Die Annahme eines doppelten Eigentumsbegriffs, der für einfache Eigentumsformen formell zivilrechtlich und für komplizierte Formen wirtschaftlich wäre, würde den Unterschlagungstatbestand in ein Eigentumsschutzdelikt und ein Vermögensschutzdelikt aufspalten. Das entstehende Vermögensschutzdelikt wäre unbestimmt und uferlos, eine Art Generalklausel, und daher unanwendbar und rechtsstaatlichem Denken unerträglich. Der Versuch, die hier untersuchten Rechtsinstitute strafrechtlich als Pfandrechte zu begreifen, würde nicht eine Lösung im Rahmen des Tatbestandes sein, sondern die Sachverhaltsgruppen aus dem Unterschlagungstatbestand hinausführen.

Andererseits besteht sicher Akzessorietät des Fremdheitsbegriffes, da der Unterschlagungstatbestand als solcher das Eigentum schützen will.

Ist der Zweck des Tatbestandes akzessorisch, so muß es auch das Handlungsobjekt sein.

Zweifelhaft ist nur, ob der Unterschlagungstatbestand — historisch gesehen — auch die Fälle modifizierten Eigentums strafrechtlich regeln wollte. Nur soweit er schützen wollte, verleiht die Bindung des Tatbestandszwecks an das Zivilrecht auch dem Handlungsobjekt eine derartige Bindung. Daß der Tatbestand auch alle hier interessierenden Fälle regeln wollte, ist nicht wahrscheinlich. Damit müßte auch insoweit eine Akzessorietät des Handlungsobjekts entfallen können.

Umgekehrt steht fest, daß die uneingeschränkte Akzessorietät des Fremdheitsbegriffes zu unerträglichen Ergebnissen führt. Diese herbeizuführen, kann nicht objektiver Zweck des Unterschlagungstatbestandes sein. Soweit also die Akzessorietät des Fremdheitsbegriffes zu solchen Ergebnissen zwingt, kann Schutz des formalen zivilrechtlichen Eigentums nicht objektiver Schutzzweck sein.

Wir gelangen daher zu dem Schluß, daß sowohl bei historisch verhafteter als auch objektiver Auslegung des Unterschlagungstatbestandes der Fremdheitsbegriff nur teilweise akzessorisch sein kann, diese Beschränkung der Akzessorietät aber nicht durch Ersetzung des Fremdheitsbegriffes oder Einführung eines weiteren Fremdheitsbegriffes für Sonderfälle erfolgen kann. Beschränkte Akzessorietät in diesem Sinne ist also nicht modifizierte, sondern eingeengte Akzessorietät. So müßte der Unterschlagungstatbestand ausgelegt werden. Fremd im Sinne des § 246 StGB heißt daher: im vollen, nicht zugunsten des Täters aufgespaltenen oder fiduziarischen Eigentum eines anderen stehend. An die zivilrechtliche Bezeichnung „Eigentum" bei aufgespaltenem oder fiduziarischem Eigentum (also daran, daß der Inhaber des auflösend bedingten Rechts als „Eigentümer" bezeichnet wird und nicht umgekehrt, oder daß der Inhaber des fiduziarischen Rechtes als „Eigentümer" bezeichnet wird und nicht umgekehrt) ist der Fremdheitsbegriff nicht gebunden.

2. Angriffsobjekt und Angriffsart

a) Herkömmliche Systematik

Von den Vermögensdelikten i. e. S., in denen meist auch das Vermögen Tatbestandsmerkmal ist, pflegt man die Vermögensdelikte i. w. S. zu unterscheiden, bei denen der Vermögensbegriff niemals im Tatbestand erscheint. Bei den Vermögensdelikten i. e. S., wie Betrug, Untreue, Erpressung, Wucher, Hehlerei[1]) ist, wie schon ausgeführt, das Vermögen Schutzobjekt[2]). Vermögensdelikte i. w. S. betreffen dagegen einen Aus-

[1]) Vgl. Hirschberg Vermögensbegriff S. 3ff., 284.

[2]) Auch wenn es im Tatbestand nicht als Tatbestandsmerkmal genannt und nicht Handlungsobjekt ist, wie z. B. beim Wucher oder bei der Hehlerei. Die Hehlerei wird allerdings mitunter auch, m. E. nicht richtig, als Vermögensdelikt i. w. S. auf-

schnitt aus dem Vermögen. Dieser ist in erster Linie Schutzobjekt und Handlungsobjekt. Nur sekundär, nämlich durch Schutz des jeweiligen Vermögensausschnittes schützen sie auch das Vermögen selbst[1]).

Diese herkömmliche Systematisierung der Vermögensdelikte nach dem jeweiligen Angriffsobjekt erscheint uns so plausibel und geradezu notwendig, weil wir gewohnt sind, auch unser Strafgesetzbuch als Ganzes (ebenso wie seine Vorgänger) nach Schutzobjekten bzw. geschützten Rechtsgütern systematisiert zu sehen[2]).

Dabei wird nur zu leicht übersehen, daß die Mehrzahl unserer Strafrechtsnormen nicht vom Gesetzgeber gegebene, sondern nur aufgefundene und wiedergegebene Normen sind. Auch unser heutiges Strafgesetzbuch „spiegelt" in weiten Ausschnitten die Normen und das unvollkommen. Aus dieser Tatsache ergeben sich z. B. das strafrechtliche Lückenproblem, der Kampf um das Analogieverbot, die Bedeutung der Abgrenzung zwischen Analogie und Auslegung und die übergesetzlichen Rechtfertigungsgründe. Wäre das Strafrecht in seiner Gesamtheit systematisch konzipiert, gäbe es diese Erscheinungen nicht, zumindest hätten sie nicht diese Bedeutung. Weil aber das echte Kriminalstrafrecht ein auf dem Boden überrechtlicher Normen (unsystematisch) gewachsenes Recht ist, läßt es sich nur schwer systematisieren. Noch schwerer ist es aber, ein so aufgefundenes fragiles[3]) System als Erkenntnisgrundlage zu benutzen und zu glauben, daß dieses System, angewandt auf die Materie, aus der es gerade sehr qualvoll gewonnen ist, nun wiederum Aufschluß über die Rechtsmaterie zu geben vermöchte.

Besonders bedenklich wird nun die Systemübertragung im an sich schon systemfeindlichen Strafrecht, wenn bei dieser Übertragung Merkmale außer acht gelassen werden, die für die System*findung* von Bedeutung waren. Wenn wir nämlich bei einer Systematik des Besonderen Teils vom Schutzobjekt oder geschützten Rechtsgut ausgehen und spezifische Schutzobjekte feststellen, so können wir das nur deshalb, weil den spezifischen Schutzobjekten jeweils spezifische innere Täterhaltungen und äußere Täterhandlungen entsprechen. So entspricht z. B. dem Schutzobjekt bei der Körperverletzung eine ganz bestimmte Täterhaltung und -handlung, die sich grundsätzlich von der Täterhaltung und -handlung z. B. in den Religionsverbrechen unterscheidet. Nur soweit eine spezifische Täterhaltung und Täterhandlung vorliegt, können wir sinnvoll ein spezifisches Schutzobjekt annehmen, gegen das sich ja Haltung und Handlung richten müssen. Daraus ergibt sich, daß eine Übertragung der Systematisierung nach Schutzobjekten nur insoweit sinnvoll

gefaßt, so z. B. von Hirschberg, Vermögensbegriff S. 360. Wie hier Hegler Systematik S. 155.

[1]) Hirschberg Vermögensbegriff S. 318, 346ff.

[2]) Vgl. Hirschberg Vermögensbegriff S. 275, 346.

[3]) Kritisch Hegler Systematik S. 153ff., auch Schwinge (Tel. Begr. S. 52ff.) mißt dem systematischen Moment mit Recht außerordentlich geringe Bedeutung bei.

ist, als auch Täterhaltung und -handlung in dieses System hineinpassen. Entfällt eine spezifische Täterhaltung und -handlung, so wird die Systematik brüchig, weil ein wesentlich mitbestimmendes (aber verkanntes) Merkmal die Übertragung nicht mitgemacht hat.

Innerhalb der Vermögensverbrechen kann daher die herkömmliche Systematisierung des 2. Teiles des StGB nur dann Gewicht haben, wenn sie auch Täterhaltung und Täterhandlung miterfaßt. Oder umgekehrt, eine Systematisierung innerhalb der Vermögensverbrechen nach Schutzobjekten, d. i. eine weitere Unterteilung des Schutzobjektes Vermögen, wird dann ungewichtig, wenn der Spezialisierung des Schutzobjektes — also der Aufstellung spezifischer Schutzobjekte — nicht gleichzeitig spezifische Täterhaltungen und -handlungen entsprechen.

b) Andere Systematisierungsmöglichkeiten

Gerade bei den Vermögensdelikten haben sich frühzeitig Unterscheidungsmerkmale durchgesetzt, die nicht auf das spezielle Handlungsobjekt und Schutzobjekt, sondern auf die Täterhaltung und Täterhandlung abstellen. So ist z. B. die Einteilung in Entziehungsdelikte (Schädigungsdelikte) und Verschiebungsdelikte (Bereicherungsdelikte) Allgemeingut geworden. Diese Unterscheidung läßt sich über das ganze Vermögensstrafrecht hin durchführen. Unter den Vermögensdelikten i. w. S. also den spezialisierten Vermögensdelikten befinden sich sowohl Entziehungs- als auch Verschiebungsdelikte. Auffällig ist, daß die Vermögensdelikte i. e. S. mit nur einer (wie schon gezeigt unberechtigten) Ausnahme, nämlich der Untreue, Verschiebungsdelikte sind. Bei näherer Betrachtung der Einzeltatbestände zeigt sich, daß die Ausformung als Verschiebungs- oder Entziehungsdelikte durch das Gesetz zumeist auf geschichtlicher Überlieferung, oft aber auch auf Zufälligkeiten der Tatbestandsfassung beruht.

Größere Bedeutung als diese Systematisierung nach dem Zweck des Täterangriffs hat die Systematisierung nach der Art des Täterangriffes[1]), also innerhalb der Vermögensdelikte danach, ob der Täter heimlich, mit Gewalt oder Drohung oder mit Täuschung (Unterfälle: Vertrauensbruch und Ausnutzung der Leichtgläubigkeit Unerfahrener) zum Ziele zu kommen sucht. Diese Tätermittel charakterisieren Täterhaltung und Täterhandlung stärker, als das so beliebte spezielle Schutzobjekt. So ist z. B. der Raub (Vermögensdelikt i. w. S., Schutzobjekt Eigentum, Verschiebungsdelikt) der Erpressung (Vermögensdelikt i. e. S., Schutzobjekt Vermögen, Verschiebungsdelikt) näher verwandt, als z. B. dem Diebstahl (Vermögensdelikt i. w. S., Schutzobjekt Eigentum, Verschiebungsdelikt) oder gar der Sachbeschädigung (Vermögensdelikt

[1]) Daß dieser Systematisierungsgesichtspunkt bereits allgemein bei der Systematik des Besonderen Teils mitwirkt, übersieht Hegler (Systematik S. 154, 157).

i. w. S., Schutzobjekt Eigentum, Entziehungsdelikt). Ganz zu recht befinden sich daher Raub und Erpressung in einem Abschnitt und nicht etwa Raub und Sachbeschädigung. Auch die Zusammenstellung von Betrug und Untreue in einem Abschnitt ist eine Zusammenstellung nach der Art des Täterangriffes. Diebstahl, Fundunterschlagung und Hehlerei gehören zusammen, da bei ihnen der Täter heimlich fremdes Vermögen beschädigt. Hier zeigt sich die Stärke der Systematisierung nach der Angriffsart aus der im Gesetz durchgeführten Zusammenstellung von Diebstahl und Unterschlagung und aus der im Bewußtsein der Rechtsunterworfenen lebenden Gleichstellung von Dieb und Hehler. Daß im Gesetz diese Systematik nur teilweise durchgeführt ist, ist bedauerlich. Es besteht jedoch eine starke Tendenz, der Systematik nach der Art des Täterangriffs im kommenden Strafrecht stärker Rechnung zu tragen, wobei allerdings über die näheren Einteilungsgesichtspunkte keine Einigkeit besteht[1]).

Daß eine derartige Systematik, also eine Gruppierung der Delikte nach der Art des Täterangriffs einem echten Täterstrafrecht mehr entspricht und mehr über Täterhaltung und -handlung aussagt, als das jeweils verletzte spezielle Schutzobjekt, dürfte einleuchten[2]). Ganz besonders ist das dann der Fall, wenn wie in den hier behandelten Sachverhaltsgruppen ein Vermögenswert in schneller Folge verschiedene mögliche Handlungsobjekte durchläuft, also einmal als Eigentum an einer Sache, dann wieder als Recht an einer Forderung usw. in Erscheinung tritt. Oft kann es hierbei so sein, daß der Täter seinen Angriff auf das Eigentum richtet und, da inzwischen der Vermögenswert andere Gestalt angenommen hat, eine Forderung trifft. Hier ein versuchtes Eigentumsdelikt festzustellen, ist ganz unbefriedigend, kommt doch der Angriff des Täters, den der Wert und nicht seine rechtliche Erscheinungsform interessiert, vollständig zum Ziele. Auch das stete Hin- und Herspringen der Strafbarkeit (wenn man z. B. generell Untreue mangels eines Verhältnisses i. S. des § 266 ablehnt) ist recht kurios. Vergreift sich der Täter an der Sache, so liegt Unterschlagung, an der Kaufpreisforderung, Straflosigkeit, am Surrogat der Forderung, dem Erlös, Unterschlagung, an der Forderung gegen die Bank, wieder Straflosigkeit vor. Verwendet man den Untreuetatbestand als Aushilfe, so wird nur wenig besser. Derselbe Täter wird, je nachdem, in welchem Zeitabschnitt er handelt, mit verschiedenen Strafdrohungen und auch verschiedenem Strafmaß angegangen. Im einen Fall ist er auch bei versuchtem, im anderen nur bei vollendetem Delikt

---

[1]) Vgl. hierzu Kohlrausch Vermögensverbrechen S. 746 mit einer von der hier vorgeschlagenen erheblich abweichenden Einteilung.

[2]) Hirschberg kann nicht beigestimmt werden, wenn er meint (Vermögensbegriff S. 319ff., bes. auch 323), daß auch im Strafrecht sich allmählich eine stärkere juristische Vorformung der Angriffsobjekte entwickeln müsse. Nicht auf das spezielle Objekt, sondern auf die spezielle Täterhaltung und -handlung muß das Strafrecht abstellen. Kritisch, aber m. E. nicht kritisch genug Bruns Befreiung S. 71/2, der die „geringere Salonfähigkeit“ des Strafrechts hinzunehmen scheint.

strafbar. Im einen Fall droht ihm Gefängnisstrafe, im anderen Gefängnis und Geldstrafe. Bei Unterschlagung kann er (auch ohne § 27b) mit einer Geldstrafe von DM 5,— davonkommen, bei Untreue kann ihm Zuchthaus bis zu 10 Jahren drohen. Das ist doch sicher unbillig. Wendet man den Untreuetatbestand bei diesen Sachverhaltsgruppen nicht als Lückenbüßer, sondern generell neben dem Unterschlagungstatbestand an (wozu leider bei der Praxis keine Neigung besteht), so bleibt immer noch eine Ungerechtigkeit z. B. darin bestehen, daß der Täter nur bei Zusammentreffen beider Tatbestände wegen Versuchs bestraft werden kann. Die Systematisierung nach der Art des Täterangriffs dürfte daher nicht nur einem echten Täterstrafrecht mehr entsprechen als die Systematisierung nach dem Angriffsobjekt, sondern in dem engen Rahmen der Vermögensdelikte die allein gewichtige sein.

c) Konsequenz

Für die hier behandelten Tatbestände ergibt sich nun, daß nur der Untreuetatbestand sich klar durch die Art des Täterangriffs charakterisiert. Das spezielle Angriffsobjekt ist für ihn gleichgültig. Der Unterschlagungstatbestand dagegen wird nach herrschender Auffassung durch sein besonderes Angriffsobjekt bestimmt. Eine besondere Art der Täterhandlung (wie möglicherweise Heimlichkeit des Täterangriffs) ist nicht ausgebildet. Solange der Unterschlagungstatbestand als Eigentumsschutzdelikt begriffen wird, ist eine Ausformung einer besonderen Art der Täterhandlung auch nicht erforderlich, da der Tatbestand auch ohne ausgeformte Täterhandlung genügend bestimmt ist.

Die Frage ist nun, ob die erkannte Priorität der Angriffsart von dem Angriffsobjekt für die Auslegung i. S. einer Tatbestandspriorität von Bedeutung werden kann, rühren doch die Schwierigkeiten der herrschenden Ansicht daher, daß die hier interessierenden Sachverhaltsgruppen gleichzeitig mit zwei so artverschiedenen Tatbeständen angegangen werden. Die Behandlung im Rahmen des Unterschlagungstatbestandes kann nur auf die Verletzung eines besonderen Angriffsobjekts, die Behandlung im Rahmen des Untreuetatbestandes nur auf das Vorliegen einer besonderen Angriffsart abstellen. Straffolgeerzeugend ist hier das Angriffsobjekt, dort die Angriffsart. Hieraus ergeben sich die Überschneidungen und Mißhelligkeiten. Will das Strafrecht auch komplizierte Sachverhalte auf dem Gebiete der Übereignungen im modernen Wirtschaftsverkehr sachgerecht behandeln, so muß hier abgeholfen und wenn möglich an dieser Stelle angesetzt werden.

3. Lösungsmöglichkeit

Akzessorietät, zumindest beschränkte Akzessorietät und spezifisches Angriffsobjekt kennzeichnen den Unterschlagungstatbestand, Unabhängigkeit von der spezifischen Erscheinungsform des Vermögenswertes, Begriffsunabhängigkeit und spezifische Angriffsart den Untreuetatbestand.

Die Untersuchung zu 1. hat gezeigt, daß eine Lösung der hier brennend gewordenen Probleme nicht im Rahmen des Unterschlagungstatbestandes erfolgen kann und andererseits bei Annahme eines beschränkt akzessorischen Fremdheitsbegriffes die Hinausweisung der hier interessierenden Sachverhaltsgruppen aus dem Unterschlagungstatbestand möglich ist. Damit wird die eine Ursache aller Schwierigkeiten, nämlich die Subsumtion auch der Rechtsverhältnisse unter den Fremdheitsbegriff, bei denen die wirtschaftliche Zuordnung von der formell dinglichen erheblich abweichen kann, beseitigt. Es ist wieder sichergestellt, daß jeder Unterschlagungsfall das ist, was der historische Gesetzgeber in ihm gesehen hat und das Gesetz vernünftigerweise in ihm sehen muß, nämlich eine Eigentumsverletzung als Unterfall wirklicher Vermögensverletzung.

Wo die hier interessierenden und aus dem Unterschlagungsbereich ausgeschiedenen Rechtsverhältnisse strafrechtsgemäß behandelt werden können, ist durch die Untersuchung zu 2. angedeutet. Allen Fällen des Eigentumsvorbehalts und der Sicherungsübereignung ist gemeinsam, daß zwischen den Parteien ein gewisses Vertrauensverhältnis besteht und nicht ganz unerhebliche Rechtsverletzungen Verletzungen dieses Vertrauensverhältnisses sind. Ist nun das Vertrauensverhältnis von einer Art, die über das allgemeine Vertrauen auf die Redlichkeit des Vertragspartners hinausgeht, sich z. B. auf die Überlassung von Dispositionsmacht zu getreuen Händen bezieht, und wird durch Verletzung dieses Verhältnisses der Vertrauende böswillig geschädigt, so könnte in allen diesen Lagen der Treubruchstatbestand eingreifen. Mit dieser Einordnung der Sachverhaltsgruppen würde gleichzeitig sichergestellt, daß nur die Art des Täterangriffs, nicht das mehr oder weniger zufällige Angriffsobjekt über Strafbarkeit oder Nichtstrafbarkeit der Handlung, Versuchsstrafbarkeit und Strafrahmen entscheidet. Gleiche Täterhaltung und nur gering (nämlich dem Objekt nach) unterschiedliche Täterhandlung würden gleich bestraft und Betrugstatbestand und Treubruchstatbestand schlössen harmonisch aneinander an. Unzuträgliche Pönalisierung zivilrechtlicher Vertragsverhältnisse durch Konstruktion besonderer dinglicher Rechtslagen würde nicht mehr erfolgen können. Nur wirkliche Vertrauensverhältnisse wären geschützt, nicht einfach verstärkte Kaufpreisforderungen (wie z. B. beim Eigentumsvorbehalt zwischen Wiederverkäufer und Konsumenten bei geringwertigen Gütern).

Eine derartige Ausgruppierung der hier interessierenden Sachverhaltsgruppen aus dem Unterschlagungsbereich und Eingruppierung in den Treubruchsbereich könnte ihre Stütze in einer Lehre finden, die zu Unrecht heute vollständig ignoriert wird. Gemeint ist die Lehre vom normativen Tätertyp. Wir werden zu prüfen haben, ob diese Lehre nicht, wenn auch nur in abgewandelter Form, zur Lösung der hier in Erscheinung getretenen Probleme mit herangezogen werden kann. Möglicherweise kann nicht nur das Akzessorietätsproblem, also das Subsumtionsproblem, sondern auch das Problem der scheinbaren Doppelzugehörigkeit eines Lebenssachverhaltes zu verschiedenen Tatbeständen, also das Doppelsubsumtionsproblem oder Konkurrenzproblem in einem neuen und besseren Lichte gesehen und damit auch gelöst werden.

Die Untersuchung soll sich darauf erstrecken, ob es einen leistungsfähigen Verbrechens- und Verbrechertyp einmal beim Unterschlagungs- und sodann beim Untreuetatbestand gibt, ob Doppeltypizität denkbar ist, oder aber ein Vorrang des stärker vertypten Tatbestandes gegenüber dem schwächer vertypten besteht.

Würde sich ergeben, daß ein Typendenken der Subsumtion hilft, in der Weise, daß ein scheinbar und nur bei Einzelbegriffs-verhaftetem Denken anwendbarer Tatbestand ausgeschlossen werden könnte, so wäre damit sehr viel gewonnen. Es bestünde dann u. U. die Möglichkeit einer Aussage darüber, ob die hier interessierenden Sachverhaltsgruppen generell mehr den Unterschlagungsfällen oder den Untreuefällen beizuordnen sind.

Würde man nicht wagen, schon bei der Subsumtion auf Nachbartatbestände zu achten[1]) und damit in etwa Konkurrenzprobleme zu lösen, ergäbe sich aber ein Rangverhältnis z. B. im Sinne eines Vorranges des stärker vertypten Tatbestandes, so wäre das auch noch ein Gewinn. Es bestünde dann die Möglichkeit, unerwünschte und lebensfremde Konkurrenzen zu vermeiden. Das könnte hier insofern von Bedeutung werden, als auf diese Weise einer der beiden hier mit ganz verschiedener Strafdrohung konkurrierenden Tatbestände (wenn man schon einmal an der Anwendbarkeit auf die hier behandelten Sachverhaltsgruppen festhalten will) zum Ausscheiden gebracht werden kann. Wir würden auf diese Weise zur Subsidiarität des einen der beiden Tatbestände gelangen.

[1]) Was an sich gerade unser Anliegen ist, denn nicht die an den ohnehin niemals eindeutigen Begriffen haftende Auslegung, sondern allein die Inbeziehungsetzung einer Sachverhaltsgruppe zu mehreren begrifflich anwendbar erscheinenden Tatbeständen erlaubt eine Aussage über Sinn und Grenzen des einzelnen Tatbestandes.

III. Teil

Strafrechtliches Denken und Tätertypologie

A. Abriß der Typenlehren

Der Begriff des Tätertyps ist immer mehrdeutig gewesen. Mit aus diesem Grunde vermeidet die herrschende Lehre heute ängstlich die Verwendung dieses Begriffes. Auch in den Fällen, in denen der Begriff unumgänglich genannt werden muß, so z. B. bei der Behandlung der §§ 181a oder 211 StGB, werden gern vorsichtige und näher erläuternde Umschreibungen beigefügt. Die Schwankungsbreite dieses Begriffes geht von der rein tatbestandlichen und rein objektiven (etwa bei der Aussage, daß der Tatbestand vertyptes Unrecht sei und der Täter in seiner Tat diesen Unrechtstyp verwirkliche) bis zur rein soziologischen und rein subjektiven Auffassung (etwa bei der Aussage, daß jemand seiner Veranlagung nach fähig sei, oder dazu neige, ein bestimmtes Delikt oder auch nur allgemein Delikte zu begehen).

Herkömmlich wird grob zwischen dem Tätertyp mit Ausprägung im soziologischen und biologischen Bereich, kriminologischen Tätertyp und dem Tätertyp mit Ausprägung im Tatbestandsbereich, normativem Tätertyp unterschieden. Dieser geläufig gewordenen Unterscheidung wollen wir auch hier folgen.

1. Kriminologischer Tätertyp

Die Lehre vom kriminologischen Tätertyp ist gerade in letzter Zeit stark gefördert worden. Immer stärker hat sich der Gedanke durchgesetzt, daß die früher als Hilfswissenschaft recht vernachlässigte Kriminologie die Erkenntnisse liefern muß, die für eine wirklich verbessernde Strafrechtsreform in allererster Linie erforderlich sind. Die Verbesserung der Tatbestandsfassungen ist gar nicht so dringend erforderlich. Hier mag man sich getrost, wie ja auch bisher, auf die Rechtsprechung und im übrigen darauf verlassen, daß auch die neuen Tatbestandsbeschreibungen nicht eindeutig und vermutlich auch nicht besser als die bisherigen sein werden. Aufgabe des Gesetzgebers ist es, zu überlegen, wie der Kriminalität besser gesteuert werden kann[1]. Voraussetzung für der-

[1]) Was wirklich Aufgabe und Beruf unserer heutigen Rechtswissenschaft und Gesetzgebung ist, hat Sauer im Vorwort seiner Kriminologie (S. VII) klar herausgestellt.

artige Überlegungen ist eine möglichst eingehende Kenntnis der Verbrechenserscheinungen und Verbrechensursachen. Kriminologie, besonders Kriminalätiologie ist die hier in Betracht kommende Wissenschaft.

a) Begriffsinhalt

Die Kriminalätiologie, und zwar insbesondere der Zweig der Kriminalanthropologie hat seit langem bei der Systematisierung der Täter Typen gebildet, die mehr oder weniger eng an die Straftatbestände unseres Strafgesetzbuches angelehnt sind. Die Anlehnung ist manchmal sehr nahe, wie z. B. beim Typ des Diebes, vielfach jedoch weiter und über mehrere Tatbestände hinwegreichend, wie z. B. beim Typ des Gewaltverbrechers. Die Anlehnung an das geltende Strafgesetzbuch ergibt sich aus dem Zweck der Kriminologie als Zweig der gesamten Kriminalwissenschaft, nämlich die Erscheinungen und Tatsachen zu erforschen, die für den anderen Zweig der Kriminalwissenschaft, die Kriminalrechtswissenschaft von Bedeutung sind. Ein Strafrecht ohne z. B. Diebstahlsbestrafung benötigte für die korrespondierende Kriminologie auch keinen kriminologischen Tätertyp des Diebes.

Die Art der Anlehnung ergibt sich aus der jeweiligen Einsicht in die anthropologischen und soziologischen Gegebenheiten, in die Anlagen und Umwelteinflüsse, die einen Menschen ein bestimmtes Verbrechen begehen lassen oder aber ihn hierzu fähig sein lassen oder anreizen. Wo ganz bestimmte Anlagen und Umwelteinflüsse die Begehung einer Mehrzahl von Verbrechensarten in gleicher Weise beeinflussen, wird der Tätertyp sich weiter vom Tatbestand entfernen als dort, wo eine ganz bestimmte Anlage nur zur Begehung eines einzigen ganz bestimmten Deliktes führt. Mitunter ist auch möglich, daß einem zusammengesetzten Tatbestand mehrere Tätertypen entsprechen. So wird vielfach vom Typ des Einbrechers noch der Einsteigedieb und Einschleichdieb geschieden. Auch treffen wir die Erscheinung, daß ein kriminologischer Tätertyp für tatbestandlich gerade verschieden behandelte Delikte in Betracht kommt. So kommt z. B. für die Tatbestände § 174 Ziff. 1 und § 176 I Ziff. 3 ein Tätertyp und für die Tatbestände § 174 Ziff. 2 und § 176 I Ziff. 2 ein anderer selbständiger Tätertyp in Betracht.

Selbstverständlich ist, daß auch die Art der Unrechtsvertypung in diesem Zusammenhang von Bedeutung ist. Ist die Tatbestandsfassung oder die Zusammenstellung der Tatbestände rein zufällig oder durch besondere historische Gegebenheiten bedingt, so wird sie zumeist eine starke Annäherung des Tätertyps an den Tatbestand verhindern. Anders, wenn sich z. B. die geschichtliche Entstehung des Tatbestandes mit den heutigen kriminologischen Erkenntnissen im Einklang befindet oder gar auf alten kriminologischen Erkenntnissen beruht. Oft ist es so, daß uns die auf kriminologischen Erkenntnissen aufbauende Vertypung besser erscheint, als die im Gesetz zu findende Unrechtsvertypung.

Da der Tätertyp ein kriminologischer ist und der wichtigste Zweig der Kriminologie, die Kriminalätiologie, sich nicht mit dem geschehenen Verbrechen, sondern seinen Ursachen befaßt, ist natürlich, daß der Tätertyp nicht auf geschehene Verbrechen, sondern Verbrechensursachen, also Anlagen, Gewohnheiten usw. abstellt. Nicht der erfüllt den Tätertyp, der zufällig z. B. gestohlen hat, also nicht der Gelegenheitsdieb, sondern derjenige, der kleptoman ist, auch wenn er noch nie einen Diebstahl begangen hat. Zum Tätertyp gehört nicht der Verbrecher schlechthin, sondern der zum Verbrechen Neigende. Daher scheidet ein Tätertyp auch für alle echten Gelegenheitsverbrechen aus. Tätertypen gibt es vernünftigerweise nur so weit, als es Delikte gibt, die aus einer bestimmten Anlage heraus oder durch bestimmte Umwelteinflüsse anlagemäßig oder gewohnheitsmäßig begangen werden können. Die Untersuchungen über Gewohnheitsverbrecher sind demgemäß auch für die Typenbildung von besonderer Bedeutung geworden.

b) Bedeutung für die Rechtsanwendung

Schon die vorstehenden Ausführungen zeigen, daß der kriminologische Tätertyp eine direkte Bedeutung für die Tatbestandsanwendung nicht haben kann[1]). Tatbestandlicher Täter ist nicht der, der zur Begehung des Tatbestandes neigt, sondern derjenige, der den Tatbestand erfüllt hat, gleichgültig, ob er zu einer derartigen Handlung anlagemäßig neigte, oder aber bei der Verbrechensbegehung sogar eine anlagemäßige Neigung überwinden mußte.

Auch zur Tatbestandsauslegung können die Erkenntnisse über einen bestimmten kriminologischen Tätertyp nicht direkt herangezogen werden. Das folgt schon aus der unterschiedlich starken Anlehnung des Tätertyps an den Straftatbestand. De lege ferenda mag eine stärkere Ausrichtung der Tatbestände nach kriminologischen Erkenntnissen wünschenswert sein. So könnte z. B. die Erkenntnis, daß den Diebestyp nicht das Verlangen nach einem Eingriff in formal zivilrechtlich fremdes Eigentum charakterisiert, sondern ein Hang, Sachen heimlich wegzunehmen bei aktivem Aufsuchen der Gelegenheit[2]), zur Rückkehr zum alten Diebstahlstatbestand veranlassen. De lege lata besteht eine Beeinflussung nicht.

Nun darf aber nicht außer acht gelassen werden, daß bei der Tatbestandsaufstellung jedenfalls der ursprüglichen Delikte Vorstellungen mitgesprochen haben, die mit den hier behandelten Tätertypvorstellungen entfernt verwandt sind.

Kriminologische Vorstellungen sind keine Erfindung des achtzehnten Jahrhunderts. Die Erkenntnis, daß ein Mensch zu einer bestimmten

---

[1]) So auch Dahm, Tätertyp S. 29, ihm allerdings Bedeutung für die Strafzumessung beilegend.

[2]) Gelegenheit erzeugt nicht Diebstahls-, sondern Unterschlagungsfälle.

Tat neigen könne, ist älter, als jeder Versuch einer Straftatbestandsfassung. Derartige Vorstellungen begegnen sogar im Ursprung des Strafrechts, wenn dort der Ausschluß des Täters aus der Rechtsgemeinschaft deshalb erfolgte, weil die Tat ihn als besessen oder gefährlich krank kennzeichnete. Hier ist die durch die Tat offenkundig gewordene Eigenschaft des Täters Grund der Strafe. Zweck der Strafe war Schutz vor dem Dämon, der Besessenheit oder der Krankheit.

Auch in der Weiterentwicklung ist die Vorstellung stets wach geblieben, daß bei bestimmten Straftaten besondere Voraussetzungen in der Person des Täters vorliegen müßten, eine Tat in etwa durch Eigenschaften des Täters charakterisiert sei. Gerade der Mord ist ein treffendes Beispiel, hat sich doch bei ihm der Gesetzgeber mit unterschiedlichen Mitteln stets bemüht, den Vorstellungen der Rechtsgemeinschaft über den „Mörder" Rechnung zu tragen. Dieser ist nach allgemeiner Vorstellung ein kalter und grausamer Mensch. Keine Tatbestandsfassung hat dieses Bild des Mörders, daß ja eigenschaftsverhaftet, also im Grunde kriminalätiologisch ist, aus dem Rechtsbewußtsein verdrängen können.

So darf es nicht Wunder nehmen, daß kriminologische Vorstellungen unter der Oberfläche der vom Rechtsbewußtsein getragenen ursprünglichen Straftatbestände anzutreffen sind und mitunter auch indirekt auf die Tatbestandsauslegung einwirken. Dieser gewöhnlich verborgene Einfluß zeigt sich dann, wenn Grenzfälle zwischen zwei Tatbeständen zuzuordnen sind. So geht z. B. der Handtaschendieb, der Passanten unbemerkt die Handtasche entreißt, durchaus mit Gewalt vor und es bedarf komplizierter Konstruktionen, wenn man die Anwendung des Raubtatbestandes vermeiden will. Die Rechtsprechung vermeidet sie, indem sie für den Raub den Willen, durch Widerstandsbrechung wegzunehmen, fordert[1]). Bestimmender war aber m. E. die Vorstellung, daß der Handtaschendieb nicht dem Bilde entspricht, das im Rechtsbewußtsein vom potentiellen Räuber herrscht. Kriminologisch ist denn auch der Handtaschendieb nicht Gewaltsverbrecher, sondern Dieb.

An dieser Stelle zeigt sich der Berührungspunkt zwischen kriminologischem und normativem Tätertyp. Wenn z. B. Fälle wie §§ 181 a oder (abgeschwächt) 211 StGB gemeinhin als Fälle eines gesetzlich zum Durchbruch gekommenen normativen Tätertyps gelten, so darf dabei nicht übersehen werden, daß hier eigenschaftsverhaftete, also im Grunde kriminalätiologische Vorstellungen mitspielen. Wenn zur Strafbarkeit nicht nur die Tat, sondern auch eine bestimmte anlage- oder gewohnheitsmäßig bedingte Eigenschaft des Täters gehört, so wirkt hier die Vorstellung eines kriminologischen Tätertyps, und zwar in der Weise, daß gestraft wird, weil der Täter eine Tat begangen hat und außerdem zu einem bestimmten kriminologischen Tätertyp (der vielleicht besonders unerwünscht ist) gehört. Bestraft wird hier die Aktion des dem kriminologischen Tätertyp angehörenden Täters.

[1]) RG 46, 303.

c) Unterschlagung und Untreue

Während die Unterschlagung oft als typisches Gelegenheitsdelikt begriffen wird[1], für das eine Typenaufstellung zwar nicht falsch aber weniger fruchtbar ist, haben wir bei der Untreue ein Delikt vor uns, das bestimmte Tätereigenschaften und Veranlagungen voraussetzt. Es gibt daher einen Typ des Veruntreuers oder ungetreuen Vermögensverwalters. Mit dem Tätertyp des anderen Intelligenzdeliktes, dem Betrüger, ist dieser Typ eng verwandt.

Inwieweit die Eigenschaftsvorstellungen beim ungetreuen Vermögensverwalter, also z. B. die Vorstellungen über Intelligenz und Verschlagenheit des Types, seinen Hang und seine Fähigkeit, sich in das Vertrauen seiner Mitmenschen einzuschleichen, für die Bildung eines normativen Tätertyps von Bedeutung sind, wird unter B) S. 231 ff. behandelt.

2. Normativer Tätertyp?

Da die Strafrechtslehre der Jahre 1933—1945 den normativen Tätertyp zwar nicht erfunden, aber gründlich in Mißkredit gebracht hat[2], ist zunächst eine Vorbemerkung angebracht.

Wenn hier auf die Lehre vom normativen Tätertyp überhaupt Bezug genommen wird, so deshalb, weil es richtig erschien, an vorhandene und geläufig gewordene Begriffe anzuknüpfen und nicht einfach einen Begriff in die Darstellung einzuführen, der einen jedenfalls teilweise schon bekannten und bezeichneten Bedeutungsinhalt hätte. Immerhin ist in der Lehre von der Idee oder dem normativen Leitbild des Tatbestandes oder der Gesamtschau der Tatbestandsmerkmale[3] etwas enthalten, was der hier vertretenen Auffassung nahekommt. Allerdings unterscheidet sich die hier vertretene Ansicht von der bisherigen grundsätzlich dadurch, daß hier nicht die „Volksanschauung" oder ein „übergesetzliches Täterbild" bemüht wird, sondern lediglich im Rahmen der Tatbestandsauslegung auch der Bedeutungsinhalt mobilisiert wird, der sich aus der gegenseitigen funktionalen Beeinflussung der einzelnen Tatbestandselemente ergibt.

Ferner muß schon hier als Überzeugung des Verfassers ausgesprochen werden, daß Vorstellungen vom Tätertyp oder Tattyp niemals zu einer

---

[1] Vgl. jedoch die Arbeit von Less, Unterschlagung, die einen Tätertyp herauszuarbeiten unternimmt. Less sieht im Typ des Unterschlagenden einen „Verratstyp" (S. 2), stellt aber hierbei mehr auf die Veruntreuung als auf die einfache Unterschlagung ab (vgl. S. 21). Ähnlich Sauer Kriminologie S. 278 und Tafel103.

[2] Vgl. z. B. Hartung in SJZ 49, 69, der kurzerhand die Lehre vom Tätertyp mit dem „N. S.-Bestreben der Auflockerung der Tatbestände" gleichsetzt und bei § 211 von „gesetzgeberischer Fehlentwicklung" spricht. Schon weniger scharf z. B. Maurach Lehrbuch AT S. 213 oder Spendel in ZStW 65, 531 (als Frucht des Tätergedankens). Weitere Stellungnahmen vgl. Heinitz in ZStW 63, 57ff.; Bockelmann in Mat. zur Str.-Reform I S. 29ff.

[3] „Gesamtschau der im Gesetz in ihren Einzelmerkmalen beschriebenen Tat" (Mezger in DStR 42, 113).

Ausweitung der Straftatbestände, geschweige denn zur analogen Anwendung von Straftatbeständen führen können. Sowohl die Ausweitung der Tatbestände als auch die Erweiterung der Richterfreiheit ist verderblich. Auch die kürzlich durchgeführte Strafrechtsreform, bei der alte Postulate der IKV und berechtigte Postulate des Jugendstrafrechts auch im Erwachsenenstrafrecht verwirklicht worden sind, ist abzulehnen. Längst ist die Grenze und das Optimum an Beachtung der Täterpersönlichkeit[1]) erreicht. Wie heute noch weitere Anforderungen gestellt werden können, wo ein Zustand erreicht ist, der einen von Liszt in Erstaunen setzen würde[2]), ist dem Verfasser ein Rätsel. Die Forderung nach Erweiterung der Strafrahmen[3]) ist eine Forderung nach Richterwillkür[4]). Die Tat muß nicht nur Strafanknüpfungs-, sondern auch wesentlicher Strafzumessungsgrund bleiben[5]). Es besteht generell kein Beruf des Menschen zur Be- und Verurteilung seines Nächsten, auch die Fähigkeiten hierzu fehlen. Wie alle neuen Wissenschaften ist hier die Psychologie mit Ansprüchen aufgetreten, die weit über die Grenzen menschlicher Einsichtsfähigkeit hinausgehen und unerfüllt bleiben müssen[6]).

Wie generell an Ausweitung der Tatbestände und größere Richterfreiheit nicht gedacht werden kann, so muß auch die Einzeltatbestandsanwendung restringiert werden und ihre unverrückbare Grenze an der sprachlich sinnvollen Begriffsauslegung finden. Die vernünftige, ungezwungene und auch dem allgemeinen Sprachgebrauch entsprechende

[1]) Ganz richtig erkennt Bockelmann (Studien I S. 65ff., besonders S. 70), daß die weitgehende Persönlichkeitswertung nur dann möglich ist, wenn man die grundsätzliche, seit Kant gebräuchliche Trennung von Recht und Moral aufgibt, praktisch also dem Staate und besonders dem Strafrecht die Erzwingung moralischen Verhaltens zur Aufgabe macht.

[2]) Nachdem nunmehr auch das „Schoßkind der IKV“ (Birkmeyer Studien S. 42ff.) die bedingte Verurteilung, Eingang in das Gesetz, in abgewandelter Form auch in das Erwachsenenstrafrecht gefunden hat.

[3]) Auf eine kurze Formel gebracht: Relative Strafrechtstheorie und weiter Strafrahmen = Täterbehandlungsrecht, nicht mehr Täterstrafrecht. Die reine Zweckstrafe bedeutet Aufgabe des Strafrechts, Birkmeyer Studien S. 61/2, dessen Prophezeihungen über die Gefahr des Abgleitens des Täterstrafrechts zu einem Recht der Verbrechensprophylaxe (a. a. O. S. 75ff.) sich nach 1933 auch erfüllt haben. Über die Entwicklung vom (utilitaristischen) Zweckgedanken im Strafrecht über die Präventivstrafe zur unbegrenzten Individualisierung des Strafrechts vgl. Drost, Individualisierung S. 10ff.

[4]) Die Individualität des Täters kann nicht das Gesetz, sondern nur (theoretisch!) der Richter erfassen. Es heißt also nicht Richter und Gesetz, sondern Richter statt Gesetz, wenn man der Täterpersönlichkeit noch mehr Rechnung tragen will. Diese Alternative erkennt richtig Drost Individualisierung S. 20.

[5]) Andernfalls erhalten wir auf diesem Umwege über das Strafmaß, das sich schon jetzt z. B. vom Absehen von Strafe und Strafaussetzung bis zu neun Monaten Gefängnis erstreckt, ein Gesinnungsstrafrecht.

[6]) Wie kann ein Richter sich unterfangen, sein Urteil über die Besserungsfähigkeit oder den Besserungswillen eines Menschen für mehr als bloßes Stückwerk zu halten. Besonders trifft das für jüngere Richter zu, denen neben psychologischer Ausbildung (über die ohnehin nur die wenigsten Richter verfügen) auch psychologische Erfahrung fehlt.

Begriffsauslegung grenzt strafbares vom nichtstrafbaren Verhalten ab. Hier liegt die eigentliche Magna Charta der Verbrechers. Die Normen des Strafrechts richten sich, insoweit muß Binding widersprochen werden, nicht an den Richtern, sondern an den Rechtsunterworfenen. Daher ist nicht auf kunstvolle Begriffsauslegung, die im Ergebnis zu einer dem Sprachgebrauch gerade entgegengesetzten Bedeutung gelangen könnte, sondern auf den allgemeinen Sprachgebrauch abzustellen[1]). Unklarheiten und Unvollständigkeiten gehen zu Lasten ihres Verursachers. Das ist ein allgemeiner Rechtssatz[2]). Erst im Rahmen der allgemein üblichen und allgemein verständlichen Begriffsauslegung beginnt die spezifisch juristische Arbeit der Ermittlung des Normzwecks und der Ausscheidung nicht vom Normzweck getroffener Fälle aus der Tatbestandsmäßigkeit[3]). Nur zu dieser Ausscheidungsarbeit vermag die Verwendung des Gedankens vom normativen Tätertyp oder Tattyp mitzuhelfen.

a) Begriffsinhalt

Im Gegensatz zum kriminologischen handelt es sich beim normativen Tätertyp nicht um einen Persönlichkeitstyp, sondern um einen Normverletzertyp. Während der kriminologische Tätertyp teils nahe an den Tatbestand angelehnt, teils weiter entfernt erscheint, muß daher der normative Typ am Tatbestand haften. Er muß die Tatbestandsbegehung kennzeichnen. Den normativen Tätertyp kann nur der erfüllen, der die Norm verletzt, und umgekehrt, so behauptet die Lehre vom normativen Tätertyp, verletzt der die Norm, der den normativen Tätertyp erfüllt.

Hier zeigt sich schon, daß die Lehre vom normativen Tätertyp einseitig ist, wenn man ihr nicht eine Lehre vom normativen Tattyp zugesellt. Es ist offenkundig, daß unser geltendes Strafrecht als Tatstrafrecht konzipiert ist[4]). Zwar vermag täterstrafrechtliches Denken auch zu vielen Straftatbeständen eine bestimmte Täterfigur sichtbar zu machen. Immer gelingt das nicht, so z. B. nicht beim Unterschlagungstatbestand oder der fahrlässigen Körperverletzung[5]). Wo keine Täterfigur im Tatbestand lebt, kann auch kein Tätertyp, sondern allenfalls

[1]) Das entspricht auch mehr der strafrechtlichen Betrachtungsweise, die wirklichkeitsnäher als die zivilrechtliche ist. Vgl. hierzu Bruns Befreiung S. 7, der sich mit Recht dagegen wehrt, diese wirklichkeitsnähere Betrachtung als tatsächliche (im Gegensatz zur rechtlichen) zu bezeichnen.

[2]) Der im öffentlichen Recht als: in dubio pro libertate eine noch gesteigerte Bedeutung hat.

[3]) Richtig ist die Bemerkung Dahms, daß die Entwicklung von der Begriffsjurisprudenz zur Interessenjurisprudenz eine Aufweichung der Begriffe mit sich gebracht hat, vgl. Tätertyp S. 41. Für das Strafrecht gibt es hier aber keine echte Alternative. Vielmehr ist beides erforderlich (wenn man überhaupt die allgemein verständliche Begriffsauslegung als spezifisch juristische Aufgabe bezeichnen will).

[4]) Eingehend und mit Belegung durch Beispiele Bockelmann Studien S. 9/59, richtig auch der Hinweis auf Einflüsse der Hegelschen Schule auf das Vergeltungsdenken, vgl. a. a. O. S. 63.

[5]) Vgl. schon Dahm ZAkDR 39, 528.

ein Tattyp aufgestellt werden, bei dem nun wieder zu eruieren wäre, ob er mehr ist, als die allgemeine Vertypung des Unrechts durch den Tatbestand. Die in dieser Beziehung ausgezeichnete Schrift von Dahm, „Der Tätertyp im Strafrecht", stellt daher dem Tätertyp einen gleichberechtigten Tattyp an die Seite[1]). Das ist nicht mehr als folgerichtig. Wir würden sagen: Es gibt persönlichkeitsverhaftete (und gleichzeitig tatverhaftete) und rein tatverhaftete Leitbilder, je nach dem Grade der Persönlichkeitswertung im Einzeltatbestand[2]).

Die so korrigierte Lehre vom Täter- und Tattyp läßt nun zwei Spielarten zu. Geht man davon aus, daß nur derjenige die Norm verletzt, der den Tätertyp erfüllt, so haben wir in der Lehre vom normativen Tätertyp ein Mittel für eine einschränkende Tatbestandsauslegung vor uns[3]). Geht man davon aus, daß auch derjenige die Norm verletzt, der den Tätertyp (aber nicht den Tatbestand) erfüllt, so haben wir in ihr ein Hilfsmittel zur analogen Tatbestandsanwendung. Die Gefahr, zu dieser zweiten Spielart zu neigen, war in der analogiefreundlichen Zeit nach 1933 besonders groß. Es darf auch nicht verkannt werden, daß schon ein gewisser Anreiz zur Wahl dieser Spielart darin liegt, daß überhaupt neben dem Tatbestand auch ein Leitbild oder eine Idee des Tatbestandes bei der Auslegung verwendet wird. Was im Zivilrecht zur richtigen Auslegung des Einzeltatbestandes und zur Schließung der Lücken zwischen den Tatbeständen notwendig ist[4]), wird für das Strafrecht gefährlich. Diese Gefahr liegt jedoch auch bei Besinnung auf den Normzweck, Normsinn (ratio legis) und auf das Schutzobjekt in gleicher Weise vor, ohne daß deshalb diese Auslegungshilfsmittel aus dem Strafrecht verbannt würden. Gefährlich ist daher nicht die Lehre vom Täter- und Tattyp, sondern das, was man unter Außerachtlassung, ja Verpönung des alten liberalen Strafrechtsgrundsatzes: nullum crimen sine lege[5]), insbesondere seiner liberalen Auslegung aus ihr gemacht hat.

b) Die einzelnen Lehren

α) Tatbestand als Unrechtsvertypung

Wie schon in der Einleitung zu III A ausgeführt, reicht das Typendenken von der rein soziologisch subjektiven, bis zur rein tatbestandlich

[1]) Tätertyp S. 23ff., besonders S. 25.

[2]) Sehr viel weiter in der Annahme von (allerdings schwächer ausgeprägten) Tätertypen geht Mezger (DStR 42, 113).

[3]) Diese Auffassung kommt bei Dahm erfreulich stark und klar zum Ausdruck, Dahm Tätertyp S. 21, 39ff., 53.

[4]) Vgl. das Typendenken bei Larenz.

[5]) Dessen Wanken Freisler (Schutz des Volkes S. 2) schon 1934 feststellen zu können glaubt und der mit der liberalen Rechtsstaatsidee, also mit politischem Liberalismus steht und fällt. Treffend die Rede von Kern „Der Rechtsstaatsgedanke im Strafrecht und Strafverfahrensrecht von der Reichsgründung bis zur Gegenwart" (in Freiburger Universitätsreden Heft 9, 1933), die heute wie eine letzte Warnung anmutet.

objektiven Auffassung. Die Erkenntnis, daß der Tatbestand als typischer Ausschnitt, als typisches Lebensbild aus dem Gesamtgebiet rechtswidrigen Verhaltens herausgeschnitten ist, hat auch immer gewisse Vorstellungen von einem typischen Verhalten des Täters mit sich gebracht[1]. Hier finden wir schon die erste und ursprüngliche Anwendung des Typendenkens auf den Täter, der ja von der Tat nicht schlechthin fortgedacht werden kann.

β) Der täterstrafrechtliche Gedanke

Stärkeren Anreiz zum Typendenken in bezug auf den Täter mußte naturgemäß der täterstrafrechtliche Gedanke mit sich bringen[2]. Wenn das extreme Täterstrafrecht den Gegenstand der Strafe nicht mehr im „Was" der Tat, sondern im „Sosein" des Täters erblickte[3], so lag außerordentlich nahe, an die Stelle des vertypten Unrechts den vertypten Unrechtstäter in den Vordergrund der Betrachtung zu schieben[4]. Selbst für das nichtextremistische Täterstrafrecht, das an der Tat als Anknüpfungspunkt festhält[5] und nur bei der Strafzumessung (hier aber allein!) auf den Täter abstellen will[6], mußte die Neigung entstehen, wenigstens für die Strafzumessung persönlichkeitsbetonte Leitbilder, also letztlich Tätertypen aufzustellen[7].

Zu identifizieren ist weder die Lehre vom extremen Täterstrafrecht noch die gemäßigtere Lehre mit der Lehre vom normativen Tätertyp.

---

[1] Vgl. z. B. Beling Methodik S. 61 auch im M. Schr. f. Kr. Ps. 24, 450ff., wo allerdings den Delinquententypen (im Gegensatz zu den Deliktstypen als reinen Kunstprodukten des Gesetzgebers) nur empirischer Charakter beigemessen wird. Auch Zimmerl (Arbeitsmethoden S. 65ff.), entwickelt aus seinen (recht konstruktiven) Urtypen als objektiven Vergeltungstypen endgültig mehr täterbezogene Typen.

[2] Treffend Klee DStR 40, 108.

[3] Bockelmann Studien I S. 2, der sonst nicht zu den extremen Vertretern gehört.

[4] Diese Konsequenz scheint auch Bockelmann zu sehen, wenn er a. a. O. S. 4 den Tätertyp erwähnt, aber aus der Behandlung ausschließt, jedoch z. B. S. 99ff. den Tätergedanken als Leitmotiv des Tatbestandes (doch auf Strafart und Strafmaß beschränkt) bezeichnet.

[5] Vgl. Bockelmann a. a. O. S. 104: Die Strafe ist ein so tiefer Eingriff, daß eine Tat vorliegen muß. Wichtig ist auch die Begründung aus dem Schuldbegriff geworden, nach der dem Verbrecher sein natürliches Sein bzgl. dessen er unfrei ist, nicht vorgeworfen werden kann. Vgl. hierzu Bockelmann a. a. O. S. 121. Auch v. Liszt hat stets an der Tat als Anknüpfungspunkt festgehalten, vgl. Str. Aufs. u. Vortr. II S. 16.

[6] Auch das nichtextremistische Täterstrafrecht muß heute schon in Schwierigkeiten kommen und extrem wirken, wenn man feststellt, daß ein grundlegender Unterschied zwischen Feststellung der Strafbarkeit und Strafzumessung nicht besteht, jedenfalls nicht mehr in einem Strafrecht, das auf dem Gebiete der Strafzumessung und Strafaussetzung zu einem Ergebnis gelangen kann, das im früheren Strafrecht nur durch Annahme der Nichtstrafbarkeit erreicht werden konnte.

[7] Über diese Tendenz jedes Täterschaftsrechts zur „Psychisierung der Tatbestände" und zur Aufstellung einer Typologie krimineller Charaktere vgl. Drost, Individualisierung S. 12, 17.

Alleinige Betrachtung des Täters oder stärkere Betrachtung des Täters sind auch ohne Typendenken möglich. Nur wird ohne derartiges Typendenken dann als Mangel empfunden, daß die Tatbestände des StGB in ihrer Mehrzahl so gar nicht auf die Beachtlichkeit der Täterpersönlichkeit hinweisen. Irgendwie braucht das Täterstrafrecht eine Stütze. Die Überlegung, daß „die Tat des Täters ist“[1]) und die Strafe einen Menschen und nicht eine Handlung treffe, erscheint meist doch etwas zu dürftig. Das StGB gibt dem Täterstrafrechtsgedanken nur wenig Anhalt[2]). Hier kommen gerade die auch noch stark tatgebundenen Rückfallbestimmungen[3]), die Bestrafung der Gewerbs- und Gewohnheitsmäßigkeit, die Polizeidelikte des § 361 Ziff. 3—5 und der § 181 a in Betracht[4]). Wenn man nun auch noch darauf verzichtet, anzunehmen, daß hinter jedem Tatbestand ein persönlichkeitsbetontes Täterbild steht, so bleibt nur die Möglichkeit, stets nach einer Strafrechtsreform durch den Gesetzgeber zu rufen.

Andererseits hat das extreme Täterstrafrecht, also das Willensstrafrecht mit Entwicklungsrichtung zum Gesinnungsstrafrecht, auch ohne daß ein normativer Tätertyp vertreten würde, Berührungspunkte mit dem kriminologischen Tätertyp. Für das reine Gesinnungsstrafrecht müssen alle die, die einen kriminologischen Tätertyp verkörpern, strafbar sein. Hier könnte die Lehre vom normativen Tätertyp geradezu stören, denn nur derjenige erfüllt diesen Typ des Normverletzers, der auch aktiv gegen die Norm verstoßen hat, also tätig geworden ist. Das Gesinnungsstrafrecht sucht aber gerade auch den noch nicht tätig gewordenen potentiellen Täter zu erfassen.

Alle Ausformungen der Lehre vom Täterstrafrecht haben also keine direkte Verbindung zur Lehre vom normativen Tätertyp, sondern höchstens eine Neigung, sich auf diese Lehre mangels Besserem zu stützen. Sie übersehen dabei, daß sie ihrem Ziele, die Tat gegenüber dem Täter zurücktreten lassen, auf diesem Wege nicht wesentlich näher kommen können, da der normative Typ, auch wenn er persönlich gefärbt (also Tätertyp) ist, doch tatverhaftet bleibt.

---

[1]) V. Liszt, Der Zweckgedanke im Strafrecht, in Strafrechtliche Aufsätze und Vorträge Bd. I 1905 S. 126ff. (159, 175).

[2]) Reines Täterstrafrecht dürfte z.B. nicht zwischen Versuch und Vollendung unterscheiden und müßte den Versuch bei allen Delikten bestrafen. Das hat nicht einmal Freisler gefordert (vgl. in Gürtner Allgem. T. S. 9ff.). Hier zeigt sich wohl am klarsten die tatstrafrechtliche Konzeption unseres StGB, vgl. Birkmeyer Studien S. 27ff.

[3]) Die z.B. Mezger 1927 noch für Tatstrafrecht hält, Mezger Strafrechtsprobleme S. 9.

[4]) Sehr gute Darstellung bei Bockelmann Studien II S. 1/83, der m. E. richtig die Maßregeln der Sicherung und Besserung nicht als Beispiel eines Täterstrafrechts, sondern Tätersicherungsrechts und die Fälle der §§ 51 Abs. II und 20 a mit Hinweis auf die RG Rechtsprechung und die Behandlung im Prozeßrecht nur als Strafzumessungsvorschriften ansieht. Vgl. auch Mezger Strafrechtsprobleme S. 8ff.

γ) Erik Wolfs Lehre

Was heute gemeinhin unter der Lehre vom normativen Tätertyp verstanden wird, geht in seinen Grundzügen auf die Abhandlungen von E. Wolf zurück[1]). Die Grundformel dieser Lehre heißt etwa: Wer diese Tat auf typische Weise unter typischen Umständen und in typischer Einstellung begeht, wird ... bestraft[2]). Das ist weder nationalsozialistisches noch Täterstrafrecht. Hier soll erkennbar nur ein Auslegungshilfsmittel gegeben werden, eine normative Täterlehre aufgestellt werden, „die das Wesentliche des Täters als einer Seinsweise des Menschen im Recht entwickelt" [3]). Das Tatprinzip sollte dabei keineswegs überwunden oder in den Hintergrund gedrängt, sondern lediglich erläutert werden[4]).

Anlaß zur Ausbildung diese Lehre war das Gefühl, daß der Straftatbestand bei Anwendung eines naturalistischen Handlungsbegriffes[5]) verfließe und dringend einer Zusammenfassung bedürfe. Anlaß war also letztlich dieselbe Unzufriedenheit, die zur Aufstellung der Lehre vom finalen Handlungsbegriff geführt hat, die Unzufriedenheit mit einem Handlungsbegriff, der negiert, daß Handeln nur zusammen mit der Motivation des Handelns begriffen werden könne[6]).

Daß sich eine Tätertypik nicht durchgehend und bei jedem Tatbestand feststellen lasse, hat auch Wolf schon erkannt[7]). Er meint aber, daß bei einem Großteil der Tatbestände ein Tätertyp denkbar sei und vom Tatbestandsauslegenden auch unbewußt beachtet werde[8]). So komme z. B. auch als Erfolg der Täterhandlung immer nur ein typischer Erfolg in Betracht[9]), ein spezifisch juristischer Erfolg, nicht ein bloßer Erfolg in der Außenwelt[10]).

Die Auseinandersetzung mit Wolf hat es sich teilweise zu einfach gemacht. Insbesondere hat man geglaubt, Wolf vorhalten zu können, daß sein Typus sinnlos sei, da ja der Tatbestandsverwirklicher immer den Tätertyp erfülle[11]). Hier ist der Zweck die Lehre vom normativen

---

[1]) Die Typen der Tatbestandsmäßigkeit 1931, Vom Wesen des Täters 1932, Krisis und Neuaufbau der Strafrechtsform 1933, Richtiges Recht im NS Staate 1934, und zuletzt Tattypus und Tätertypus in ZAkDR 1936.

[2]) So schon in Typen d. Tatbest. S. 5.

[3]) Wolf Vom Wesen S. 36.

[4]) Wolf in ZStW 54, 550 (allerdings wegen häufiger Verwendung des Wortes „Gesinnungsstrafrecht" leicht mißverständlich).

[5]) Gegen diesen schon Sauer Grundlagen des Strafrechts S. 208, auf den Wolf (Typen S. 6) ausdrücklich Bezug nimmt, vgl. insbesondere auch Welzel, Naturalismus und Wertphilosophie im Strafrecht, 1935.

[6]) Ausdrücklich Wolf Typen S. 11.

[7]) Typen S. 8ff.

[8]) Wolf Vom Wesen S. 22.

[9]) Typen S. 35.

[10]) Die weitere Ausbildung, die Wolf seinem Tattypus und Tätertypus angedeihen ließ, insbesondere der Versuch einer Zweiteilung der Verbrechenslehre (ZAkDR 36, 358ff.), interessiert hier nicht.

[11]) So z. B. Bockelmann Studien II S. 84ff.

Tätertyp, Auslegungshilfsmittel zu sein, verkannt. Das Typendenken soll ja gerade feststellen helfen, wer Tatbestandsverwirklicher ist. Dazu muß selbstverständlich Tätertyp auch der (vom Gesetz gemeinte, nicht der bloß scheinbare) Tatbestandsverwirklicher sein und umgekehrt.

δ) Ähnliche Lehren

Außer Erik Wolf haben den normativen Tätertyp auch Boldt, Freisler, Gleispach, Kohlrausch, H. Mayer, Schaffstein und in etwa auch Mezger und Bockelmann aufgegriffen[1].

Welchen Weg dabei das spezifisch nationalsozialistische Strafrecht ging, zeigt eigentlich nur die Verwendung, die Freisler von der Lehre vom normativen Tätertyp machen zu können glaubte. Dabei wird gleichzeitig offenkundig[2], daß nur die Abneigung gegen das überlieferte Analogieverbot, nicht die Lehre vom normativen Tätertyp die bekannten Ergebnisse zeitigen konnte. Nur die Abneigung gegen die Überlieferung des Liberalismus und der Aufklärung und die offenkundig (!) russischem Vorbild nachgebildete These, daß die Straftatbestände „nur Anziehungszentren im Kreise des Strafbaren", die Tatbestände nur Beispiele seien[3], konnte Strafrechtsausweitung und Richterallmacht fördern. Die Lehre vom normativen Tätertyp hat sich in diesem Zusammenhang sogar als Bremsklotz erwiesen, war doch bei Aufstellung eines Typus wenigstens noch etwas Festes vom ausufernden Tatbestand übrig geblieben, das sich nicht so einfach, wie etwa die überlieferte Begriffsauslegung hinwegdiskutieren oder im Sinne einer gesund empfindenden Auslegung umbiegen ließ[4].

Gerade für die neu geschaffenen Gesetze hat sich die Lehre vom normativen Tätertyp und ihre Anerkennung durch die Rechtsprechung[5] als segensreich erwiesen. Die weite Fassung der Tatbestände der VolksschädlingsVO[6] hätte ohne Tätertypenvorstellung zu noch schlimmeren Ergebnissen geführt[7].

Die Freislersche Anwendung, d. i. der rabulistische Mißbrauch der Lehre vom normativen Tätertyp hat nun leider diese Lehre in argen

---

[1]) Einzelnachweise und ausführlichere Darstellung bei Dahm Tätertyp S. 28ff.

[2]) Das übersieht m. E. Bockelmann in seiner Darstellung dieser Entwicklung (Studien II S. 106ff.).

[3]) So ausdrücklich Freisler in Schutz des Volkes S. 21ff.

[4]) Vgl. die mutige Feststellung von Gemmingen (Probleme S. 20), daß es offenes Geheimnis sei, daß der Richter „formallogisch auch zum Gegenteil gelangen könne".

[5]) Von der Rechtsprechung erstmalig anerkannt in der Entscheidung RG 73, 183 zu § 181 a, unter Aufgabe von RG 34, 72; 35, 60, also der Meinung, daß das Wort „Zuhälter" kein ausdrücklich festzustellendes Tatbestandsmerkmal sei. Zu dieser Entscheidung vgl. Klee in DStR 40, 97ff., Dahm ZAkDR 39, 528.

[6]) Einschränkung der Auslegung durch Lehre vom normativen Tätertyp z. B. RG in ZAkDR 40, 225 (226). Vgl. in dieser Richtung auch Mezger in DStR 42, 108ff. und Schaffstein daselbst S. 33ff.

[7]) So dem Sinne nach Dahm, Tätertyp S. 39.

Mißkredit gebracht. Ganz besonders bedauerlich ist es, daß gerade Freisler für die Reformpläne eine durchgehende Aufstellung von Tätertypen forderte[1]). Diese Forderung nach Typen nicht neben sondern vor den Handlungsbeschreibungen unter dem schon gekennzeichneten Gesichtswinkel der bloßen Anziehungszentren hat die Lehre vom normativen Tätertyp, die ursprünglich doch gerade ein Hilfsmittel zur Auslegung der Handlungsbeschreibung, sogar ein einschränkendes Hilfsmittel sein wollte, den letzten und schwersten Stoß versetzt. Hier wird gerade das Gegenteil von dem erreicht, was die Lehre vom normativen Tätertyp einmal erzielen wollte[2]).

Die Lehren der anderen Autoren sind im wesentlichen nicht in dieses Fahrwasser gelangt. Das muß ausdrücklich hervorgehoben werden. Es ist eine schwere Unbilligkeit, ihre Erkenntnisse und Überzeugungen mit dem Hinweis auf die Freislersche Richtung abzutun. Vereinzelte Fensterreden zählen nicht[3].)

Kurz mag angedeutet werden, welche Gründe zur Verfolgung des Typendenkens geführt haben.

Bei Mezger[4]) war es die Annahme der Täterschuld—Lebensführungsschuld, die ein ganz bestimmtes Typendenken zur Folge haben mußte (ähnlich übrigens auch bei Bockelmann[5]). Bei anderen war es der Einfluß der sogenannten Kieler Richtung, der zum Typendenken geführt hat. Diese Richtung, besonders scharf verfochten von Schaffstein und Dahm[6]) und heftig angegriffen von Schwinge und Zimmerl[7]) gemäßigter von Mittasch[8]), hatte sich zum Ziele gesetzt, die bis dahin herrschende Rechtsgutslehre zu entthronen. Sie war der Ansicht, daß der alte materielle[9]) Rechtsgutsbegriff den personellen Gehalt des Verbrechens nicht erfasse[10]) und seine Überbetonung daher abzulehnen sei. Der personelle Gehalt mache aber das Wesen des Verbrechens aus[11]).

[1]) Freisler, Gedanken zur Technik des werdenden Strafrechts, in ZStW 55, 517.

[2]) Wie z. B. durch den Typ des Schiebers und korrupten Geschäftsmannes zur Begrenzung des Untreuetatbestandes, insbesondere zum Ausschluß rein mechanischer Tätigkeiten beizutragen, vgl. hierzu Dahm Tätertyp S. 53.

[3]) So nicht die Rede von Dahm, Gemeinschaft und Strafrecht 1936.

[4]) Der den Typ nicht so sehr für die Tatbestandsauslegung als vielmehr für die Strafzumessung verwenden wollte, vgl. Mezger ZStW 57, 679, 680, 687.

[5]) Vgl. Studien I S. 99ff., auch S. 103.

[6]) Schaffstein, Das Verbrechen eine Rechtsgutsverletzung?, DStR 35, 97ff., Dahm, Methodenstreit in der heutigen Strafrechtswissenschaft, ZStW 57, 225ff.

[7]) Schwinge-Zimmerl, Wesensschau und konkretes Ordnungsdenken im Strafrecht, ergänzt durch Schwinge, Irrationalismus und Ganzheitsbetrachtung.

[8]) Mittasch, Die Auswirkungen des wertbeziehenden Denkens in der Strafrechtssystematik, der z. B. nicht wie Schwinge allein das Rechtsgut in den Vordergrund stellt, vgl. S. 31, 90.

[9]) Im Gegensatz zum formellen, methodischen, der von Honig begründet wurde und nicht mehr ist, als etwa die ratio legis, vgl. Dahm, Methodenstreit S. 231/233, Mittasch, Auswirkungen S. 88.

[10]) Dahm, Methodenstreit S. 233.

[11]) Dahm, Methodenstreit S. 244: „In seinem gemeinschaftszerstörenden Cha-

Die Gegner sahen in der Kieler Richtung und dem Zurückdrängen des Rechtsgutsbegriffes eine bewußte Abwendung vom Rationalen und einen Zug zur irrationalen Ganzheitsbetrachtung, zur „Wesensschau“[1]) und zum „konkreten Ordnungsdenken“[2]). Schaffsteins[3]) Wesensschau und Dahms Wesensbetrachtung wurde von ihnen als „Nachblüte“[4]) der Husserlschen Phänomenologie bezeichnet, welche selbst zumindest in der Strafrechtswissenschaft keine Erkenntnisse vermitteln könne, sondern zu reinem Relativismus führe[5]). Daraus ergab sich fast notwendig, daß alle diejenigen, die den personellen Gehalt des Verbrechens unter Zurückdrängung des materiellen Rechtsgutdenkens stärker erfassen wollten, ohne doch dabei den tatbestandlichen Boden zu verlassen, im Besonderen Teil des StGB an Stelle des vertypten Unrechts vertypte Unrechtstäter sehen mußten. Nur das Haften des normativen Tätertyps am Tatbestand erlaubte, die Angriffe gegen den „Irrationalismus“ der Kieler Richtung zurückzuweisen und nicht irrationale sondern rationale (tatbestandsmäßige und gleichzeitig der Parallelwertung in der Laiensphäre[6]) entsprechende) Ganzheitsbetrachtung zu behaupten[7]).

ε) Dahms Lehre

Ihre vorläufig klarste Ausbildung hat die Lehre vom normativen Tätertyp durch Dahm erhalten. Anlaß für Dahm war der Wunsch zur Einschränkung der StGB-Tatbestände durch einen tatbestandlichen, normativen Tätertyp[8]), nicht durch einen „reinen Tätertyp“, der mehr

rakter, nicht in dem unzulässigen Eingriff in rechtlich geschützte Interessen liegt ... das Wesen des Verbrechens.“ (Dahm folgt hier der Definition von Gallas in Festschrift f. Gleispach S. 51.)

[1]) Überaus scharf gegen diesen Begriff Schwinge-Zimmerl, Wesensschau S. 9, 13.

[2]) Carl Schmitt, Die drei Arten des rechtswissenschaftlichen Denkens, 1934, scharf gegen das „Halbdunkel“ dieses Ordnungsdenkens Schwinge-Zimmerl Wesensschau S. 20ff.

[3]) Der sich neben Mezger besonders um die Einschränkung des Kriegsstrafrechts verdient gemacht hat, vgl. die Ausführungen in DStR 42, 33ff.

[4]) Schwinge, Irrationalismus S. 16, ähnlich Mittasch, Auswirkungen S. 17, S. 102ff.

[5]) Schwinge, Irrationalismus S. 36, 67, Mittasch, Auswirkungen S. 16ff.

[6]) So Dahm, der die Formulierung Mezgers nicht nur für das Unrechtsbewußtsein (wie Mezger) sondern auch für das objektive Unrecht gebraucht, Dahm, Methodenstreit S. 255.

[7]) Dahm, Methodenstreit S. 285ff., in etwa vermittelnd Schwinge (Irrationalismus S. 43ff.), der sich nur gegen die irrationale, nicht gegen die mit der elementenhaften Hand in Hand gehende rationale Ganzheitsbetrachtung wendet, vgl. auch S. 57 und 58 mit der Forderung, die Ganzheitsbetrachtung müsse aus ihrer „irrationalistischen Umklammerung“ freigemacht werden. Auch Engisch, Mittermaier und Nagler wenden sich hauptsächlich gegen die irrationalistische Ganzheitsbetrachtung.

[8]) Dahm, Tätertyp S. 21, 28.

ins Kriminologische hinüberreicht und nur auf der Grenze Strafrecht — Sicherungsrecht eine Rolle spielt[1]).

Dieser Tätertyp oder auch Tattyp[2]) soll hinter dem Tatbestand stehen und das Bild der Tat und damit auch die Grenzen des Tatbestandes angeben[3]). Auf diese Weise soll der elementenhaften, begrifflichen Deduktion die ganzheitliche Betrachtungsweise beigesellt werden. Das Tatprinzip soll nicht überwunden, sondern erläutert werden.

Tätertyp oder Tattyp je nachdem, ob das Bild mehr durch persönliche Kennzeichen, Pflichten usw. des Handelnden oder mehr durch den Vorgang geprägt ist[4]), findet der Gesetzgeber schon im Rechtsbewußtsein vor. Die Tatbestandsbeschreibung ist jeweils nur unvollkommene Erfassung und Beschreibung des vom Gesetzgeber gemeinten Täter- oder Tatbildes[5]). Der Richter muß das Bild, das dem Gesetzgeber vor Augen gestanden hat, aktualisieren und bei begrifflichen Unklarheiten als Grenze des Strafbaren betrachten.

Daß diese Lehre nichts in sich birgt, was nicht auch ein um einengende Tatbestandsauslegung beim Einzeltatbestand und um einengende Einordnung eines Sachverhalts unter eine Mehrzahl begrifflich anwendbarer Tatbestände besorgter Bearbeiter vertreten könnte, liegt auf der Hand.

B. Leistung des normativen verbesserten Typs und Grenzen seiner Verwendbarkeit

1. Allgemein

Teilweise ist gegen die Lehre vom normativen Tätertyp und Tattyp eingewandt worden, daß sie zwar nicht gerade widerlegbar, aber doch unfruchtbar, weil leistungsunfähig sei. Das wäre dann richtig, wenn der Täter- oder Tattyp nichts weiter wäre, als eine Sammelbezeichnung für die Elemente, die den jeweiligen Einzeltatbestand bilden. Addiert der Täter- oder Tattyp nur die Einzelbegriffe des Tatbestandes und ist er selbst nichts als die Bezeichnung der Summe dieser Einzelmerkmale[6]), so kann man ihn allerdings gut entbehren.

---

[1]) Dahm a. a. O. S. 20, einen reinen Tätertyp sieht Dahm z. B. im §§ 181 a und 20 a, wo kriminelle Lebensform und echte Lebensführungsschuld, in etwa auch bei §§ 266, 223 b, 175 a Ziff. 2 StGB, wo die Tätergesinnung eine wesentliche Rolle spielt. Vgl. a. a. O. S. 16, 10, 6.

[2]) Dahm a. a. O. S. 23, 25. Scharf gegen diesen Typ Schwinge, Irrationalismus S. 19ff.

[3]) S. 24, 25, 41.

[4]) Dahm a. a. O. S. 25.

[5]) Dahm a. a. O. S. 35.

[6]) So z. B. Bockelmann, Studien II S. 84ff., Klee DStR 40, 108ff.

a) Ganzheitsbetrachtung

α) Geschichte

Die bei der Lehre vom Tätertyp begegnende sogenannte Ganzheitsbetrachtung hat erst verhältnismäßig spät in die Rechtswissenschaft Eingang gefunden. Die Wurzel der Ganzheitsbetrachtung mag man[1]) in der „Philosophie des Lebens" sehen, wie sie etwa von Bergson, Dilthey, Simmel, Husserl und Klages vertreten worden ist[2]). Das „nacherlebende Verstehen" oder das „Erlebnis" als Erkenntnisakt (Dilthey) also die Verlegung der Erkenntnis aus dem Bereiche der Verstandestätigkeit in den Bereich des Bewußtseins, finden wir auch bei der sogenannten Phänomenologie etwa von Husserl, Scheler und N. Hartmann. Hier wird die „Wesensschau" zum Mittel und gleichzeitig Ziele des Erkennens.

Daß es nicht nur die (seit Kant) klassischen Grundformen der Anschauung und der Erkenntnis gebe, ist an sich eine sehr viel ältere Lehre. Das Erleben als Erkenntnisform finden wir z. B. auch in der scholastischen Episteme[3]). Wir müssen uns versagen, hier näher auf diese Dinge einzugehen. Wichtig erscheint uns nur, den Einfluß dieser Betrachtungsweise auf das rechtswissenschaftliche Denken aufzuzeigen. Hier waren es zuerst Gény in Frankreich und Kohler, Bendix und Isay in Deutschland, die dieser Betrachtungsweise zuneigten[4]), die auch in anderen Wissenschaftszweigen, wie Volkswirtschaftslehre (Othmar Spann), Theologie (Rudolf Otto), Medizin und besonders Psychologie (Bergson, Dilthey, Hans Driesch, Felix Krüger) Vertreter fand. Ihren vorläufigen Höhepunkt erreichte diese Betrachtungsweise nach dem ersten Weltkrieg 1918/20[5]).

Die Rechtswissenschaft hat sich nicht generell gegen das Vordringen der ganzheitlichen Betrachtungsweise, sondern nur gegen ihren „irrationalistischen Zug" gesperrt. Durch die Vernunft kontrollierte, rationale Ganzheitsbetrachtung, war die Forderung der Rechtswissenschaft[6]). Gegen den „Hang zum Ungeformten"[7]) glaubte sie sich zur Wehr setzen zu müssen.

---

[1]) Vgl. Schwinge, Irrationalismus S. 3.

[2]) Rickert, Phil. d. Lebens 1920.

[3]) Auch für rechtswissenschaftliche Erkenntnis gefordert von Tomberg, Degeneration S. 29.

[4]) Nähere Darstellung bei Schwinge Irrationalismus S. 11ff.

[5]) Von Schwinge als „Ganzheitsrausch" bezeichnet. Schwinge Irrationalismus S. 50, daselbst S. 45ff. nähere Darstellung der Entwicklung. Vgl. auch Kempermann (auf den Dahm aufbaut) Erkenntnis S. 18ff., 45ff.

[6]) Vgl. Kempermann Erkenntnis S. 2/8, Schwinge a. a. O. S. 26ff., 41, 58ff. Beide wollen das Strafrecht rational „von der atomisierenden Art der Gegenstandserfassung befreien".

[7]) Schwinge a. a. O. S. 67.

β) Anwendungsmöglichkeit

Rationale Ganzheitsbetrachtung würde man, auf unser Einzelproblem angewandt, betreiben, wenn man in einem Tatbestand nicht nur die Summe seiner Elemente sähe, sondern den Tatbestand als Funktion seiner Elemente begriffe. Rational, wenn diese Funktion nicht irgendwie intuitiv, sondern mit Hilfe der Vernunft erfaßt und aufgezeigt werden könnte. Bloßes Erkennen der Begriffe, auch wenn es über die rein philologische Interpretation hinausginge, sich also z. B. auf die Begriffsgeschichte, die Bedeutung des Begriffes in anderen Tatbeständen, das im Begriff angedeutete Rechtsgut usw. erstreckte, würde sich mit dem Wesen des Begriffes, nicht mit dem Wesen des Tatbestandes befassen. Ganzheitsbetrachtung hieße aber Erfassung dessen, was nach Abzug aller Elemente übrig bliebe, also Erfassung der Beziehungen der Elemente zueinander.

Daß derartige Beziehungen der Tatbestandselemente zueinander bestehen, kann eigentlich gar nicht in Zweifel gezogen werden. Schon die Subjekt-Prädikatbeziehung ist eine Beziehung, die bewirkt, daß sowohl die Subjektbedeutung die Prädikatbedeutung beeinflußt als auch umgekehrt. Gerade im Strafrecht ist doch allerseits geläufig, daß oft bei Delikten, die nur von einem ganz bestimmten Täter begangen werden können, das Subjekt erst durch die besondere Täterhandlung näher bezeichnet wird.

Geläufig ist auch die gegenseitige Beeinflussung von Täterhandlung und Objekt. Oft wird die Täterhandlung erst durch das mitangegebene Handlungsobjekt näher bestimmt. Genau so oft wird auch das Handlungsobjekt erst durch die genau umrissene Täterhandlung sichtbar. Ein Beispiel für einseitige Beeinflussung der Täterhandlung durch das Handlungsobjekt haben wir gerade beim Unterschlagungstatbestand vor uns, wenn wir annehmen, daß die Veränderung der Eigentumslage durch den Täter unter die Zueignungshandlungen fallen müsse.

Schon diese Beispiele zeigen, daß eine isolierte Betrachtung der Tatbestandselemente gar nicht erfolgen kann. Jeder einzelne Begriff des Tatbestandes erhält seine Farbe und Bedeutung vom Nachbarbegriff. Schon unbewußt richtet sich die Begriffsauslegung hiernach. Davon überzeugt der einfache Versuch, die Begriffe eines Tatbestandes mit Hilfe eines größeren Lexikons zu bestimmen und alle gefundenen Begriffsbedeutungen zueinander in Beziehung zu setzen. (Wo Begriffe vorliegen, die als Rechtsbegriffe i. e. S. zu gelten haben, käme natürlich nur diese spezielle Begriffsbedeutung in Betracht.) Da die meisten Begriffe nicht Rechtsbegriffe sind[1]), ergäbe sich eine sehr große Zahl von möglichen Begriffszusammensetzungen. Nur wenige davon sind sinnvoll. Die erkennbar unsinnigen Zusammensetzungen werden bei der Subsumtion gleichzeitig mit den solche Zusammensetzungen ermöglichenden Begriffsbedeutungen schon unbewußt ausgeschieden.

---

[1]) Vgl. Dahm Tätertyp S. 35.

Wir sehen daher, daß die Beziehung eines Begriffs zum Nachbarbegriff, hier die Beziehung eines Tatbestandselementes zu seinen Nachbarelementen zur Konkretisierung der Begriffsbedeutung erheblich beiträgt und vielleicht genau soviel oder mehr zur Bedeutungsfestlegung eines Begriffes leistet, wie überhaupt die Auswahl speziell dieses Begriffs. Das ist keine Zufallserscheinung. Wer einen Komplex zu beschreiben hat, muß, wenn ihm nicht ein diesen Komplex bezeichnender Begriff zur Verfügung steht, mehrere Begriffe verwenden, die eben, da sie selbst jeder für sich den Komplex nicht bezeichnen, nur in ihrer Beziehung zueinander den Komplex umschreiben oder bezeichnen.

Das müßte gerade dem Strafrechtler um so klarer sein, als doch die Tatbestandsfassungen des besonderen Teiles gerade Komplexbegriff und den Komplex umschreibende Begriffe zumeist unmittelbar nebeneinander stellen. Wenn der Komplexbegriff „Unterschlagung" in der Weise erläutert wird, wie im Tatbestand des § 246 StGB geschehen, so ist doch ersichtlich, daß der Komplexbegriff nur durch Begriffe umschrieben ist, die ihre spezifische Bedeutung voneinander entlehnen und durch einander erhalten. Wie merkwürdig, nun in der isolierten Auslegung der Einzelbegriffe das zu erwarten, was doch nur die Betrachtung der Beziehungen der Begriffe zueinander vermitteln kann, nämlich das Erfassen des Komplexes, der sofort anschließend an die Komplexumschreibung und von ihr nur durch das Wörtchen „wegen" getrennt, mit einem Komplexbegriff bezeichnet ist[1]). Sollte man nicht meinen, daß auch der Komplexbegriff, der also (grob gesehen) das enthält, was die Komplexumschreibung meint, zur Auslegung der Einzelbegriffe, insbesondere zur genauen Feststellung, wie sie sich gegenseitig beeinflussen, mitherangezogen werden müßte[2])?

Nicht dann ist das Strafgesetzbuch und die feste Tatbestandsfassung eine Magna Charta, wenn Täter und Tat mit Einzelbegriffen gemessen werden, wenn sich jedes Handlungselement notdürftig begrifflich unter ein Tatbestandselement subsumieren läßt, sondern dann, wenn die Tat ein Komplex ist, der dem doppelt beschriebenen (einmal durch die Beziehungen der Einzelbegriffe zueinander, sodann durch den Komplex-

[1]) Das ist wirklich rationale Ganzheitsbetrachtung nämlich Betrachtung „der Teile im Lichte des Ganzen", wie Schwinge sie (in Irrationalismus S. 59) gefordert hat.

[2]) Hierin unterscheidet sich die hier gegebene Auffassung von der z. B. Dahms oder Wolfs, nach der Tatbestandsmerkmale „sich dem Richter als ungeschriebenes Recht, aber von der Volksanschauung geformt, darbieten" (Dahm, Methodenstreit S. 256), oder ein „vor — oder übergesetzliches Täterbild der Volksanschauung entnommen werden muß" (Wolf ZAkDR 36, 362).
Die hier vertretene Auffassung haftet am Tatbestand und will nur die Funktion der umschreibenden Begriffe und außerdem den Komplexbegriff des Tatbestandes zur Tatbestandsauslegung heranziehen.

begriff) und unter Strafe gestellten Komplex entspricht[1]). Trifft auch nur eine Beschreibung nicht auf den Sachverhalt zu, so entspricht dieser nicht der abstrakten Sachverhaltsbeschreibung des Tatbestandes. D. h., der Komplexbegriff im Tatbestand tritt nicht an die Stelle, sondern erläuternd neben die Komplexbeschreibung. Auch die Worte „wegen Unterschlagung“, „wegen Betruges“, „wegen Untreue“ gehören zum Schutz des Verbrechers vor Richter- und Auslegungswillkür[2]).

Nicht nur die rein objektive, sondern auch die historische Interpretation des Tatbestandes veranlaßt, mehr Augenmerk auf den in fast jedem Tatbestand enthaltenen Komplexbegriff zu richten. Es ist ja doch so, daß der Gesetzgeber besonders beim echten Kriminalstrafrecht nicht rechtsbegründend, sondern rechtsspiegelnd tätig geworden ist[3]). Was zu bestrafen ist, hat nicht der Gesetzgeber, sondern die vom Gesetzgeber vorgefundene Rechtsüberzeugung bestimmt. In der Rechtsüberzeugung leben nur Komplexvorstellungen[4]). An diese und an den Komplexbegriff mußte der Gesetzgeber anknüpfen. Tatbestandsumschreibungen sind im deutschen Rechtskreis sehr jungen Datums. Das ältere Strafrecht begnügte sich damit, das Strafmaß festzulegen. Die Tat, die zu diesem Strafmaß gehört, ist durch einen Komplexbegriff (der sehr oft tätergebunden ist) bezeichnet. Nicht denjenigen, der eine durch mehrere Begriffe umschriebene Handlung begeht, sondern „den Dieb soll man hängen“. Das ist der ganze Tatbestand. Wenn nun Sicherheitsbedürfnis und der zuversichtliche Glaube, einen Komplex vollständig analysieren und dann beschreiben zu können[5]), zu umschreibenden Tatbeständen ge-

---

[1]) Nur so vermeiden wir, daß „sich trotz gesetzlichen Verbots der Analogieschluß gegen den Angeklagten durch die Hintertür der ausdehnenden Gesetzesauslegung (sc. am Einzelbegriff haftenden, geduldigen) in die Strafrechtspflege einschleicht“, wie Freisler (Schutz des Volkes S. 11) triumphierend feststellen konnte. Daß die eindeutige Bestimmtheit der Tatbestände zur Verwirklichung des alten liberalen Strafrechtsgrundsatzes unerläßlich ist, vgl. auch H. Mayer in Mat. S. 271 ff.

[2]) Und diejenige Entscheidung mißachtet diesen Schutz, die einen Tatbestand so auslegt, als ob die komplexe Deliktsbezeichnung gar nicht im Gesetz stünde, so z. B. OGH f. BZ Urteil v. 24. 8. 1948 in SJZ 49, 59 (betr. § 211 StGB).

[3]) Man spricht gewöhnlich in diesem Zusammenhang von originärer Wertung des Gesetzgebers im Zivilrecht, aber sekundärer, erfassender Wertung im Strafrecht. Ganz richtig die Erkenntnis von Zimmerl (Arbeitsmethoden S. 9), daß der Strafgesetzgeber nicht Grundlagen gesucht und geprüft hat, auf denen er ein Strafrecht aufbauen könnte, sondern von jedem einzelnen der schon vorhandenen Delikte ausgegangen ist. Gerade Zimmerls Versuche (im Aufbau des Strafrechtssystems und in Strafrechtliche Arbeitsmethoden de lege ferenda), ein rationales, systematisches und lückenloses Strafrecht zu „schaffen“, dürften davor warnen, es jemals anders zu halten.

[4]) Vorstellungen von einem Verbrechenstypus. Nicht das Verbrechen, geschweige denn den Verbrecher, sondern diesen Typus straft das primitive Strafrecht. Vgl. hierzu Mittasch Auswirkungen S. 40.

[5]) Vgl. zu dieser Entwicklung Hirschberg Vermögensbegriff S. 271 ff., der von einer „Auflösung ins Detail“ spricht.

führt hat, so doch immerhin in der Weise, daß der alte Komplexbegriff noch erklärend beigefügt ist[1]).

Daß der Gesetzeswortlaut mangelhaft ist und stets sein wird, ist keine neue Erkenntnis[2]). Auch, daß der Gesetzgeber nicht rationalistisch Recht zu schaffen, sondern das im Volksleben und -denken vorhandene Recht sichtbar zu machen hat, ist eine alte Weisheit[3]). Beide Erkenntnisse zusammen müssen zu dem Schluß führen, daß wirkliche Tatbestandsauslegung hinter den Begriffen und in den Beziehungen der Begriffe zueinander nach dem Bilde zu suchen hat, daß dem Gesetzgeber bei seinem Versuch, den von ihm vorgefundenen Komplex, das Verbrechen zu analysieren, vor Augen gestanden hat und das ihm dann Leitbild für seinen im Gesetz sichtbar gewordenen[4]) Syntheseversuch gewesen ist[5]).

γ) Verhältnis zur „teleologischen Begriffsbildung" und ähnlichen Lehren

Scharf abzugrenzen ist an dieser Stelle gegenüber der Lehre von der teleologischen Begriffsbildung.

Es ist zweifellos ein Zug der allgemeinen Entwicklung in der Strafrechtslehre, immer mehr Tatbestandsbegriffe zu subjektivieren und zu relativieren. Während früher noch die Mehrzahl aller Begriffe im StGB als deskriptiv angesprochen wurde, ist es heute schon fast so, daß die als normativ angesehenen Begriffe überwiegen[6]). Der rechtsstaatlichen Idee bei der Schaffung unseres Strafgesetzbuches entsprach es mehr, faktische Begriffe zu verwenden, an denen der Richter mittels rein intellektueller, nicht aber wertender Tätigkeit, Tat und Täter zu messen hatte[7]). Heute erscheint den meisten die wertende Entscheidung des Richters nicht mehr als mit rechtsstaatlichem Denken unvereinbar.

---

[1]) Dieser Komplexbegriff ist unter Beachtung der Funktion der beschreibenden Tatbestandsmerkmale auszulegen. Nicht die Instanz „Volksgemeinschaft" stellt den Typ fest (so Bockelmann Studien II S. 104/5), sondern die richterliche Gesetzesauslegung.

[2]) Vgl. Schwinge Irrationalismus S. 22.

[3]) Der die historische Schule nur wieder zu neuer Anerkennung verholfen hat. Vgl. Savigny System des heutigen Römischen Rechts, 1. Bd. S. 14. Auch z. B. das Naturrecht war in diesem Sinne unpositivistisch.

[4]) Und oft genug mißlungenen, vgl. §§ 240 und 263 StGB. Nur das Eingehen auf das Wesen der Delikte macht die Tatbestandsmerkmale des verkehrswidrigen Übels und der Vermögensverfügung sichtbar. Vgl. Dahm, Methodenstreit S. 253.

[5]) Daß tätertypisierende Merkmale, besonders unter Verwendung zivilrechtlicher Begriffe, nicht hinlänglich beschrieben werden können, vgl. schon Bruns Befreiung S. 225.

[6]) Zu dieser Entwicklung hat die Schrift von Mezger, Vom Sinn der strafrechtlichen Tatbestände, Berlin 1926 ersten Anstoß gegeben. Vorläufig radikalste Normativierung der Begriffe bei Wolf (Typen S. 59ff., Vom Wesen S. 23). Übersicht über diese Entwicklung bei Class, Grenzen 163ff.

[7]) Vgl. die treffende Darstellung bei Grünhut, Begriffsbildung S. 7ff., ferner Gemmingen Probleme S. 19ff.

Nicht nur die Begriffslehre, sondern auch die Unrechtslehre hat diese Entwicklung durchgemacht[1]). Überschießende Innentendenz und subjektive Unrechtselemente sind die bekannten Stufen auf diesem Wege gewesen. Wenn nun noch die Handlungslehre ins Subjektive, nämlich zur finalen Handlungslehre hinzuneigen scheint, so ist auch das ein Weiterschreiten in der einmal eingeschlagenen Richtung.

Bei dieser allgemeinen Entwicklung, von der der Hang zur Relativierung der Begriffe nur ein Teil ist, mußte geradezu das Problem der teleologischen oder individualisierenden oder wertbezogenen Begriffsauslegung auftauchen. Diese, auf der Erkenntnis, daß den Kulturwissenschaften nicht das Wesen, sondern der Wert eigne, aufbauende und sich auf die Arbeiten von Radbruch, Binder und Sauer stützende Begriffsauslegung will die Begriffe des Besonderen Teiles des StGB nicht erkennend, sondern wertend, nicht logisch, sondern teleologisch erfassen[2]). Die sehr sorgfältige Arbeit von Schwinge über teleologische Begriffsbildung kommt dabei zu dem Ergebnis, daß das Kulturgut, im Strafrecht also das geschützte Rechtsgut der Wert sei, der das Auswahlprinzip abgebe[3]). Inhalt und Tragweite einer Rechtsnorm und Inhalt und Tragweite der in ihr verwandten Begriffe werde dadurch festgestellt, daß man die einzelnen Tatbestandsmerkmale zum geschützten Rechtsgut, also zum Schutzobjekt in Beziehung setze[4]). Ergebnis ist dann, daß Wortsinn, Sprachgebrauch, innerer Zusammenhang, systematische Stellung und Begriffsgeschichte nur als Auslegungsbehelfe angesehen werden, während das Hauptmoment und gewissermaßen das Schlaglicht, das die Bedeutung erhellt, in der Ausrichtung des Begriffes auf das Rechtsgut des Tatbestandes gefunden wird[5]).

M. E. mit Recht hat man Schwinge vorgeworfen, daß er zu einseitig auf das Rechtsgut abstelle[6]). Andere Spielarten teleologischer Begriffsauslegung stellen auf den „Geist des Gesetzes"[7]) als die Begriffsbedeutung gestaltendes Prinzip, andere auch auf formalteleologische

---

[1]) Sehr klar Weber, Aufbau des Strafrechtsystems S. 5ff. und Busch, Moderne Wandlungen S. 4ff. Vgl. auch Class Grenzen 117ff., Kohlrausch Krise S. 7ff.

[2]) Vgl. hierzu im Ganzen Schwinge, Teleologische Begriffsbildung S. 5ff., 10ff. und 21ff., derselbe Methodenstreit S. 7ff., auch Gemmingen Probleme S. 41ff.

[3]) A. a. O. S. 22, 27, besonders auch S. 47.

[4]) Wenn Schwinge S. 23 sich dabei auf Radbruch beziehen zu können glaubt und meint, Radbruchs Ausdruck spezifische Idee sei ein leicht irreführender Ausdruck für Rechtsgut, so ist das nicht ganz richtig. Wenn Radbruch Tatbestandsmerkmale zur spezifischen Idee in Beziehung setzt, so ist das sehr viel weitergehend. Spezifische Idee eines Tatbestandes ist nicht nur das Rechtsgut, so wenig wie Rechtsgüterschutz das Wesen des Strafrechts ausmacht.

[5]) So Schwinge Tel. Begr. S. 47ff.

[6]) Dahm, Methodenstreit S. 31, Schaffstein DStR 35, 97ff., Mittasch, Auswirkungen S. 31. Gegen die Überbetonung des Rechtsgutdenkens auch schon Kempermann, Erkenntnis S. 9.

[7]) So z. B. Wolf in Sachbegriff.

Gesichtspunkte[1]) wie Rechtssicherheit, Rechtsgleichheit, Billigkeit, Praktikabilität, Verständlichkeit, Kontinuität usw. ab. Dabei wird offensichtlich, daß eine derartige Vielzahl von möglichen Prinzipien oder aber ein derart weites und alles mögliche umgreifende Prinzip (wie Geist des Gesetzes) schlechter ist als gar keines. Gerade wenn es sich darum handelt und das wollen diese Lehren ja, einen festen Ausgangspunkt zu finden, zu dem dann die Begriffe hin ausgerichtet und in dieser Ausrichtung verstanden werden können, muß eine Vielzahl von möglichen Ausgangspunkten oder Beziehungspunkten nur noch größere Verwirrung stiften. Die Auslegungsarbeit wird nicht erleichtert, wenn man zu der Vielzahl von z. B. sprachlichen Begriffsbedeutungen noch eine Vielzahl von Ausrichtungsgesichtspunkten hinzuerhält.

Von unserer Auslegungsmethode unterscheiden sich demnach alle diese Lehren dadurch, daß bei unserer Methode nicht eine oder verschiedene Zweck- oder Wertvorstellungen geboten werden, sondern nur die Beziehungen der Elemente zueinander von Bedeutung sind. Unser Anliegen ist es, innerhalb des Tatbestandes die Begriffe zu erfassen und das aufzuzeigen, was an Bedeutung und Klarstellung hinzukommt, wenn man die Beziehungen der Begriffe zueinander betrachtet[2]).

b) Verhältnis zu anderen Auslegungsmethoden

Nach Vorwegklärung des Verhältnisses der Typermittlung durch Ganzheitsbetrachtung zu den Lehren wertbezogener Begriffsauslegung ist die Stellung der Ganzheitsbetrachtung zu anderen üblichen Auslegungshilfsmitteln zu klären.

α) Auslegungsmittel im Rahmen des Tatbestandes

(1) Sprachliche Betrachtung

Daß zumindest im Strafrecht die sprachliche Bedeutung eines Begriffs an erster Stelle zu stehen habe, ist leider nicht allgemein anerkannt. Wenn von noch eben möglicher sprachlicher Bedeutung als äußerster Grenze die Rede ist[3]), so muß das Bedenken erwecken. Nicht die alleräußerste Schwankungsbreite des Sprachgebrauchs muß Grenze der Auslegung sein, sondern die übliche Schwankungsbreite[4]). Die Normen des Besonderen Teiles sind nicht an Juristen oder Philologen, sondern an

[1]) So z. B. Mittasch, Auswirkungen S. 32ff.

[2]) Insofern unterscheidet sich die hier gegebene Methode auch von der von Bruns angewandten. Die strafrechtliche Begriffsauslegung darf nicht von zivilrechtlichen Fesseln befreit und dann mit teleologischen Fesseln versehen werden. Vgl. hierzu Bruns Befreiung S. 107ff., der hier m. E- ein Übel durch ein anderes (allerdings kleineres) ersetzt.

[3]) Der „mögliche Wortlaut" ist m. E. schon eine zu weite Grenzziehung, anders z. B. Schwinge Begriffsbildung S. 47ff.

[4]) Die Sprache des Gesetzes ist die des „gemeinen deutschen Sprachgebrauchs", vgl. Bruns Befreiung S. 306 mit Bez. auf RG 29, 113; 30, 248; 32, 179; ebenso Klee in RG Festg. Bd. V S. 72ff.

jeden Rechtsunterworfenen gerichtet. Die diesem verständliche Begriffsanwendung ist daher auch Grenze der Bestimmungsnorm. Eine darüber hinausgehende Verhaltensvorschrift ist mangels richtiger verständlicher Erklärung nicht existent. Auf die verständliche Erklärung des Gesetzgebers, nicht auf seinen geheimen Willen kommt es an[1]).

Die Ganzheitsbetrachtung soll die sprachliche Betrachtung ergänzen. Sie hat aus der Vielzahl der üblichen Begriffsbedeutungen diejenigen auszuscheiden, die der Gesetzgeber bei der Erfassung und Darstellung des Komplexes nicht gemeint haben kann. Während die sprachliche Betrachtung am Einzelbegriff haftet, stellt die Ganzheitsbetrachtung gerade auf das ab, was nicht im Einzelbegriffe, auch nicht in der Summe der Einzelbegriffe, sondern gerade in der gegenseitigen Beeinflussung der Begriffe liegt.

(2) Historische Betrachtung

Die Begriffsgeschichte und auch die Tatbestandsgeschichte vermag zweifellos schon viel eher als die sprachliche Betrachtung zur Bedeutungsfeststellung zu gelangen. Ebenso zweifellos ist sie jedoch von geringerer Verbindlichkeit. Da die Norm hier und jetzt gilt, ist jeweils auch die hier und jetzt herrschende Normbedeutung und damit auch die hier und jetzt herrschende Wortbedeutung und Tatbestandsbedeutung ausschlaggebend.

In etwa berühren sich geschichtliche und Ganzheitsbetrachtung, nämlich dort, wo sich beide Betrachtungsweisen mit der Vorstellung des historischen Gesetzgebers vom Handlungskomplex befassen. Während sich aber die Begriffsgeschichte mit dem Einzelbegriff befaßt und in ihm nach Klarstellung der Bedeutung sucht, findet die Ganzheitsbetrachtung gerade außerhalb des Einzelbegriffs, nämlich in den Begriffsbeziehungen ihre Materie. Während die Tatbestandsgeschichte sich ganz von der Tatbestandbeschreibung entfernt, bleibt die Ganzheitsbetrachtung an der Gesetz gewordenen Beschreibung haften.

Außerdem ist die Ganzheitsbetrachtung nicht wie Begriffsgeschichte und Tatbestandsgeschichte rein historische Betrachtung, sondern umfaßt historische und objektive Betrachtung. Nicht nur auf die Gesamtvorstellung des historischen Gesetzgebers, sondern auch und besonders auf die Gesamtvorstellung des objektiven Gesetzgebers kommt es an. Ganzheitsbetrachtung erstreckt sich auch auf das, was hier und jetzt Gesamtvorstellung des Gesetzgebers sein muß.

(3) Ratio legis oder formelles Rechtsgutdenken

Den Sinn des Gesetzes zu erfassen und zu verwirklichen ist überhaupt das Ziel jeder Gesetzesauslegung. In diesem Sinne ist das Suchen nach

[1]) Es kann daher niemals Sinn strafrechtlich selbständiger Auslegung sein, „dem Verbrecher formaljuristische Verteidigungsgründe aus der Hand zu schlagen", wie z. B. Bruns (Befreiung S. 310) meint.

der ratio legis niemals Auslegungshilfsmittel, sondern Auslegungsziel. Dasselbe Ziel verfolgt auch die Ganzheitsbetrachtung, mit dem Unterschied, daß sie auch eine Methode zur Zielerreichung zur Verfügung stellt. Der bloße Gedanke, daß man die ratio legis zu suchen habe, tut das nicht. Gerade weil das der Fall ist, wird die Betrachtung der ratio legis oder das formelle Rechtsgutdenken nur zu oft gleichgestellt mit der

(4) Betrachtung des materiellen Rechtsgutes

Hierbei wird dann zu leicht übersehen, daß die Strafrechtsnorm weder ihre Entstehung dem Rechtsgutdenken verdankt, noch objektiv allein rechtsgutbezogen ist. Es kann hier auf die früheren Ausführungen Bezug genommen werden.

Von der Betrachtung des materiellen Rechtsgutes bei der Auslegung[1]) unterscheidet sich die Ganzheitsbetrachtung dadurch, daß sie untendenziös ist. Sie geht ihre Materie an, ohne dabei von vornherein eine bestimmte Richtung zu haben. Bei der Rechtsgutbetrachtung muß von vornherein das Ergebnis in einer bestimmten Richtung liegen, weil es nur in dieser gesucht wird. Die Dinge werden hier auf den Kopf gestellt. Nicht das (wie festgestellte?) Rechtsgut hat die Auslegung zu beeinflussen, sondern umgekehrt, die Auslegung ergibt den Sinn des Tatbestandes und unter anderem auch, ob ein und gegebenenfalls welches Rechtsgut inwieweit geschützt werden soll.

β) Tatbestandsvergleichende Auslegung

In derselben Weise wie unter α) aufgezeigt, kann sich die Tatbestandsauslegung auf Mittel stützen, die nun nicht innerhalb des Tatbestandes, sondern im Vergleich zu anderen Tatbeständen zur Anwendung kommen. So kann die Geschichte eines Begriffes bzw. die Geschichte eines Tatbestandes mit der Geschichte eines ähnlichen Begriffes in einem anderen Tatbestand, bzw. der Geschichte eines ähnlichen oder benachbarten Tatbestandes verglichen werden. Auch der Vergleich der sprachlichen Bedeutung eines Begriffes mit derjenigen eines gleich oder ähnlich lautenden Begriffes eines anderen Tatbestandes vermag Aufschlüsse über die jeweilige Bedeutung zu geben. Sogar der Rechtsgutvergleich vermag (unterstellt, das jeweilige Rechtsgut steht fest) zu Ergebnissen zu gelangen, wenn man nicht dabei in den Fehler verfällt, das Strafrecht für lückenlos zu halten und Lücken durch Ausweitung des geschützten Rechtsgutes von beiden Tatbeständen her zu schließen[2]).

Von allen diesen Hilfsmitteln unterscheidet sich die Ganzheitsbetrachtung dadurch, daß sie im Rahmen des Einzeltatbestandes bleibt. Die Ganzheitsbetrachtung beschränkt sich auf den Einzeltatbestand,

---

[1]) Wie sie z. B. Grünhut empfiehlt (in Reichsgerichtspraxis Bd. V S. 117).
[2]) Das Strafrecht ist „fragmentarischer Natur“ (Binding).

weil gerade sie davon ausgeht, daß das Strafrecht sowohl historisch als auch objektiv unsystematisch konzipiert ist und der vom Gesetzgeber jeweils erfaßte Handlungskomplex für sich besteht, in sich geschlossen ist und keine Berührung zu anderen Komplexen hat[1]). So mag man z. B. zwischen dem Komplex des Diebstahls und dem des Raubes noch soviel Gemeinsamkeiten entdecken, sie bleiben doch wesensverschiedene Gesamtvorstellungen[2]).

c) Ergebnis

Die vorstehende Untersuchung hat gezeigt, daß die eine Verbrechenshandlung umschreibenden Tatbestandselemente nicht nur isoliert, sondern auch in ihrer gegenseitigen Beeinflussung erfaßt werden müssen. Ferner, daß diese Funktion der umschreibenden Elemente auch in dem im Tatbestand genannten Komplexbegriff angedeutet wird. Rationale Ganzheitsbetrachtung des Tatbestandes heißt, dieses Mehr an Bedeutung (gegenüber der Summe der Bedeutungen der Einzelbegriffe) sichtbar zu machen. Es ist gezeigt, daß dieses Sichtbarmachen eine eigene, selbständige Auslegungsmethode ist, die sich von anderen Methoden unterscheidet und dabei die Vorzüge hat, innerhalb des Tatbestandes zu bleiben und tendenzlos, also gerade nicht teleologisch zu sein.

Im Ergebnis wäre gleichgültig, ob man nun meint, daß durch diese so gehandhabte Auslegungsmethode das einzelne Tatbestandsmerkmal in seiner Bedeutung beeinflußt werde, oder aber, daß über den einzelnen Tatbestandsmerkmalen ein Tatbestandsleitbild aufscheine. In beiden Fällen würde es sich um eine die Handlungsbeschreibung in ihrer sprachlichen Bedeutung einengende Methode handeln. Richtig erscheint mir der zweite Weg, den auch die Lehre vom Täter- und Tattyp beschritten hat, wird doch auf diesem Wege sichtbarer, daß ein zu den umschreibenden Einzelmerkmalen hinzukommendes, in ihnen selbst nicht enthaltenes Moment zu berücksichtigen ist. Wir brauchen uns daher nicht zu scheuen, auch von einem über (nicht in!) den einzelnen Tatbestandsmerkmalen liegenden Täterbild bzw. Tatbild als Korrektiv einer am Einzelbegriff haftenden Auslegung zu sprechen. Auch die Stellung des Komplexbegriffes in den Tatbeständen des Besonderen Teiles dürfte hierzu berechtigen.

Hier kommt der richtige Gedanke der bisherigen Lehre vom normativen Typ zum Tragen: daß nämlich elementenhafte oder teleologische (am Rechtsgut haftende) Auslegung die Gesamtvorstellung des Gesetzgebers nicht sichtbar machen kann. Der Irrweg dieser Lehre war, den

[1]) Treffend H. Mayer Untreue S. 154, derselbe in Materialien S. 338.
[2]) Richtig Dahm, Methodenstreit S. 252.

Rahmen des Tatbestandes zu verlassen und außerhalb der Norm liegende Erscheinungen (wie Volksanschauung oder übergesetzliches Täterbild) zu mobilisieren, um diese Gesamtvorstellung des Gesetzgebers zu erkennen. Hiermit hat sie den Bereich des Normativen verlassen und an die Stelle der gesetzlichen Wertung richterlich-volkstümliche Wertung gesetzt. Nur sehr eingeschränkt, nämlich insoweit, als überhaupt irgendeine Wertung erfolgt, trägt sie ihren Namen zu Recht.

2. Für die Subsumtion unter §§ 246/266 StGB

a) Die Typen

Bei der Feststellung, wie das Täter- oder Tatbild in den uns interessierenden Tatbeständen aussieht, haben wir die Aufgabe, die bei der Tatbestandsfassung wirksam gewesenen und nur im Komplexbegriff und in der Funktion der Einzelmerkmale noch lebenden Vorstellungen der jeweiligen Komplexe zu mobilisieren. Da uns das objektive Bild interessiert, können historische Betrachtungen nur Anhaltspunkte geben.

α) Historische Betrachtung

Historisch ist von Bedeutung, daß der Unterschlagungstatbestand des § 246 StGB (nicht z. B. der Unterschlagungstatbestand des preuß. StGB) als reines Eigentumsdelikt verstanden worden ist[1]). Gekennzeichnet nicht durch eine besondere Angriffshandlung, sondern nur durch ein besonderes Angriffsobjekt, ist er von vornherein sachbezogen ausgeformt und verstanden worden[2]). Demgegenüber ist der Untreuetatbestand als mehr persönlichkeitsbezogenes Delikt ausgestaltet worden. Ganz klar ist das bei den sehr alten[3]) Amtsuntreuefällen z. B. des § 266 a. F. Die (kaum noch verständlichen alten) Berufsgruppenbezeichnungen weisen auf Vorstellungen des Gesetzgebers über besondere persönliche Eigenschaften des Untreuetäters hin. Auch die Bevollmächtigtenuntreue des § 266 a. F. beruht auf Vorstellungen über Strafwürdigkeit einer bestimmten Täterpersönlichkeit und einer bestimmten als besonders strafwürdig empfundenen Handlungsweise. Person des Täters und Art seines Angriffs veranlaßten den Gesetzgeber zur Strafdrohung, nicht ein besonderes Angriffsobjekt. Gleiches gilt für den Tatbestand des § 266 n. F., der ausdrücklich als gegen Korruption und Schiebertum ge-

---

[1]) Erst die Vorarbeiten zum StGB des nordd. Bundes brachten die Umformung zum Eigentumsdelikt, vgl. über die Entwicklung Ebener Untreue S. 3ff.

[2]) Von der erschwerten Unterschlagung, der Veruntreuung, die Mischcharakter hat, soll hier zunächst abgesehen werden.

[3]) Nach H. Mayer (Untreue S. 11ff.) schon in der Frührezeption feststellbaren. Zur ganzen Geschichte beider Tatbestände vgl. die ausführliche Darstellung von H. Mayer a. a. O., besonders S. 2ff., 20ff. und 47ff., derselbe auch in Materialien S. 334ff.

schaffen bezeichnet worden ist[1]). Wir werden daher in der Unterschlagung einen allein sachbezogenen und in der Untreue einen mehr persönlichkeitsbezogenen Komplex erblicken müssen[2]).

β) Der Unterschlagungstatbestand

Auch objektiv können wir beim Unterschlagungstatbestand allenfalls einen Tattyp aufstellen. Typ wäre hier[3]) die gelegentliche Bereicherung durch Volleigentumsentziehung, ohne daß dabei in strafwürdiger Weise besondere Pflichten oder persönliche Bindungen verletzt würden. Wenn man überhaupt hier einen Tattyp aufstellen will, so kann dieser nur ganz schwach ausgeprägt sein[4]). Die schwächere Ausprägung des Typus beim mehr sachbezogenen Delikt entspricht der hierbei einfacheren Tatbestandsumschreibung. Das bei diesem Typus zur gewöhnlichen Auslegung Hinzukommende ist einmal etwas Positives, nämlich das Erfordernis der Bereicherung und des Volleigentums, zum anderen etwas Negatives, nämlich das Nichtvorliegen besonderer Pflichten und Bindungen.

Daß zum Typ der Unterschlagung die Bereicherung des Täters (nicht nur Bereicherungsabsicht) gehört[5]), folgt aus der gegenseitigen Beeinflussung der Tatbestandsmerkmale „fremd" und „Zueignung". Wenn Zueignung fremden Eigentums nicht Zufügung zum Eigentum des Täters bedeuten soll, und das kann, wie bekannt, nicht der Fall sein, so kann bei der Zueignung einer fremden Sache nur die Vorstellung einer Zufügung zum Tätervermögen herrschen. Das aber ist Bereicherung. Auch aus dem Charakter der Unterschlagung als Vermögensdelikt i. w. S. müßte sich eigentlich folgern lassen, daß nur die Verschiebung einer vermögenswerten Sache wirklich Unterschlagung ist.

Wesentlich wichtiger ist für uns die Feststellung, daß nicht ein durch dingliche oder schuldrechtliche Ansprüche anderweitig zugeordnetes und daher verwässertes Eigentum, sondern Volleigentum entzogen werden muß. Das ergibt sich m. E. aus der Zusammenschau der Merkmale „fremd" und „Besitz oder Gewahrsam". Diese Merkmale zusammengenommen, sollen die Zuordnung (i. w. S.) der Sache vollständig kennzeichnen. Eigentum und bloße (berechtigte oder unberechtigte) Detention sollen die beiden Bezogenheiten der Sache sein.

Jede Aufspaltung des Eigentums oder jede fiduziarische Beziehung muß dieses klare Verhältnis einer Sache zu zwei Personen zerstören.

---

[1]) Zur Geschichte der alten Untreuefälle, der aus dem sächs. StGB von 1855 stammenden Bevollmächtigtenuntreue und des § 266 n. F. vgl. Kohlrausch Vermögensverbrechen a. a. O. S. 739ff., ferner Leopold Untreue S. 3ff.

[2]) Richtig schon Ebener Untreue S. 90, der hieraus auch Schlüsse für die Beurteilung der Konkurrenz beider Tatbestände ziehen will.

[3]) Um einmal den Versuch zu machen, ein konkretes Leitbild zu nennen und zur Diskussion zu stellen.

[4]) So schon Dahm, Tätertyp S. 23.

[5]) Anders die h. L., die weder Bereicherung noch Bereicherungsabsicht fordert. Vgl. aber zum Diebstahl Klee DStR 40, 104.

Auch die Angabe, daß die Sache beweglich sein muß, läßt darauf schließen, daß der Gegenstand und seine Bezogenheit nicht enumerativ, sondern vollständig gekennzeichnet ist[1]). Interessant ist in diesem Zusammenhang auch, daß das allgemeine Rechtsbewußtsein weitester Kreise diese Vorstellung vom notwendigen Volleigentum des Verletzten enthält. Der Gedanke, daß derjenige, der sein Vollrecht aus der Hand gibt, sich nicht über Rechtsentziehung, sondern über Vertrauenstäuschung oder Vertrauensbruch beklagen müsse, ist möglicherweise Rudiment der deutschrechtlichen Vorstellung, daß der Eigentümer, der sein Eigentum aus der Hand gibt, keinen Herausgabeanspruch gegen den Dritterwerber hat, sondern seinen Glauben da suchen muß, wo er ihn gelassen hat. Tatsächlich ist es so, daß bei Eigentumsvorbehaltsverletzungen fast immer die m. E. zumeist ehrliche Überzeugung begegnet, es handele sich um eine rein zivilrechtliche Auseinandersetzung, oder allenfalls, nämlich bei Täuschung über Zahlungsfähigkeit oder Willigkeit um einen Fall betrügerischen Verhaltens. Ebenso bedeutsam für uns ist die These, daß zur Unterschlagung auch das Fehlen einer besonderen persönlichen Beziehung gehört. Das müßte daraus folgen, daß Täterbezeichnung und auch Handlungsweise des Tatbestandes farblos sind. Wenn in der schweren Unterschlagung das Anvertrautsein als besonderes Merkmal aufgeführt ist, zeigt auch das, daß die Grundform der Unterschlagung nicht die Verletzung persönlicher Beziehungen betrifft. Als Kontrolle mag hier auch der Sprachgebrauch dienen, der eine besondere Bezeichnung für den Täter einer Unterschlagung nicht kennt. Es gibt keinen Unterschlager sondern nur eine Unterschlagung und einen Unterschlagenden. Das mag auch damit zusammenhängen, daß in den kriminalanthropologischen Vorstellungen der Rechtsgemeinschaft Vorstellungen über besondere Eigenschaften und Veranlagungen zur Begehung des Unterschlagungsdeliktes nicht enthalten sind.

γ) Der Treubruchstatbestand

Der Untreuetatbestand, insbesondere der Treubruchstatbestand enthält auch objektiv einen Tätertyp. Typ wäre hier derjenige, der auf Grund seiner Eigenschaften oder seines besonderen Berufes Vertrauen genießt und dieses Vertrauen bewußt zum Nachteil seines Auftraggebers mißbraucht, indem er die seiner Obhut oder Dispositionsmacht anheimgegebenen Vermögenswerte böswillig verringert.

Dieser Typ, der (anders als bei der Unterschlagung) auch der herrschenden Tatbestandsauslegung entspricht, ist wesentlich stärker ausgeprägt als der Tattyp der Unterschlagung. Hier tritt mehr zur Bedeutung

---

[1]) Ein ähnlicher Gedanke bei Wegner in JW 34, 1974, wenn dort, gegenüber der nahen Beziehung des Täters zum Vermögensstück bei § 266, die schwächere (bloße Besitzbeziehung) bei § 246 als andere und Alternativität erzeugende Beziehung verstanden wird.

der Einzelmerkmale hinzu. Das Täterbild ergibt sich hier nicht so sehr aus den einzelnen im Tatbestand verwandten Begriffen als solchen, als vielmehr durch die gegenseitige Beeinflussung der Tatbestandselemente. Gerade diese Erscheinung ist es ja, die der Auslegung des Treubruchstatbestandes solche Schwierigkeiten macht. „Vermögensinteressen" können auch ganz unbedeutende Interessen sein. Die „Verletzung einer Pflicht" liegt auch dann vor, wenn eine Pflicht zur Vornahme rein mechanischer Tätigkeiten verletzt wird. Von selbständiger Tätigkeit, die die Rechtsprechung (mit Recht) fordert, ist in der Tatbestandsbeschreibung nichts zu finden. Wenn hier auch die herrschende Lehre und Rechtsprechung doch zu diesen Einschränkungen gelangt, so kann sie das nur, indem sie der Funktion der einzelnen Tatbestandselemente Einfluß auf die Tatbestandsauslegung beimißt. Eine kraft eines Treueverhältnisses obliegende Pflicht zur Wahrnehmung von Vermögensinteressen ist eben etwas anderes als das, was man durch bloße Summierung der Bedeutungsinhalte der Einzelbegriffe erhält. Das „Treueverhältnis" beeinflußt die „Pflicht". Beide Begriffe erhalten auch durch das sich ebenfalls gegenseitig beeinflussende Begriffspaar der „Wahrnehmung von Vermögensinteressen" ein stärkeres Gewicht in der aufgezeigten Richtung. Auch eine „obliegende Pflicht" ist etwas anderes als eine „vorhandene Pflicht", obwohl doch „obliegend" für sich nur aufliegend bedeutet, also nur eine Pflichtzuordnung, nicht eine Pflichtbedeutung oder Pflichtverstärkung bezeichnen müßte. Hier entsteht über den Einzelbegriffen ein ganz bestimmtes Bild, das stark täterbezogen ist. Gerade die herrschende Auslegung[1]) dieses Tatbestandes ist m. E. ein Beweis für die Richtigkeit der hier aufgezeigten Methode.

Die Verletzung eines ganz bestimmten und nur durch die Funktion der Einzelmerkmale der Tatbestandsumschreibung und durch den im Tatbestand verwandten Komplexbegriff gekennzeichneten persönlichen Verhältnisses ist der persönlichkeitsbezogene Kern des Treubruchstatbestandes. Dem entspricht auch der Sprachgebrauch, der mit dem Veruntreuer, Treubrecher und ungetreuen Verwalter ganz bestimmte (nämlich die auch von der Rechtsprechung praktizierten) Vorstellungen verbindet. Interessant ist, daß auch zu diesem Tatbestand ein ganz spezieller kriminologischer Tätertyp zur Verfügung steht, der, im Rechtsbewußtsein schon lange vorhanden, bei der Bildung der (komplexen) Untreuevorstellung mitgewirkt haben mag.

---

[1]) Die durchaus richtig ist und unbewußt bereits das Leitbild des Tatbestandes mobilisiert hat. Der Tatbestand ist gar nicht „zu weit", wie die h. L. meint (vgl. z. B. Kohlrausch Vermögensverbrechen S. 740). Er ist so eng, wie hier dargestellt. Alle Einengungen, die z. B. Zoller (Ausdehnung S. 65ff.), sehr systematisch aufgeführt, auf rechtspolitische Einsicht des RG zurückführt, liegen bereits im Tatbestand.

Vielleicht ist die Entsch. BGH 3, 293 ein Ansatzpunkt für die hier vertretene Richtung, wenn in ihr ausgeführt wird, daß diese Einschränkungen sich schon aus dem „Wortlaut" ergäben.

δ) Die Veruntreuung

Wenn wir uns scheuen, hier von der schweren Unterschlagung als von einem Tattyp zu sprechen, so deshalb, weil die Veruntreuung Mischcharakter hat. Sie fügt zum Unterschlagungstyp ein persönliches Element hinzu, ohne aber damit die Tatgebundenheit zu überwinden. Das wird klar, wenn man bedenkt, daß sich das „Anvertrautsein" des § 246 StGB dem Wortlaut nach auf eine Sache bezieht, andererseits aber niemals Sacheigenschaft sein kann[1]). Es handelt sich hier um eine eigenartige Deliktsform, die sowohl die Schwächen des Unterschlagungstatbestandes enthält, als auch, durch ungenügend ausgeprägte Abgrenzung des erforderlichen Vertrauensverhältnisses, außerdem die (beim Treubruchstatbestand so gefürchtete) Aufgabe dieser Abgrenzung stellt.

Demgemäß ist dieses Delikt in der Rechtsprechung auch nicht besonders beliebt und wird lange nicht in allen den Fällen festgestellt, in denen es tatsächlich festgestellt werden müßte. Die Reformbestrebungen gehen denn auch auf eine Beseitigung dieser Deliktsform bzw. eine Einordnung in den Untreuetatbestand[2]). Wenn man jedoch schon einmal das Tat-Täterbild der Veruntreuung sichtbar machen will, so müßte man m. E. zu dem Ergebnis gelangen, daß Veruntreuung die Bereicherung durch Entziehung des Volleigentums ist, das der Eigentümer ohne Einräumung einer besonderen Dispositions- oder Gestaltungsbefugnis, im Vertrauen auf die Rückgabewilligkeit des Empfängers einem anderen zum Besitz überlassen hat. Als Beispiele mögen die Fälle des Leih- oder Verwahrungsverhältnisses dienen. Die Einschränkung gegenüber dem weitergehenden Wortlaut der Tatbestandsumschreibung ergibt sich m. E. daraus, daß die im Tatbestand vorgenommene enge Zusammenfassung der Begriffe „anvertraut" und „fremde Sache" die Bedeutung hat, daß dem Sachbesitzer auch nur der Sachbesitz, nicht aber irgendeine Gestaltungsberechtigung eingeräumt ist, dementsprechend auch nur auf seine Bereitschaft, den Besitz wieder aufzugeben, nicht aber auf die (mehr Freiheit gewährende und daher mehr Vertrauen erfordernde) Ehrlichkeit bei der Disposition über die Sache vertraut wird.

b) Subsumtion der Sachverhaltsgruppen

Versucht man nun, die hier interessierenden Sachverhaltsgruppen des Eigentumsvorbehalts und der Sicherungsübereignung nicht nur nach den Einzelmerkmalen der Tatbestände der §§ 246 und 266 wie in der Untersuchung zu II geschehen, sondern zusätzlich nach den aufgezeigten tatbestandlichen Typen zu subsumieren, so ergibt sich, daß der Unterschlagungstatbestand für diese Gruppen nicht anwendbar ist.

---

[1]) Vgl. hierzu die Ausführungen S. 198.

[2]) Vgl. Kohlrausch Vermögensverbrechen S. 747, Dahm Untreue S. 450ff.

Die Anwendung des § 246 auf die Fälle des Eigentumsvorbehalts und der Sicherungsübereignung scheitert schon daran, daß das Leitbild der Unterschlagung nur die Fälle der Entziehung des Volleigentums duldet. Nur diese Fälle sind typische Unterschlagungstaten. Außerdem scheiden die beiden Sachverhaltsgruppen auch deshalb und insoweit aus dem Unterschlagungsbereich aus, weil und soweit Fälle vorliegen, in denen eine besondere persönliche Beziehung zwischen Verkäufer und Käufer bzw. Sicherungsgeber und -nehmer vorliegt. Von diesem zweiten Gesichtspunkt nicht betroffen sind lediglich die Fälle des Eigentumsvorbehalts zwischen Wiederverkäufer und Konsumenten bei unbedeutenden Geschäften.

Daß die Fälle des Eigentumsvorbehalts und der Sicherungsübereignung auch durch die Veruntreuung nicht erfaßt werden, ist damit ebenfalls klargestellt, denn auch die Veruntreuung richtet sich gegen Volleigentum und erfordert außerdem das Nichtvorliegen einer Dispositions- oder Gestaltungsbefugnis.

Dagegen wird offensichtlich, daß die Fälle des Eigentumsvorbehalts und der Sicherungsübereignung, mit nur den Ausnahmen, in denen die Bedeutungslosigkeit des Geschäftes zu der Annahme zwingt, daß ein persönliches Vertrauensverhältnis nicht vorliegen kann, dem Treubruchstatbestand zu subsumieren sind. Weiterer Ausführungen zu dieser Eingruppierung bedarf es nicht, da sich das von uns gefundene Leitbild beim Treubruchstatbestand im ganzen mit der zu II gegebenen und auf der bisherigen Lehre und Rechtsprechung aufbauenden Auslegung dieses Tatbestandes deckt.

IV. Teil

Konkurrenzprobleme

Das Typendenken hat in der Untersuchung zu III Tatbestandseinengungen geliefert, die eine Doppelsubsumtion der hier interessierenden Sachverhaltsgruppen unter beide Tatbestände ausschließen. Zu erörtern bleibt, ob überhaupt ein Sachverhalt gleichzeitig den Treubruchs- und den Unterschlagungstatbestand in Idealkonkurrenz erfüllen kann.

Diese Frage wird auch für die hier interessierenden Sachverhaltsgruppen dann wichtig, wenn man den Unterschlagungstatbestand nicht so einengend auslegt, wie hier geschehen. Käme man entgegen der Darstellung zu III zu dem Ergebnis, daß zum Leitbilde der Unterschlagung nicht die Verletzung von Volleigentum und das Fehlen eines Dispositionsbefugnis verleihenden Vertrauensverhältnisses gehöre, also auch die Fälle des Eigentumsvorbehalts und der Sicherungsübereignung dem Tatbestande zu subsumieren seien, so wird die Frage der Konkurrenz akut.

Da uns schon durch die Untersuchungen zu II und III die Unanwendbarkeit des Unterschlagungstatbestandes hinlänglich bewiesen erscheint, können wir uns auf Andeutungen beschränken.

A. Tendenzen in Gesetzgebung und Schrifttum

1. Die Einheitsstrafe

Die in § 31 JGG Gesetz gewordene Einheitsstrafe trägt dem Gedanken Rechnung, daß der Jugendliche nicht so sehr wegen seiner Taten bestraft, als in seiner Person behandelt, also erzogen werden soll. Ob hierbei, insbesondere unter Berücksichtigung der Einbeziehung der Halberwachsenen[1]) nicht schon zuviel getan ist, ist eine Frage für sich. Täterstrafrechtlichem Denken mußte es entsprechen, auch für das Erwachsenenstrafrecht nicht Bestrafung verschiedener Taten, sondern des einen Täters durch einheitlichen Strafausspruch zu fordern[2]). Solange der Zug zur verstärkten Täterbetrachtung anhält, wird daher der Ruf nach Einheitsstrafe auch im Erwachsenenstrafrecht nicht verstummen[3]).

---

[1]) Der Gesetzesbegriff Heranwachsende ist unklar, auch ein dreijähriges Kind ist „heranwachsend".

[2]) Über die Entwicklung vgl. Peters Einheitsstrafe S. 199ff. mit Literaturübersicht, über die Entwürfe auch Niese in Mat. S. 161.

[3]) Gegen die Einheitsstrafe Dohna, H. Mayer, Schwarz, (Nachweise bei Peters S. 210) und neuerdings Niese in (Mat. S. 163ff.).

Da generell die Tat m. E. nicht nur Strafanknüpfungspunkt, sondern auch wesentlicher Strafzumessungsgrund bleiben muß und eine gewisse Automatik des Eintretens der Straffolge, eine enge Bindung von Straftat und Straffolge vorliegen muß[1]), erscheint mir die Einheitsstrafe bei Realkonkurrenz der Straftaten nicht erstrebenswert, ganz abgesehen davon, daß Schwierigkeiten in den Rechtsmittelverfahren und im Wiederaufnahmeverfahren auftreten.

Zweifellos richtig ist jedoch an den Bestrebungen zur Einführung der Einheitsstrafe im Erwachsenenstrafrecht, daß die strafrechtliche Beurteilung und Bewertung eines Handlungskomplexes einheitlicher erfolgen muß. Die anstößige Vielzahl[2]) der zur Bewertung eines einzigen Komplexes zu beachtenden unterschiedlichen Strafdrohungen wird zu Recht als störend empfunden. Die Praxis hilft sich oft genug durch einfache Nichtbeachtung konkurrierender Tatbestände oder ausgiebigen Gebrauch der Vorschriften der §§ 153ff. StPO.

Eine Möglichkeit der Abhilfe besteht noch darin, nicht die an sich gesunde Regelung in §§ 73ff. StGB über Bord zu werfen[3]) aber bei der Annahme der Voraussetzungen der Real- oder Idealkonkurrenz engherziger zu sein, m. a. W., für eine weitgehende Annahme von Handlungseinheit bzw. Gesetzeskonkurrenz einzutreten.

2. Die Ausweitung der Gesetzeskonkurrenz

Einen Versuch in dieser Richtung hat auch Peters unternommen, der neben der Ausweitung der Handlungseinheit und damit der Zurückdrängung der Realkonkurrenz zugunsten der Idealkonkurrenz[4]) auch

---

[1]) Weil, wie schon oben ausgeführt, der Mensch grundsätzlich weder Beruf noch Fähigkeit zur Be- und Verurteilung seines Nächsten hat. M. E. trägt eine strenge Bindung zwischen gesetzlich bestimmter Tat und gesetzlich genau bestimmter Tatfolge (bei sehr engem Strafrahmen) der Persönlichkeit und menschlichen Würde des Täters mehr Rechnung, als weitgehende Abhängigkeit der Tatfolge von der Beurteilung der Täterpersönlichkeit durch den Richter. Der wirklich freie Mensch unterwirft sich bzgl. der Tatfolge lieber dem Gesetz als dem Richter. Auch von einer Erziehung zur innerlich freien Persönlichkeit, die den bestirnten Himmel über sich und das moralische Gesetz in sich achtet, kann keine Rede sein, wenn der in Not befindliche Mensch verleitet wird, durch Erzeugung „guten Eindruckes" statt gerechter, „milde Beurteilung" zu erhalten.

Zum Strafrahmenproblem vgl. die Ergebnisse der 2. Abt. des 41. DJT 1955, die eine erfreuliche Umkehr und Besinnung wahrscheinlich machen.

[2]) Von Peters (a. a. O. S. 222) als unangemessene, den Eindruck der Pedanterie erweckende und die Übersichtlichkeit von Anklage und Urteil störende Paragraphenhäufung bezeichnet.

[3]) Auch nicht die Unterscheidung Real- und Idealkonkurrenz aufzugeben, die durchaus natürlichem Denken entspricht, vgl. hierzu richtig Niese in Mat. S. 163 gegen Coenders und Honig. Auch die meisten ausländischen Strafrechte kennen diese Unterscheidung, vgl. dazu Stoecker in Mat. S. 452ff.

[4]) A. a. O. S. 206ff. durch Annahme der Handlungseinheit bei Einheitlichkeit vom Vorgang, von der Lebensformung und vom Täter her.

eine Ausweitung der Gesetzeskonkurrenz verlangt[1]). Auf letzteres kommt es uns hier an. Die stärkere Ausweitung der Gesetzeskonkurrenz auf Kosten der Idealkonkurrenz ist schon oft genug gefordert worden[2]). Bedauerlicherweise hat diese Forderung in der höchstrichterlichen Rechtsprechung (im Gegensatz zur Praxis der unteren Gerichte) noch zu wenig Gehör gefunden. Er ist nicht unser Anliegen, zu versuchen, Ordnung und System in die schier unübersehbare Kasuistik zur Gesetzeskonkurrenz zu bringen. Ein derartiger Versuch ist im Rahmen dieser Abhandlung nicht möglich. Außerdem wäre er auch m. E. von vornherein zum Scheitern verurteilt[3]), da die Rechtsprechung durchaus unsystematisch verfährt.

Das Merkmal der Gesetzeskonkurrenz wird herkömmlich darin gesehen, daß schon durch einen der beiden konkurrierenden Tatbestände der Unrechtsgehalt der Tat voll beurteilt und ausgeschöpft wird. Der sozusagen klassische Blickwinkel bei der Beurteilung, ob der Unrechtsgehalt des einen Tatbestandes voll durch den anderen Tatbestand erfaßt wird, ist der des Rechtsgüterschutzes[4]). Derselbe Gesichtspunkt zeigt sich hier relevant, der auch für die Abgrenzung zwischen strafloser Nachtat (bzw. mitbestrafter Nachtat[5]) und Realkonkurrenz in Betracht kommt. Das, obwohl sich die Erkenntnis durchgesetzt hat, daß Strafrecht nicht nur Rechtsgüterschutz ist. Daß bei diesem Ausgangspunkt in der Einzelbehandlung Ungereimtheiten auftreten müssen, liegt auf der Hand. Dementsprechend wirken auch die bisher vorgenommenen Systematisierungsversuche gekünstelt und gezwungen. Oft genug hat sich die Rechtsprechung z. T. avantgardistisch über diese Versuche hinweggesetzt, mit Entscheidungen, die m. E. ein ganz anderes Prinzip erkennen lassen.

B. Ansätze der Rechtsprechung

Als Schulbeispiel für Konsumtion, ohne daß hierbei die Voraussetzungen der Konsumtion, nämlich Umfassung des einen Tatbestandes

[1]) A. a. O. S. 221ff., auch mit dem Postulat einer Gesetzeskonkurrenz zwischen Unterschlagung und Untreue, vgl. S. 222.

[2]) Nachweise bei Peters a. a. O. S. 221.

[3]) Wolf (Typen S. 14) klagt darüber, daß Honig diesem Gebiete „soviel Scharfsinn und Gelehrsamkeit zum Opfer gebracht habe“.

[4]) Vgl. Honig a. a. O. Vorwort S. VI: Ob Gesetzeskonkurrenz vorliegt, ist nicht den Tatbeständen selbst zu entnehmen, sondern wird durch die metatatbestandliche Rechtsgüterschutztheorie entscheidend bestimmt. Gegen das Rechtsgutdenken z. B. Köhler Grenzlinien S. 64.

[5]) Teilweise wird auch die straflose Nachtat als Unterfall der Gesetzeskonkurrenz begriffen. Zweckmäßiger erscheint mir die Einteilung der Konkurrenzformen in Spezialität, Subsidiarität, Konsumtion (und Alternativität) und die daneben bestehende Einteilung des zeitlichen Zusammentreffens in Gesetzeskonkurrenz (bei einer Handlung) und straflose Nachtat (bei zwei Handlungen). Vgl. hierzu Honig a. a. O. S. 11ff., 18, 31, 65, 96.

durch einen anderen ohne gemeinsames Grunddelikt[1]) vorliegen, sei das Verhältnis der Tatbestände der §§ 123, 243 I Ziff. 2 und 303 genannt[2]). Dabei ist ganz offensichtlich, daß der Tatbestand des § 243 I Ziff. 2 keineswegs den Tatbestand des § 123 voll umfaßt. Wäre dem so, so müßte ein Einbruchsdiebstahl nicht begangen werden können, ohne daß gleichzeitig Hausfriedensbruch vorläge. Das ist nicht der Fall. Da aber „regelmäßig" beim Einbruchsdiebstahl auch Hausfriedensbruch begangen wird, so begründet das RG, liegt ein Fall der Konsumtion vor[3]). Ähnlich ist es im Verhältnis des Einbruchsdiebstahls zur Sachbeschädigung. Obwohl beim Einbruch nicht immer eine Sachbeschädigung begangen wird, liegt Konsumtion vor, da der „gewöhnliche Einbruch", der „typische Einbruch" auch unter Sachbeschädigung vor sich geht. Ein gutes Beispiel ist auch das Konsumtionsverhältnis zwischen §§ 122 II und 303[4]). Wenn auch der typische gewaltsame Gefangenenausbruch nicht ohne Sachbeschädigung vor sich geht, sind doch Fälle denkbar, in denen eine Sachbeschädigung nicht erfolgt. Dennoch wird der Ausbruch mit Sachbeschädigung nicht auch nach § 303 StGB bestraft.

Bei diesen Beispielen wird offenkundig, daß die Vorstellung von der typischen Deliktsbegehung eine Rolle spielt. Ganz gleichgültig, ob man nun in der Konsumtion einen Fall der Teilidentität des Tatbestandes oder aber einen Fall der Teilidentität des Rechtsgutes[5]) erblicken will, kommt es eben nicht auf die ständige, ausnahmslose, sondern allein auf die typische Identität, die Identität im Regelfall, an[6]).

Neben diesen Beispielen stehen die Fälle eigentlich unrichtiger Rechtsanwendung, in denen trotz Nichtvorliegens von Konsumtion, Spezialität und dergleichen ein Tatbestand einfach nicht angewendet wird. So ist z. B. gar nicht zu bezweifeln, daß derjenige, der einen Menschen durch Kleidungsstücke hindurch erschießt, auch eine Sachbeschädigung begeht[7]).

Ein Fall der Gesetzeskonkurrenz liegt hierbei sicher nicht vor. Dennoch wird kein vernünftiger Richter wegen Mordes in Tateinheit mit Sachbeschädigung verurteilen[8]). Hier herrscht vielleicht nicht die Vorstellung, daß ein Delikt typisch durch ein anderes Delikt mitbegangen

[1]) Wie z. B. bei §§ 242, 249. § 249 ist lex consumes, da er die Elemente des Diebstahls mitenthält. Bei gemeinsamem Grunddelikt läge Spezialität vor, vgl. Köhler Grenzlinien S. 88.

[2]) Ganz h. L. ,vgl. Köhler Grenzlinien S. 92, Honig a. a. O. S. 4, 69.

[3]) RG 40, 431; 53, 279, unrichtig Honig a. a. O. S. 69, der meint, daß immer auch Hausfriedensbruch vorläge.

[4]) RG in DJZ 21, 700.

[5]) So Honig a. a. O. S. 72/73 und S. 66.

[6]) Richtig auch schon Binding, Frank, Köhler und Meyer für die Fälle der Spezialität und Subsidiarität, Nachweise bei Köhler Grenzlinien S. 61.

[7]) Vgl. Köhler Grenzlinien S. 61.

[8]) Auch wenn (z. B. vom Erben) ein allgemein gehaltener Antrag gestellt (und Kleidung des schon Toten nochmals beschädigt) wäre. Darauf, daß nicht das Fehlen des Antrages allein zur Vernachlässigung des § 303 führt, weist auch Honig (a. a. O. S. 14) bereits hin.

wird, sondern der Gedanke, daß neben dem schweren Deliktstyp das sehr viel leichtere, zufällig mitbegangene Delikt, gar nicht in Erscheinung treten darf.

Wir können daher feststellen, daß in der Rechtsprechung Ansätze sowohl zum Typendenken als auch zur Abstufung nach der Deliktsbedeutung vorhanden sind, Ansätze, die eigentlich nicht in die formallogische Betrachtung hineinpassen[1]), sehr wohl aber mit unserer zu III gegebenen Methode harmonieren.

C. Verwendung des Typendenkens?

Bei den allermeisten Verbrechen ist es so, daß der ganze Verbrechenskomplex durch ein Hauptdelikt gekennzeichnet und bestimmt wird. Der Täter hat einen Verbrechenstyp verwirklicht, der dem ganzen Komplex seine Färbung gibt. Um dieses Hauptdelikt ranken sich dann in den Strafurteilen der Gerichte Nebendelikte, die teils in Idealkonkurrenz teils in Realkonkurrenz zum Hauptdelikt stehen und mehr oder weniger zur Ausführung des Hauptdeliktes begangen werden mußten, oder auch zur Auswertung des Erfolges und zum Schutze des Täters vor Entdeckung und Strafverfolgung erforderlich waren. Sie kennzeichnen weder den Täter noch den ganzen Tatkomplex, sondern nur die Zufälligkeiten der Tatausführung, die Umstände, die der Täter zufällig angetroffen hat und die Gegenwehr des Täters gegen Zufälligkeiten der Verfolgung[2]).

Daß eine Tendenz zur Vereinheitlichung der Beurteilung und eine berechtigte Tendenz zur Vereinheitlichung auf dem Wege der Ausweitung der Gesetzeskonkurrenz besteht, ist unter A) aufgezeigt. Wenn sich neuerdings Schneidewin[3]) gegen eine derartige Ausweitung wendet und darin eine Erschwerung der Rechtsfindung sieht, so kann dem nicht beigestimmt werden. Schneidewin meint, daß bei Ausweitung der Gesetzeskonkurrenz eine schwierige Untersuchung erforderlich werde, ob die Verurteilung aus einem Gesetz dem deliktischen Wesen der Tat voll gerecht werde. Das Hauptdelikt zu finden dürfte aber m. E. dem Richter (der gar nicht so lebensfremd ist) keine sonderliche Mühe bereiten. Festzustellen, wo (besonders auch im Subjektiven!) der Schwerpunkt des Deliktskomplexes liegt, ist Sache der Tatsacheninstanzen. Die Revisionsinstanz kann gar nicht beurteilen, ob (fälschlich) aus einem zurücktretenden Gesetz verurteilt worden ist, weil sie mangels unmittelbaren Eindrucks nicht weiß, wo der Schwerpunkt des Vorgangs liegt[4]).

---

[1]) So schon Köhler a. a. O. S. 60.

[2]) Ein ähnlicher Gedanke klingt schon bei Köhler (Grenzlinien S. 62, 183) an, wenn K. Idealkonkurrenz nur dann annehmen will, wenn der Täter auch mehrere Erfolgsvorstellungen (Motive) und damit mehrere Schuldvorstellungen habe.

[3]) In Materialien Bd. I S. 222ff.

[4]) Daher ist auch das von Schneidewin a. a. O. S. 223 vorgetragene Argument, zuviel Urteile würden falsch, weil der Richter aus einem zurücktretenden Gesetz verurteilt habe, nicht stichhaltig.

Daß auch die Rechtsprechung eine vernünftige Einschränkung der Idealkonkurrenz benötigt und sie gelegentlich sehr undogmatisch einfach praktiziert, ist unter B) an Beispielen erörtert. Es handelt sich nur darum, hier eine feste Richtlinie zu finden. Eine in den Reformplänen erörterte gesetzliche Konkurrenzregelung bei jedem Tatbestand scheidet selbstverständlich aus. Nicht so sehr deshalb, weil eine derartige Regelung immer unvollkommen sein müßte und ein derartiges Netzwerk von Konkurrenzbestimmungen das Strafrecht entstellen würde[1]), sondern, weil ja zunächst einmal eine Richtlinie gefunden und bewährt erfunden werden müßte. Bisher steht nur fest, daß der Gesichtspunkt der Ausschöpfung des Unrechtsgehalts sub spezie Rechtsgüterschutz nicht richtig sein kann.

Unser Anliegen ist es, zu Untersuchungen darüber anzuregen, ob das Typendenken eine neue und bessere Abgrenzung der Konkurrenzen ermöglicht. Die Lehre von der straflosen Nachtat ist hier besonders instruktiv.

Hier haben sich weder die Rechtsprechung noch die Lehre gesträubt, die Erfüllung eines Tatbestandes außer Betracht zu lassen (obwohl § 74 StGB dem Wortlaut nach erfüllt wird), wenn die spätere Tat nur der Verwertung oder der Erhaltung des Erfolges der Vortat diente[2]). Bemerkenswert sind dabei die spitzfindigen Untersuchungen der Rechtsprechung darüber, ob z. B. bei Vermögensdelikten der Schaden der Vortat nur aufrechterhalten oder aber vergrößert wird[3]). Noch merkwürdiger sind die Entscheidungen, die auf den Zweck der Täterhandlung abstellen und zwischen Vorteilserhaltungszweck und Vorteilssicherungszweck unterscheiden[4]), obwohl doch Erhaltung nicht ohne Sicherung und Sicherung nicht ohne Erhaltung möglich ist. Wirklicher Sinn und Grundgedanke dieser Rechtsprechung scheint mir jedoch zu sein, die typische Verbrechensaktion von der atypischen abzugrenzen. Diejenigen Handlungen sind straflose Nachtaten, die typisch begangen werden, um den Erfolg der Haupttat zu erhalten und auszunutzen, auch wenn sie z. B. den Schaden der Haupttat noch vergrößern. Diejenigen Handlungen müssen zur Bestrafung herangezogen werden und sind keine einfachen Nachtaten, die untypisch sind, die über die gewöhnliche und in der Bestrafung der Vortat bereits berücksichtigte Sicherung, Erhaltung oder Verwertung des Verbrechenserfolges hinausgehen. So ist z. B. atypisch, wenn der Dieb,

---

[1]) So Schneidewin a. a. O. S. 229.

[2]) Vgl. hierzu z. B. RG in HRR 38, 351; Frank § 74 Anm. V 3 a; Schönke Vorbem. vor §§ 73ff. Anm. VII 3.

[3]) Z. B. RG 63, 190; RG in GA 38, 202; 50, 273 mit sehr weiter Auslegung des Schadensbegriffes dahingehend, daß auch die Unsicherheit über die Durchsetzung eines Ersatzanspruches als neuer Vermögensschaden gilt; enge Auslegung z. B. RG 39, 244; 48, 290; 62, 62.

[4]) RG 63, 192: straflose Nachtat bei Willen des Täters, den durch die Vortat erlangten Vorteil zu erhalten. RG in GA 38, 203; 50, 274: keine straflose Nachtat bei Willen des Täters, den durch die Vortat erlangten Vorteil zu sichern.

kurz bevor ihm die Beute abgejagt werden kann und um gerade das zu verhindern, die gestohlene Sache verbrennt. Hier kann keine straflose Nachtat vorliegen[1]). Dieser Sachverhalt fällt nicht unter die im § 242 StGB erfolgende Mitbestrafung der Verwertung des Diebesgutes[2]). Die tatsächliche, aber unbewußte Berücksichtigung des Typendenkens geht in der Praxis sogar so weit, daß kaum eine Staatsanwaltschaft den Dieb, der das Diebesgut weiterverkauft hat, auch wegen Betruges anklagt. Der Neuling, der eine von einem alten Praktiker gefertigte Anklage in der Sitzung zu vertreten hat und gemäß § 266 StPO Nachtragsanklage erhebt, ruft zumeist nachsichtiges Kopfschütteln hervor. Auch hier wirkt die Vorstellung[3]), daß bei Sachen, die sich nicht zum Eigengebrauch eignen, der Weiterverkauf typische und in § 242 StGB mitbestrafte Verwertungshandlung sei, obwohl doch nach herrschender Lehre wegen Verletzung eines Dritten niemals eine straflose Nachtat vorliegen kann.

Was der straflosen Nachtat recht ist, muß der Gesetzeskonkurrenz billig sein. Auch hier muß die typisch mitbegangene Tat, die Tat, die nach der Vorstellung des Gesetzgebers gewöhnlich bei der Begehung der Haupttat mitbegangen wird, und daher von vornherein in seiner Vorstellung von der Haupttat enhalten ist, für die Handlungsbeurteilung ausscheiden. Hier darf die Fassung des § 73 StGB ebensowenig hindern, wie die Fassung des § 74 die Lehre von der straflosen Nachtat gehindert hat.

Wenn wir dazu gelangen, festzustellen, daß die Vorstellung des Gesetzgebers von der Erfüllung eines Tatbestandes auch die Vorstellung der Erfüllung gewisser Begleittatbestände enthält, so wird auch klar, daß die jeweilige Vorstellungserkennbarkeit und Vorstellungsweite bei einem Delikt die Offenkundigkeit und den Umfang der Mitumfassung anderer Delikte bestimmen muß. Je ausgeprägter und je umfassender die im Tatbestand erkennbare Vorstellung des Gesetzgebers über einen bestimmten Komplex ist, desto eher ist die Annahme möglich, daß der Gesetzgeber mit der Strafdrohung für diesen Komplex auch die gewöhnlichen Nebenerscheinungen abgestraft wissen will.

Das bedeutet für die uns interessierenden Tatbestände, daß ein nur als Lückenschließer ausgebildeter Tatbestand[4]) mit nur schwach ausge-

---

[1]) Anders die h. L., vgl. Honig a. a. O. S. 85ff. und Gelbert, Die mitbestrafte Tat S. 6 mit Nachweisen. Wie hier Sauer Diebstahl und Sachbeschädigung S. 107ff.

[2]) In diesem Augenblick sieht auch der Dieb die Sache nicht mehr als durch den Diebstahl für sich gewonnene Sache, sondern wieder als fremde Sache an, d. h. auch subjektiv (objektiv war sie es immer) ist die Sache wieder zur fremden geworden, während sie vorher vom Dieb als eigene Sache angesehen wurde. Hier zeigt sich eine Möglichkeit, auch von der subjektiven Seite her Abgrenzungsgesichtspunkte zu gewinnen.

[3]) M. E. sogar zuweitgehend.

[4]) Vgl. hierzu besonders Ebener Untreue S. 82; auch R. Schmidt, Grundriß S. 246 stellt auf die geschichtliche Entwicklung, die Einführung des § 246 StGB als Lückenschließer ab. Die h. L. verwendet demgegenüber das alte und auf eine

bildetem Tattyp und ohne Tätertyp nicht einen anderen Tatbestand verdrängen kann, dafür selbst aber von dem stärker vertypten Tatbestande absorbiert werden kann und auch wird, wenn er sich nämlich in den durch diesen Tatbestand umfaßten Komplex hineindrängt. Gerät der Unterschlagungstatbestand gewissermaßen in das Fahrwasser des Untreuetatbestandes, will er dasselbe bestrafen, was auch der Untreuetatbestand schon in größerer Weite (bzgl. des Handlungsobjektes) und festerer Verformung (bzgl. der Art des Täterangriffs, also bzgl. Täterhaltung und -handlung) erfassen will, so muß der Unterschlagungstatbestand zurücktreten. Das wäre m. E. die Begründung der schon verschiedentlich[1]) vertretenen Ansicht von der Subsidiarität des Unterschlagungstatbestandes[2]).

Wir können daher hier feststellen, daß, wenn man überhaupt bei den hier interessierenden Sachverhaltsgruppen den Unterschlagungstatbestand für anwendbar halten würde, nur eine subsidiäre Anwendung in Betracht kommen kann[3]).

---

bestimmte Tätergruppe zugeschnittene Delikt der Untreue so, als ob dieses und nicht das Unterschlagungsdelikt Lückenausfüller wäre. Mit Recht kritisch H. Mayer in Mat. S. 339.

[1]) Im Verhältnis §§ 246/266 n. F. oder a. F. Treubruchstheorie. Die Mißbrauchstheorie zu § 266 a. F. mußte ohnehin zur Alternativität zwischen §§ 246/266 gelangen, vgl. Binding Lehrbuch I S. 397, Frank § 266 III, Honig Nachtat S. 102.

[2]) Für Alternativität H. Mayer Untreue S. 308, mit dem Gedanken, daß die Untreue eine Art Oberdelikt sei, das andere Delikte, insbesondere die Unterschlagung in sich fasse. Ebenso für Alternativität Wegner in JW 34, 1974, mit der Begründung, daß § 266 eine nähere Beziehung des Täters zum Vermögensstück voraussetze, § 246 nur bei bloßer Besitzbeziehung in Betracht kommen könne.

Für Subsidiarität R. Schmidt Grundriß S. 246.

Für Gesetzeskonk. wenigstens zwischen Untreue und Veruntreuung Nagler in LK § 266 Anm. IX, unklar Schönke § 266 Anm. XII (die Ausf. Sch. in JZ 51, 236 scheinen von Alternativität auszugehen).

Für die h. L., die in allen Fällen Idealkonkurrenz annimmt: RG 3, 284; 16, 344; 32, 262; 69, 64; 77, 34 ferner Ebener Untreue S. 81/2 (immerhin einräumend, daß nach der Entstehungsgeschichte fraglich sei, ob nicht Subsidiarität vorliegen könne), Kohlrausch-Lange § 266 Anm. VIII, Schönke § 246 Anm. XI.

[3]) Da die Entwürfe den Unterschlagungstatbestand, wenn auch in abgewandelter Form als Eigentumsdelikt bestehen lassen wollen, bleibt das hier erörterte Problem durch eine evtl. zu erwartende Reform unberührt. Übersicht über die Entwürfe H. Mayer, in Materialien S. 344ff., Pfeiffer Untreue S. 101ff., Zoller Ausdehnung S. 73ff.

V. Teil

Schlußbetrachtung

Wenn in dieser Schrift der Versuch unternommen worden ist, möglichst die ganze strafrechtliche Problematik der sich aus den verschiedenen Formen des Eigentumsvorbehalts und der Sicherungsübereignung ergebenden Sachverhaltsgruppen zu zeichnen, so geschah das, um die hier dem Strafrecht drohende Gefahr einmal in ihrem ganzen Umfange sichtbar zu machen. Eine Teilbearbeitung hätte dazu verführen können, kleine, dem Strafrecht geläufige Kunstgriffe anzuwenden, mit überdehnten Rechtfertigungsgründen zu helfen, die Problematik auf die Schuldseite abzuschieben usw., kurz, Mittel anzuwenden, die geeignet sind, eine Gefahr zu verdecken oder doch hinnehmbar erscheinen zu lassen. Die Gefahr liegt darin, daß das Strafrecht in diesen Sachverhaltsgruppen vollends in die Abhängigkeit vom Zivilrecht gerät und diesem Vorspanndienste leistet. Gerade von ganz anderer Seite als zumeist vermutet[1]) droht die Zivilrechtspönalisierung. Bei einem ganz anderen Tatbestand wird das Strafrecht zur Magd des Zivilrechts, als gemeinhin angenommen. So kommt es, daß, während man den Treubruchstatbestand argwöhnisch bewacht hat, ein so unverdächtiger Tatbestand wie der des § 246 StGB schon lange in den Dienst der zivilistischen Kautelarjurisprudenz übergewechselt ist.

Noch ist es Zeit hier Wandel zu schaffen. Gerade jetzt sind die zivilrechtlichen Lehren zum Eigentumsvorbehalt und zur Sicherungsübereignung im Fluß. Die Entscheidung des BGH zur Vorausabtretungsklausel hat eine neue Situation geschaffen und die Diskussion über die Vorausübertragung von Rechten zu Sicherungszwecken neu belebt. Neue Zivilrechtslehren haben sich durch die Pforte des § 246 StGB ins Strafrecht gedrängt und heischen auch dort Anerkennung.

Das Ausmaß dieser Einflußnahme des Zivilrechts ist schlechthin unabsehbar. Immer mehr Kaufverträge werden unter Eigentumsvorbehalt abgeschlossen. Das Ringen der Lieferanten auf der einen und der Banken auf der anderen Seite um Sicherung hat erneut eingesetzt. Lieferungsbedingungen und Kreditbedingungen werden, im Kampf gegeneinander, immer feiner und vollkommener ausgefeilt. Alte Schranken, die der Industrie durch die frühere Reichsgruppe gesetzt waren, sind weggefallen

---

[1]) Und daher gehindert, vgl. die Warnung vor der Pönalisierung durch § 266 und die Aufzählung der Gegenmittel bei Zoller Ausdehnung und Einschränkung S. 65ff.

und die ersten Konkurse nach der Währungsreform haben den Vorteil gut verklausulierter Bedingungen auch dem letzten Geschäftsmanne klargemacht. Die Banken waren ohnehin in ihren Bedingungen weder gehemmt noch rückständig. In immer steigender Zahl gelangen nun diese zivilrechtlich einfach oder auch verwickelt liegenden Sachverhalte an die Strafverfolgungsbehörden, denen bisher weder der Strafgesetzgeber noch die Strafrechtswissenschaft entscheidend geholfen hat.

Will die Wissenschaft sich nicht dem Vorwurf der Lebensfremdheit aussetzen, so muß sie sich mit diesen die Praxis bedrängenden Problemen befassen. Hierzu soll diese Schrift anregen. Sie will nicht Untersuchungen über Einzelprobleme in diesem Gesamtkreis ersetzen oder überflüssig machen, sondern im Gegenteil zu derartigen Einzeluntersuchungen anregen und ihnen Rahmen sein. Alle überhaupt denkbaren Sachverhaltsgruppen konnten nicht dargestellt werden. Vieles mußte ergänzenden Bearbeitungen vorbehalten bleiben. So müßten z. B. die neuen Formen des Abzahlungsgeschäftes[1]) besonders untersucht werden. Entsprechende Forschungen will diese Arbeit nicht ersetzen, sondern gerade anregen.

Auch wenn der in dieser Schrift eingeschlagene Weg, nämlich der Beschränkung der Akzessorietät in § 246 StGB, des Vorranges der Angriffsart gegenüber dem speziellen Angriffsobjekt und des Typendenkens nicht Beifall, sondern scharfe Kritik finden würde, wäre, wenn diese Kritik zur Auffindung eines anderen und besseren Weges führte, der Zweck des Verfassers erreicht.

[1]) In denen den Lieferanten der Nutzen der Vorausabtretung aus der Hand geschlagen wird, indem die Kundenkreditbank die an die Lieferanten vorausabgetretene Forderung des Wiederverkäufers gegen den Kunden gegen Sicherungsübereignung der Ware und Darlehensvertrag bezahlt (die Forderung also zum Erlöschen bringt), wobei diese Bezahlung dann teilweise einem Festgeldkonto des Wiederverkäufers bei der Kundenkreditbank gutgeschrieben wird, an das der Lieferant zumeist nicht rechtzeitig heran kann.

Sachregister

Kolibri 360 GmbH
Ferdinand-Jühlke-Straße 7
99095 Erfurt, Deutschland
produktsicherheit@kolibri360.de